Tu andar diario

Un lindo libro, para una linda familia.
con todo cariño para mis sobrinos Herson y su fam.

Espero que este libro de defocionabs traiga mucha bendición a sus vidas.

Les amo, y los recuerdo mucho.

su tía Ofelia.

16/8/97

365 devocionales diarios para leer
toda la Biblia en un año

Tu andar diario

Bruce H. Wilkinson
Editor ejecutivo

John W. Hoover
Editor

Paula A. Kirk
Editor general

Walk thru the Bible Ministries, Inc.
Atlanta, Georgia

Editorial UNILIT
Miami, Florida

Publicado por
Editorial **Unilit**
Miami, Fl. U.S.A.
© 1994 Derechos reservados

Primera edición 1994

Copyright ©1991 por *Walk Thru The Bible Ministries*.
Publicado originalmente en ingles con el título de:
Your Daily Walk por Zondervan Publishing House
Grand Rapids, Michigan. E.E.U.U.

Para solicitar información dirigirse a:
Walk Thru The Bible Ministries o Editorial Unilit
P.O. Box 80587   1360 N.W. 88 Avenue
Atlanta, Ga. 30366   Miami, Fl. 33172

Traducido al español por: Priscila Patacsil
Edición: Moisés Ramos (Editorial Unilit)
Tipografía: Haroldo Mazariegos (Editorial Unilit)

Producto:
Tela: 497550 ISBN 1-56063-681-5
Rústica: 498550 ISBN 1-56063-567-6

Impreso en Colombia
Printed in Colombia

Este volumen devocional está afectuosamente dedicado a la Junta de Directores de Caminata Bíblica que por años ha servido con visión valerosa y amor fiel. *Tu andar diario* y los miembros de la junta de Caminata Bíblica se complementan el uno al otro en forma humilde. Lanzar un libro acerca de la Biblia es una aventura que está realamente a tono con los objetivos de estos hombres y mujeres.

Me sentiré siempre agradecido a ellos por mantener el ministerio de Caminata Bíblica (¡y a mí, su fundador y presidente!) en la senda de obediencia al llamado que hemos recibido de Dios como un ministerio. No estaríamos edificando a los creyentes en más de 30 países y 21 idiomas alrededor del mundo si no fuera por la paciente y diligente dirección de este grupo. Su dedicación a procurar la gloria de Dios mediante la búsqueda de la excelencia en sus propias vidas y ministerios se ha puesto de manifiesto en el recinto de la junta de Caminata Bíblica vez tras vez. Por su fidelidad y su estímulo constante hacia nosotros, mi esposa Darlene y yo damos las más sentidas gracias tanto a ellos como a nuestro Señor:

> Paul (el presidente) y Marilyn Johnson
> Ron y Judy Blue
> Robert F. y Sara Boyd
> Howard y Jeanne Hendricks
> John y Mary Isch
> Ryland y Carol Scott
> John y Pat Van Diest

Reconocimientos

En 1990 el doctor Bruce Hurt y sus hijos personificaron la Gran Comisión de nuestro Señor ministrando en México durante un viaje misionero de corto plazo. Ellos fueron retados por la necesidad de publicar *The Daily Walk Bible* en español, y el libro que tienes en tus manos es el fruto de ese desafío. Por su compromiso sacrificial para esparcir el evangelio a todos los pueblos, dedicamos *Tu andar diario* al doctor Bruce Hurt y su esposa.

Indice de los libros de la Biblia

Introducción

Tu andar diario está diseñado cuidadosamente para ayudarte en tu andar espiritual. Con este libro puedes pasar un tiempo fructífero cada día con la Palabra de Dios. Cada día puedes leer la Biblia a paso cómodo y practicable, y adquirir conocimientos relacionados con los pasajes bíblicos que lees. Gradualmente captarás la santa grandeza del plan de Dios para la humanidad, y encontrarás que tu entendimiento del Señor se profundiza al meditar en Su Palabra.

Al hallar en *Tu andar diario* respuestas prácticas a los problemas complicados que enfrentas cada día, verás la Biblia con nueva luz. Aprenderás a sobrellevar tus sufrimientos, a alabar a Dios, y a recibir de Dios poder cada momento.

Tu andar diario te ayudará a hacer de las Escrituras tu fundamento para vida en este mundo caótico e inseguro. A medida que seas más fuerte y confíes más en el amor y en la soberanía de Dios, tendrás también una base desde la cual compartir la verdad eterna de la salvación con los miembros de la familia y amigos.

Nosotros los de Ministerios Caminata Bíblica nos gozamos en unirnos a Editorial Unilit para poner a tu alcance esta guía de lectura de la Biblia. El propósito común de nuestros ministerios es ayudar a los cristianos a llegar a afianzarse en las Escrituras.

Bruce H. Wilkinson
Presidente y Editor Ejecutivo
Ministerios Caminata Bíblica

Cómo sacar más provecho de
Tu andar diario

Tu andar diario está arreglado convenientemente para lecturas diarias de la Biblia en los 365 días del año. Cada sección lleva impresos el mes y el día. Puedes comenzar a leer en Génesis el primero de enero guiándote por la fecha indicada, o en cualquier tiempo del año comenzar en la fecha correspondiente. Simplemente pon una marca en el cuadrito adjunto a la fecha, para indicar lo que ya has leído.

Tu andar diario presenta cada uno de los 66 libros de la Biblia con un resumen del tema y una gráfica que muestra el contenido del libro. La mayoría de los días se dividen en estas tres secciones:

Resumen describe la lectura de la Biblia para el día y toca los temas principales. La gráfica te permite ver de una ojeada cómo se desarrolla la acción bíblica o el tema.

Tu andar diario te estimula a pensar cuidadosamente sobre un asunto de la lectura del día. Muestra cómo aplicar los principios de la Palabra de Dios a tu propia vida en el clamor y caos del mundo de hoy.

Percepción aporta conocimiento de acontecimientos bíblicos, señalando un hecho fascinante o incidente histórico.

De tiempo en tiempo, tendrás oportunidad de hacer una pausa en tu "andar" con un devocional especial basado en algún asunto que has leído recientemente. Los pasajes bíblicos sugeridos en estas páginas son más cortos y se han tomado de varios libros de la Biblia. Con lecturas más cortas, éstas proveen oportunidades para hacer tres cosas:

Da un paso atrás y revisa el contenido de tus lecturas de la semana anterior. O ponte al día en las lecturas recientes.

Mira arriba al Creador en adoración y alabanza, usando estos asuntos como un punto de partida.

Sigue adelante con aplicación práctica.
Cada aspecto de *Tu andar diario* está diseñado para ayudarte a sacar el mayor provecho de tus tiempos devocionales, al encontrarte con el Señor y acercarte más a El mediante las páginas de su Palabra.

Génesis

Génesis comienza "en el principio" y traza el principio del universo, el hombre, la mujer, el matrimonio, la adoración, el pecado, el juicio, la civilización, y la redención. La primera porción (capítulos 1-11) presenta una vista de un ángulo amplio del trato de Dios desde la Creación hasta Babel —un período caracterizado por la fidelidad humana—. Pero los capítulos 12-50 enfocan la relación de Dios con un hombre (Abraham) y su descendencia a través de los próximos cuatro siglos, durante los cuales se funda una nación y se le promete salvación al género humano caído.

Enfoque	Eventos fundamentales				Personajes fundamentales			
Divisiones	La creación del universo	Caída del hombre	Arca de Noé	Torre de Babel	Fe de Abraham	Familia de Isaac	Conflictos de Jacob	Calamidades de José
	1　　2	3　　5	6　　9	10　　11	12　　24	25　　26	27　　36	37　　50
Tópicos	Historia del género humano				Historia del pueblo judío			
	Fidelidad de la humanidad				Fidelidad de la familia de un hombre			
Lugar	Hacia el este: De Edén a Ur				Hacia el oeste: De Canaán a Egipto			
Tiempo	2000 años 20% de Génesis				Alrededor de 350 años 80% de Génesis			

1 Seis días de creación / Génesis 1-2

Corazón del pasaje: Génesis 2:4-25

📖 **Resumen:** Los primeros dos capítulos de la Biblia comienzan en "el principio". El capítulo 1 da un resumen conciso del progreso de la creación, y llega a su clímax con la creación del hombre. El capítulo 2 mira detenidamente al día sexto. Allí se presentan los detalles de cómo fueron creados los portadores de la imagen de Dios —el hombre del polvo de la tierra y la mujer de su costilla—. El escenario está montado, los personajes están ubicados, el drama puede comenzar.

Capítulo 1	Capítulo 2
Seis días a través de un telescopio	Seis días a través de un microscopio
Creación del universo	Creación del hombre

La creación es un monumento al poder de Dios y un espejo en el que podemos ver su sabiduría.

✏️ **Tu andar diario:** "Cuando todo lo demás falla, siga las instrucciones". Ese consejo tardío está basado en una ley tan universal como la de la gravedad —la ley del designio, que dice: "La cosas funcionan bien cuando actúan de acuerdo con la manera en que fueron diseñadas; funcionan mal (o no funcionan) cuando el designio es violado". Dios, el Diseñador experto, hizo el agua, el cielo, y la tierra; luego hizo criaturas que se adaptaran a cada ambiente. De manera que no te debes sorprender al descubrir que los pájaros la pasan mal bajo del agua, o que a los peces no les es fácil subir a los árboles.

El mismo diseño que se ve en el sistema solar y en las flores del desierto se ha establecido en los humanos y sus relaciones. El esposo es la cabeza del hogar; la esposa ha sido diseñada como su ayudante. Viola el diseño, y hay problema. Síguelo, y hay armonía y cumplimiento.

Toma una hoja de papel y ve en cuántas maneras puedes completar esta oración: "Por el designio de Dios, yo soy_____"; (1-3, buen comienzo; 4-7, genio bíblico mediocre; 8 ó más, ¡tú debes de ser un ingeniero diseñador!). (Si tienes problema, recibirás ayuda si consultas Salmo 139:14; 1 Corintios 11:3; Efesios 2:10; 5:21-6:9; Tito 2:14. ¡Con la ayuda de Dios, puedes llegar a ser todo aquello para lo cual fuiste creado!

🖊️ **Percepción:** Grandes preguntas, grandes respuestas

El primer versículo en nuestra Biblia usa solamente 10 palabras para contestar cuatro de las preguntas más elementales que individuos pensantes jamás hayan formulado: (1) ¿Qué existe? (2) ¿Cómo llegó a existir? (3) ¿Tuvo comienzo? (4) ¿Qué o quién es responsable? Estas respuestas han sido suplidas por Aquel que estaba allí en ese momento. (Las respuestas correctas son: 1. El cielo y la tierra; 2. Todo fue creado; 3. Sí; 4. Dios.)

Entrada y alcance del pecado / Génesis 3-5   2

Resumen: El ambiente perfecto en que el hombre fue puesto está ahora arruinado por la entrada del pecado. Satanás, posando como la serpiente sutil, reta la única prohibición de Dios respecto al uso que el hombre podía hacer del huerto. Sigue la desobediencia, al comer la primera familia del árbol prohibido, y es echada del huerto. Los resultados de su pecado se extienden rápidamente, al quedar la humanidad y toda la creación bajo la pena de muerte. Caín llega a ser el primer homicida, y la espiral descendente continúa desde Adán hasta Noé, preparando el camino para el vasto juicio de Dios sobre la impiedad del mundo.

Corazón del Pasaje: Génesis 3

Capítulo 3	Capítulo 4	Capítulo 5
Raíz del pecado: Rebelión de Adán	Fruto del pecado Linaje impío de Caín	Fruto de la fe: Linaje piadoso de Set
Entrada del pecado	Alcance del pecado	

Tu andar diario: ¿Alguna vez te ha sucedido esto? Enciendes tu radio o televisor y oyes un reportaje de un nuevo "producto milagroso". Convencido, sales y lo compras, sólo para descubrir que no está a la altura de su precio.

Satanás ha estado en el negocio de vender su "producto" —pecado— por miles de años. Primeramente usó su táctica con Eva en el huerto de Edén. Nota la promesa: "El día que comáis de él, serán abiertos vuestros ojos, y seréis como Dios sabiendo el bien y el mal" (3:5). Eva creyó su afirmación y probó su producto. ¿El resultado? Dolor... amarga desilusión... y expulsión del huerto.

¿Dónde tu resistencia a la tentación ha sido probada por Satanás? ¿Cuáles son algunas de las falsas promesas que él quisiera que creyeras para venderte el pecado? "Si es agradable, tiene que ser bueno... Todo el mundo lo hace, no ha de ser malo... Si no lo has probado, no sabes lo que te estás perdiendo... Una vez al año no hace daño".

Cuando seas tentado a caer en una de las promesas falsas de Satanás responde con esta promesa bíblica de Santiago 4:7: "Resistid al diablo, y huirá de vosotros".

Quien cae en pecado es humano; quien llora por el pecado es un santo; quien se jacta del pecado es un necio.

Percepción: El mismo plan, diferentes resultados
Compara Génesis 3 con Mateo 4:1-11 y notarás un hecho interesante. Satanás tentó a Jesús en las mismas tres formas que tentó a Eva (deseos de la carne, deseos de los ojos, y la vanagloria de la vida). Pero en el caso de Cristo, ¡Satanás fracasó en cada una!

3 *Mayordomos de la creación de Dios*

*Lectura
bíblica
Colosen-
ses 1:16;
Isaías
45:18*

A veces tendrás la oportunidad con estas páginas especiales de hacer una pausa en tu andar diario a través de la Biblia. Puedes usar estos días para ponerte al día en tus lecturas regulares. Pero, más importante, puedes dar un paso atrás y mirar el cuadro general, contemplando los amplios temas de los pasajes que estás leyendo, y adorar a su Autor —Dios mismo.

Da un paso atrás

Uno de los temas más inmensos de las Escrituras es aquel que lo comienza todo: la Creación. A pesar de los debates que se han desencadenado, especialmente en años recientes, acerca del origen del universo, la Biblia firme y claramente proclama a Dios como el Creador de todo.

Y no sólo en los primeros capítulos de Génesis. El Nuevo Testamento repite esta verdad mientras derrama aun más luz sobre ella. Allí se revela que Dios el Hijo, el Señor Jesucristo, fue el agente en la creación: "Porque en él fueron creadas todas las cosas, las que hay en los cielos y las que hay en la tierra, visibles e invisibles, sean tronos, sean dominios, sean principados, sean potestades; todo fue creado por medio de él y para él" (Colosenses 1:16; ve también Juan 1:3 y Hebreos 1:2).

*Tal
como un
libro
requiere
un autor,
la
creación
requiere
un Dios.*

Ve a tu ventana más cercana y da una mirada cuidadosa al exterior. ¿Qué significa para ti que el propio Dios formara los elementos naturales que ves —como también los elementos sobrenaturales que no puedes ver— para Sí mismo?

Mira arriba

Haz de este pasaje bíblico la base de tu oración a tu Dios creador de todo y todopoderoso: "Porque así dijo Jehová, que creó los cielos; él es Dios, el que formó la tierra, el que la hizo y la compuso, no la creó en vano, para que fuese habitada la creó: Yo soy Jehová, y no hay otro" (Isaías 45:18).

Sigue adelante

Dios dijo que El creó el mundo "no en vano," sino con propósito: "para ser habitado". Consciente de que Dios hizo este mundo, y de que tú eres un habitante del mismo, pregúntate: ¿Con cuánta responsabilidad lo estoy cuidando? ¿Qué acciones estoy tomando como mayordomo de la creación de Dios? Reaprovechamiento de periódicos, latas de aluminio, y otros materiales... uso cuidadoso de los recursos naturales... participación en actividades de conservación... la lista es interminable. Decide hoy ser un activo y bien informado guardián de todo lo que Dios te ha dado. Su creación merece cuidado especial.

El arca de Noé / Génesis 6-9

4

📖 **Resumen:** En el curso de su rebelión, la humanidad se hace tan pecaminosa que Dios se dispone a ejecutar la sentencia de muerte sobre todo ser humano. En Su gracia, dirige a Noé —un hombre justo que camina con Dios— a construir un gran barco para escapar del juicio que viene. Noé obedece a Dios, y mientras las aguas del diluvio purgan la tierra, el arca preserva la vida humana y animal para un nuevo comienzo. Después que el arca se posa en el monte Ararat, Dios da nuevas instrucciones y nuevas promesas a Noé y sus descendientes: "Y me acordaré del pacto mío..." (9:15).

Corazón del pasaje: Genesis 6

Capítulo 6	Capítulo 7	Capítulo 8	Capítulo 9
Preparación para juicio	Diluvio de juicio	Consecuencias del juico	Promesa de no repetir juicio
Construyendo el arca	En el arca	Saliendo del arca	

✎ **Tu andar diario:** Sólo imagínate:

"¿Dices que a veces te cansas de esperar que Dios arregle las cosas malas en tu día? Tal vez debas dejar tu trabajo y unirte a Constructores de Barcos Noé e Hijos. Ellos necesitan ayuda, y tú serás doblemente bienvenido si sabes algo de construcción de barcos de carga de tres pisos.

"Parece que nadie intentó esto antes. Pero Noé está convencido de que Dios le dijo que lo hiciera. Dice también que está trabajando con límite de tiempo.

"El contrato es por 120 años, ni más ni menos. El viejo Noé se figura que Dios quiere dar a la gente otra oportunidad de volverse a El. Dios no está apurado. Porque es misericordioso. Pero el Señor no va a esperar para siempre. Cuando llegue el tiempo, todo va a estar bien mojado aquí. Dios siempre cumple su palabra —y al tiempo preciso.

"Bueno, puedes comenzar a aserrar esa madera de gofer en tablones..."

Haz una lista de los pasos de fe que Noé dio en los capítulos 6-9. Noé obedeció a Dios tomando un martillo y un serrucho. ¿Qué te dice Dios que hagas para unirte a las filas leales de Noé?

Es el carácter, más bién que los hechos aislados, lo que será recompenzado o castigado.

🖋 **Percepción:** ¿Cuándo vino el arco iris?

Dios decretó que fuera el arco iris una señal visible de su promesa de jamás volver a destruir la tierra con diluvio. Sin embargo, las Escrituras no indican si el arco iris había existido anteriormente, y fue entonces escogido por Dios como una señal; o si fue un nuevo fenómeno, a consecuencia del cambio de clima después del Diluvio.

5 Babel y la dispersión de las naciones
Génesis 10-11

Corazón del pasaje: Génei 11:1-9 27-32

Resumen: Los capítulo 10 y 11 explican el origen de las naciones que surgieron después del Diluvio. Comenzando con Noé y sus tres hijos, Dios vuelve a poblar el mundo. Pero como la raíz del pecado no se había removido de los corazones, el fruto del pecado pronto vino a verse de nuevo en hechos soberbios y desobedientes. Dios trata con el fracaso humano confundiendo los idiomas, lo que hace que la humanidad se disperse sobre la faz de la tierra —¡como Dios lo había mandado originalmente!— Después de describir a generaciones de humanos que se servían a sí mismos, en general, la narración se vuelve a un hombre en particular —Abram— de quien Dios haría una nueva nación.

Capítulo 10			Capiulo 11		
Descendientes de			Antiguo problema	Nuevo problema	Nuevo enfoque
Jafet	Cam	Sem	Orgullo	Idiomas	Abram
1　　5	6　　21	22　　32	1　　　　　4	5　　　　　9	10　　　　32
Arbol genealógico de Noé			Torre de Babel		

No hay nuevos pecados sólo que seguimos repasando los antiguos.

Tu andar diario: ¿Cuán importante es obedecer a Dios? El es paciente y perdonador. Y siempre te dará otra oportunidad. ¿Verdad?

Piensa de nuevo en los capítulos iniciales de Génesis. En el huerto de Edén, Dios les dio a Adán y Eva un bosque para que lo disfrutaran, y sólo un árbol prohibido. ¿Qué pasó? Ellos comieron del fruto del árbol prohibido y pronto fueron echados del huerto.

Después del Diluvio, Dios les dio a los descendientes de Noé un mandamiento: "Llenad la tierra" (9:1). Propagarse y volver a poblar el mundo. ¿Cómo respondieron ellos? "Edifiquemos una ciudad y una torre ... por si fuéremos esparcidos sobre la faz de toda la tierra" (11:4). Una vez más, el juicio divino siguió a la desobediencia.

Dios habla en serio cuando da un mandamiento. No es para analizarlo, debatirlo o descartarlo. Es para que se obedezca. ¿Crees esto? Entonces completa esta oración: "Yo me evitaré algún sufrimiento si obedezco a Dios hoy [¿cómo?]_____".

Percepción: 4.000 años después de Babel
¿Cuántos idiomas hay en el mundo hoy? Según Traductores Bíblicos Wycliffe, hay cerca de 6.170 —solamente 262 de los cuales tienen la Biblia completa—. Algunos países representan enormes retos para los traductores de la Biblia. Está Papuasia, Nueva Guinea, con 849 lenguas; Indonesia con 669; India con 381; México con 241. ¡Solamente en el continente africano hay 1.918 lenguas distintas!

Llamamiento y viajes de Abram
Génesis 12-14

6

Resumen: Los capítulos 12-14 describen el llamamiento de Abram a dejar su casa en Ur (cerca del golfo Pérsico) y viajar a una tierra distante no especificada. Abram enfrenta muchas distracciones potenciales en el camino: la muerte de su padre en Harán, un hambre severa, las aspiraciones mundanas de su sobrino Lot. Pero Dios está buscando un hombre de fe que confíe totalmente en El para cumplir Sus promesas. Para Abram y sus descendientes, esas promesas incluyen: un gran nombre; una gran nación; gran bendición frente a lo imposible.

Corazón del pasaje: Génesis 12:1-9 13:14-18

Capítulo 12		Capítulos 13-14
Llamamiento de Abraham en Ur	Viajes de Abraham en Canaán	Problemas de Abraham con Lot
1 3	4 20	
"Vete de..."	"a la tierra que te mostraré" (12:1)	

Tu andar diario: ¿Cúanto lugar has dejado en tu vida para que Dios dé nueva dirección a tus pasos? ¿Estarías dispuesto a hacer lo que Abram hizo?

Cierra los ojos e imagínate por un momento que eres Abram. Dios te acaba de decir que empaques tus cosas y te prepares para mudarte. "¿Mudarme adónde?", respondes tú. "A un lugar que te mostraré a su debido tiempo". Así que obedeces. Dejas tu trabajo, empacas tus muebles, preparas tu familia, y sales del pueblo. Destino: ¡Desconocido!

Si esto parece inverosímil, vuelve atrás y lee de nuevo el primer versículo del capítulo 12, ¡porque ese es precisamente el reto que Abram enfrentó!

¿Qué si Dios llamara a tu casa hoy y te dijera: "¡Prepárate para mudarte!"? O si El te ordenara hacer otra cosa que no cabe dentro del plan principal de tu vida, ¿estarías dispuesto a responder por fe y confiar en El paso a paso —para finanzas, vivienda, una nueva iglesia, un nuevo círculo de amistades? Tómate un momento hoy para salir a caminar y estar a solas con Dios. Sé franco con El. Si estás dispuesto, díselo. Si no lo estás y quieres estarlo, díselo también. Entonces descansa y deja que El dirija.

No basta con desear ser un instrumento útil para Dios; uno tiene que estar dispuesto a permanecer quieto ante la lima que produce filo.

Percepción: Caminando en los sandalias de Abram

Según crecía la *fe* de Abram, aumentaba su *vigor*. Tras caminar 960 kilómetros de Ur a Harán, salió a la edad de 75 años para la tierra de Canaán, a 640 kilómetros de distancia. Más tarde hizo un viaje de ida y vuelta de 640 kilómetros a Egipto, un total de 2.240 kilómetros. Ahora *¡eso es un caminar diario!*

7 *Pacto con Abraham / Génesis 15-17*

Corazón del pasaje: Génesis 15

Resumen: La lectura de hoy describe el pacto abrahámico como fue dado, confirmado, y simbolizado. Las promesas de Dios a Abraham son dadas con gran detalle, confirmadas con un tratado unilateral, repetidas, y establecidas por la señal de la circuncisión. Pero al pasar los años sin evidencia de cumplimiento, Abraham actuó con impaciencia necia. El resultado es un hijo, Ismael, quien por siempre causaría dolor a su padre, constantemente recordándole a Abraham el precio de su incredulidad.

Capítulo 15	Capítulo 16	Capítulo 17	
Pacto abrahámico dado	Impaciencia de Abraham	Pacto abrahámico repetido	Obediencia de Abraham
		1 21	22 27
Isaac prometido	Ismael nacido	Isaac prometido	Ismael bendecido

Dios nunca nos promete un camino fácil sino un arribo seguro.

Tu andar diario: ¿Cómo vivirías *hoy* si creyeras que quizás no tendrías un *mañana?* Para Abram ésta era más que una pregunta académica. Con su pequeño ejército de 318 hombres, había derrotado una banda de reyes guerreros, rescatado a su sobrino Lot, y recuperado los cautivos y los bienes. Ahora en las largas y solitarias horas de la noche que siguió, siente miedo. Miedo de que sus enemigos regresen a continuar la batalla. Miedo de perder la vida estando aún sin un hijo.

En este momento de la necesidad más profunda, con el miedo carcomiendo su fe en Dios, oye una voz: "No temas, Abram; yo soy tu escudo" (15:1). Dios rodeó a Abram con Su presencia, le quitó los temores, y confirmó Su promesa. Y Abram "creyó al Señor".

¿Qué temor te paraliza a ti más a menudo? ¿Temor al fracaso?, ¿temor a lo desconocido?, ¿temor a que el pasado te persiga? Escríbelo en una hoja de papel, junto con las palabras de Génesis 15:1. Gracias a Dios que El puede —y lo hará— cambiar ese temor por Su fortaleza y consuelo. Entonces rompe el papel en menudos pedazos mientras que, en un acto de fe, le entregas tu temor a Dios y te apropias de Su paz (Filipenses 4:6-7).

Percepción: El trato dado a Agar: ¿Abusivo o aceptable?
Después de 10 años de esperar en vano por un hijo, Sara le ofreció a Abram su esclava personal egipcia, Agar, esperando lograr un hijo mediante ella. Las leyes de Ur de ese tiempo describen esto como una práctica establecida. Si nacía un hijo, se consideraba como de la esposa. Pero la lección dolorosa del nacimiento de Ismael es clara: ¡La voluntad de Dios hecha de manera distinta a la de Dios no es la voluntad de Dios!

Destrucción de Sodoma / Génesis 18-20   *8*

📖 **Resumen:** Los capítulos 18-20 relatan crisis que surgen en las vidas de dos miembros de la familia de Abraham: su esposa Sara, y su sobrino Lot. La vida de Lot, de compromiso y aspiraciones mundanas, está en marcado contraste con la conducta de fe de su tío. En respuesta a las oraciones fervientes de Abraham, Dios libra a Lot, al destruir la ciudad en que vivía por la maldad y perversión de la misma. Y hasta un hombre de fe como Abraham puede tropezar cuando quita los ojos de Dios. En un viaje a Gerar, Abraham miente acerca de su bella esposa, llamándola su hermana para librarse del rey Abimelec.

Corazón del pasaje: Génesis 18

Capítulo 18	Capítulo 19	Capítulo 20
Abraham ora por Lot	Dios destruye Sodoma y Gomorra	Abraham miente acerca de Sara
Lot salvado de ser destruido		Sara salvada de ser amancillada

✒️ **Tu andar diario:** Por el próximo minuto, trata de imaginar el milagro más difícil que jamás Dios haya hecho. Si fueras a seleccionar el "milagro de todos los tiempos", ¿cuál sería? Escribe lo que se te ocurra y, si fuera posible, intercambia respuestas con un amigo o miembro de la familia.

¿Qué sería imposible para el Dios que creó el universo y todo lo que en él hay?

¿Cómo se compara tu milagro con el descrito en 18:9-15? *Dios prometió a Abraham y Sara un hijo.* A simple vista, eso puede que no parezca muy espectacular, pero piensa en los obstáculos que Dios tuvo que vencer. Abraham tenía 99 años de edad en ese tiempo, y Sara tenía 90. En toda su vida, Sara nunca había podido tener hijos. Ahora había pasado la edad de tenerlos. Y aun el tiempo exacto de la concepción fue señalado por Dios. Con razón Dios hace la pregunta, "¿Hay para Dios alguna cosa difícil?" (18:14).

Si pudieras pedirle a Dios un milagro hoy, ¿cuál sería? ¿Ayuda para superar un fracaso del pasado? ¿Sobreponerse a una baja autoestima? ¿Reconstruir un matrimonio deshecho? Escribe ese milagro en tu Biblia al margen de Génesis 18:14. Luego une cada día tu demanda a la alentadora verdad de que Dios se especializa en casos imposibles.

✒️ **Percepción:** ¿Dónde está Sodoma hoy?
Después de su destrucción por fuego y azufre (19:24-28), Sodoma nunca más aparece en la Biblia como una ciudad habitada. Hoy su lugar yace en algún punto bajo las aguas del extremo sur del mar Muerto. Un solitario pilar de sal cercano al lugar es conocido como "la mujer de Lot".

9   *El pacto abrahámico*

Lectura bíblica: Hebreos 8:6-12; Gálatas 3:6-9

⬅ Da un paso atrás

Cuando Dios habló al hombre humilde de Ur, eso marcó una nueva dimensión en Su relación con la humanidad.

Por su inmensa gracia, Dios le hizo una promesa específica a Abraham respecto a su futuro (Génesis 12). Y cuando puso esa promesa en forma de pacto con Abraham (Génesis 15,17), hizo claro a todos a través de las edades que El es un Dios fiel a Su palabra. Un Dios que obra a través de su pueblo para traer Su bendición al mundo que creó. Un Dios cuyo amor y misericordia son firmes, inconmovibles e insondables.

Obviamente, Abraham tenía algunas dudas. Así que cuando pasaron los años y la bendición prometida todavía no daba fruto tangible, Abraham y Sara intentaron ayudar a Dios. Pero los resultados de sus esfuerzos les perseguirían, a ellos y a su descendencia, por futuras generaciones.

⬆ Mira arriba

Todo lo que he visto me enseña a confiar en el creador por todo lo que no he visto.

Si tan sólo Abraham y Sara hubieran confiado en que Dios cumpliría lo que prometió —a Su manera, en Su tiempo.

Por supuesto, ellos actuaron como lo hubiéramos hecho nosotros. Y sin embargo, nosotros tenemos una gran ventaja sobre ellos: Ellos no tenían el beneficio del amplio relato de las actividades de Dios con la humanidad que tenemos en la Biblia. Pero podemos aprender de ese relato, y confiar en nuestro Dios soberano. Sus promesas son nuevas cada mañana. Y son para ti.

Toma un momento para meditar en las promesas que Dios te ha hecho a ti, que eres su hijo. Lee cuidadosamente Hebreos 8:6-12 para aprender más acerca del pacto que está vigente ahora mismo. Y alábalo por Su amor y gracia firmes para contigo.

➡ Sigue adelante

Como creyentes, somos hijos de Abraham y herederos de sus bendiciones, según el apóstol Pablo en Gálatas 3:6-9: "Y la Escritura, previendo que Dios había de justificar por la fe a los gentiles, dio de antemano la buena nueva a Abraham, diciendo: En ti serán benditas todas las naciones. De modo que los de la fe, son bendecidos con el creyente Abraham" (Gálatas 3:8-9).

Hijo de Dios, tú eres bendecido con Abraham. Y Dios quiere que seas una bendición para el mundo. ¿Es tu vida un estímulo para los que te rodean (tu familia, tus compañeros de trabajo, tus vecinos)? ¿Les estás mostrando el camino a tu Dios digno de confianza?

Nacimiento de Isaac; muerte de Sara
Génesis 21-24

10

📖 **Resumen:** El clímax de veinte años de fe para Abraham y Sara viene con el nacimiento de Isaac, su hijo milagroso y heredero. Pero pronto la fe de Abraham vuelve a ser probada cuando Dios lo llama a sacrificar a su preciado hijo en el altar. Abraham obedece, y demuestra que las experiencias de las dos décadas pasadas no habían sido en vano. Por su fidelidad hasta la muerte, Dios recompensa a Abraham reiterándole las promesas de bendición. En los últimos años de la vida de Abraham, tiempo de tristeza por la muerte de Sara, queda un detalle importante: encontrar una esposa apropiada para Isaac.

Corazón del pasaje: Génesis 21:1-22:19

Capítulo 21	Capítulo 22	Capítulo 23	Capítulo 24
Nacimiento de Isaac	Sacrificio de Isaac	Muerte de Sara	La esposa de Isaac
La fe de Abraham vindicada		La fe de Abraham verificada	

✒️ **Tu andar diario:** ¿Alguna vez has deseado tener un "artefacto" que te indicara exactamente cuándo Dios iba a cumplir Sus promesas en tu vida? ¿Un medio de saber con seguridad cuándo sería contestada tu oración por una compañera —la salvación de un ser amado —el fin de una larga enfermedad? Abraham hubiera deseado tal artefacto en muchas ocasiones mientras esperaba por años el hijo que Dios le había prometido.

Solamente en obediencia podemos descubrir el gran gozo de la voluntad de Dios.

Pero con el nacimiento de Isaac, Dios demostró que, aunque Sus promesas puede que no vengan *rápidamente*, vendrán *ciertamente*. "En el tiempo que Dios le había dicho" (21:2), El cumplió el pacto de largos años.

Es fácil imponer tu itinerario preconcebido a las promesas de Dios... y difícil tratar con la frustración y ansiedad que resulta cuando Dios no responde "a tiempo" según tus expectativas. Prueba esto: Copia las palabras de Génesis 21:1-2 en una tarjeta y colócala al lado de un reloj o calendario que miras regularmente. Te recordará durante el día que el itinerario del Creador del tiempo es siempre *perfecto*.

🔦 **Percepción:** La cuestión era obediencia
El mandato de Dios a Abraham de sacrificar a Isaac no implicaba que El aprobara los sacrificios humanos (una práctica pagana común en los días de Abraham). Más bien, Dios estaba probando la fe de Abraham en Sus promesas del pacto. Mira Hebreos 11:17-19 y Santiago 2:21-23 para mejor entendimiento de este evento.

11

11

Familia y obras de Isaac / Génesis 25-26

Corazón del pasaje: Génesis 25:19- 26:5

📖 **Resumen:** La historia de Isaac prosigue, centrándose en su familia y su obra. Aunque Abraham había muerto, las promesas de Dios hechas a él continúan en las personas de su hijo Isaac y sus nietos gemelos Esaú y Jacob. El pecado también sobrevive —como vemos en la usurpación de la primogenitura de su hermano por Jacob, y en que Isaac repite el engaño de su padre. Sin embargo, a pesar del fracaso humano, el pacto de Dios permanece firme, como lo dijo en Sus palabras a Isaac: "Confirmaré el juramento que hice a Abraham tu padre" (26:3).

Capítulo 25			Capítulo 26		
Muerte de Abraham	Nacimiento de Jacob	Primogenitura de Esaú	Isaac el engañador	Isaac el agricultor	Isaac el cavador de pozos
1 11	12 26	27 34	1 11	12 16	17 35
La familia de Isaac			La obra de Isaac		

Aprende a poner tu mano en todas las ben- diciones espiri- tuales en Cristo y decir: "Mías".

✒️ **Tu andar diario:** "Dios no tiene nietos". Quizás hayas leído este dicho en el parachoques de un auto. Quiere decir que cada generación tiene que relacionarse personalmente con Dios por fe. No es suficiente que tus padres confiaran en Cristo como su Salvador; tú tienes que hacer tu propia decisión. De igual manera, tus hijos no son salvos simplemente porque tú lo seas. Es una decisión personal, indivi- dual. Tú llegas a ser un hijo de Dios por fe en Cristo. También tus hijos... y tus nietos. Visto de esa manera, es claro que ¡Dios no tiene nietos!

Y es lo mismo con las promesas de Dios. Cada generación tiene que aprender a reclamarlas personalmente para gozar de sus beneficios. Dios tiene para ti hoy promesas que los cristianos han estado reclamando por siglos.

Examina tu relación con Cristo. ¿Es estrictamente de primera mano, basada en fe personal en la obra terminada de Cristo en la cruz? ¿O estás descansando en el conocimiento de segunda mano de tus padres, tu iglesia, o tus amigos para salvación? Tú puedes llegar a ser un hijo de Dios ahora mismo por creer en Su Hijo (Juan 1:12). Y entonces descubrirás el gozo de comprobar que las imperecederas promesas de Dios se cumplen en tu propia vida. Pero la decisión es tuya. Dios dijo: "Yo haré..." ¿Qué dices *tú*? ¡Dilo a tu Padre celestial ahora mismo!

🔎 **Percepción:** Una tradición familiar
La cueva de Macpela en Hebrón, originalmente comprada por Abraham de Efrón el heteo como tumba para Sara, pronto sería el lugar para sepultar a Abraham mismo (25:9); Isaac, Rebeca, y Lea (49:30-31); y Jacob (50:13).

La primogenitura y el sueño de Jacob
Génesis 27-31

12

📖 **Resumen:** Los capítulos 27-31 presentan el tercer personaje principal del período patriarcal: Jacob ("engañador"), ¡un hombre que hizo honor a su nombre! El ladrón de la bendición familiar que correspondía a su hermano gemelo Esaú, demuestra su carácter maquinador. Pero es a través de Jacob que las promesas de Dios —hechas más de siglo y medio antes— comienzan a cumplirse en mayor grado. Durante los 20 años que estuvo en Harán, Jacob trabaja por una esposa y obtiene tres más en la transacción, tiene 11 hijos y una hija, y acumula gran cantidad de ganado y criados —el núcleo del cual Dios haría una nueva nación.

Corazón del pasaje: Génesis 27, 29

Capítulo 27	Capítulo 28	Capítulos 29-30	Capítulo 31
Bendición robada de Jacob	Sueño de Jacob	Esposas e hijos de Jacob	Salida rápida de Jacob
Vida espiritual de Jacob		Vida familiar de Jacob	

📝 **Tu andar diario:** Para cada Jacob, usualmente se econtrará un Labán. Para cada individuo que insiste en hacer las cosas a su manera, ayudando a Dios, a menudo hay un choque de frente doloroso con alguien que es por lo menos tan astuto como él.

Labán fue la vara de la disciplina de Dios en la vida de Jacob. No hay duda de que Dios estaba logrando Su propósito con Jacob a pesar de éste ser testarudo y conspirador (28:15), pero Jacob se pudo haber evitado 20 años de sufrimiento si hubiera aprendido a esperar en Dios en Canaán.

¿Has visto "El Principio de Labán" obrar en tu propia vida espiritual? El golpe de la disciplina de Dios puede ser aplicado por un miembro en la familia, un compañero de trabajo, un acreedor. Pero la meta es siempre la misma: para ayudarte a desarrollar madurez espiritual.

Escribe un párrafo que describa exactamente lo que vas a hacer la próxima vez que sientas el impulso de correr delante de Dios. Quizás antes que finalice la semana lo necesitarás... ¡y lo usarás!

Esperar la respuesta a la oración es a veces parte de la respuesta.

✏️ **Percepción:** Dicha marital... ¿o roncha marital?

La sabiduría del plan original de Dios de un hombre y una mujer en el matrimonio se pone de relieve en el triste ejemplo de la familia de Jacob, donde celos, disputas, y maquinaciones entre Lea y Raquel ocurrían regularmente. Refresca tu memoria acerca de la vida familiar a la manera de Dios volviendo a leer Génesis 2:23-24. Entonces busca 1 Reyes 11:1-8 para descubrir otro hombre para quien *muchas esposas* significaron *muchas desdichas.*

13 Luchas de Jacob y Esaú
Génesis 32-36

Corazón del pasaje: Génesis 32

 Resumen: En los capítulos 32-36 Jacob el *maquinador* llegó a ser Jacob el *siervo* de Dios. Tras haber dejado a su tío Labán, Jacob teme del encuentro inevitable con su hermano enemistado Esaú. Pero antes de reconciliarse con Esaú, tenía que reconciliarse con Dios. Y en el vado de Jaboc lucha con el ángel de Jehová, e insiste en una bendición antes de dejarlo ir. El ángel le asegura que tendrá la presencia continua de Dios, y lo deja con un nombre nuevo (Israel, "Dios lucha") y una cojera permanente. Después de una emotiva reunión con Esaú, Jacob regresa a Canaán, donde Dios le confirma Sus promesas hechas a Abraham e Isaac —promesas de una descendencia grande y de una nueva tierra.

Capítulo 32	Capítulo 33	Capítulo 34	Capítulos 35-36
Encuentro de Jacob con el ángel	Encuentro de Jacob con Esaú	Encuentro de Dina con Siquem	Encuentro de Jacob con Dios
Luchas de Jacob con Esaú		Luchas en la familia de Jacob	

Un mayordomo es alguien que no tiene nada, pero es responsable de todo.

Tu andar diario: ¿Es posible ser un cristiano rico en la voluntad de Dios?

Esa pregunta habría hecho reír a Abraham o Jacob. Ambos fueron fabulosamente ricos en su día. Jacob, en particular, muestra cómo una persona bendecida por Dios puede ganar gran cantidad de bienes terrenales. Su propio testimonio personal se halla en 32:10: "Menor soy que todas las misericordias y que toda la verdad que has usado para con tu siervo; pues con mi cayado pasé este Jordán, y ahora estoy sobre dos campamentos". Cuando por primera vez cruzó el Jordán, todo lo que Jacob tenía era su cayado en la mano y la ropa encima. Ahora, unos 20 años más tarde, se necesitan dos compañías de hombres para traer todas las bendiciones de Dios.

Reflexiona en las posesiones materiales que Dios te ha dado. ¿Podría ser que Dios te haya prosperado de tal manera que a tu vez puedas ser de bendición a otros? Si es así, ¿quiénes son los "otros" que Dios ha traído a tu vida con ese propósito? Si Dios trae a alguien a tu mente, escribe el nombre de la persona en el margen. Entonces, ¡deja que las palabras de Jesús en Hechos 20:35 te estimulen a actuar hoy!

Percepción: Cuando Dios prospera a alguien, ¡Tenga cuidado!
Comenzando con nada, Jacob acumuló tantas riquezas en 20 años que cuando salió para Canaán pudo regalarle 580 animales a su hermano Esaú ¡sin afectar el presupuesto de la familia!

Colocando los

libros de

Génesis y Exodo

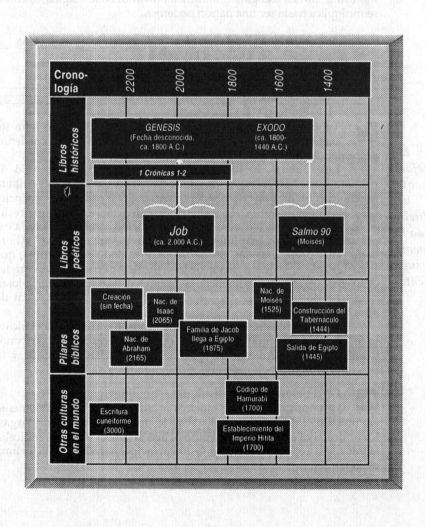

Crono-logía	2200	2000	1800	1600	1400

Libros históricos

GENESIS (Fecha desconocida, ca. 1800 A.C.) — EXODO (ca. 1800-1440 A.C.)

1 Crónicas 1-2

Libros poéticos

Job (ca. 2.000 A.C.)

Salmo 90 (Moisés)

Pilares bíblicos

- Creación (sin fecha)
- Nac. de Isaac (2065)
- Nac. de Abraham (2165)
- Familia de Jacob llega a Egipto (1875)
- Nac. de Moisés (1525)
- Construcción del Tabernáculo (1444)
- Salida de Egipto (1445)

Otras culturas en el mundo

- Escritura cuneiforme (3000)
- Código de Hamurabi (1700)
- Establecimiento del Imperio Hitita (1700)

14 Esclavitud de José / Génesis 37-40

Corazón del pasaje: Génesis 37-39

📖 **Resumen:** Comenzando con el capítulo 37, la narración se ocupa de la próxima generación: José, soñador de sueños. Aunque era el hijo favorito de Jacob, José se granjea la enemistad de sus hermanos a causa de su franqueza. La envidia se vuelve odio, hasta que finalmente los hermanos lo venden como esclavo. Llevado a Egipto, José continúa sufriendo injusticias, primero de parte de la esposa de Potifar, y más tarde del olvidadizo jefe de los coperos. Mientras José resiste la tentación de inmoralidad, su hermano Judá cae en el mismo pecado. Claramente, es necesario aislar de la corrupción moral a la familia escogida durante los próximos cuatro siglos, mientras se multiplica hasta ser una nación poderosa.

Capítulo 37	Capítulo 38	Capítulo 39	Capítulo 40
José vendido	Judá avergonzado	José castigado injustamente	José olvidado
Amado hijo en Canaán		Mayordomo confiable en Egipto	

Los mejores santos han sobrellevado los peores sufrimientos.

✒️ **Tu andar diario:** "Yo sé que algunas cosas que hago para ser aceptado por mis amigos están mal. Pero si no sigo la corriente, ¡se reirían de mí!"

José puede asociarse con esa declaración. El aprendió de primera mano las consecuencias de hacer lo recto. Pudo haber evitado muchos problemas por desobedecer a su padre o ceder a las intenciones de la mujer de Potifar. La lealtad a sus convicciones tenía un precio.

Pero la fidelidad tiene su compensación también. Note la expresión repetida en el capítulo 39: "Mas Jehová estaba con José". Ahora bien, ¿cuál preferirías ser: un hermano abrumado por la culpa, que trata de explicar la desaparición de José, Judá empeñado en desenredar el lío creado por su incontinencia, la esposa frustrada de Potifar, o José? Sólo uno de esos individuos era verdaderamente libre. (¿Cuál de ellos?)

¿Dónde está el compromiso amenazando con embotar el filo de tu fe? Pídele a Dios que te dé el valor de permanecer fiel a El con amor y tacto. Luego aprovecha la próxima oportunidad de rectificar tu proceder, y manifiesta tus convicciones a todos los implicados.

🔍 **Percepción:** La ropa distingue al hombre

La famosa "túnica de muchos colores de José" probablemente era una túnica adornada que llegaba a los tobillos, con mangas largas. Identificaba al que la llevaba como el hijo favorito, y quizás indicaba la intención de Jacob de hacer a José el principal heredero de la fortuna de la familia.

16

Gobierno de José en Egipto / Génesis 41-44   **15**

📖 **Resumen:** Un sueño difícil enviado por Dios a Faraón despierta la memoria del jefe de los coperos, y José es promovido de prisionero a primer ministro a causa de la sabiduría que Dios le ha dado. El sueño es un pronóstico seguro de abundancia y hambre en los años venideros. El hambre mundial mueve a Jacob a enviar diez hijos en busca de trigo a Egipto, donde José, reconociéndolos enseguida, procede a darles una lección dolorosa. Una serie de confrontaciones contribuyen al clímax en el capítulo 44, en el cual los hermanos, sin saberlo, cumplen los sueños de la niñez de José.

Corazón del pasaje: Génesis 43-44

Capítulo 41		Capítulo 42	Capítulo 43	Capítulo 44
Visión de Faraón	Vindicación de José	Visita de los hermanos	Visita de Benjamín	Venganza de José
1 36	37 57			
José exaltado de la prisión		Hermanos humillados en el palácio		

✍️ **Tu andar diario:** Aún no ha habido un verdadero "pecado secreto". Por años, los hermanos de José habían vivido ocultando su engaño a Jacob. El secreto fue tan completo, que Jacob probablemente se culpó a sí mismo por la pérdida de su hijo favorito. Y los otros hijos, aunque veían la agonía de alma que su padre experimentaba, mantenían su conspiración de silencio, con lo cual prolongaban su pesar.

Pecados ocultados por el hombre jamás son cancelados por Dios.

Pero ellos no tomaron en cuenta a un testigo de su crimen: Dios. Como Judá lo descubrió: "Dios ha hallado la maldad de tus siervos" (44:16). Dios les dio tiempo para que ellos mismos determinaran corregir el mal. Luego El los presionó. El resultado fue una banda de hombres atemorizados, perseguidos por el recuerdo de su hermano perdido. Sentimientos de culpa, ansiedad, e incertidumbre les seguían constantemente, hasta que rectificaron el agravio mediante confesión y restauración.

Como pecador delante de Dios, uno tiene dos opciones. Puede cargar con la ansiedad de sus pecados "secretos" hasta que Dios decida exponerlos. O confesarlos a Dios y a aquellos a quienes ha hecho mal, y hallar perdón y paz. Por la muerte de Cristo, uno puede determinar hoy rectificar agravios con un hermano o hermana, pastor o vecino, esposa o compañero de cuarto. ¿Lo harás?

📑 **Percepción:** ¿Qué pasó con la tribu de José?

Los hijos de José, Manasés y Efraín, fueron "adoptados" por Jacob (48:5). Consecuentemente, los descendientes de José más tarde constituirían dos tribus de Israel, con los nombres respectivos de sus dos hijos.

16 La familia de José es honrada
Génesis 45-47

Corazón
del
pasaje:
Génesis
47

Resumen: José, no pudiendo contenerse por más tiempo, reveló su verdadera identidad a sus aterrorizados hermanos. Su explicación de eventos recientes (45:5-8) revela la perspectiva espiritual que le sostuvo a través de años de sufrimiento e incertidumbre. Consecuente con la profecía dada a Abram (15:13), Dios le asegura a Jacob que la peregrinación en Egipto tiene Su aprobación. Así que toda la población judía (70 en número) se muda a Gosén, que sería la residencia de la naciente nación por los próximos 400 años.

Capítulo 45	Capítulo 46	Capítulo 47
Un hermano resucitado	Una familia reunida	Un padre recompensado
El secreto de José	Residencia de Jacob	Satisfacción de Jacob

Cuando
Dios
mide la
grandeza
de un
indivi-
duo,
pone la
cinta de
medir
alrede-
dor del
corazón,
no de la
cabeza.

Tu andar diario: El contraste debe de haber sido impresionante. En la corte del rey más poderoso de la tierra cojeaba un anciano vestido toscamente, como los beduinos que habitan en tiendas. Faraón le concedía audiencia a Jacob por respeto a José. Y Jacob, el anciano de apariencia insignificante, ¡bendijo al rey (47:7-10)!

Faraón no lo sabía, pero estaba siendo bendecido nada menos que por Israel, el Príncipe de Dios. A pesar de toda su supuesta importancia, Faraón en poco tiempo caería en el olvido. Aun su nombre desaparecería de los registros históricos. Sin embargo, este viejo pastor continuaría ocupando un lugar de honor a través de los siglos. El pueblo de Dios sería llamado "hijos de Israel", y Dios se identificaría como "el Dios de Jacob". Del linaje de Jacob vendría el Rey de reyes, que "reinará sobre la casa de Jacob para siempre".

Las apariencias pueden ser engañosas. Tú, como Jacob, quizás no seas una persona muy importante a los ojos del mundo. Pero lo eres. Tu importancia, como la de Jacob, no nace de lo que tú hayas hecho de ti mismo, sino de lo que Cristo ha hecho de ti. En una hoja de papel, trata de completar esta oración en 10 maneras: "Porque soy hijo de Dios, yo soy_____". Luego vive hoy a la altura de tu identidad como hijo del Rey.

Percepción: "¡Vosotros lo hicisteis... Dios lo hizo!"

Las palabras "Haberme [vosotros] vendido... me envió Dios" (45:5) forman una declaración clásica de la providencia de Dios. Mirando atrás, José podía ver claramente ambos elementos —lo humano y lo divino— obrando en el plan de Dios.

José en el Antiguo
Jesús en el Nuevo

En muchas formas José prefigura la vida y ministerio de Jesucristo. Note las muchas semejanzas entre los dos

JOSE	JESUS
Era el hijo amado de su padre (Génesis 37:3)	Era el hijo amado de su Padre (Mateo 3:17)
Testificó contra el pecado de sus hermanos (y éstos le odiaban (Génesis 37:2, 4-5)	Testificó contra los hombres y lo odiaron por ello (Juan 15:18)
Fue tentado y no cedió (Génesis 39:7-12)	Fue tentado por Satanás y no cedió ((Mateo 4:1-11)
Judá lo vendió por veinte piezas de plata (Génesis 37:26-28)	Judas lo vendió por treinta piezas de plata (Mateo 26:15)
Fue puesto en el calabozo (lugar de muerte (con otros dos criminales) (Génesis 40:1-3)	Fue puesto en la cruz (lugar de muerte) con dos criminales (Marcos 15:27-28)
Uno de los criminales murió, el otro vivió (Génesis 40:21-22)	Uno de los criminales murió, el otro vivió (Lucas 23:39-43)
Fue levantado del lugar de muerte por el rey de la tierra (Génesis 41:14)	Fue levantado de la muerte por el Rey del universo (Colosenses 2:12)
Llegó a ser el libertador de su pueblo (Génesis 47:25)	Vino a ser el Salvador de su pueblo (1 Timoteo 4:10)

17 Ultimos días de Jacob / Génesis 48 - 50

Corazón del pasaje: Génesis 50

📖 **Resumen:** Los capítulos 48-50 concluyen el libro de Génesis, narrando los hechos postreros de Jacob y José, y la muerte y sepultura de ambos. La bendición que Jacob otorga a los dos hijos de José, anunciando que el menor sería más ilustre que el mayor, está acorde con el patrón establecido en Génesis (Isaac en vez de Ismael, Jacob en vez de Esaú, José en vez de Rubén). Como su último hecho terrenal, Jacob bendice a cada uno de sus 12 hijos, dando un pronunciamiento divinamente guiado de su historia futura. El cuerpo de Jacob es embalsamado y llevado a Canaán para su sepultura, mientras que el cuerpo de José permanece en Egipto hasta la liberación de la recién nacida nación de Israel.

Capítulo 48	Capítulo 49	Capítulo 50	
Hijos de José bendecidos	Hijos de Jacob bendecidos	Muerte y sepultura de Jacob	Muerte de José
		1 21	22 26
Ultimos días de Jacob		Ultimos días de José	

Todas las bendiciones de Cristo son como El, de naturaleza espiritual y celestial.

🔑 **Tu andar diario:** ¿Quisieras a veces que tu vida fuera más valiosa para los intereses de Dios —con mayor influencia para el bien de quienes te rodean? Te esfuerzas fielmente, pero no se ven resultados. Realmente, te sientes tentado a darte por vencido.

El plan de Dios es mayor que cualquier persona. En manera sorprendente El une las vidas de muchas personas diferentes para realizar Su voluntad. José es un buen ejemplo. Arrancado de junto a su familia, maltratado y encarcelado, más tarde emerge como el gobernador de Egipto. ¿Y con qué propósito? "Dios lo encaminó a bien, para hacer lo que vemos hoy, para mantener en vida a mucho pueblo" (50:20). La familia de José y toda la nación egipcia pronto debían su supervivencia al liderazgo de José.

¿Cuántas vidas contactas cada día? Haz una lista en tu mente. ¡El número pudiera sorprenderte! Tu esposa, tus padres, los hijos, el jefe, el maestro. No te olvides de los vecinos, los compañeros de trabajo, el cartero, el comerciante.

Escoge un nombre y una forma en que Dios pudiera usarte para ayudar a esa vida con una sonrisa, una palabra bondadosa, un acto de atención. Entonces permite a Dios usarte hoy... para bien.

🔎 **Percepción:** Servicio fúnebre egipcio.

El embalsamamiento generalmente tomaba 40 días, y se ajustaba a diferentes precios. Al completarse, el ataúd quedaba enhiesto junto a la pared de la cámara sepulcral.

Exodo

Durante cerca de 400 años desde el final de Génesis, los descendientes de la familia patriarcal habían experimentado buenas y malas noticias. Las buenas: Habían llegado a ser una nación de varios millones. Las malas: Eran esclavos oprimidos en la tierra de Egipto. Exodo es, pues, el libro de la redención de esclavitud a Faraón, a relación de pacto con Dios. De Egipto a Sinaí, Israel aprende del poder de Dios y de la importancia de la adoración nacional.

Enfoque	Servidumbre			Salvación				Santificación			
Divisiones	Nacimiento de Moisés		Llamamiento de Moisés	Conflicto con Faraón	Exodo de Egipto	Cruce del mar Rojo	Viaje a Sinaí	Leyes y ceremonias	Planos del Tabernáculo	Becerro de oro	Dedicación del Tabernáculo
	1	2 3	6	7 10	11 12	13 15	16 18	19 24	25 31	32 34	35 40
Tópicos	Liberación de la opresión							Preparación para la adoración			
	Sacando a Israel de Egipto							Sacando a Egipto de Israel			
Lugar	En Egipto			En marcha				En Sinaí			
Tiempo	430 Años (15% de Exodo)			2 Meses (30% de Exodo)				10 Meses (55% de Exodo)			

18 Esclavitud de Israel / Exodo 1-2

Corazón
del
pasaje:
Exodo
1:8-2:10

Resumen: Al continuar multiplicándose y prosperando los descendientes de Jacob en Gosén, eran una amenaza creciente para el nuevo gobernante egipcio. Su plan de matar a todos los niños varones hebreos fue malogrado por las valientes parteras, y en este contexto de peligro nace el niño Moisés. Destinado a ser el libertador del pueblo de Dios, Moisés goza de la educación más alta en la corte de Faraón. Pero cuando busca liberar a Israel a su tiempo y manera, se ve huir por su vida al desierto de Madián. Allá pasa los próximos 40 años, cuidando ovejas y esperando las instrucciones de Dios para libertar a Su pueblo.

Capítulo 1		Capítulo 2	
Crecimiento de Israel en Egipto	Sufrimiento de Israel en Egipto	Nacimiento de Moisés en Egipto	Entrenamiento de Moisés en Madián
1 6	7 22	1 15	16 25
Egipto el opresor		Moisés el libertador	

¡La
pacien-
cia es
una
virtud
que
implica
mucha
espera!

Tu andar diario: ¿Dónde estás matriculado en la "Escuela de Paciencia" de Dios? Pon una marca al lado del "aula" donde estás aprendiendo más ahora mismo a soportar en circunstancias difíciles:

_____ Hogar _____ Escuela _____ Trabajo

_____ Iglesia _____ Matrimonio _____ Hospital

Moisés aprendió paciencia en el desierto mientras cuidaba de las ovejas. Sin él saberlo, Dios estaba usando esos años como parte de un programa de ajuste a fin de prepararle para pastorear un rebaño mucho más grande: la nación de Israel. Sólo cuando Moisés estuvo realmente listo Dios le apareció en la zarza ardiente y lo envió de regreso a Egipto.

El proceso de Dios para enseñar paciencia puede parecerte agonizantemente lento, pero recuerda, tu respuesta a Su "tutoría" es de suma importancia. ¿Con cuánta rapidez estás aprendiendo las lecciones que necesitas dominar a fin de estar listo para mayor servicio cuando El llame? Ahora mismo, completa esta oración: "Querido Señor, ya que sé que quieres usarme de manera significativa, por favor, ayúdame a aprender la lección de paciencia que me has asignado hoy, mientras yo _____ ".

Percepción: Una ley mortal sólo para varones.

El plan de Faraón de matar a los varones hebreos recién nacidos, no sólo hubiera cortado el rápido crecimiento de los israelitas, sino que habría estimulado los matrimonios entre mujeres israelitas y hombres egipcios, lo que habría hecho perder a Israel su identidad nacional.

Llamamiento y credenciales de Moisés / Exodo 3-6

19

Resumen: Al finalizar su largo período de exilio en el desierto, Moisés se convierte en el escogido de Dios para sacar al pueblo de la esclavitud. Cuando es confrontado por Dios en la zarza ardiente, está convencido de que no es el hombre apropiado para la obra. Pero tan pronto como sus objeciones son contestadas, va a enfrentarse a Faraón, armado de señales sobrenaturales. Tal como Dios lo había predicho, Faraón no sólo rehúsa dejar ir al pueblo, sino que aumenta sus labores también. Al reaccionar el pueblo con ira, Dios responde con firmeza que Su nación será redimida.

Corazón del pasaje: Exodo 3; 5:1-6:13

Capítulo 3		Capítulo 4	Capítulo 5	Capítulo 6
Llamamiento de Moisés	Comisión de Moisés	Compañero de Moisés	Confrontación de Moisés	
			con Faraón	con Dios
1	8 9	22		
Hombre de Dios para la liberación			Plan de Dios para la liberación	

Tu andar diario: Ponte en el lugar de Moisés. Dios te ha enviado a libertar al pueblo que ha gemido bajo el yugo de esclavitud por siglos. Al llegar, encuentras este opresor, Faraón, y le das el mensaje de Dios. Pero en vez de mejorar las cosas, ¡las empeoras! Observas sin poder hacer nada cómo Faraón les aumenta la carga a tus compatriotas. ¿Cuál es tu respuesta?

Probablemente harías lo mismo que Moisés: Clamar a Dios en frustración. Quizás *has* estado en el lugar de Moisés antes si has fracasado en un proyecto que intentaste para Dios. Si es así, la revelación fresca de Dios mismo —quién El es, lo que ha hecho en el pasado, y lo que promete hacer en el futuro— debe ser para ti de tanto estímulo como fue para Moisés. Las *promesas* de Dios están basadas en el *carácter* de Dios. Eso es todo lo que Moisés necesitaba saber.

El mismo Dios inmutable que sostuvo al pastor desanimado puede hacer lo mismo por ti en tiempos difíciles. Busca en un himnario cantos que alienten fe, compuestos por quienes supieron de primera mano que Dios es fiel. Su Dios es el tuyo —¿no te causa alegría?

El resonante "YO SOY" de Dios echa fuera nuestro débil "Yo no puedo".

Percepción: Desecha el rastrojo, y tendrás problemas

Los ladrillos hechos con paja son más fuertes que los que no la tienen, porque la química que sale de la paja descompuesta hace al barro más manejable y homogéneo. Los arqueólogos informan que numerosas estructuras construidas en tiempos bíblicos con ladrillos secados al sol, todavía hoy permanecen.

20

Las primeras nueve plagas / Exodo 7-10

Corazón del pasaje: Exodo 7

📖 **Resumen:** Cuando uno no obedece a Dios *voluntariamente*, a menudo Dios le lleva a circunstancias que le obligan a obedecer a Dios *involuntariamente*. Tal es el caso del renuente Faraón. Dios envió una serie de nueve calamidades nacionales que incluían insectos, enfermedades, y trastornos de la naturaleza, para que Faraón entendiera la importancia de la obediencia. En la rebelión del corazón, Faraón repetidamente rehusó cumplir sus promesas de liberar al pueblo. El escenario está listo para la décima y culminante plaga.

Cap. 7	Capítulo 8			Capítulo 9			Capítulo 10	
Nueve buenas razones para "deja(r) ir a mi pueblo":								
Sangre	Ranas	Piojos	Moscas	Epizootia	Ulceras	Granizo	Langostas	Tinieblas
	1 15	16 19	20 32	1 7	8 12	13 35	1 20	21 29
Los dioses de Egipto vs. el Dios de Israel (12:12)								

✏️ **Tu andar diario:** Tinieblas y granizo... langostas y moscas... ranas y sangre. ¿Qué conexión posible podría haber entre las 10 plagas? ¿Tenía Dios una razón para seleccionar precisamente esas calamidades? ¿Por qué no usó impuestos altos... contaminación del aire... inflación... "carrozas con defectos de fabricación", es decir, los problemas que nos aquejan hoy?

Los que dicen "¡No!" a Dios no debieran sorprenderse cuando las langostas les visitan.

La clave se encuentra en 12:12: "Ejecutaré mis juicios en todos los dioses de Egipto". *Cada plaga representó un ataque sobre un objeto de adoración en Egipto:* El río Nilo, el dios del sol Ra, la diosa rana Haqt, el dios mosca Uatchit, el dios protector Seth (quien supuestamente mantenía alejadas las langostas), Faraón mismo. Los egipcios habían olvidado al Creador y le habían substituido por la creación. Así que Dios usó 10 "ayudas visuales" para que volvieran sus ojos (y su adoración) de nuevo a El.

Y eso provoca una pregunta penetrante: Si Dios fuera a traer 10 plagas sobre tu nación hoy —10 ataques sobre objetos de adoración en tu país—, ¿qué podría usar El? ¿Hay alguna evidencia de que El esté haciendo precisamente eso? Si es así, ¿cuál sería tu respuesta a la luz de la triste experiencia de Faraón?

✏️ **Percepción:** Si pensabas que la plaga de ayer fue mala...

Cada plaga subsiguiente fue más intensa y severa que la anterior. Las primeras cuatro produjeron molestia al pueblo. La quinta trajo muerte al ganado; la sexta, dolor físico; la séptima y la octava, caos económico; la novena, pánico mental y emocional; y la décima, muerte a cada familia egipcia.

El Dios de Israel

contra los "dioses" de Egipto

"Ejecutaré mis juicios en todos los dioses de Egipto. Yo Jehová" (Exodo 12:12). (Ver Exodo 18:11; Números 33:4.)

Plaga (referencia)	Rasgos especiales	Objetos de Adoración Egipcia*
1. El Nilo contaminado (7:14-25)	Peces muertos, hediondez, agua que no se podía beber. Magos egipcios imitaron la plaga en menor escala pero no pudieron quitarla. Duró siete días.	El Nilo mismo; Khnum (guardián de la fuente del río); Hapi (espíritu del Nilo); Osiris (el Nilo era su corriente sanguínea); varios peces deidades; Hapi (cocodrilos).
2. Ranas (8:1-15)	Magos imitaron la plaga pero no pudieron quitarla .	Hapi y Heqt (diosas ranas relacionadas con la fertilidad)
3. Polvo y piojos (8:16-19)	Sin advertencia. Magos incapaces de imitar la plaga. La atribuyeron al "dedo de Dios" (8:19).	Seb (dios de la tierra)
4. Enjambres de moscas (8:20-32)	No afectó a Gosén, donde vivían los israelitas. Faraón primero ofreció dos compromisos.	Uatchit (diosa mosca)
5. Muerte de animales domésticos (9:1-7)	Sin advertencia. Primera plaga que afecta directamente la propiedad personal. Animales de los israelitas exentos.	Ptah, Hathor, Mnevis, Amón (dioses asociados con toros y vacas)
6. Ulceras (9:8-12)	Sin advertencia. Primera plaga que afecta directamente la salud personal. Magos incapaces de presentarse en la corte por las úlceras.	Sekhmet (diosa de las epidemias); Serapis e Imhotep (dioses de la sanidad)
7. Granizo y Fuego (9:13-35)	En la mayor parte de Egipto llueve poco o nada. Esta tormenta no tiene paralelo histórico. Gosén no tocada. Primera de las "confesiones" de Faraón.	Nut (diosa del cielo); Isis y Seth (deidades de la agricultura); Shu (atmósfera)
8. Langostas (10:1-20)	Cosecha de Egipto perdida: 100%. Faraón ofrece el tercer compromiso, segunda "confesión".	Serapia (protector contra langostas)
9. Tinieblas (10:21-29)	Parece que Israel tenía luz en Gosén. Duró tres días.	Ra, Amon-ra, Aten, Atum, Horus, Harakhte (dioses del sol); Thoth (dios de la luna)
10. Muerte de los primogénitos (11-12)	Específicamente designado por Dios como la plaga final. Primogénito muerto en cada familia egipcia. Faraón expulsa a Israel incondicionalmente.	Todos los dioses de Egipto, incluso Faraón

*La religión del antiguo Egipto es muy difícil de analizar, porque los egipcios eran uno de los pueblos más politeístas de la antigüedad. El número total de sus dioses es incierto, pero la mayoría de las listas incluyen por lo menos 80. La mayoría de las criaturas vivas y muchos objetos inanimados vinieron a representar a algunos de los dioses (Romanos 1:23), y aun Faraón mismo era considerado divino, junto con otras deidades en el panteón egipcio (Exodo 5:2).

21 Décima plaga, Pascua, y éxodo
Exodo 11-12

Corazón del pasaje: Exodo 12:1-28

🔲 **Resumen:** Nueve plagas devastadoras, ¡y aún Faraón no cedía! Pero la décima y última plaga, la muerte de los primogénitos (tanto de hombres como de animales) en cada familia egipcia, trae la muy esperada liberación de Israel. Para escapar del juicio terrible sobre los primogénitos, cada familia israelita observa la Pascua, que sustituye la muerte del hijo con la de un cordero. Sin más resistencia de Faraón, todo Israel inicia el éxodo de Egipto.

Capítulo 11	Capítulo 12		
Plaga final	Primera Pascua	Primogénito destruido	Adiós final
1 28	29 36	37 51	
"Id, servid a Jehová como habéis dicho" (12:31).			

La sangre de Cristo es el sello del testamento.

✏️ **Percepción:** Cristo, nuestro Cordero pascual
Note cómo los detalles de la Pascua semejan los eventos que rodearon la muerte de Cristo.

Pascua	Cristo
El sacrificio debía ser un cordero (12:3).	Cristo era el Cordero de Dios (1 Corintios 5:7).
El cordero debía ser sin tacha (12:5).	Cristo era sin falta (1 Pedro 1:18-19).
El cordero debía estar en la flor de su vida (12:5).	Cristo estaba en la plenitud de su vida cuando murió (Juan 8:57).
La sangre del cordero fue derramada para que Israel tuviera vida (12:23).	La sangre de Cristo fue vertida para que el mundo tuviera vida (Juan 3:16).

🖋️ **Tu andar diario:** La muerte nunca es agradable. Cuando muchos mueren, eso es un desastre. Así que, imagínate el impacto nacional cuando por lo menos uno en cada casa en Egipto murió en una noche. Pero todo era necesario para probar a un rey testarudo que hay un Dios verdadero. La liberación llegó a los israelitas mediante la fe en la sangre aplicada a los postes de sus puertas.

Siglos más tarde, Jesucristo, el Cordero de Dios, dio su vida para libertar a los hombres de las ataduras del pecado. Te pregunto: ¿Ha sido su sangre aplicada a los postes de tu corazón? Si es así, dale gracias por lo que El sufrió por ti. Si no, ahora es el mejor tiempo para orar: "Jesús, gracias por tu muerte en la cruz. Yo te recibo como mi Redentor del pecado y como mi Cordero pascual".

Cruzando el mar Rojo
Exodo 13-15

22

📖 **Resumen:** Libertar al pueblo de la esclavitud egipcia es sólo el primer paso en el plan de Dios de traer a los israelitas a la Tierra Prometida. Muchos obstáculos hay por delante. Faraón, cuyo corazón está de nuevo endurecido, envía sus ejércitos a perseguir a Moisés y al pueblo. Atrapados entre el mar Rojo y las carrozas egipcias que se acercan rápidamente, el pueblo clama en desesperación —y Dios responde de forma milagrosa—. El mar Rojo se divide, la nación cruza por tierra seca, y gritos de terror se cambian en himnos de alabanza cuando el ejército egipcio desaparece en una tumba de agua.

Corazón del pasaje: Exodo 13:17-14:31

Capítulo 13	Capítulo 14	Capítulo 15
Una columna de nube y fuego	Un camino por el mar Rojo	Un canto de Moisés
Provisión	Protección	Alabanza

🕊 **Tu andar diario:** Los niñitos no siempre saben qué es mejor para ellos. Si no crees eso, deja libre a un niño en un patio sin verja cerca de una calle muy transitada... o deje su botiquín abierto. No, los niños no tienen la sabiduría de los adultos. Es por eso que Dios provee padres: para ayudar a los niños a sobrevivir hasta llegar a adultos.

Cuando los israelitas salieron de Egipto, eran como una banda grande de niños, sin saber qué era mejor para ellos. Pero como un padre amoroso, Dios proveyó dirección, protección, alimento, agua, e instrucción para enseñarles a gozar de una relación "adulta" con El. Pacientemente les mostró lo que significa confiar en Dios en cada faceta de la vida, depender en Su provisión diaria.

¿Te ha puesto Dios en una situación de desierto? Recuerda, tú estás ahí para aprender una lección de confianza en Dios. Pon un imperdible en tu solapa hoy como un recordatorio de tu dependencia del Padre. (¡Puede aun darte la oportunidad de testificar!)

No he de desconfiar de mi Dios por ropa o alimento mientras los lirios florezcan y los cuervos coman.

✍ **Percepción:** ¿De qué color es el mar Rojo?
El mar Rojo es un cuerpo de agua angosto que se extiende en dirección sudeste desde Suez hasta el golfo de Adén por 2.400 km. Nota interesante, el mar Rojo es usualmente de color turquesa claro. Sin embargo, periódicamente crecen algas en el agua. Cuando mueren, el mar se pone pardo rojizo, eso le da el nombre de mar Rojo.

23 *Un sacrificio vivo*

Lectura bíblica: Romanos 12:1

⬅ **Da un paso atrás**
Redención

Es lamentable que esa palabra haya adquirido un pesado acento teológico, porque encierra el corazón de la obra de Dios por nosotros.

Dios redimió a su pueblo de Egipto. Y ese incidente ilustra cómo El nos redime de la esclavitud del pecado, de ser cautivos de las costumbres del mundo.

La palabra redimir quiere decir "obtener libertad por medio de un pago". Dios ilustra el proceso con el cordero de la Pascua —el sacrificio sin tacha que derrama su sangre como una cubierta de manera que el ángel de la muerte pasara por alto a Su pueblo. Esa muerte inocente fue el pago requerido para la liberación.

De igual modo, Jesucristo ofreció el pago que se requería para nuestra libertad del pecado, y nos hizo Sus hijos para toda la eternidad. Por su muerte en nuestro lugar, hemos sido redimidos. Comprados por un precio. Liberados de esclavitud. Libertados para andar con El.

Y no tenemos que volver a pagar el precio. En efecto, como la pena del pecado ha sido pagada, ahora nos consagramos por nuestra vida, no por nuestra muerte. Como dice Pablo: "Así que, hermanos, os ruego por las misericordias de Dios, que presentéis vuestros cuerpos en sacrificio vivo, santo, agradable a Dios, que es vuestro culto racional" (Romanos 12:1).

⬆ **Mira arriba**
Creyente, Jesucristo es tu Redentor. Porque el Padre te ama, ha provisto una salida de la esclavitud del pecado.

Cristo se hizo lo que nosotros somos para hacernos lo que El es.

Pero tal como los israelitas enfrentarían dificultades y sufrimientos después de salir de Egipto, es posible que tengas también que pasar tiempos difíciles al andar con tu Redentor. Del mismo modo, los israelitas tenían una columna de fuego y nube que les guiaba; tú tienes el Espíritu Santo en tu corazón y la Palabra de Dios en tus manos para guiarte.

En oración, da gracias a Dios por redimirte, y por proveer todo lo que necesitas al andar en el camino de la vida.

➡ **Sigue adelante**
Hoy, cada vez que pagues por un artículo con dinero o cheque, que esa acción te recuerde del pago que Dios hizo por ti. Tu deuda ha sido del todo pagada por el Salvador con su sacrificio redentor en la cruz.

¿Y por qué no aprovechar la oportunidad para dar una palabra de testimonio a la persona a quien le estás pagando?

Viaje al Sinaí / Exodo 16-18

24

📖 **Resumen:** Cuando Israel salió de Egipto, había dos cosas que el pueblo sabía hacer bien: ladrillos y quejarse. Ahora ellos hacen de esta última un arte fino. Al disminuir las provisiones, las quejas aumentan. Cuando se acaban los recursos, Dios suple maná, codornices, y agua en abundancia para demostrar que El es ahora su proveedor confiable. Israel pelea (y gana) su primera batalla militar. Y Moisés, siguiendo el consejo de su suegro, delega algunas de sus responsabilidades a 70 ayudantes capaces.

Corazón del pasaje: Exodo 16:1- 17:7

Capítulo 16	Capítulo 17		Capítulo 18
Hambre en el desierto	Sed en Refidim	Victoria sobre Amalec	Victoria sobre la fatiga
1	7	8 16	
Murmurando	Peleando		Delegando

✎ **Tu andar diario:** Comienza con un auto de dos puertas cargado de equipaje. Añade un padre, una madre, y tres niños menores de 10 años. Dirige el carro a un destino de 800 km (como a casa de abuela). Después de 560 km, examina la escena. ¿Cómo está ahora el "circo ambulante"?

Multiplica esa situación básica por 600.000, retrocede 3.500 años, y comienzas a entender la situación difícil de Moisés en Exodo 16. La emoción de la libertad y el entusiasmo del éxodo pronto se borraron por la incomodidad del viaje. La gratitud cedió su lugar a la murmuración durante la larga travesía del desierto.

¿Tiendes a quejarte cuando las cosas no van como deseas? Lo dicho por Moisés a Israel no pierde actualidad: "Vuestras murmuraciones no son contra nosotros, sino contra Jehová" (16:8).

La queja es el arte de acumular pequeños enojos.

Por otro lado, uno de los mejores indicadores de tu amor a Dios es un espíritu contento que se expresa en acción de gracias. Toma papel de lujo y escribe una nota de gratitud a Dios por bendiciones en las que no habías pensado: salud, paz, familia, amistades, empleo, libertad personal. Entonces envíatela a ti mismo. Dentro de uno o dos días, serás otra vez bendecido al volverla a leer.

📷 **Percepción:** ¿Qué hay en el menú?
Aunque Dios fielmente proveyó maná por 40 años, no debe pensarse que el maná era toda la dieta de Israel. Ellos salieron de Egipto con muchísimo ganado (12:38; 17:3) y podían comprar otros alimentos y agua en el camino (Deuteronomio 2:6-7).

25 Los Diez Mandamientos / Exodo 19-20

Corazón del pasaje: Exodo 20:1-17

🔲 **Resumen:** Por primera vez en cuatro siglos, los israelitas eran libres para adorar y andar con su Dios santo. ¿Pero cómo ellos se acercan a Dios? ¿Cuáles son Sus justas demandas? En el monte Sinaí, Moisés prepara al pueblo para recibir los Mandamientos, un cuerpo de leyes que ellos prometen obedecer —¡aun antes de recibirlo!— Después de dos días de purificación, la nación presencia un despliegue grandioso de la majestad de Dios, cuando El desciende en una densa nube a darles los Diez Mandamientos, los amplios principios morales que guiarán a la nueva nación y la separarán de sus vecinos paganos.

Capítulo 19		Capítulo 20	
Limpiando al pueblo	Advirtiendo al pueblo	Mandando al pueblo	Consolando al pueblo
1 15	16 25	1 17	18 26
Truenos y nubes		Diez mandamientos	

Si Dios hubiera deseado una sociedad permisiva, nos habría dado las Diez Sugerencias.

🖊️ **Tu andar diario:** ¿Qué falta en la siguiente historia?

Un neurocirujano está en casa plantando un huerto cuando le avisan que un caso de emergencia necesita su atención inmediata. Toma su auto, va al hospital, entra en la sala de operación, e inmediatamente comienza a operar al moribundo...

Es obvio que faltan dos cosas: (1) el paso muy importante de lavarse antes de la cirugía, y (2) ¡el nombre de un buen abogado que maneje la casi segura demanda por negligencia!

Tal como un médico tiene que lavarse antes de una cirugía, el cristiano tiene que limpiarse antes de entrar en la presencia de un Dios Santo en adoración y oración. Los israelitas participaron en actos simbólicos de limpieza (19:10) en preparación para el descenso de Dios sobre el monte Sinaí. El mismo Dios que deseaba pureza en los israelitas requiere corazones puros de los que se acercan a El hoy (Salmo 66:18; 1 Juan 1:9).

¿Está el pecado sin confesar ensuciando tu relación con Dios e impidiendo tu comunión con El? Habla con él de eso ahora. Luego pon una pastilla de jabón al lado de tu Biblia para que te recuerde de la importancia de limpiar regularmente tu andar con Dios.

🖊️ **Percepción:** Toma la ley de Dios, ¡en sentido personal! Aunque la ley fue designada para gobernar la conducta de una nación, Exodo 20 está en singular, lo que muestra que el carácter de una nación depende de la conducta personal de sus ciudadanos.

26

Leyes civiles y ceremoniales
Exodo 21-24

🔲 **Resumen:** En el monte Sinaí Dios entrega al líder de Israel, no sólo los Diez Mandamientos, sino también un cuerpo extenso de leyes civiles y ceremoniales que deben regular todos los aspectos de la vida de Israel. La sección que vas a leer hoy contiene las regulaciones civiles y sociales que componen "el libro del pacto" (24:7). Levitas y sacerdotes, ofrendas y fiestas, servicios y sacrificios; todo en detalle meticuloso. Tras recibir promesa del pueblo: "Haremos todas las cosas que Jehová ha dicho, y obedeceremos" (24:7), Moisés regresa al monte, donde por 40 días recibe más instrucciones del Señor.

Corazón del pasaje: Exodo 24

Capítulo 21	Capítulo 22	Capítulo 23	Capítulo 24
Ley de relaciones	Ley de restitución	Ley de sacerdotes y fiestas	Ley en tablas de piedra
Civiles		Ceremoniales	Ciertas

✒️ **Tu andar diario:** ¿Qué dice la Biblia acerca de la televisión? ¿Qué de jugar a la pelota el domingo? ¿Dónde habla tu Biblia acerca de guarderías infantiles? ¿O del cine? ¿O del fumar? ¿Qué del control de la natalidad? ¿O de la música Rock? ¿O de vehículos de recreo? ¿O de los horóscopos?

Si vas a la Biblia esperando una respuesta detallada para cada situación de hoy, quedarás desilusionado. ¡Aun las regulaciones aparentemente exhaustivas de los capítulos 20-23 ¡dejan de decir tanto como lo que dicen! Pero donde Dios ha tenido a bien no dar detalles (en días de Moisés o en los tuyos), ha establecido principios que te ayudan a determinar la mente de Dios en cada situación. Su Palabra, aunque antigua, ¡siempre es adecuada!

Compruébalo por ti mismo. Comienza con la lista de actividades del siglo veinte del primer párrafo de "Tu andar diario" (y añádela a otras actividades con las cuales estás luchando). De tu lectura de los capítulos 20-23, ¿puedes sugerir un principio que te ayude a determinar tu nivel de participación en cada una de esas actividades? (Cuidado: Esposas, el balompié no está incluido en Exodo 20:13.)

Las disposiciones son para la hora; los principios para las edades.

🖍️ **Percepción:** La ley mosaica, versión amplificada
En Exodo 20:1-17 Dios da la ley en forma resumida, y en 20:22-23:19 da una amplificación detallada. En la primera sección Dios establece principios morales amplios; en la segunda, da aplicaciones específicas de esos principios para la vida diaria.

27 *Plan para el tabernáculo / Exodo 25 - 27*

*Corazón
del
pasaje:
Exodo 26*

 Resumen: ¿Qué le llevó a Moisés 40 días escribir mientras estaba en el monte Sinaí? Al leer la sección de hoy (y los capítulos siguientes), descubrirás la respuesta. Moisés está recibiendo de Dios el plan detallado para la "iglesia en el desierto" —el tabernáculo que sería el lugar de adoración de Israel—. En minucioso detalle, Moisés aprende acerca del mobiliario, las cubiertas, las cortinas, y el atrio. Todo ha de construirse "conforme al modelo que te fue mostrado en el monte" (26:30). La descripción es de adentro hacia afuera, y refleja no la perspectiva del hombre, que mira hacia adentro, sino la de Dios, que mira hacia fuera. La verdadera religión se origina con un Dios santo.

Capítulo 25	Capítulo 26	Capítulo 27
	Planos para el Tabernáculo	
Muebles	Cubiertas	Atrio
Forma de adoración	Lugar de adoración	

*La vida
no sólo
ha de
contener
actos de
adora-
ción;
debe ser
un acto
de adora-
ción.*

Tu andar diario: Pon a un lado esta guía devocional. Cierra los ojos. Visualiza la sala de tu casa, y haz una lista mental de cada pieza de mueble y adorno en ella. Ahora, ¿puedes hacer lo mismo con los muebles del tabernáculo? (Hay cuatro piezas adentro y dos afuera.) ¿Puedes recordar la *función* de cada una? Más importante, ¿puedes percatarte de lo que cada *pieza* sugiere en cuanto a la persona y obra de Jesucristo, quien vino a "tabernacular" con hombres y mujeres para siempre? (Si tienes tiempo, la lectura de Hebreos 8-10 hará el tabernáculo inolvidable.)

Percepción: Arreglo del tabernáculo

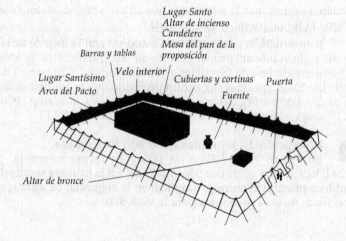

Lugar Santo
Altar de incienso
Candelero
Mesa del pan de la proposición
Barras y tablas
Lugar Santísimo
Arca del Pacto
Velo interior
Cubiertas y cortinas
Puerta
Fuente
Altar de bronce

El camino al Padre

28

Da un paso atrás

Al leer ayer Exodo 25-27, puede que te haya sido difícil relacionarte con todos los detalles del centro movible de adoración de Israel, el tabernáculo. Pero vuelve atrás por un momento a ver el cuadro completo —un cuadro de nuestra relación con Dios.

Lectura bíblica: Hebreos 10:1-39

Cada aspecto del tabernáculo —muebles, cubiertas, atrio— simboliza alguna fase de nuestra vida con Dios. Entramos en la esfera de la vida espiritual, acercándonos al Santo mediante el sacrificio, siendo limpiados por el agua, y pasamos al Lugar Santo en adoración y entrega.

Ya no se adora en un tabernáculo. Para Israel, el templo llegó a ser el asiento de la vida espiritual. Hoy, podemos considerar nuestra iglesia como nuestro centro de adoración.

Pero el tabernáculo, en esencia, tipifica la relación que como cristianos tenemos con Dios mediante su Hijo Jesucristo, quien es nuestro Sumo Sacerdote. El tabernáculo de Moisés sirvió como el lugar de encuentro de Dios con Su pueblo, y simbolizaba el perfecto acercamiento a Dios que tenemos mediante la sangre de Cristo, quien "tabernáculo" con nosotros cuando estuvo en la tierra (ver Juan 1:14).

Por su perfecta ofrenda de Sí mismo —un sacrificio sin tacha, perfecto, aceptable, hecho de una vez y para siempre— tenemos redención y vida eterna. Y debido a ello, podemos entrar confiadamente en el Lugar Santísimo para tener comunión íntima con nuestro Dios.

Mira arriba

Jesucristo cumplió por nosotros los requisitos de Dios, nos dio el poder de vivir vidas santas, y nos proveyó de su fortaleza y paz. "Así que, hermanos, teniendo libertad para entrar en el Lugar Santísimo por la sangre de Jesucristo, por el camino nuevo y vivo que él nos abrió a través del velo, esto es, de su carne, y teniendo un gran sacerdote sobre la casa de Dios, acerquémonos con corazón sincero, en plena certidumbre de fe, purificados los corazones de mala conciencia, y lavados los cuerpos con agua pura" (Hebreos 10:19-22).

Pon ese pasaje en práctica ahora mismo... sobre tus rodillas.

Dios a menudo nos visita, pero la mayoría de las veces no estamos en casa.

Sigue adelante

Mediante Jesucristo, has entrado en el tabernáculo celestial, para morar eternamente en la gloriosa presencia de Dios.

Pero no guardes esa gran bendición para ti solo. Después de leer Hebreos 10 hoy, procura hablar a alguien acerca de la salvación que pueden obtener mediante Jesucristo, el gran Sumo Sacerdote.

29 *Plan para los sacerdotes / Exodo 28-31*

Corazón del pasaje: Exodo 28

Resumen: Tras describir el lugar de adoración (el tabernáculo), Moisés da los detalles del personal de la adoración (los sacerdotes, que representan a Israel ante Dios). Todo en ellos es especial, desde la ropa que usan hasta los elaborados ritos que ejecutan al dirigir la adoración de la nación. Tanto ellos como los utensilios de adoración que usan requieren purificación especial, como conviene a lo que está al servicio de un Dios santo. Aun los artífices que han de seguir el plan divino en la construcción del tabernáculo son escogidos por Dios por su destreza y pericia adquiridas en virtud de una unción y plenitud del Espíritu.

Capítulo 28	Capítulo 29	Capítulo 30	Capítulo 31
Traje sacerdotal	Consagración sacerdotal	Conducta sacerdotal	Artífices del tabernáculo
Preparación del ministro		Preparación para el ministerio	

¿Parece que Dios está lejos? Imagínate quién se alejó.

Tu andar diario: Aparte de su simbolismo, el significado principal del tabernáculo era esto: Dios había venido a morar entre los hombres y las mujeres, la presencia de Dios entre su pueblo para guiarles. Además, el sacerdote había de actuar como mediador, uno que sirviera de puente, que estuviera a favor de la humanidad pecadora ante un Dios santo.

En el Nuevo Testamento hay una bella combinación de estos dos temas. ¿Dónde mora Dios hoy? El continúa habitando entre los humanos. ¿Cómo ha tenido a bien hacerlo? Habitando en aquellos que le han entregado su vida (1 Corintios 6:19). ¿Y a quiénes ha El llamado a ser sus sacerdotes hoy, para llevar a los pecadores a su Dios santo? ¡A los mismos en quienes El habita (1 Pedro 2:9)! Tú eres el tabernáculo en que Dios mora, y a la vez el sacerdote a quien Dios capacita para llamar a hombres y mujeres a volverse a El.

Si Dios te diera el privilegio de constituirte en "puente del evangelio" para alguien hoy, ¿estarías listo?, ¿dispuesto?, ¿capaz? ¡Díselo... ahora mismo!

Percepción: Y no te olvides del día de reposo
El mandamiento concerniente al día de reposo ya había sido dado en la ley. Es interesante que este cuarto mandamiento se mencione otra vez respecto a las instrucciones para los trabajadores (31:12-17). Dios había encomendado al pueblo una obra sumamente sagrada; El había planeado que la obra fuera hecha por hombres especialmente equipados. Cuán fácil les habría sido pensar que al hacer esta obra podían prescindir de la observancia del día de reposo. La obra de Dios debe ser hecha a *Su* manera.

Idolatría de Israel e intercesión de Moisés   *30*
Exodo 32-34

Resumen: Mientras Moisés recibe la ley de Dios en el monte, los israelitas están ocupados en el valle. Suponiendo que su líder había muerto en la presencia de Dios, de sus joyas de oro forjan una réplica de un dios egipcio y convierten el campamento en una fiesta pagana grotesca. Moisés regresa e, indignado, quiebra las dos tablas de piedra, destruye el becerro de oro, y ordena a los levitas purgar el campamento de israelitas culpables. Pero aunque el recién adoptado pacto entre Dios y su pueblo había sido roto (como lo ilustran las dos tablas quebradas), el arrepentimiento y la restauración están a la distancia de una oración.

Corazón del pasaje: Exodo 3

Capítulo 32	Capítulo 33	Capítulo 34
Adorando al becerro de oro	Mudando el tabernáculo	Renovando los Diez Mandamientos
Idolatría e intercesión		Reconsagración y renovación

Tu andar diario: ¿Podría ser el episodio del becerro de oro (capítulo 32), también una parábola en el siglo 15 A.C. del fenómeno del siglo 20 A.D.?

Con la promesa de obediencia y amor por parte de la nación (24:7), Moisés fue al monte a estar con Dios. Tan pronto él partió, adoración falsa, y crasa iniquidad reemplazaron a las débiles promesas del pueblo. Aunque sus labios juraban lealtad, sus corazones estaban lejos de Dios. Y tan pronto desapareció su líder, el verdadero carácter del pueblo se manifestó.

De igual modo, el Líder de la iglesia ha ido a estar con Dios por un tiempo, dejándola detrás para que lleve a cabo sus mandamientos. Pero mundanalidad y pecado, idolatría y preocupación, han opacado Sus palabras finales de "Id ... predicad el evangelio a toda criatura" (Marcos 16:15). Tú, tu familia, tu iglesia... pueden caer en la idolatría... ¿no es cierto? ¿Qué debes hacer si eso ha ocurrido (1 Corintios 10:11-14)?

Si tu rostro refleja a tu Dios, ¿qué vería mira al espe

Percepción: Reflejando a Dios ante la nación (34:29-35)

Moisés permaneció en el monte Sinaí 40 días más (34:28), recibiendo instrucciones adicionales del Señor, y de nuevo Dios grabó los Diez Mandamiento en tablas de piedra. Cuando Moisés volvió al campamento, no podía ocultar el hecho de que había estado en la presencia de Dios. ¡Todos lo veían en su rostro! Hoy tu tarea es la misma: reflejar la gloria de Jesucristo a los que te rodean. ¿Cómo te va en tu encomienda?

31 El tabernáculo es erigido y ocupado por Dios
Exodo 35-40

Corazón
del
pasaje:
Exodo
36, 40

Resumen: El libro de Exodo concluye con la información de que el tabernáculo y las vestiduras sacerdotales se terminan conforme a las instucciones dadas por Dios. El pueblo dona los materiales, y los artífices escogidos hacen la obra. Moisés inspecciona la obra terminada, los muebles se ponen en su lugar, y Aarón y sus hijos son ungidos para su oficio. Finalmente, Dios declara Su satisfacción al llenar Su gloria la tienda. Por los próximos 480 años, el tabernáculo permanecerá como el centro de adoración de la nación.

Capítulo 35	Capítulos 35-38	Capítulo 39	Capítulo 40	
Contribuciones del pueblo	Construcción por los artesanos	Consagración por Moisés	Tabernáculo terminado	Tabernáculo llenado
			1 33	34 38
Tabernáculo organizado			Tabernáculo ocupado	

Aviva-
miento
no es
más, ni
menos,
que una
nueva de-
dicación
a obede-
cer a
Dios.

Tu andar diario: Hoy completarás tu primer mes (y los dos primeros libros de Antiguo Testamento) del andar de este año a través de la Biblia. ¡Pero la lectura de hoy requerirá mayor disciplina! Ya has leído mucho de este material —en los capítulos 25-28—. Allí Moisés presentó el plan de construir y erigir el tabernáculo. Ahora en los capítulo 36-39 estudiarás la realización de ese plan al ser llevadas a cabo las instrucciones de Moisés al pie de la letra, lo que hizo que el tabernáculo fuera una realidad.

No pases por alto el punto culminante. *Lo requerido fue cien por ciento cumplido.* Es como hornear una torta. Sigues fielmente la receta y tendrá un postre delicioso; omites algunos ingredientes o instrucciones y obtendrás una catástrofe culinaria. En cuanto a la santidad y la obediencia, procedimientos a medias no resultan. Tú no has de amar al Señor con casi todo tu corazón, parte de tu alma, y una décima de tu mente.

Mientras lees cuidadosamente estos últimos capítulos de Exodo, pide a Dios que te revele cualquier área en tu vida donde te hayas descuidado. La construcción progresiva de tu vida como el templo de Dios demanda tanto cuidado como la construcción del tabernáculo de Israel, si has de irradiar Su gloria y ser testimonio de Su nombre en tu comunidad.

Percepción: ¿Qué haces con demasiado oro?
En vista de que se emplearon toneladas de metales preciosos en la construcción del tabernáculo (38:24-29), es aun más asombroso que las donaciones para este proyecto sobrepasaran al presupuesto (36:3-7).

Levítico

En Exodo, Israel fue redimido y establecido como un reino de sacerdotes y una nación santa. Levítico toma su nombre de la tribu sacerdotal de Leví. Muestra al pueblo de Dios cómo ha de cumplir su vocación sacerdotal. Llevado de esclavitud al santuario de Dios, Israel tiene ahora que pasar de salvación a servicio, de liberación a dedicación. Este cambio implica sacrificio de animales para expiación de los pecados del pueblo, y una serie de leyes estrictas que han de gobernar todos los aspectos de la vida diaria, la adoración, y el servicio.

Enfoque	Adoración			Andar				
Divisiones	Sacrificios de olor grato	Sacrificios de olor no grato	Función sacerdotal en los sacrificios	Pureza personal para el pueblo de Dios	Día de expiación	Particularidad en la nación	Sacerdotes santos y fiestas anuales	Santidad en la tierra prometida
	1　　3	4　　7	8　　10	11　　15	16　　17	18　　20	21　　23	24　　27
Tópicos	Sacrificio			Santificación				
	Acceso a Dios			Compañerismo con Dios				
Lugar	Monte Sinaí							
Tiempo	Cerca de 1 mes							

1 Ofrendas de alabanza
Levítico 1-3

Corazón del pasaje: *Levítico 1*

📖 **Resumen:** Con el tabernáculo terminado, ahora Dios le da a Moisés instrucciones acerca de los cinco tipos de sacrificios que serían ofrecidos en el tabernáculo. Tres de ellos —ofrendas de olor grato— eran expresiones voluntarias de adoración adaptadas a lo que la persona podía dar. Dos —ofrendas de olor no grato— se requerían donde el pecado había roto la comunión con Dios. En el holocausto el adorador declaraba su entrega total a Dios; en la ofrenda de harina reconocía que sus posesiones materiales pertenecían enteramente al Señor; con la ofrenda de paz expresaba públicamente su gratitud o hacía un voto de servicio espiritual a Dios.

Capítulo 1	Capítulo 2	Capítulo 3
Holocausto	Ofrenda de harina	Ofrenda de paz
Sacrificio para los que están en comunión con Dios		

Dios conocía la iniquidad del mundo, y aun así pensó que debía salvarlo.

🔧 **Percepción:** Sacrificios para el siglo veinte

Los sacrificios de animales, esenciales para la adoración del Antiguo Testamento, cesó con el sacrificio de Cristo en la cruz hecho una vez para siempre. Pero Pedro nos dice que todos los creyente son sacerdotes que continuamente ofrecen sacrificios espirituales aceptables a Dios (1 Pedro 2:5).

✍️ **Tu andar diario:** Hoy leerás acerca de tres sacrificios que el Antiguo Testamento ordena a cada israelita. Pero ¿sabías que el Nuevo Testamento prescribe por lo menos tres "sacrificios" al creyente —tres maneras en que puedes ofrecer un sacrificio a Dios hoy?

En vez de un holocausto, puedes ofrecer tu cuerpo como "un sacrificio vivo... a Dios" (Romanos 12:1); en lugar de una ofrenda de harina, tus posesiones materiales: "un sacrificio aceptable", ayudando a alguien en necesidad financiera (como hicieron los Filipenses con Pablo; ver Filipenses 4:18); en vez de ofrenda de paz, el "sacrificio de alabanza" a Dios (Hebreos 13:15), una expresión verbal de acción de gracias por su cuidado y provisión.

Hoy sería un buen tiempo de ofrecer un sacrificio de olor grato a Dios. Toma uno de los tres sacrificios descritos anteriormente y practícalo, dedicando cada parte de tu cuerpo al servicio de Dios (sacrificio vivo), o entregando un cheque a algún necesitado (sacrificio aceptable).

Ofrendas para restauración
Levítico 4-7

2

📖 **Resumen:** Además de las tres ofrendas de olor grato, Dios da a los israelitas dos sacrificios de olor no grato. Ambos se requieren cuando el pecado ha roto la comunión con Dios. La ofrenda por el pecado —cubría los pecados de impureza, negligencia, o descuido— proveía restauración al pecador mientras enseñaba lo serio del pecado y sus consecuencias. La ofrenda por la transgresión —cubría pecados de ofensa a Dios y a otros— proveía no sólo la restauración del pecador, sino también la compensación del agraviado.

Corazón del pasaje: Levítico 4-5

Capítulo 4	Capítulo 5	Capítulos 6-7
Ofrenda por el pecado	Ofrenda por la transgreción	Una segunda mirada a las ofrendas
Sacrificios para restaurar la comunión		Sacrificios repasados

✒️ **Tu andar diario:** Al margen, escribe cinco experiencias desagradables pero beneficiosas de la vida diaria —que no te gustan, pero sabes que son buenas para ti. (Puedes comenzar en la silla del dentista.)

No te gusta el ruido de los implementos del dentista; pero después de pinchazos, taladrado, y sabor amargo te sientes mucho mejor. Que tu jefe te amoneste cuando has hecho algo malo tampoco es agradable, pero después te alegras de que él se interese en ti al grado de confrontarte con la verdad.

La vida es una lección larga de humildad.

En la vida cristiana hay algunos ejercicios igualmente dolorosos pero provechosos —como obedecer el principio bíblico de restitución—. Cuando un israelita causaba daño a otro, el mandamiento de Dios era claro: "Arréglate con él". Tú, como cristiano, tienes igualmente la obligación de compensar a quienes hayas dañado.

Piensa en la semana pasada. ¿Has dañado el prestigio o las posesiones de alguno? ¿Le has pedido perdón? (¡Eso es difícil!) ¿Has pagado lo que debes? (¡Eso es aun más difícil!) Toma la iniciativa hoy de ofrecer una ofrenda por la transgresión a Dios. Hallarás que la paz mental y la relación restaurada bien valen el costo.

🔍 **Percepción:** Y si necesitas un ejemplo que seguir...

Zaqueo, el recaudador de impuestos que confió en Cristo (Lucas 19:1-10), ilustra bellamente la restitución en acción. La ley decía que un pecador restaurara lo que había tomado o dañado, más veinte por ciento. Zaqueo en su gratitud ofreció restaurar lo que había tomado ¡*cuadruplicado*!

3 *El sumo sacerdote de Israel y el tuyo*

Da un paso atrás

Lectura bíblica: Hebreos 7:25-28; 9:1-28

El sumo sacerdote de Israel era el hombre más importante en la vida religiosa de la nación, pues sólo él podía ofrecer el sacrificio expiatorio que Dios demandaba. Todavía Dios requiere un sacrificio expiatorio por los pecados de la humanidad; pero en lugar del sacerdocio provisional de Aarón, El ha constituido Sumo Sacerdote a Jesucristo su Hijo, en virtud del sacrificio perfecto de sí mismo por nuestros pecados.

Hay varias comparaciones impactantes entre el sumo sacerdote de Israel y el nuestro:

• Para Israel, la *persona* era Aarón o uno de sus descendientes; para nosotros, es Cristo mismo (Levítico 16:3,32; Hebreos 4:14).

• Para Israel el *lugar* era el Lugar Santísimo en el tabernáculo; para nosotros, es el cielo mismo (Levítico 16:15-17; Hebreos 9:24).

• Para Israel, la *ofrenda* era sangre de animal; para nosotros es la sangre de Cristo (Levítico 16:14-15; Hebreos 9:12).

• Para Israel, la *frecuencia* era una vez al año; para nosotros es de una vez para siempre (Levítico 16:34; Hebreos 9:12).

• Para Israel, la *eficacia* era para la nación de Israel; para nosotros, es eficaz para salvar a todo el que va a El (Levítico 16:34; Hebreos 7:25).

• Para Israel, la *duración* era un año; para nosotros la ofrenda de Cristo provee eterna redención (Levítico 16:34; Hebreos 9:12).

• Para Israel, en términos de *pureza*, el sumo sacerdote mismo necesitaba purificación; pero Cristo está "hecho perfecto para siempre" (Levítico 16:6; Hebreos 7:26-28).

Mira arriba

La mejor manera de recordar a las personas es en oración.

En el santuario celestial, nuestro gran Sumo Sacerdote, Jesucristo, habita para siempre. Piensa en que El media entre tú y el Padre. Medita en Hebreos 7:25-28. Recuerda que Jesús "vive siempre para interceder" por ti.

¿Qué asunto llevarás a El hoy en oración? ¿Qué alegrías y alabanzas? ¿Qué sufrimientos o frustraciones?

Sigue adelante

Como Jesús es tu Intercesor ante Dios, tú puedes ser un intercesor a favor de otros, llevando al Señor en oración las necesidades e intereses de tu familia, amistades, y vecinos.

Haz una lista de las peticiones de oración que conoces. Tal vez quieras comunicarte con algunas personas para saber cómo orar mejor por ellas. Toma tiempo, pues, para orar acerca de lo que has escrito.

Recuerda: "La oración eficaz del justo puede mucho" (Santiago 5:16).

Oficio santo del sacerdote / Levítico 8-10 *4*

📖 **Resumen** El tabernáculo de Israel, el lugar de comunión con Dios mediante el sacrificio, es confiado a la custodia de Aarón y sus hijos. Los sacerdotes tienen que someterse a un proceso de consagración de diez pasos y a un período de dedicación de siete días antes de poder comenzar su ministerio de mediación. La bendición de Dios —hecha visible por su presencia de fuego— de repente se convierte en maldición al caer juicio sobre los dos hijos desobedientes de Aarón. Su muerte le recuerda a todo Israel la solemne responsabilidad de servir a un Dios santo. *Obediencia*, no *conveniencia*, debe caracterizar al pueblo de Dios.

Corazón del pasaje: Levítico 9:23-10:7

Capítulo 8	Capítulo 9	Capítulo 10
Consagración del ministerio sacerdotal	Inauguración del ministerio sacerdotal	Regulación del ministerio sacerdotal
Dedicación	Deber	

✍️ **Tu andar diario:** Nada es tan difícil de ganar, y tan fácil de perder, como una buena reputación. Un filósofo dijo: "Haber perdido la reputación es estar muerto entre los que viven". Quizás cuando niño oíste a tus padres decir: "Recuerda, lo que hagas y digas se refleja en nosotros". Ellos querían decirte que el prestigio de la familia era manchado o realzado por tus acciones.

Quizás por eso Dios respondió con juicio tan aterrador sobre Nadab y Abiú. Por su negligencia y desobediencia, ellos arriesgaron la reputación de Dios tanto dentro como fuera de la nación —un pecado muy grave.

Nadie puede basar su reputación en lo que va a hacer mañana.

Tu vida de cristiano es la única "Biblia" que algunos leerán. ¿Revelas a otros un Dios santo por tu dedicación a la santidad, o dañas la reputación de Dios con una vida inconsecuente? Escribe este pensamiento en una tarjeta y llévala contigo hoy:

"Yo, con mi manera de vivir, arriesgo la reputación de Dios. Quiero *preservarla*, no *deteriorarla*".

Entonces, cada vez que seas tentado a desviarte de la santidad de Dios, saca la tarjeta. Léela; piensa; ¡y deja que Dios te fortalezca para ser total y santamente suyo!

✒️ **Percepción:** El peligro de no vivir a la altura de tu nombre
Nadab ("noble, virtuoso") y Abiú ("Dios es mi padre") estaban en peligro de dañar algo más que la reputación de su Dios. De habérseles permitido seguir su curso pecaminoso, habrían mancillado tanto sus familias como los nombres piadosos que llevaban.

5 Santidad en la vida diaria / Levítico 11-15

Corazón del pasaje: Levítico 11:44-47; 13:59; 14:54-57

Resumen: Adorar a un Dios santo demanda un pueblo santo. Por eso Dios da a Israel una serie de regulaciones concernientes a impurezas ceremoniales. Se especifican cuatro áreas: leyes de dieta (cuáles animales son o no comestibles); relativas al parto; lepra y otras enfermedades de la piel; y flujos del cuerpo. Cada grupo de mandamientos sigue un patrón general. La contaminación del adorador se describe primero, luego los medios de su purificación. Es una sección extensa y pormenorizada —porque la santidad demanda atención a los detalles.

Capítulo 11	Capítulo 12	Capítulo 13-14	Capítulo 15
Pureza en la dieta	Pureza en el parto	Pureza en la enfermedad	Pureza en los flujos
Contaminación evitable	Contaminación inevitable		

El Señor tiene dos cielos para habitar, y el corazón santo es uno de ellos

Tu andar diario: Una balada popular comienza con las palabras: "Es imposible..." Y cuando tú lees el mandamiento en 11:44: "Seréis santos, porque yo soy santo", ¡probablemente te dé por unirte al cantor!

¿No está Dios demandando de su pueblo algo imposible de alcanzar? ¿No es irrazonable cuando dice: "Sed santos"? ¿Por qué desde el punto de vista humano, la tarea parece imposible?

¡Ese es precisamente el punto! Es imposible sólo por esfuerzos humanos vivir a la altura de las demandas de un Dios santo. Pero antes que frustrarte, Dios desea enseñarte. La ley fue designada para enseñarles a los israelitas a ser dependiente de Dios. Tal como El proveyó sacrificios y ritos para limpiar a su imperfecto pueblo, así quiere enseñarte que sólo mediante la provisión sobrenatural de un Salvador sin pecado, Jesucristo, puedes lograr santidad.

Pablo lo expresa así: "Por tanto, de la manera que habéis recibido al Señor Jesucristo [por fe, confiando en El], andad en él [por fe, confiando en El]" (Colosenses 2:6). En la fuerza de Cristo puedes vivir una vida pura y santa. Completa este pensamiento de Levítico 11:44: *"Seréis santos* [¿cómo? ¿cuándo? ¿dónde? con quién]?; *porque yo soy santo"*. Entonces esfuérzate hoy en desarrollar el hábito de la santidad en algún área de tu vida.

Percepción: La lepra entonces y ahora
Es dudoso que la lepra de hoy (que desfigura e incapacita) sea la misma de Levítico o del Nuevo Testamento (que era una enfermedad de escama blanca, muy parecida a la eccema o psoriasis).

Santidad en la vida nacional / Levítico 16-17 **6**

 Resumen: El gran Día de la Expiación, celebrado cada año, era el acto de adoración más significativo de Israel. En ese día, la nación se reunía para observar expectante mientras el sumo sacerdote entraba en el Lugar Santísimo con la sangre de la expiación que cubriría los pecados de toda la nación por un año más. Ya que la sangre era el ingrediente central en el perdón personal y nacional de Israel, Dios prohibió el uso de sangre con otro propósito que no fuera sacrificio a El.

Corazón del pasaje: Levítico 16

Capítulo 16	Capítulo 17
Día de la expiación	Contaminación por sangre
Santidad de la nación	

Tu andar diario: ¿Qué harías si Dios te diera la responsabilidad de expiar tus propios pecados? ¿Qué ofrecerías en pago para satisfacer Sus justas demandas?, ¿la escritura de tu casa?, ¿tu cuenta de ahorro?, ¿tus trofeos y logros? ¿tu reputación inmaculada? Por muy sinceras que sean estas ofrendas, nunca serían adecuadas para subsanar tus pecados.

Cada año, al comparecer la nación de Israel frente al tabernáculo en el Día de la Expiación y observar al sumo sacerdote llevar la sangre de la ofrenda por el pecado al Lugar Santísimo, el pueblo volvía a recordar que la expiación era idea de Dios. Era *Su* provisión de perdón para hombres pecadores. El tomó la iniciativa de establecer un sacrificio de expiación que proveía un sustituto de sangre para la nación culpable.

Jesucristo es la provisión de Dios perfecta para personas imperfectas.

Tal como Dios proveyó el medio de cubrir los pecados de Israel, así también ha enviado a Su propio Hijo como la expiación de una vez para siempre por tus pecados (1 Juan 2:2). Mientras te regocijas en esa verdad maravillosa, haz una lista de tres amigos que necesitan experimentar el perdón que Cristo da. Ora hoy por cada uno de los tres... y prepárate para darles una palabra de testimonio cuando Dios abra la puerta.

Percepción: ¡Prohibidos los sacrificios privados!
Las restricciones contra los sacrificios privados fuera del tabernáculo (17:3-4) eran para evitar que el pueblo imitara a sus vecinos paganos, quienes a menudo derramaban la sangre de sus sacrificios en tierra como alimento para sus dioses. Sólo sacerdotes propiamente ordenados y en el lugar apropiado (el tabernáculo) podían ofrecer los sacrificios de Israel.

7 Santidad para el individuo / Levítico 18-20

Corazón del pasaje: Levítico 19

Resumen: Además de las regulaciones que rigen la santidad nacional, Dios da a Israel leyes reguladoras de la conducta y pureza personal con relación a la familia, la comunidad, y la sociedad en general. Ya que la obediencia es su principal preocupación, Dios requiere que los que violen sus leyes sean castigados, y que el castigo sea apropiado al crimen cometido. Las leyes estrictas de Dios para la vida reflejan el deseo de que su pueblo sea "santos, porque yo Jehová soy santo, y os he apartado de los pueblos para que seáis míos" (20:26).

Capítulo 18	Capítulo 19	Capítulo 20
Pureza moral	Práctica del amor	Pena por desobediencia
Santidad para el individuo		

La prueba principal de la vida no es servicio sino amor a Dios y al prójimo.

Tu andar diario: "Amarás a tu prójimo como a ti mismo" (19:18) es fácil de decir. Pero practicarlo es otro asunto. De todos los mandamientos de Dios, puede ser uno de los más difíciles de guardar. ¿La razón? Porque *amar* a tu prójimo significa que tienes que *identificarte* con él. Eso es difícil, porque la tendencia natural humana es al *egoísmo*, no al *altruismo*.

La ley del Antiguo Testamento era un reto, porque hacía muchas demandas específicas del individuo. Si un israelita tenía preguntas acerca de cómo relacionarse con su prójimo, la ley proveía la respuesta (19:9-18). El Nuevo Testamento es igual de exigente, especialmente cuando habla de relacionarse con el "prójimo". El relato de Jesús del buen samaritano (Lucas 10:25:37) dice claramente que tu "prójimo" es cualquiera cerca de ti que necesita tu ayuda y cuya necesidad tú puedes suplir.

Aun si vives solo, hay personas a tu alrededor que necesitan tu amorosa solicitud. Pon el mandato de Dios de amar a tu prójimo en práctica hoy, buscando a alguien que necesita tu ayuda, ya sea en cortar el césped, el trabajo de la casa o tareas escolares. Ayúdale en amor... ¡y trátalo como a ti mismo!

Percepción: "Haz como yo para ser como yo"
Cerca de 30 veces en los capítulos 18-22 leemos las palabras de Dios: "Yo soy Jehová", y "Sed santos, porque yo soy santo". Sin duda, la santidad del Redentor es la razón apremiante de su insistencia en que los redimidos practiquen la pureza.

Una mirada más profunda a las fiestas de Israel

8

Da un paso atrás

Las fiestas religiosas de Israel —que leerás mañana en Levítico 23— daban al pueblo de Dios una oportunidad anual de mirar atrás a las grandes épocas de su historia nacional, y adelante al tiempo cuando el Mesías vendría para cumplir los eventos representados en las fiestas.

Lectura bíblica: Salmo 145

Las fiestas anuales eran siete. Cuatro, agrupadas al principio del año, representaban eventos que Cristo cumplió en su primera venida. Las otras tres, celebradas en el mes séptimo, prefiguraban eventos que Cristo cumplirá en su segunda venida. El lapso entre las fiestas del calendario israelita corresponde al tiempo entre la primera y segunda venidas de Cristo. Esta tabla resume las fiestas y su significado:

	Mes	Día(s)	Fiesta	Mira atrás	Mira adelante
Primera venida de Cristo	1st	14	Pascua	Redención del primogénito	Muerte redentora de Cristo
		15-22	Pan sin levadura	Separación de otras naciones	Comunión de los santos
		16	Primicias	Cosecha en el país	Resurrección de Cristo
	3ro.	50 días después de la cosecha	Pentecostés	Terminación de la cosecha	Envío del Espíritu Santo
Segunda Venida	7mo.	1	Trompetas	Año Nuevo israelita	Recogimiento de Israel
		10	Día de la expiación	Pecado nacional de Israel	Arrepentimiento nacional de Israel
		15-22	Tabernáculos	Israel en el desierto	Bendición nacional de Israel

Mira arriba

A nuestro Dios le gustan las celebraciones, es dador de gozo. Las fiestas demuestran claramente la necesidad que tienen los humanos de reunirse en triunfo para gozar la vida que Dios les ha dado. Redención... Cosecha... Perdón... el año nuevo; cualquiera sea el evento, Dios estableció una forma de observarlo y celebrarlo.

Deja que el Salmo 145 te sirva hoy de oración de celebración, al honrar al Dios que te da vida y gozo.

No hay tal cosa como la búsqueda de la felicidad, sólo hay descubrimiento del gozo.

9 Sacerdotes santos y fiestas santas
Levítico 21-23

Corazón del pasaje: Levítico 21

Resumen: Los privilegios a menudo traen consigo responsabilidad, y en el caso de los sacerdotes de Israel, la responsabilidad de servir a un Dios santo demanda mucho. Los sacerdotes han de evitar contaminaciones que otros pueden experimentar. No pueden tener defectos físicos para servir en el santuario. Han de ser responsables de mantener la pureza en la adoración sacrificial de Israel. Tienen que presidir en las fiestas anuales de Israel y en las asambleas solemnes. Es una asignación que requiere mucho, guiar una nación en adoración colectiva a un Dios santo —un privilegio que no es para tomarlo a la ligera o entrar en él descuidadamente.

Capítulo 21		Capítulo 22	Capítulo 23
Descalificación de un sacerdote por		Deberes de un sacerdote en	
Contaminación	Defecto	Ceremonias	Celebración
1 15	16 24		
Sacerdotes santos			Fiestas santas

Es más fácil seguir al guía que guiar a los seguidores.

 Tu andar diario: Si descubrieras que han ocultado un micrófono en tu comedor", ¿qué clase de conversaciones tendrías?

Tristemente, en muchos hogares cristianos el plato principal en la comida del domingo a menudo es "predicador asado". Es fácil caer en ese hábito, pero esto puede producir daño y amargura.

En el sistema de adoración de Israel, los sacerdotes llevaban mucha de la responsabilidad en dirigir la adoración colectiva. Hoy la iglesia no tiene una "clase sacerdotal", pero sí personas especialmente dotadas, entrenadas, y separadas para la obra del ministerio (1 Timoteo 3; Tito 1). Como los sacerdotes del tiempo del Antiguo Testamento, éstos han dado liberalmente de su tiempo y energía para guiarte en la adoración.

¿Con cuánta frecuencia te acuerdas "de vuestros pastores que os hablaron la palabra de Dios" (Hebreos 13:7)? Escribe una nota a tu pastor o líder para darle las gracias por la constante inversión espiritual que hace en tu vida.

Percepción: Examinando una prohibición sacerdotal
A los sacerdotes con impedimentos físicos se les prohibía ofrecer sacrificios (21:17-21), aunque contaban con privilegios del sacerdocio, tales como comer la porción sacerdotal (21:22). Dios no los relegaba a un plano de inferioridad, sólo mostraba que el servicio especial de sacrificar un animal sin tacha ante un Dios santo requería sacerdotes sin tacha.

Santidad en la tierra / Levítico 24-27   *10*

📖 **Resumen:** Los últimos capítulos de Levítico contienen varias instrucciones para cuando Israel ocupe la Tierra Prometida. Debían proveer aceite y pan para el santuario. Había de aplicarse la pena de muerte a los que blasfemaran el nombre de Dios. Le darían descanso periódico a la tierra en los años sabáticos y del jubileo. Dios promete bendecir la obediencia a sus mandamientos, y castigar la desobediencia con juicio severo. La obra del Señor ha de ser sostenida fielmente por el diezmo del pueblo de Dios, y no se harán hacer votos a la ligera.

Corazón del pasaje: Levítico 25

Capítulo 24	Capítulo 25	Capítulo 26	Capítulo 27
Provisión para el santuario	Protección para la tierra	Obediencia y desobediencia	Votos y diezmos
Honrando la propiedad de Dios		Honrando el programa de Dios	

✍️ **Tu andar diario:** La posesión es siempre un asunto delicado. El deseo de poseer es innato en la gente. Los niños en sus juegos arguyen en voz alta: "¡Eso es mío!" Aunque los adultos usualmente tienden a ser más civilizados en esto, hallarás que con frecuencia el mismo sentimiento se expresa enérgicamente: "¡Yo quiero lo que es mío!"

Si poseyeras todo lo que tu corazón desea, probablemente tu corazón desearía algo más.

Dios reconoció esta tendencia en su pueblo e instituyó el Año del Jubileo para enseñarles una verdad espiritual crucial. Cada cincuenta años, toda tierra que se había vendido tenía que restituirse a su dueño original. Y toda porción de tierra quedaba sin cultivar para recordar a la nación que la tierra no pertenecía a ellos, sino a Dios. El se las daba (25:2), y ellos la usufructuarían —no como dueños sino como arrendatarios (25:23).

¿Cómo consideras tus posesiones? ¿Te apegas a ellas, o las has reconocido como algo que Dios te ha prestado? Recuerda, un mayordomo es alguien que no tiene nada, pero es responsable de todo lo que se le ha confiado. Para reforzar esa verdad, toma una habitación de tu casa y haz un inventario de todo. Luego escribe sobre la lista estas palabras: "¡Mío por mayordomía, Suyo por posesión!"

🗝️ **Percepción:** Cautividad predicha
Una de las primeras predicciones de las cautividades asiria y babilónica aparece en la lectura de hoy (26:33-35). Israel sabía desde el principio lo que ocurriría si el pueblo desobedecía la palabra de Dios. Sin embargo, siglos más tarde se cumpliría —¡al pie de la letra!

Números

Números es la crónica de los 40 años de peregrinación de Israel en el desierto entre Sinaí y Moab. Nombrado así por los dos censos que se tomaron de la nación. El libro comienza en el segundo año de la salida de Egipto y termina al prepararse la nueva generación para cruzar el río Jordán y ocupar la Tierra Prometida. Al describir las vidas de hombres de Dios como Moisés, Caleb, y Josué, el libro enseña que aunque la disciplina de Dios puede ser severa a veces, El pacientemente espera recompensar a los que obedecen Su palabra.

Enfoque	Caminata			Peregrinación			Espera		
Divisiones	Contando y acampando	Limpiando y congregándose	Refunfuñando y quejándose	Doce espías y muerte en el desierto	Aarón y Levitas en el desierto	Serpiente de bronce e historia de Balam	Segundo Censo y leyes de Israel	Últimos días del liderazgo de Moisés	Secciones, Santuarios y Establecimientos
	1 4	5 8	9 12	13 16	17 20	21 25	26 30	31 33	34 36
Tópicos	Ley y orden			Rebelión y desorden			Nuevas leyes para el nuevo orden		
	Saliendo			Siguiendo			Entrando		
Lugar	En camino a Cades			En camino a ningún lugar			En camino a Canaán		
Tiempo	2 meses			38 años			Unos meses		

Contando al pueblo / Números 1-4

11

Resumen: El libro de Números pudiera llamarse "Censos", porque es así como comienza y termina. Cuando la nación en el monte Sinaí se halla lista a iniciar su marcha hacia Canaán, Dios manda a Moisés contar los hombres de guerra y los levitas. Un plan es dado para la formación del pueblo tanto en la marcha como en el campamento. En los 430 años después que José y sus hermanos se mudaron a Egipto (Exodo 12:40), la fuerza de guerra de la nación había llegado a 603.550, lo que sugiere una población total de varios millones.

Corazón del pasaje: Números 1:1-3, 45-46

Capítulo 1	Capítulo 2	Capítulo 3	Capítulo 4
Contando la nación	Ordenando el campamento	Ordenando a los levitas	Asignando a los levitas
Contando al pueblo		Contando a los sacerdotes	

Tu andar diario: Los censos son notables en las Escrituras. ¿Cuántos censos puedes recordar, excluyendo los dos de Números? (Si piensas de 0-1, eres deficiente en los números; 2-3, se puede contar contigo; 4 ó más, ¡debes trabajar para el Departamento de Censos!

Aun más importante que la presencia de censos en la Biblia es el propósito que los motivó: para mostrar que Dios es un Dios de orden y detalle. Confusión y desorden en tu hogar, iglesia, o vida privada son señales seguras de que los principios que honran a Dios se han omitido (1 Corintios 14:40). Escoge un área de tu vida cristiana donde el propósito de hacer todas las cosas "decentemente y con orden" se ha evadido. Anótala en el margen, y hazla tu asunto de oración y estudio esta semana. Recuerda, si apuntas a nada, darás siempre en el blanco.

Su vida carece de propósito, si usted no tiene un plan.

Percepción: ¡Atención! ¡Preparen! ¡Marchen!
Levítico prepara al pueblo para adorar; Números lo prepara para la guerra. Después de leer la sección de hoy, bosqueja el censo y los preparativos para marchar a Canaán.
- Censo de los guerreros: _____ (total)
- Censo de los obreros: _____ Levitas (1 mes arriba)
  _____ Levitas (30-50 años)
- Tribu mayor: _____ Su población: _____
- Tribu menor: _____ Su población: _____
- ¿Quién cuida del tabernáculo? _____
- ¿Quién transporta el tabernáculo? _____

Colocando los
Libros de
Levítico, Números, y Deuteronomio

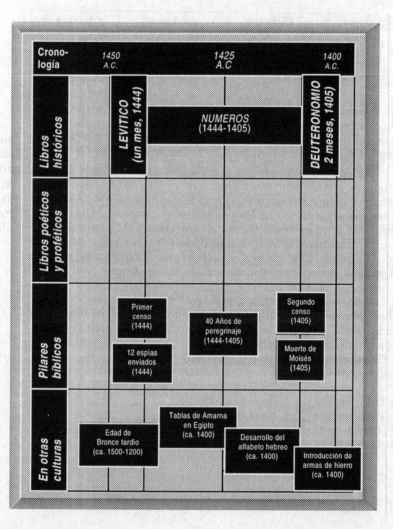

Crono-logía	1450 A.C.	1425 A.C	1400 A.C.

Libros históricos

LEVÍTICO (un mes, 1444)

NUMEROS (1444-1405)

DEUTERONOMIO 2 meses, 1405)

Libros poéticos y proféticos

Pilares bíblicos

Primer censo (1444)

12 espías enviados (1444)

40 Años de peregrinaje (1444-1405)

Segundo censo (1405)

Muerte de Moisés (1405)

En otras culturas

Edad de Bronce tardío (ca. 1500-1200)

Tablas de Amarna en Egipto (ca. 1400)

Desarrollo del alfabeto hebreo (ca. 1400)

Introducción de armas de hierro (ca. 1400)

Limpiando al pueblo / Números 5-8 ## 12

Resumen: Faltan tres semanas para que el pueblo salga del Sinaí e inicie la última etapa de su viaje a Canaán. Durante este tiempo Moisés recibe ciertos mandamientos de Dios con el fin de limpiar al pueblo y prepararlo para entrar en la Tierra Prometida. Ellos tienen que estar libres de inmoralidad y celos; deben entender la obligatoriedad de los votos hechos a Dios; los levitas han de estar conscientes de lo sagrado de su llamamiento. Las generosas contribuciones de los líderes tribales suplen los implementos y materiales para la adoración del Señor.

Corazón del pasaje: Números 6:1-7:11

Capítulo 5	Capítulo 6	Capítulo 7	Capítulo 8
Limpieza moral	Votos recomendables	Ofrendas consagradas	Levitas limpiados
Contaminación	Dedicación		

Tu andar diario: ¿Cuál es el instrumento más importante que puedes usar en tu servicio a Dios? (Escribe en el margen el primero que te venga a la mente.)

Quizás pensaste en un libro, o la Biblia, o una habilidad que Dios te haya dado. Hay otro instrumento que tal vez no hayas tomado en cuenta: tu cuerpo.

Cualquier servicio que rindas a Dios en esta vida lo harás mediante tu cuerpo. Y mientras te enorgulleces del modo en que disciplinas tu mente, tu cuerpo puede ser el instrumento más descuidado.

El hombre o la mujer del Antiguo Testamento que deseaba que Dios lo usara en Su servicio pero no era levita ni sacerdote, podía hacer el voto del nazareo —abstenerse por un tiempo de ciertos impedimentos a la santidad a fin de dedicarse por completo al servicio del Señor. Era un voto voluntario, difícil de asumir y difícil de dejar. Pero tenía la promesa de bendición personal para los que lo cumplían.

¿Está tu cuerpo disponible para Dios hoy, limpio y preparado para Su uso? Romanos 12:1-2 te indica cómo lograrlo, ¡pero tú tienes que ofrecerte!

El mejor ejercicio para fortalecer el corazón es alcanzar y levantar a otras personas.

Percepción: No se permite vino, corte de pelo, ni cadáveres

Lo que requería el voto del nazareo pudiera parecer extraño a menos que se entienda en su sentido simbólico. El vino simbolizaba comodidad y placer; la muerte, contaminación; y el pelo largo, fortaleza y dignidad dadas por Dios. Por evitar lo primero y mantener lo último el nazareo declaraba su total devoción a Dios.

13 El pueblo se queja / Números 9-12

Corazón del pasaje: Números 10:11-13; 11:1-15

📖 **Resumen:** Ha llegado el tiempo para la jornada final a Canaán. Después de una celebración especial de la Pascua, el pueblo observa la nube al comenzar ésta a moverse. Trompetas anuncian el gran acontecimiento: ¡Es hora de partir! Pero la emoción de la partida pronto da paso al tedio del viaje, y Moisés se enfrenta con numerosos problemas: quejas de las condiciones del viaje y del alimento, nostalgia de los buenos días pasados en Egipto, acumulación codiciosa de las codornices que Dios suple, y celos de María y Aarón por la posición de Moisés. A pesar de las dificultades, el pueblo finalmente llega a Cades-barnea —a la entrada de Canaán.

Capítulo 9	Capítulo 10	Capítulo 11	Capítulo 12
Una columna de nube	Una llamada a marchar	Un pueblo quejoso	Una mujer envidiosa
Preparación para el viaje		Problemas en el viaje	

Algunos le piden al Señor que les guíe; luego le echan mano al timón.

🔲 **Tu andar diario:** ¿Cómo reaccionas cuando la voluntad de Dios para ti se vuelve incómoda? ¿Piensas: *Tal vez más tarde, Dios, pero no ahora?*

Para Israel, la voluntad de Dios era fácil de determinar por el movimiento de la nube que cubría el tabernáculo. Cuando se movía, ellos se movían. Cuando se detenía, acampaban. A primera vista eso parece ser un modo emocionante de vivir —¡pero considere las posibilidades!

Son las 3 A.M.; estás profundamente dormido después de una caminata de 14 horas cuando la quietud del desierto se interrumpe por el sonido de una trompeta: ¡Tiempo de marchar! Considera otra escena. Por tres días la nube ha estado quieta; sientes que en cualquier momento se va a mover; así que, en vez de desempacar esa gran tienda y todos los utensilios de cocina, te das "vida de camello".

Otro día pasa. Y otro. Finalmente, te das por vencido y comienzas la ardua tarea de desempacar. No has terminado de clavar la última estaca de la tienda cuando...

La obediencia a Dios no siempre es cómoda, ¡pero siempre es provechosa! ¿Ves una columna de nube moverse en tu vida? ¿Qué es? ¿Y qué supones que debes hacer respecto a eso?

🔲 **Percepción:** Codorniz para la cena —¡Todo cuanto puedas comer!

Cuando Dios envió las codornices en respuesta a la queja del pueblo, la mínima cantidad recogida por persona fue 10 homeres (un homer son 10 efas; un efa, 370 litros). ¡Eso equivale a 3.700 litros!

Espiando la tierra / Números 13-16 **14**

Resumen: Siguiendo las instrucciones del Señor, Moisés escoge un representante de cada tribu para formar un grupo de 12 exploradores. Su asignación: espiar las defensas del país y traer muestra de su fruto. Los 12 obedecen y, como muchos comités, ¡traen informes divergentes! Diez sólo vieron los obstáculos; dos vieron las oportunidades. La nación, descorazonada y desconfiada, amenazó con apedrear a Moisés y regresar a Egipto antes que afrontar lo que tenía delante. Como resultado, Dios condenó la generación incrédula a 40 años de infructuoso vagar en el desierto.

Corazón del pasaje: Números 13:1-2, 26-33; 14:20-35

Capítulo 13	Capítulo 14	Capítulo 15	Capítulo 16
Un informe dividido	Un resultado fatal	Un código divino	Una muerte prematura para Coré
Doce espías	Vagando	Regulaciones	Rebelión

Percepción: ...8...9...10...¡Excluido! (14:22)
En 10 ocasiones los israelitas refunfuñaron y murmuraron contra Dios. ¿Puedes encontrar qué originó cada queja?

Exodo 5:20-21_____
Exodo 14:10-12 _____
Exodo 15:24 _____
Exodo 16:2-3_____
Exodo 16:20,27_____
Exodo 17:2-3 _____
Exodo 32:1-4 _____
Números 11:1_____
Números 11:4-5 _____
Números 13:26-14:3 _____

Muchas veces el primer tornillo que se afloja en la cabeza de una persona es el que sostiene la lengua.

Tu andar diario: Cada parte del cuerpo humano llega el momento en que se cansa... ¡excepto la lengua! No es extraño que la Biblia la describa como aguzada (Salmo 140:3), detractora (Proverbios 25:23), e indomable (Santiago 3:8).

¿Tienes tú (como los israelitas) problemas en controlar tu lengua? Busca, pues, la ayuda de tu cónyuge, o de un amigo cristiano íntimo en "Operación Palabra con Sal" (Colosenses 4:6). Cada vez que él o ella te sorprenda en un comentario poco amable durante los próximos siete días, debes pagar 25 centavos. ¡Pruébalo! ¡Lo que pierdas materialmente lo recuperarás con creces en madurez espiritual!

15 Muriendo en el desierto
Números 17-20

Corazón del pasaje: Números 20:1-13

📖 **Resumen:** En su vagar en el desierto, a los hijos de Israel se les recuerdan dos cosas: muerte y esperanza. Muerte como resultado de su incredulidad en Cades-barnea, y esperanza en la promesa de que Dios aún le daría a su pueblo una tierra propia. La autoridad de Dios continúa en Moisés y Aarón, como se ve en el milagro de la vara de Aarón que reverdeció. Y los sacerdotes y levitas todavía son los siervos escogidos de Dios para guiar la nación en la adoración colectiva. Pero la muerte llega a ser la compañera constante de los israelitas en su marcha: muerte en los sacrificios, muerte de la vaca para la purificación, y la muerte del sumo sacerdote Aarón.

Capítulo 17	Capítulo 18	Capítulo 19	Capítulo 20
Vara de Aarón	Deberes de los levitas	Vaca alazana	Rebelión del pueblo
Implantando el sacerdocio		Imponiendo la pureza nacional	

El pecado produce un momento de gratificación y una eternidad de remordimiento.

✍️ **Tu andar diario:** Toma un martillo, un clavo, y un pedazo de madera. Clava el clavo a medias en la madera; después sácalo con cuidado. ¿Qué has dejado? (Para hacer de esto una experiencia memorable, ¡hazlo en la puerta principal, o en tu mueble favorito!)

Esa ilustración del mundo de la carpintería constituye una parábola de los resultados permanentes del pecado. Una vez confesado, el pecado recibe el perdón completo de Dios (1 Juan 1:9) —como sacar el clavo de la madera—. Pero quizás no puedas borrar del todo la marca que ese pecado ha dejado.

¿Has sido tentado, como lo fue Moisés, a "golpear la peña" cuando Dios te ha dicho que le "hables"? ¡Pesa las consecuencias de antemano! Cristo murió no sólo para que el pecado fuera perdonado, sino también para que fuera evitado. Dale gracias por una cicatriz o huella de clavo que nunca tendrás que llevar porque estuviste dispuesto a decir no al pecado y sí a El.

🔨 **Percepción:** Vaca en el Antiguo, Salvador en el Nuevo
El capítulo 19 describe la provisión de Dios para la impureza del pueblo: agua mezclada con las cenizas de una vaca alazana. Este extraño rito resulta más claro a la luz de Hebreos 9:11-14, como prefigura de Jesucristo. Como la ceniza de la ofrenda por el pecado tenía un efecto purificador al ser aplicada con agua, de igual modo la ofrenda de Cristo por el pecado purifica a todo aquel a quien le sea aplicada por el Espíritu Santo.

La serpiente de metal y el profeta metalizado **16**
Números 21-25

📖 **Resumen:**— Los israelitas, en su avance hacia Canaán, se encuentran con tres enemigos y los derrotan: Los cananeos, los amorreos, y los basanitas. Pero tras la primera de estas victorias son derrotados por un enemigo peculiar y persistente: la murmuración. Dios envía serpientes ardientes para castigar a su nación rebelde. La amenaza del avance de Israel mueve a las naciones paganas vecinas a contratar al profeta Balaam para que maldiga al pueblo de Dios. Pero en vez de maldición, él da un testimonio de largo alcance del glorioso futuro de la nación de Jehová. Sin embargo, lo que Balaam no podía hacer con su voz se logra mediante su malvada influencia, ya que los israelitas se entregan a la idolatría y matrimonios mixtos en desafío de la ley de Dios.

Corazón del pasaje: Números 21-22

Capítulo 21	Capítulos 22-24	Capítulo 25
Conquista y murmuración	Contratación y profecías de Balaam	Calamidad en el campamento
Exito	Bendición soberana	Pecado

☑️ **Tu andar diario:** Pon un pedacito de lija en tu bolsillo o cartera. Luego lee los próximos párrafos... en oración.

En el capítulo 21 la nación de Israel conquistó tres poderes nacionales. ¡Victorias rotundas! ¡Triunfos estupendos! Pero para algunos no era suficiente. Después de todo, todavía estaban al otro lado del Jordán y no poseían ni un palmo de la Tierra Prometida. Su impaciencia llevó a la crítica —y la crítica al ardiente juicio.

Una clave para la solidez en la vida cristiana es dar a Dios tiempo para obrar. Los bordes ásperos toman tiempo en suavizarse. Llegar a la madurez nunca ocurre de la noche a la mañana. Pero cada día puede ser un paso en la dirección correcta.

¿Está Dios empleando su lija en tu vida ahora mismo? ¿Cómo puedes cooperar —en vez de oponerte— a la obra del Maestro Carpintero?

Cuando la oportunidad toca a la puerta, el gruñón se queja del toque.

✍️ **Percepción:** Jesús y Números —¡Van juntos!
Mira los siguientes versículos y verás que cada pasaje del Antiguo Testamento nos da una vista de Jesucristo siglos antes de Su nacimiento:
- Serpiente de bronce (21:4-9; cf. Juan 3:14)
- Agua de la roca (20:11; cf. 1 Corintios 10:4)
- Maná (11:7-9; cf. Juan 6:31-33)

17 *Segundo censo / Números 26-30*

Corazón del pasaje:
Números 26:52-56; 27:18-23

Resumen: Ahora que el viaje está por terminar, es oportuno un segundo censo —a fin de evaluar la fuerza militar de Israel y para la repartición del territorio que se va a conquistar. Además, es tiempo de nombrar al sucesor de Moisés —el que ha de guiar al pueblo en la conquista—. Dios elige a Josué, uno de los únicos dos adultos que salieron de Egipto que entrarían en la Tierra Prometida. Bajo el liderazgo de Josué, la nación gozará tanto de victoria militar como de vitalidad espiritual, al obedecer los mandamientos de Dios y cumplir sus sagradas obligaciones.

Capítulo 26	Capítulo 27	Capítulos 28-30
Otro conteo de la nación	Otro líder para la nación	Otro código de culto para la nación
Censo	Sucesión	Ceremonia

Percepción: Comparación del segundo censo (¡Complétala!)

Cada persona importante ha aprendido primero cómo, cuándo y a quién obedecer.

Tribu	1er Censo	2do Censo	Tribu	1er Censo	2do Censo
1. Rubén	46,500		7. Efraín	40,500	
2. Simeón	59,300		8. Manasés	32,200	
3. Gad	45,650		9. Benjamín	35,400	
4. Judá	74,600		10. Dan	62,700	
5. Isacar	54,400		11. Aser	41,500	
6. Zabulón	57,400		12. Neftalí	53,400	
			Total:	**603,550**	

Tu andar diario: Después de multiplicarse de una familia de 70 a una nación con 600.000 guerreros en cerca de 400 años, Israel declinó en población durante los próximos 40 años. En parte, la falta de aumento se debió a los numerosos juicios que Dios envió para disciplinar a la desobediente nación: 14.700 muertos en la rebelión de Coré (16:49); 24.000 muertos tras seguir las enseñanzas de Balaam (25:9).

¿Está Dios aumentando o disminuyendo tu esfera de influencia? Jabes, una figura oscura en 1 Crónicas 4:10, oró: "¡Oh, si me dieras bendición, y ensancharas mi territorio.... Y le otorgó Dios lo que pidió". Dios se deleita en bendecir a hijos obedientes. ¡Háblale acerca de un "territorio ensanchado" que quieres que te confíen!

Preparándose para poseer la tierra
Números 31-33

18

📖 **Resumen:** Durante los días finales de su vida, Moisés está activo en por lo menos tres funciones: comandante en jefe del ejército de Israel; administrador de los asuntos internos de la nación; y guía de viaje, y lleva al pueblo a los llanos de Moab. El ejército israelita, empleando sólo unas pocas tropas, extermina a Madián por su influencia idólatra. Después trata con la petición de la tribu de Rubén, Gad, y Manasés de que se les permita establecerse al este del Jordán. La sección cierra con un repaso de la ruta de Egipto a Moab.

Corazón del pasaje: Números 33

Capítulo 31	Capítulo 32	Capítulo 33
Destrucción de Madián	Decisión de Rubén y Gad	Descripción de la jornáda
Guerra	Sabiduría	Peregrinación

✔️ **Tu andar diario:** Números 33 es uno de los capítulos más oscuros y a la vez más refulgentes de la Biblia. Es oscuro porque narra la jornada de Egipto a Moab —un viaje que debió realizarse en semanas, pero consumió cuatro décadas, más las vidas de una generación entera.

Pero el cuadro no es del todo oscuro, porque el capítulo 33 presenta el movimiento de la nación bajo el ojo atento de Dios. Guiado a través del desierto, provisto de maná del cielo, protegido de bandas merodeadoras enemigas, el pueblo experimentó el cuidado tierno de Dios, aunque sintió el aguijón de Su disciplina.

Cristiano, ¿ves la disciplina de Dios en tu vida como "dolor con propósito"? Dios te ama demasiado para permitir que la desobediencia siga sin castigo. Después de leer el capítulo 33, escribe estas palabras en el margen de tu Biblia: "Un capítulo que debió ser diferente".

Un capítulo se está escribiendo en tu vida hoy también. ¿Qué dirá? Aprende de los errores de Israel —cree la palabra de Dios. ¡El versículo para memorizar esta semana te recordará eso!

Lo intrigante no es por qué algunas personas pías, humildes y creyentes sufren, sino por qué algunas no.

🔍 **Percepción:** El final... de Balaam, ¡Eso es!
La conquista de Madián por Israel incluyó la ejecución de Balaam (31:8). Este juicio puede parecer injustificadamente severo para quien había bendecido la nación, hasta que se aprenda que Balaam fue el autor intelectual del plan de de contaminar a los israelitas con las mujeres madianitas (31:16).

19 Instrucciones para entrar en la tierra
Números 34-36

Corazón del pasaje: Números 34:1-15

Resumen: El libro de Números termina con la descripción de las fronteras de la Tierra Prometida y los nombres de los que repartirán la tierra a las 9 1/2 tribus que todavía esperan su herencia. Como a los levitas no se les da tierra, les asignan 48 ciudades esparcidas en Canaán. Se establecen leyes para proveer justicia en caso de homicidio y para proteger la herencia de familias que no tuvieran herederos varones.

Capítulo 34	Capítulo 35	Capítulo 36
Fronteras de la tierra	Ciudades de refugio	Leyes de herencia
Límites geográficos	Límites legales	

No podemos apoyarnos en las promesas de Dios si no obedecemos sus mandamientos.

Tu andar diario: Uno no puede disfrutar de lo que no posee. Dios había prometido dar a su pueblo una gran tierra. Hallarás la descripción de sus fronteras en el capítulo 34. Se extiende al norte hasta el monte de Hermón y Hamat, al sur hasta Cades-barnea y el río de Egipto (Wadi el-Arish), y al este hasta el Jordán. Tristemente, Israel muy poco disfrutaría de la extensión total de esos límites. Sólo por breve tiempo, en el reinado de David y Salomón, la nación tendría ese territorio.

¿No era buena la promesa de Dios? ¿O había otra cosa que no dejó al pueblo gozar de la bendición plena de Dios? Cada promesa tiene dos partes: la promesa misma, y la posesión de esa promesa por la persona a quien se le hizo. Dios le dijo a su nación repetidamente: "Ve, y posee la tierra. ¡Toda es tuya!" Por incredulidad e indiferencia, el pueblo se conformó con algo secundario. No podían gozar de lo que no poseían.

Repasa las secciones de Tú andar diario que has leído este mes. ¿Hay alguna promesa que aún no has poseído —una bendición de Dios que todavía tienes que reclamar? ¿Qué esperas?

Percepción: Nombres oscuros, verdades eminentes
De los seleccionados por Dios para repartir la tierra (34:16-29), solamente Caleb es conocido. Pero considera los nombres de otros: Semuel (nombre de Dios), Elidad (Dios ha amado), Haniel (favor de Dios), Elizafán (mi Dios protege), Paltiel (Dios es mi liberación), Pedael (Dios ha redimido). Los nombres pueden ser portadores de verdades eternas.

Deuteronomio

C ompuesto principalmente de tres grandes oraciones por Moisés, Deuteronomio (que significa "segunda ley") es un repaso
de la ley dada en Exodo. Aquí Moisés hace un
recuento del trato de Dios con Su pueblo y
prepara la nación para su llegada a la Tierra
Prometida. En Deuteronomio, Moisés enfatiza la santidad como forma de vida, y recuerda
al pueblo su necesidad de obediencia a Dios en
cada acción. Ya sea al poseer la tierra, derrotar
a sus enemigos, o sólo al disfrutar de una
nueva tierra, el pueblo de Dios debe mostrar
obediencia total a Sus mandamientos.

Enfoque	Escarmiento			Recordatorio			Restricción	
Divisiones	Motivos para obediencia	Medidas de obediencia	Mentalidad de obediencia	Regulaciones ceremoniales	Regulaciones civiles	Regulaciones sociales	Renovación del pacto	Culminación del ministerio de Moisés
	1　　　4	5　　　7	8　　　11	12　　　16	17　　　20	21　　　26	27　　　30	31　　　　　34
Tópicos	Aprendiendo del pasado			Mirando al futuro			Legado de un líder	
	Historia de Israel			Santidad de Israel			Héroe de Israel	
Lugar	Moab (al este del Jordán)							
Tiempo	Alrededor de dos meses							

20 *Motivos para obediencia / Deuteronomio 1-4*

Corazón del pasaje: Deuteronomio 1,4

Resumen: En el primero de tres sermones a la nación, Moisés comienza con un recuento del pasado. Dios había prometido a su pueblo una patria nueva, pero Israel no la poseyó por incredulidad. Durante 40 años habían deambulado y muerto. Ahora, extinguida aquella generación incrédula, Dios ha guiado la nación en arrolladora victoria sobre Sehón y Og, trayéndolos de nuevo al umbral de la tierra. Pero antes de entrar, han de aprender del pasado una lección crucial: que obedecer trae victoria y bendición, mientras que desobedecer resulta sólo en derrota y juicio.

Capítulo 1	Capítulo 2-3	Capítulo 4
Fracaso pasado de Israel	Fidelidad persistente de Dios	Futuro prometedor de Israel
Ejemplo	Estímulo	Exhortación

Requiere gran atención tanto como gran predicación hacer un gran sermón.

Tu andar diario: La mejor predicación envuelve persuasión piadosa. Cuando escuchas a un predicador, a menudo lo oye hacer tres declaraciones dolorosas: (1) "Dios dice que hagas esto: _____". (2) "Tú estás haciendo esto: _____".

(3) "Por lo tanto, necesitas cambiar _____ ahora". ¡Por eso la predicación te puede hacer sentir incómodo! Te muestra por la Palabra de Dios dónde estás mal, y trata de persuadirte a cambiar tus actitudes o acciones para que se ajusten a los preceptos de Dios.

El primer sermón de Moisés a Israel es un clásico de persuasión piadosa al señalarle al pueblo el trato pasado, presente y futuro de Dios. Israel debe obedecer a Dios por su experiencia *pasada* de la liberación, provisión, y juicio de Dios; debe obedecer a Dios por su experiencia *presente* de la suficiencia de Dios en proveer sus necesidades y pelear sus batallas; y debe obedecer a Dios por sus promesas *futuras* de bendición o maldición, todo sujeto a su propia respuesta a los mandamientos de Dios.

Si fueras a predicar Deuteronomio 1-4 en lugar de Moisés, ¿cuál de los tratos pasados, presentes o futuros de Dios en tu vida podrías señalar como prueba positiva de que Dios tiene que ser obedecido?

Percepción: Confiando en las antiguas promesas

La confianza de Moisés en Dios está arraigada mayormente en las promesas que Dios hizo a los padres de Israel. La frase "juró Jehová a vuestros padres" (1:8) ¡se repite por lo menos 25 veces en los tres sermones de Moisés!

La influencia de Deuteronomio

21

⬅ Da un paso atrás

Si fueras a determinar qué libro del Antiguo Testamento tiene mayor influencia en el resto de la Biblia, Deuteronomio resultaría finalista. Los escritores del Nuevo Testamento lo citan directamente en 17 de los 27 libros del Nuevo Testamento y aluden a él más de 80 veces.

Jesús respondió a las tres tentaciones de Satanás en el desierto con palabras de Deuteronomio (Mateo 4:1-11). Y cuando El resume la ley del Antiguo Testamento (Mateo 22:37), cita de nuevo a Deuteronomio.

Aquí hay un diagrama que muestra cuán extensivamente los escritores de la Biblia han sacado del quinto libro del Antiguo Testamento:

Corazón del pasaje Mateo 4:1-11

JOSUE	AMOS
6:17-18 (13:15)	3:2 (7:6; 9:12)
7:25 (13:10; 17:5)	2:6-8 (24:12-15; 23:17)
8:27 (20:14)	
8:29 (21:22-23)	MATEO
8:30-31 (27:3;8)	4:1-11 (6:13, 16; 8:3)
8:33-35 (11:29;27:11-13)	22:37 (6:4-5)
JUECES	MARCOS
1:17 (7:2; 20:16)	10:5 (24:1)
7:1:7 (20:1-9)	
17:13 (18:1-8; 33:8:11)	ROMANOS
	10:6-9 (30:12-14)
OSEAS	
4:4 (17:12)	GALATAS
5:10 (19:14)	3:10, 13 (27:26; 21:23)
8:13 (28:68)	
11:13 (1:31; 32:10)	HEBREOS
	10:28 (17:6)

⬆ Mira arriba

Al leer Mateo 4:1-11, pregúntate cómo te iría si estuvieras en una situación en la cual necesitaras sacar de la Palabra de Dios verdades que te fortalezcan contra la tentación o consuelen en la aflicción.

➡ Sigue adelante

Lee de nuevo Mateo 4:1-11 y selecciona uno de los pasajes de Deuteronomio que Jesús citó. Luego dedica unos momentos a memorizarlo. Al continuar leyendo toda la Biblia con *Tu andar diario*, pide a Dios que te ayude a memorizar pasajes significativos de su Palabra.

En el Antiguo Testamento el Nuevo se encierra; en el Nuevo Testamento el Antiguo se revela.

22 Medidas de obediencia
Deuteronomio 5-7

Corazón del pasaje: Deuteronomio 7

Resumen: El segundo sermón de Moisés comienza en el capítulo 5 y se extiende hasta el capítulo 26. Se inicia con la repetición de los Diez Mandamientos (de aquí el nombre Deuteronomio: "segunda ley") y exhorta al pueblo a obedecer al Señor con un corazón de amor; que enseñen a sus hijos obediencia; y que no se olviden del Señor en tiempo de prosperidad. La victoria sobre los ocupantes paganos de Canaán es cierta mientras el pueblo obedezca los mandamientos de Dios. Han de prevalecer, no por su fortaleza, sino por su Dios conquistador.

Capítulo 5	Capítulo 6	Capítulo 7
Antigua ley para nueva generación	Nueva ley para nueva generación	Nueva esperanza para nueva generación
Diez mandamientos	Mayor mandamiento	Conquista futura

Tu andar diario: Al leer la sección de hoy, tal vez recuerdes la fábula de la gallina que puso el huevo de oro: un granjero que, al descubrir un asombroso huevo de oro, se impacientó por tener que esperar el día siguiente para obtener otro huevo. Mató la gallina para llegar a la fuente de los huevos... y en un arrebato de impaciencia destruyó la fuente misma de su prosperidad.

La mayoría de los problemas del hombre moderno surgen de mucho tiempo en sus manos y poco en sus rodillas.

"¡Yo lo quiero todo, y lo quiero ahora!", es el clamor del día; aun entre muchos cristianos. Pero Dios no se ajusta a nuestro horario impaciente. El dio a los israelitas un principio de conquista que todavía se aplica hoy: "poco a poco" (7:22). Los métodos de Dios a menudo llevan tiempo. El pudo haberle dado la tierra a Israel en un día, pero en vez de eso les ordenó moverse paso a paso, confiando en El cada "codo" del camino.

¿En qué esfera de tu vida cristiana esperas resultados instantáneos: victoria sobre un hábito... conocimiento de la Palabra de Dios... madurez espiritual? La forma de Dios no es de "¡Corre!, ¡corre!", sino de poco a poco. Da el paso pequeño pero significativo de crecimiento que puedas dar hoy: memorizar un versículo, obedecer un mandamiento, atesorar una promesa.

Percepción: Leche agria y dedos pegajosos, o algo más.
La descripción de la Tierra Prometida como "la tierra que fluye leche y miel" indica su prosperidad y abundancia. La leche era parte de la dieta de los hebreos, y así una provisión de leche significaba extensos pastizales. La miel era considerada un manjar delicioso.

Mentalidad de obediencia **23**
Deuteronomio 8-11

Resumen: Moisés continúa su recuento de la historia de Israel como una ilustración para el pueblo de la fidelidad de Dios a través de su trayectoria de 40 años en el desierto. La provisión de Dios en el pasado da confianza para el futuro. El continuará haciendo grandes cosas por su pueblo si siguen andando en obediencia a El. Pero si son desobedientes, menosprecian sus mandamientos, y adoran otros dioses, juzgará su rebelión. Los hechos son claros: Si Israel ama y obedece a Dios, experimentará bendición. Si desobedece, el juicio de Dios será seguro.

Corazón del pasaje: Deuteronomio 8-9

Capítulo 8	Capítulo 9	Capítulos 10-11
Acuérdate de la bondad de Dios	Acuérdate del becerro de oro	Acuérdate de obedecer
Recordatorios del pasado		Deberes para el futuro

Tu andar diario: Paséate durante unos minutos por las habitaciones de tu casa y nota los artículos que posees que no compraste tú mismo, sino que te fueron regalados. Al mirar cada objeto, trata de recordar quién te lo dio y cuándo. Si eres como muchos, te será difícil la tarea.

El recuento de Moisés de la historia de Israel fue un inventario verbal de todos los bienes que Israel poseía como resultado de las bendiciones de Dios. El maná en el desierto y otras provisiones de Dios son meras sombras de lo por venir: una tierra que fluye leche y miel. Pero la promesa de prosperidad en Canaán señalaba a un problema potencial. Las generaciones futuras podían olvidar quién les dio estas cosas buenas, y pensar que ellos mismos lograron su prosperidad. El mensaje de Moisés hizo claro que los israelitas nunca debían olvidar que fue Dios quien suplió sus necesidades y les dio su abundancia.

Lo feliz que una persona puede ser depende de la profundidad de su gratitud.

¿Olvidaste quién te dio los regalos que tienes? Escribe una nota de gratitud a Dios en la que expreses tu gratitud por algo que El te dio en días recientes. A El le gusta oírte decir: "Gracias".

Percepción: "Acuérdate de no olvidar"
Moisés amonesta a su pueblo a no hacer de la bondad de Dios base para orgullo personal. Completa estos pensamientos importantes:
Te acordarás de cómo el Señor_____(8:2).
Acuérdate de que Dios te da_____(8:18).
No olvides cómo tú_____(9:7).

24 *Regulaciones ceremoniales Deuteronomio 12-16*

Corazón del pasaje: Deuteronomio 12:1-16; 14:22- 15:11

Resumen: Siguiendo su recuento del pasado y previsión del futuro, Moisés se vuelve a los estatutos más específicos y detallados que estarán en efecto cuando Israel resida en su tierra. Deseando la separación de su pueblo de las naciones vecinas, Dios manda que la vida religiosa de Israel esté libre de toda asociación con la idolatría. El pueblo escogido de Dios tiene que caracterizarse sólo por las normas más altas de pureza, higiene, y trato a los pobres —acciones que demostrarán la singular relación de Israel con Dios. Además, las fiestas de Israel deben ser tiempos de consagración tanto como de celebración.

Capítulo 12	Capítulo 13	Capítulo 14	Capítulo 15	Capítulo 16
Leyes religiosas concernientes a...				
Alimentos	Idolos	Animales	Deudas	Fiestas
Regulaciones destinadas a demostrar la singularidad de Israel				

Cuando van a dar, algunos llegan a nada.

Tu andar diario: ¿Eres un dador de mala gana, o generoso? Cuando oyes de alguna necesidad, ¿buscas la manera de dar, o una excusa para no dar?

Ayer aprendiste que todo lo que posees es un don de la mano de Dios. La lección de hoy es su complemento: Dios espera que los que El ha bendecido reflejen la misma generosidad que El les ha mostrado. Dios especificó a Israel que debían tener las manos abiertas al hermano o hermana que vieran en necesidad. Siendo Dios la fuente de su provisión, era como si El mismo lo diera. Por lo tanto, su pueblo podía dar generosamente, sabiendo que sus necesidades serían suplidas por el Dador de toda buena dádiva.

Cuando se ve a la luz del mandamiento de Cristo: "De gracia recibisteis, dad de gracia (Mateo 10:8), tu dar adquiere nueva profundidad y significado. Tú puedes ser una fuente de bendición a alguien, y al mismo tiempo recibir bendiciones tú mismo. Toma del vasto alfolí de Dios y ayuda a alguien que sabes tiene necesidad financiera esta semana. Recuerda: "De gracia recibisteis, ¡dad de gracia!"

Percepción: Un rito fúnebre doloroso (y prohibido) (14:1)
Las heridas autoinfligidas y hacerse calva como señales de aflicción por los muertos eran prácticas de los cananeos como parte de su adoración pagana. Dios prohibió estrictamente tales actividades a su pueblo consagrado. ¿Espera él menos de ti? (Ver 1 Pedro 2:9.)

Regulaciones civiles
Deuteronomio 17-20

25

Resumen: Además de las leyes religiosas que rigen la adoración nacional, Moisés establece leyes civiles para gobernar la selección y aplicación de la autoridad civil en la tierra. ¿Cómo escoger un rey? ¿Cómo comprobar la credibilidad de un profeta? ¿Cómo proteger a los que matan sin querer? ¿Cómo tratar a los cautivos humana e imparcialmente? Encontrarás la respuesta en la sección de hoy, junto con una colección de regulaciones para profetas y sacerdotes, reyes y reinos.

Corazón del pasaje: Deuteronomio 17

Capítulo 17	Capítulo 18	Capítulo 19	Capítulo 20
Escogiendo un rey	Probando a un profeta	Proveyendo un refugio	Procurando la paz
Leyes civiles		Leyes humanitarias	

Tu andar diario: Si es cierto que "la justicia engrandece a la nación; mas el pecado es afrenta de las naciones" (Proverbios 14:34), ¿cómo evalúas a tu nación en sus esfuerzos para promover justicia en las siguientes áreas (A= Excelente, C= Regular, etc.)?

Si alguien dice que usted es franco, tenga cuidado; esto puede significar que usted lo es sólo en la cuarta parte de tiempo.

• Tratar con la idolatría (objetos de adoración aparte de Dios, (17:2-5)
• Promover justicia (imparcial y equitativa, 17:8-11)
• Prohibir prácticas de ocultismo (brujería, horóscopos, 18:9-14)
• Practicar la verdad (en gobierno, en tribunales, 19:15-19)

Como cristiano responsable, no puedes hacerlo *todo* para promover justicia nacional, pero puedes hacer *algo*: orar... ayunar... llamar por teléfono... cartas... dedicación a los principios cristianos —todos son factores poderosos para restringir el mal en tu nación, pero sólo si los empleas. ¿Tomarás uno de éstos y lo podrás en práctica hoy?

Percepción: Tres prohibiciones, un imperativo para futuros reyes

En 17:14-20 hallarás cuatro mandamientos específicos dirigidos a futuros monarcas del pueblo de Dios. Completa cada mandamiento, y compara la actuación de Salomón (uno de esos futuros monarcas) como aparece en el libro de 1 Reyes.

Mandato de Dios (Deut.)   Respuesta de Salomón (1 Reyes)

"No multiplique para sí_____"(17:16). _____(4:26).
"No multiplique para sí_____"(17:17). _____(11:3).
"No multiplique para sí_____"(17:17). _____(10:14
"Haga para sí_____"(17:18). _____ _____(11:11).

26 Regulaciones sociales
Deuteronomio 21-26

Corazón del pasaje: Deuteronomio 23:1-8; 26:16-19

Resumen: ¿Cómo promover la paz y la estabilidad en la tierra y a la vez tratar con asesinatos sin resolver, moradores extranjeros, divorcio, herencia familiar, ganado extraviado, problemas de sanidad, disputas territoriales, y un sinnúmero de otros asuntos? Moisés busca responder a muchas de estas situaciones antes que surjan, para garantizar el manejo ordenado del pueblo de un Dios santo en la Tierra Santa.

Capítulos 21-22	Capítulos 23-24	Capítulos 25-26
Santidad en el hogar	Santidad hacia el desvalido	Santidad en las relaciones humanas
Leyes domésticas	Leyes humanas	Leyes sociales

La limpieza está próxima a la piedad, pero para algunos está próxima a lo imposible.

Tu andar diario: ¿Te has acercado a la puerta de un restaurante, y leído las palabras: "No se admiten descalzos"? ¿Qué razón había para tal prohibición? ¿Por qué en los restaurantes miran mal a las personas descalzas?

Por la ley mosaica, algunos eran excluidos de la asamblea: los que tenían ciertos defectos, los nacidos ilegítimamente, los descendientes de los amonitas o moabitas (23:1-3). ¿Por qué esta exclusión de algunos, aparentemente arbitraria, de la comunidad religiosa de Israel? Porque, al igual que los pies descalzos en el restaurante, representaban una fuente potencial de contaminación para el resto de la comunidad.

Mutilación del cuerpo, inmoralidad descarada, y matrimonio con paganos eran prácticas comunes entre los cananeos. Si estas contaminaciones iban a mantenerse fuera del campamento israelita, cierta exclusión tenía que imponerse.

La iglesia hoy es a menudo inclusiva y exclusiva a la vez. Cuidadosamente lee Efesios 2:1-7. Luego escribe tu respuesta a esta pregunta: "Por mi inclusión en el cuerpo de Cristo, ¿qué es una fuente de contaminación que necesito excluir de mi vida de servicio a Dios?"

Pide a Dios que te dé la fortaleza que necesitas para eliminar del todo ese pecado de tu vida.

Percepción: Sepultado como un criminal común

El entierro de un criminal crucificado (21:22-23) prefigura la muerte ignominiosa de nuestro Señor. En el Nuevo Testamento el versículo 23 es citado referente a Cristo al asumir la maldición por nuestros pecados sobre sí mismo: "Maldito todo el que es colgado en un madero" (Gálatas 3:13). También ver Juan 19:31.

Renovación del pacto
Deuteronomio 27-30

27

Resumen: Moisés ha llegado a un momento solemne, culminante, en su discurso a la nación: el pueblo tiene que reafirmar su adhesión al pacto. El recuerda a la nueva generación del desierto que en la tierra se enfrentarán a la posibilidad de la más rica bendición de Dios tanto como a la del juicio más severo. Todo depende de su sumisión a las demandas del pacto. Dramáticamente Moisés presenta el reto: "Os he puesto delante la vida y la muerte... escoge la vida".

Corazón del pasaje: Deuteronomio 27-28

Capítulo 27	Capítulo 28	Capítulo 29	Capítulo 30
Ceremonias prescritas	Bendiciones prometidas	Condiciones del pacto	Compromiso de la nación
Repetición del pacto		Renovación del pacto	

Tu andar diario: "¡Quisiera estar muerto!" Quizás en un momento de desesperación o vergüenza, se te escaparon tales palabras. Pero no las quisiste decir literalmente. ¡La mayoría de la gente quiere vivir! En efecto, harían casi cualquier cosa por preservar su vida. Pero ese fuerte instinto de supervivencia no siempre se lleva a la esfera espiritual.

Moisés presentó la decisión a Israel con claridad meridiana con estas dos fórmulas simples (e inalterables):

OBEDIENCIA = VIDA

DESOBEDIENCIA = MUERTE

Sin embargo, en los meses venideros leerás las trágicas consecuencias nacionales de las decisiones de Israel.

Tú enfrentas decisiones similares hoy... con consecuencias también de largo alcance. Al igual que Israel, puedes escoger el camino de la muerte por rebelarte contra la voluntad de Dios. O, por obedecer, escoger la vida —y comunión diaria con el Dios de la vida—. ¿Cuál escogerás?

Toma una tarjeta de 8x13 cm y escribe en ella las dos fórmulas. Adhiérela a la pared del comedor, el espejo del baño, o la puerta de tu cuarto; para que te recuerde a menudo el principio eterno de Dios de vida y muerte. La decisión es tuya.

Hacemos nuestras decisiones, y nuestras decisiones a su vez nos hacen a nosotros.

Percepción: El día que el mercado de esclavos se abarrotó

La horrible maldición de 28:68 ¡se cumplió literalmente! Tras la caída de Jerusalén en el 70 A.D., el mercado de esclavos de Egipto se abarrotó a tal extremo con los cautivos israelitas, que no había compradores para todos ellos. Dios siempre cumple sus promesas —tanto las buenas como las malas.

28/29 *Culminación del ministerio de Moisés*
Deuteronomio 31-34

Corazón del pasaje: Deuteronomio 32, 34

Resumen: Con el pacto renovado y la nación lista a cruzar el Jordán, Moisés concluye sus deberes como líder del pueblo de Dios. Comisiona a Josué como su sucesor con una advertencia sobria de la futura rebelión de Israel. A fin de que el pueblo recordara su mensaje de vida, fija sus palabras finales en un canto, que enseña a la nación. Tras pronunciar bendiciones para cada una de las tribus, sube al monte Nebo para dar un vistazo final a la Tierra Prometida. Allí muere, físicamente fuerte a pesar de sus 120 años. Aunque su sepulcro permanece en el misterio hasta el día de hoy, ¡su entierro fue arreglado por los mejores empresarios de pompas fúnebres!

Capítulo 31	Capítulo 32	Capítulo 33	Capítulo 34
Sucesor de Moisés	Cántico de Moisés	Bendición de Moisés	Bendición de Dios
Los días finales de Moisés

Si estás leyendo en año bisiesto, lee dos capítulos el día 28, y dos el 29.

Tu andar diario: Has oído de amigos de buen tiempo —los que te buscan cuando todo marcha bien, y desaparecen cuando las cosas comienzan a ir mal—. Pero ¿has oído de los de "mal tiempo" —los que se apegan a ti en la adversidad, y te olvidan cuando todo va bien?

"Amigos de mal tiempo" es una descripción perfecta de los hijos de Israel. Durante su tiempo de necesidad en el desierto, seguían a Dios a pesar de refunfuños y rebeliones ocasionales. Pero Dios advirtió a la nación que la prosperidad venidera traería indiferencia hacia El. Cuando la Tierra Prometida fuera conquistada y ocupada, la nación abandonaría a Dios por los ídolos (31:16; 32:15,18).

Cuando encaras una crisis, es natural clamar a Dios por ayuda. Pero en la bonanza, cuando todo va viento en popa... tu salud es excelente... hay dinero en el banco y todas las cuentas están pagadas, ¿qué entonces? Trata de cantar algunas estrofas del "Cántico de Moisés" (capítulo 32), ¡y expresar tu devoción a Dios tanto en el buen tiempo como en el malo!

Percepción: Un epitafio apropiado para la tumba de Moisés
"El eterno Dios es tu refugio, y acá abajo los brazos eternos" (33:27).

Josué

E n el libro que lleva su nombre, Josué sucede a Moisés como comandante en jefe de Israel y dirige al pueblo a cruzar el Jordán hacia la Tierra Prometida. Este es un libro de guerra y de paz; detalla la conquista de Canaán y marca el comienzo de Israel como nación establecida. La primera mitad del libro (capítulos 1-12) recuenta tres campañas militares en espacio de siete años, en las que Josué enfrenta y derrota más de 30 ejércitos enemigos. La segunda mitad (capítulos 13-24) relata el establecimiento en Canaán, el cumplimiento de la antigua promesa de Dios a Abraham.

Enfoque	Conquista			Consolidación		
Divisiones	Preparándose para la guerra	Comenzando la conquista	Completando la conquista	Asignaciones para 5 tribus y Caleb	Asignaciones para 7 tribus y levitas	Reto final y muerte de Josué
	1　　5	6　　8	9　　12	13　　17	18　　21	22　　24
Tópicos	Obteniendo la tierra			Ocupando la tierra		
	Jefes militares en Canaán			Terratenientes en Canaán		
Lugar	Ambos lados del Jordán					
Tiempo	7 Años			18 Años		

1 Preparándose para la guerra / Josué 1-5

Corazón del pasaje: Josué 1:1-8; 3

🕮 **Resumen:** Moisés ha muerto, y Dios nombra a Josué para que asuma el liderazgo. El pueblo está expectante, a la vista de la tierra prometida a sus antepasados y negada a sus incrédulos padres. Ha llegado el tiempo de cruzar al otro lado, conquistar, y poseer. Pero ¿triunfarán ellos donde sus padres fracasaron? La tarea parece imposible: tienen que cruzar un río crecido, penetrar en terreno extraño, y conquistar poderosas ciudades amuralladas. Así que Dios comienza a preparar a su pueblo para los días de guerra que le esperan. Le recuerda a Josué que el apego a Su Palabra trae bendición y éxito. Se envían espías a explorar a Jericó, el primer obstáculo en la tierra. Los sacerdotes, llevando el arca del pacto, dirigen al pueblo a cruzar el Jordán desbordado ¡sin siquiera mojarse las sandalias! El escenario está listo para la conquista.

Capítulo 1	Capítulo 2	Capítulo 3	Capítulo 4	Capítulo 5
Preparando al pueblo para la batalla en lo...				
Espiritual	Militar	Geográfico	Histórico	Ceremonial
"Esfuérzate"	"Reconoced"	"Pasad"	"Recordad"	"Circuncidad"

Dios no te llevará a aguas que El no pueda dividir, a riberas que El no pueda cruzar, ni a dolor que El no pueda sobrellevar.

🖊 **Tu andar diario:** Dios se especializa en sandalias secas. Le gusta comenzar con una situación imposible en tu vida y luego hacer lo imposible.

Cuando la nación de Israel llegó al Jordán, Dios demandó un paso de obediencia antes que pudieran cruzar. Los sacerdotes, como el tambor mayor que guía a una banda en marcha de tres millones de miembros, tuvieron que caminar hasta el borde del crecido Jordán y dar el primer paso en el agua. Entonces —y sólo entonces— Dios haría el milagro: detener las aguas, secar el lodo, ¡y que el pueblo cruzara levantando polvo a cada paso! Sandalias secas siguieron a la obediencia de fe.

¿Dónde en tu vida está Dios esperando que des el primer paso de fe? En el margen izquierdo de la página, escribe el *obstáculo* que enfrentas (tu Jordán) y el paso de *obediencia* que Dios te pide que des (tu experiencia de sandalias secas). Confía en El para lo inesperado, ¡y deja que te sorprenda y te deleite, al hacer lo inexplicable!

⛏ **Percepción:** Un poderoso río pequeño
El Jordán, un río tortuoso y turbio de 400 km de largo (con sólo 1 m de profundidad en algunos lugares) tiene una significación bíblica mayor que su tamaño. Se menciona 67 veces en Josué y un total de 175 en el Antiguo Testamento.

Comenzando la conquista / Josué 6-8

2

Resumen: Josué emplea la estrategia típica para victoria militar: "¡Divide y conquista!" Ataca el centro del país primero, y divide en dos las fuerzas enemigas, antes de liquidar la resistencia de las tropas aisladas en el sur y el norte. Su asombrosa victoria en Jericó muestra la importancia de seguir las instrucciones de Dios al pie de la letra, ¡a pesar de lo trivial que parezcan! La lección es dolorosamente reforzada en Hai, donde la desobediencia trae derrota y muerte. Pero Dios, tras disciplinar a su incauto pueblo, pacientemente lo alienta, y lo guía a la victoria en la revancha con Hai.

Corazón del pasaje: Josué 6:1-7:13; 8:1,25

Capítulo 6	Capítulo 7	Capítulo 7
Obediencia trae victoria	Desobediencia trae derrota	Restauración trae victoria
Jericó	Hai (1er. encuentro)	Hai (2do. encuentro)

Tu andar diario: La prueba real de la obediencia de un niño viene, no cuando los padres le ordenan algo razonable ("No toques la estufa, que te quemas"), sino cuando se le ordena algo ilógico ("Llega a casa a las 11... come tu espinaca... no duermas con zapatos"). Los deseos de los padres pueden cambiar o basarse en un capricho, pero nunca los de Dios (Hebreos 13:8; Santiago 1:17).

La verdadera obediencia no tiene plomo en los calcañares.

La orden de Dios a Israel de destruir lo que no fuera consagrado a El contradecía el "sentido común humano". Al pueblo le parecía desperdicio y crueldad innecesaria. Josué hizo lo "sensato" y "prudente" (pero desobediente) al enviar un ejército pequeño contra Hai. Y el resultado fue derrota para Israel y la muerte innecesaria de 36 soldados.

Toma un mandamiento de la Palabra de Dios que te hayas visto tentado a catalogar de impráctico, innecesario, o inadecuado (por ejemplo, Efesios 5:22, 25; 6:1; ó 6:5). Escríbelo en un papel junto con estas palabras: "En lo que yo entienda la voluntad de Dios, la haré; en lo que no la entienda, confiaré en El... ¡y la haré de todos modos!"

Percepción: El alto precio de la codicia
El oro y las piezas de plata que Acán tomó (7:21) sólo valían unos miles de dólares. En cambio, costaron la vida de 36 soldados, una derrota humillante para la nación de Israel, y la muerte a pedradas de Acán y toda su familia.

3   *El siervo líder*

Lectura bíblica: Hebreos 4:1-11

← Da un paso atrás

Como José en Génesis, Josué prefigura la vida y obra de Jesús. En efecto, comparten hasta el mismo nombre hebreo, "Yeshuá".

Como hombre de confianza de Moisés, el líder de la nación hebrea, la vida de Josué fue emocionante y llena de logros y honores. Dios le confió la inmensa responsabilidad de introducir a Su pueblo en la Tierra Prometida. Y él la cumplió con visión y vigor.

Pero sus logros no fueron simplemente la obra de un hombre sagaz que sigue principios de buen liderazgo: su éxito se debió a su profunda y constante confianza en Dios. Como dice Números 27:18, Josué era "varón en el cual hay espíritu".

Sus humildes dotes de liderazgo dirigido por el Espíritu fueron reconocidos temprano, cuando fue escogido para representar su tribu al ir los 12 espías a explorar a Canaán. Sólo Josué y Caleb tuvieron la determinación de seguir la clara dirección de Dios de tomar posesión de la tierra a pesar de la amenaza de resistencia. De modo que, sólo a Josué y Caleb les fue permitido entrar en la tierra tras 40 años de peregrinación.

Josué era estratega militar brillante, un estadista sabio y digno. Pero más que eso, él fue el siervo y líder escogido por Dios para completar la obra que Moisés comenzó, de establecer a Israel en la Tierra Prometida. En esta forma, él tipificó la obra de Cristo.

↑ Mira arriba

Descansa; el campo que ha descansado da abundante cosecha.

Con su fe fija en la promesa de Dios, Josué llevó al pueblo de Israel a un período de descanso físico en la Tierra Prometida. Del mismo modo, nosotros podemos experimentar el descanso apacible de la salvación cuando hemos puesto nuestra fe en la persona y obra de nuestro Salvador Jesucristo. Dios nos invita a entrar en su descanso —el descanso que fue tipificado físicamente en Canaán.

Al meditar en Hebreos 4:1-11, dale gracias a Dios por el descanso eterno que El te ha concedido. Pídele que fortalezca tu fe y te permita gozar de ese descanso, ahora y siempre.

→ Sigue adelante

Lee los primeros ocho capítulos del libro de Josué y nota algunas características del liderazgo de este héroe. Quizás sea la amonestación de Dios a esforzarse y ser valiente (1:6), la determinación de Josué de obedecer estrictamente (5:14), o su disposición para exponer el pecado (7:19).

Pregúntate cómo podrías aplicar esos conceptos en cualquier función de liderazgo que puedas tener —con tu familia, en el trabajo, en la iglesia—. Recuerda, todo esto comienza con un corazón humilde y obediente.

Completando la conquista / Josué 9-12

4

📖 **Resumen:** En muchos aspectos, la estrategia militar de Josué es dictada más por las acciones de sus enemigos que por sus propios planes. Primero, el rey de Jerusalén forma una coalición de reyes en el sur y ataca a Gabaón (la nación que había logrado por engaño aliarse con Israel). Fiel a su pacto, Israel sale en defensa de Gabaón, y derrota a la coalición del sur. Una alianza similar ahora se forma en el norte, guiada por Jabín, rey de Hazor. Y de nuevo Jehová los entrega en manos de Israel (11:8). Finalmente, Josué aplasta la resistencia en toda la tierra hasta que "las montañas... valles... llanos" (11:16) son conquistados, listos para adjudicárselos a las tribus.

Corazón del pasaje: Josué 9, 12

Capítulo 9	Capítulo 10	Capítulo 11	Capítulo 12
Engaño de Gabaón	Destrucción del sur	Derrota del norte	Descripción del plan de batalla
Convenio	Coalición		Conquista

✒️ **Tu andar diario:** Nada exaspera más a un padre que descubrir una actitud de independencia en su hijo de tres años. "Déjame hacerlo... no ayudes... yo solo" son expresiones de un niño dependiente haciendo uso de su recién descubierto sentido de independencia. Puede que no desee más la ayuda del padre, ¡pero eso no significa que no la necesite!

Cuando de improviso enfrentaron el problema de Gabaón (capítulo 9), los líderes de Israel reaccionaron con independencia inmadura. "Esto lo podemos resolver nosotros. No necesitamos consultar a Dios para un asunto tan elemental. ¡Después de todo, hemos hecho decisiones mayores que esta antes!" El insensato pacto de paz con Gabaón, hecho sin consultar a Dios, fue basado en apariencias y palabras engañosas. En los años venideros sería una fuente de problemas para Israel.

¿Qué decisiones estás tentado a hacer sin contar con Dios? Habla con El primero. Dios se deleita en guiar a cuantos reconocen su necesidad de El (Proverbios 3:5-6). ¡Y las consecuencias de excluirlo a El no se pueden excluir!

La paz es una joya tan preciosa, que yo daría cualquier cosa por ella, menos la verdad.

🖼️ **Percepción:** Una patria hambrienta

Anteriormente los espías describieron a Canaán como "una tierra que traga a sus moradores" (Números 13:32). Durante la conquista de siete años, el ejército de Josué destruyó 31 reyes y a la mayoría de los cananeos, ¡lo que irónicamente hizo profética la declaración de los espías!

Colocando los
libros de
Josué y
2 Samuel

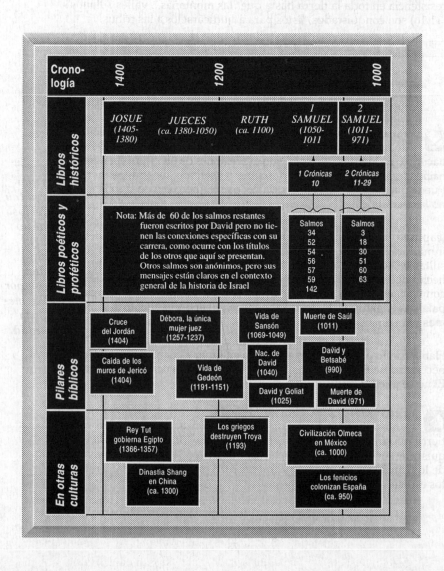

Crono-logía	1400		1200		1000
Libros históricos	JOSUE (1405-1380)	JUECES (ca. 1380-1050)	RUTH (ca. 1100)	1 SAMUEL (1050-1011)	2 SAMUEL (1011-971)
				1 Crónicas 10	2 Crónicas 11-29
Libros poéticos y proféticos	Nota: Más de 60 de los salmos restantes fueron escritos por David pero no tienen las conexiones específicas con su carrera, como ocurre con los títulos de los otros que aquí se presentan. Otros salmos son anónimos, pero sus mensajes están claros en el contexto general de la historia de Israel			Salmos 34 52 54 56 57 59 142	Salmos 3 18 30 51 60 63
Pilares bíblicos	Cruce del Jordán (1404) / Caída de los muros de Jericó (1404)	Débora, la única mujer juez (1257-1237) / Vida de Gedeón (1191-1151)	Vida de Sansón (1069-1049) / Nac. de David (1040) / David y Goliat (1025)	Muerte de Saúl (1011) / David y Betsabé (990) / Muerte de David (971)	
En otras culturas	Rey Tut gobierna Egipto (1366-1357) / Dinastía Shang en China (ca. 1300)	Los griegos destruyen Troya (1193)		Civilización Olmeca en México (ca. 1000) / Los fenicios colonizan España (ca. 950)	

Asignaciones a cinco tribus
Josué 13-17

5

 Resumen: Aunque Israel bajo el liderazgo de Josué ha conquistado a Canaán destruyendo las ciudades clave y a sus reyes, "queda aún mucha tierra por poseer" (13:1). Para completar la tarea, Josué asigna territorios a cada tribu individual con instrucciones de terminar las influencias paganas que quedan y a poseer la tierra completamente. Ya se les habían asignado territorios a Rubén, Gad, y a la media tribu de Manasés al este del Jordán. Pero antes que se haga asignación alguna en el oeste, Caleb pide y recibe la porción prometida a él por Moisés: el monte Hebrón, ¡una conocida fortaleza cananea!

Corazón del pasaje: Josué 14

Capítulo 13	Capítulo 14	Capítulo 15	Capítulos 16-17
Asignación a 2 -1/2 tribus	Asignación a Caleb	Asignación a Judá	Asignación a los hijos de José
Este del Jordán	Oeste del Jordán		

Tu andar diario: Probablemente cuando niño jugaste con modelos de aviones, botes, y camiones. En una hoja de papel enumera tantas características de un modelo como puedas pensar. (Si pensaste en ocho o más, todavía tienes corazón de niño; 4-7, podrías vivir una segunda niñez; 3 ó menos, ¡probablemente eres de una familia donde todos fueron niñas!) Ahora piensa en algunos personajes destacados que brotan de las páginas de la Escritura, y hazte esta pregunta: "Aparte del Señor Jesucristo, ¿a cuál individuo quisiera tomar de modelo para mi vida?"

La característica más importante de un cristiano no es cuánto sabe de la Palabra de Dios, sino cuánto vive.

¿Pasó por tu mente el nombre de Caleb? Aquí hay un hombre de quien se dice tres veces en siete versículos que "cumplió siguiendo al Señor" (14:8-9,14). Caleb sabía lo que significaba reclamar las promesas de Dios, y actuar en fe para poseer lo que Dios había prometido.

Al leer el capítulo 14 hoy, ¿notaste lo que se dice de Caleb —su edad, condición física, ambiciones piadosas, pasos de obediencia? Selecciona una manera en la que Caleb puede ser un modelo para tu vida hoy, ¡y practícalo!

Percepción: El pueblo de Dios y la longevidad —¿hecho o chiripa?

Es interesante que las estadísticas muestran que los ministros, en términos generales, viven más que otros profesionales; y los cristianos, que los no cristianos. Discute con un grupo de amigos si están o no de acuerdo en que esa observación es cierta.

6 Asignaciones a siete tribus
Josué 18-21

Corazón del pasaje: Josué 18:1-10; 21:43-45

 Resumen: Con el traslado del tabernáculo al territorio de Efraín, Silo es ahora el nuevo centro de adoración de Israel. Las restantes siete tribus reciben su herencia por sorteo. Pero para la tribu de Leví no habrá asignación de tierra, porque su herencia es el servicio sacerdotal (13:14; 18:7). Pero les asignan 48 ciudades a las tres familias levitas (Coat, Gersón y Merari), y seis ciudades son reservadas como lugares de refugio para los que matan accidentalmente. Por fin, se termina la división y distribución de la tierra.

Capítulo 18	Capítulo 19	Capítulo 20	Capítulo 21
Asignación a Benjamín	Asignación a otras tribus	Ciudades para los inocentes	Ciudades para los levitas
Recompensa		Refugio	

Haz de esta simple regla la guía de tu vida: no tener voluntad sino la de Dios.

Tu andar diario: Imagínate por un momento a 22 hombres piadosos reunidos en una tienda para decidir respecto a 20.000 km^2 de tierra (18:4,10). ¿Y cómo hacen las importantes decisiones de qué tribu ha de recibir qué parcela de tierra? ¡Están "echando suertes" —equivalente en el Antiguo Testamento a tirar los dados!

¿Te molesta que Josué dejara asunto tan importante como la repartición de la tierra al rodar "fortuito" de los dados? Recuerda, pues, que en los tiempos bíblicos Dios a menudo daba a conocer su voluntad mediante sorteo (Levítico 16:8; 1 Samuel 10:19-21; Jonás 1:7; Hechos 1:15-26). Nota la frase repetida "delante de Jehová" en 18:6,8,10. Esta no era una división accidental de la tierra, sino un reconocimiento público de que la voluntad de Dios incluía aun la distribución de la tierra.

La voluntad de Dios para tu vida hoy puede conocerse con tanta certeza como Josué la conocía miles de años atrás. Sólo que ahora Dios ha especificado otras formas de descubrirla, además de echar suertes. Haz un estudio de los siguientes versículos para aprender cómo El desea revelarte su voluntad hoy: Salmo 119:105; Romanos 12:2; 1 Tesalonicenses 4:2-7; 5:18. Si a Dios le interesó tanto una porción de tierra como para guiar en la suerte echada por Josué, ¿cuánto más le interesarás tú?

Percepción: El final de una espera de seis siglos (21:43-45)
En estos tres cortos versículos, se cumplen por lo menos cinco bendiciones prometidas a la nación de Israel. ¿Cuántas puedes hallar? (Clave: Busca la palabra *todo* y subráyala.)

Reto final de Josué / Josué 22-24   7

📖 **Resumen:** Tras ser encomiados por su servicio fiel en la conquista de Canaán, los guerreros de las tribus del este del Jordán son enviados a casa. Ellos reconocen que el río Jordán (que forma una barrera natural entre las tribus) pudiera algún día formar una barrera espiritual también. Para evitar esto, erigen un altar conmemorativo a la orilla del río —un hecho mal entendido y visto con horror por las tribus del oeste del Jordán—. Casi hay una guerra civil antes de aclararse el motivo de la construcción del altar. El libro termina con el discurso de despedida de Josué en el cual da al pueblo un ultimátum: "Escogeos hoy a quién sirváis ... pero yo y mi casa serviremos a Jehová" (24:15).

Corazón del pasaje: Josué 2:10-34; 24:29-33

Capítulo 22	Capítulo 23	Capítulo 24
Un recordatorio para el futuro	Un reto para el presente	Un compromiso para siempre
Testimonio a la unidad	Llamamiento a la consagración	

✒ **Tu andar diario:** Pruébate en un jueguito detectivesco.

Analiza la siguiente situación, y selecciona la respuesta correcta: Una mujer que corre jadeante camino abajo es seguida tenazmente por un hombre, también jadeante, que acorta la distancia en cada paso. El hombre es: (a) un criminal, (b) un cobrador, (c) un deportista entusiasta. Respuesta correcta: (c) el hombre se ejercita, y también su esposa. Están fuera para su corrida de la mañana, y el está a punto de pasarla. Si los hubieras visto, ¿habrías determinado la situación correctamente?

El juicio apresurado estaría bien si no viniera con ira tan a menudo.

Los motivos son difíciles de entender, pero fáciles de malentender. ¿Cómo puedes evitar la clase de error en que incurrieron las tribus del oeste del Jordán? Cuando seas tentado a pensar lo peor de las acciones o actitudes de otro, detente y hazte estas dos preguntas: (1) ¿Qué deseo que otros creyeran de *mí* si me hallara en la misma situación? (2) ¿Qué daños pueden resultar si no reúno todos los datos y llego a una rápida conclusión equivocada?

🔍 **Percepción:** "¡Sólo mire las huellas dejadas a su paso!"

Josué quería asegurarse de que su pueblo continuaría siguiendo al Señor de todo corazón después de su muerte. Así que formuló un argumento incontrovertible a favor de su Dios, evocando numerosos ejemplos de Su bondad hacia Israel en el pasado, y terminó con una exhortación personal: "Escogeos hoy a quién sirváis". ¿Dio resultado su alocución? Vuelve a leer 24:31.

Jueces

E n Josué, un pueblo obediente conquistó la tierra confiando en el poder de Dios. En Jueces es lo opuesto: un pueblo desobediente e idólatra a menudo es derrotado por su rebelión contra Dios. En siete ciclos de pecado, Jueces muestra como la nación echó a un lado las leyes de Dios y en su lugar "cada uno hacía lo que bien le parecía" (21:25). Vez tras vez Dios disciplina a la nación con opresión extranjera. Pero el arrepentimiento nacional trae liberación, al Dios levantar a Débora, Gedeón, Sansón, y otros para derrotar a sus opresores.

Enfoque	Condiciones	Ciclos					Conclusiones
Divisiones	Análisis y antecedentes de jueces		Débora y cuatro jueces	Gedeón y los madianitas	Siete jueces y guerra civil	Sansón y los filisteos	Idolatría e inmoralidad durante jueces
	1	2	3 5	6 8	9 12	13 16	17 21
Tópicos	Necesidad de jueces de Israel	Jueces de Israel					Fracaso de los jueces de Israel
	Derrota y liberación						Decadencia y descenso
Lugar	Canaán y Jordania						
Tiempo	Unos 350 años						

Análisis y antecedentes de Jueces
Jueces 1-5

8

Resumen: A pesar de los mandatos persistentes de Dios y advertencias constantes de Josué, el pueblo escogió acomodarse, antes que aniquilar a los cananeos, y se rodeó por ello de influencias impías e inmorales. Debido a la actitud comprometida de la nación, Dios permite que poderes vecinos prueben a Israel mediante la guerra para saber si ellos obedecerían los mandamientos del Señor (3:1-4). Al fallar en estas pruebas, Israel se sitúa en una espiral descendente espiritual, política, y moralmente. Siete ciclos recurrentes de pecado muestran que en verdad el período de los jueces es uno en que "cada uno [hace] lo que bien le [parece]" (17:6; 21:25).

Corazón del pasaje: Jueces 2

Capítulo 1	Capítulo 2	Capítulo 3	Capítulos 4-5
Fracaso militar	Fracaso espiritual	Cinco primeros jueces	
		Otoniel, Aod y Samgar	Débora y Barac
Israel en la tierra		Confusión en la tierra	

Tu andar diario: Si alguna vez has plantado un huerto o cuidado el césped, sin duda has hallado hierbas malas, que no sólo son feas sino que pueden arruinar tu cosecha o césped.

Desherbar es tarea desagradable, y se puede hacer de dos maneras: (1) arrancar la hierba de raíz; o (2) cortarla a ras de tierra. Ambos métodos parecen lograr el mismo propósito, pero sólo uno es eficaz.

Para los israelitas, la tierra de Canaán se puede comparar a un huerto lleno de hierbas malas. Por un tiempo, el pueblo diligentemente sacó a sus enemigos. Pero al pasar el tiempo e ir olvidando los mandamientos apremiantes de Dios, el pueblo descuidó su tarea. Al principio no hubo consecuencias visibles. Pero más tarde, la devastación sería evidente a todos al florecer la inmoralidad y la idolatría en la nación.

Cuida de que tus victorias no traigan consigo las semillas de futuras derrotas.

Mira el "huerto" de tu vida. ¿Ves algunas hierbas malas que necesitan ser arrancadas? Un hábito... una actitud negativa. Resiste el impulso de "cortarlas por debajo", y esperar que desaparezcan. En vez de eso, trata con la raíz del problema. Te alegrarás de haberlo hecho.

Percepción: Victoria a medias no es victoria
Las semillas de la caída de Israel se ven por todo el capítulo 1. Lee los versículos 19,21,27-33 y busca el elemento común que más tarde llevaría a Israel a la destrucción. (Clave: Busca la palabra *pero*.)

9 Gedeón y los madianitas / Jueces 6-8

Corazón del pasaje: Jueces 7

Resumen: Gedeón, quinto juez de Israel, recibe el llamamiento de Dios mientras trillaba en un lagar el trigo secretamente. La opresión de Madián es muy severa, y Gedeón es el hombre de Dios para dirigir al pueblo en sacudir ese yugo opresor —¡una asignación que Gedeón no está ansioso de aceptar!— Pero una vez convencido de su llamamiento mediante dos señales milagrosas, guía un ejército humilde de 300 hombres, equipados sólo con cántaros, teas, y trompetas, a una victoria contundente contra las poderosas fuerzas de los madianitas. Las armas no convencionales y plan de batalla raro de Israel no dejan lugar a dudas: ¡La victoria es del Señor!

Capítulo 6		Capítulo 7	Capítulo 8
Opresión de Israel	Objeción de Gedeón	Ejército de Gedeón reducido	Ejército de Madián destruido
Llamamiento de Gedeón		Conquista de Gedeón	

El primer paso en el camino a la victoria es reconocer al enemigo.

Tu andar diario: "No es el tamaño del perro en la pelea, sino el de la pelea en el perro lo que importa".

Piensa en los muchos relatos del Antiguo Testamento donde el tamaño del ejército o individuo no determinó el resultado de la batalla: David vs. Goliat... Moisés vs. Faraón... Josué vs. Jericó... Gedeón vs. Madián. Verdaderamente, en el caso de Israel se puede decir, "¡No es el tamaño del ejército en la batalla, sino el tamaño del Dios en el ejército!"

Aunque Gedeón y su ejército eran pocos y mal equipados según las normas humanas, su victoria fue total porque su obediencia fue total. Dios específicamente les mandó usar tácticas militares no convencionales para que todos pudieran ver *quién* fue el causante de su triunfo arrollador.

¿Dónde hay "madianitas" en tu vida —esos temibles problemas aparentemente inconsquistables que enfrentas? Escoge uno y escríbelo. Luego examina detenidamente el pasaje de hoy a fin de hallar la estrategia de Dios para confrontarlo y conquistarlo. ¡Recuerda darle a El la gloria cuando ganes la victoria!

Percepción: ¿Por qué razón los madianitas (Génesis 25:1-6)?
Los madianitas descendieron de Madián (el hijo de Abraham de su concubina Cetura) y sus cinco hijos. Abraham "los envió lejos de Isaac su hijo... hacia el oriente, a la tierra oriental" (Génesis 25:6), donde se multiplicaron hasta ser una nación.

Siete jueces y guerra civil
Jueces 9-12

10

Resumen: A menudo cuando muere un gobernante, su hijo le sucede en el trono. ¿Pero qué pasa si tiene 70 hijos? ¡Problema! Especialmente cuando uno de ellos tiene aspiraciones tan fuertes a la posición de su padre que intenta matar a sus hermanos. Abimelec, el hijo de Gedeón, intenta tal cosa. Sus acciones temerarias son un preludio a tres años tormentosos en el poder —un reino cortado por un desenlace divinamente guiado—. Por contraste, Jefté, el hijo ilegítimo de una ramera, celosamente guía a Israel en los caminos de Dios —¡aunque su celo también le trae problemas!

Corazón del pasaje: Jueces 9, 11

Capítulo 9	Capítulo 10	Capítulo 11	Capítulo 12
Una ambición corrupta	Un enemigo cruel	Un líder consagrado	Una prueba crítica
Abimelec	Tola/Jair	Jefté	Ibzán/Elón/Abdón

Tu andar diario: "La medida de un hombre es lo que él hace con el poder". Esas palabras, escritas siglos atrás por un filósofo griego, tienen más que un grano de verdad, especialmente cuando se aplican a Abimelec. Si su carácter se midiera sólo por lo que hizo con el poder, la cuenta sería baja en verdad. Las tácticas de Abimelec fueron brutales y necias. Primero mató a sus hermanos, entonces se rodeó de gente de su misma calaña. El resultado fue predecible —y lamentable.

Es fácil mirar las acciones de Abimelec y decir: "¡Yo nunca haría algo así!" Pero piensa un momento en las maneras sutiles que puedes usar (y abusar) del poder: decir verdades a medias, ser visto sólo con la gente "apropiada", usar a otros como peldaños para el éxito. Aunque estas acciones no son tan violentas como las de Abimelec, violan el espíritu de la enseñanza de Cristo: "El que es el mayor de vosotros, sea vuestro siervo" (Mateo 23:11).

Al concluir tu tiempo devocional hoy, busca un principio positivo de la vida de Gedeón, y un principio negativo de la vida de Abimelec, respecto al uso del poder y la influencia que Dios te ha dado para glorificarle a El.

Nunca se ha erigido una estatua en memoria de alguien que pensó que lo mejor es no intervenir en nada.

Percepción: Oh, esos terribles trabalenguas

Después de derrotar a los efraimitas, los galaaditas tomaron los vados del río para cortar la retirada al ejército que huía. Uno por uno, a los que venían a cruzar se les pedía que dijeran la palabra *Shibolet*. Los que pronunciaban *s* en vez *de sh* eran identificados por su dialecto como efraimitas y ejecutados.

11 Atrapado en el ciclo del pecado

Lectura bíblica: l Cor. 15:56-58

Da un paso atrás

El libro de Jueces puede deprimirte, o ser un factor determinante en tu crecimiento espiritual.

Al leer el libro, notarás que Israel fue alejándose de Dios y descendiendo cada vez más al repetir un ciclo mortal siete veces. El ciclo comenzaba con rebelión contra la dirección de Dios, seguida del castigo de Dios por el pecado —usualmente en la forma de conquista de la tierra por enemigos—. Luego seguía el arrepentimiento del pueblo de sus pecados, y la restauración de su andar con Dios. Después de eso, la nación experimentaba un tiempo de descanso... que era seguido por otro de rebelión.

El ciclo se puede expresar también con estas palabras: pecado, servidumbre, súplica, salvación, y silencio.

Pero con cada ciclo, la nación descendía más en la depravación. Hasta que finalmente, como dice Jueces 21:25: "En estos días... cada uno hacía lo que bien le parecía —la máxima expresión de pecaminosidad egocéntrica.

¿Por qué pasó esto? ¿Por qué fue Israel tan débil espiritualmente que se enlodó en la inmundicia de la degradación?

La respuesta es simple: Falta de fe, falta de obediencia a la clara dirección de Dios. Más específicamente, Dios ordenó a la nación expulsar a los cananeos y destruir todo vestigio de su religión pagana. Pero ellos se amoldaron. Ese acomodo trajo conflicto, y finalmente caos. El cáncer del paganismo se extendió... y el resultado fue muerte espiritual.

Mira arriba

Dios quiere que seamos vencedores, no víctimas; que subamos, no que sucumbamos; triunfadores, no truncos.

1 Corintios 15:56-58 no sólo habla del poder que el pecado tiene sobre nosotros, sino del poder que Dios nos ha dado sobre el mismo: "Mas gracias sean dadas a Dios, que nos da la victoria por medio de nuestro Señor Jesucristo".

Nosotros somos tan humanos como eran los israelitas en los días de los Jueces. Pero como creyentes, Dios nos ha dado la oportunidad de reclamar la victoria sobre el pecado mediante Jesúcristo.

Pídele a Dios que te muestre si estás atrapado en el ciclo del pecado. De ser así, vuélvete a Dios en arrepentimiento —cambio de pensamiento, de corazón, y de dirección— y reclama Su victoria en Cristo.

Sigue adelante

Haz de 1 Corintios 15:58 tu plan de acción hoy —"firmes y constantes, creciendo en la obra del Señor"—. Eso no es decir que no vas a pecar otra vez. Pero cuando lo hagas, puedes solucionarlo inmediatamente por llevarlo a la cruz, aceptar el perdón y limpieza de Dios, y seguir adelante en Su poder. No hay otra manera más satisfactoria de vivir.

Sansón y los filisteos
Jueces 13-16

12

🔲 **Resumen:** Aun antes de nacer, el destino de Sansón se anuncia claramente. Había de ser apartado para el Señor para una misión divina —que requería que se abstuviera de ciertas contaminaciones—. Milagroso en su nacimiento y equipado con fuerza sobrenatural para la tarea de liberar a Israel del dominio de los filisteos, en vez de eso pasa gran parte de su vida violando su voto de nazareo. Por su incontinencia, pierde su secreto, su cabello, su fuerza, su vista, y finalmente su vida —pero no antes que Dios lo usara en una forma poderosa para vindicar a los israelitas de sus opresores filisteos.

Corazón del pasaje: Jueces 13, 16

Capítulo 13	Capítulos 14-15	Capítulo 16
Sansón, el niño milagroso	Sansón, el campeón poderoso	Sansón, el hombre de pasión
Destino	Dominio	Caída

✏️ **Tu andar diario:** Ciertos personajes bíblicos parecen recibir más "mala fama" de lo que merecen: Jacob por sus maquinaciones, Sansón por galantear (en vez de guerrear) con los filisteos, David por su pecado con Betsabé. ¡Pero lo extraordinario es que todos éstos son honrados en el "Salón de la Fe del Creyente", Hebreos 11!

A pesar de sus faltas, ellos, como muchos otros hombres y mujeres de la Biblia, vivieron por fe, confiando en las promesas de Dios. No eran perfectos, pero fueron perfeccionados día a día hasta llegar a ser "vaso para honra, santificado, y útil para los usos del Señor" (2 Timoteo 2:21). Y Dios los usó grandemente para Su gloria.

Una experiencia de fracaso en tu vida, como en los casos de Jacob, Sansón, y David, no te descalifica para el servicio de Dios, con tal que sigas creciendo —no meramente envejeciendo— en tu andar con El. En un lado de una tarjeta, escribe las palabras de Hebreos 10:38; en el otro: "Una lección de la vida de Sansón". Con la ayuda de Dios trata de ponerla en práctica en tu vida, a partir de hoy.

El fracaso es algo que podemos evitar por decir nada, hacer nada y ser nada.

📖 **Percepción:** Sansón, el juez sin igual
A diferencia de los otros jueces de Israel, Sansón no dirigió un ejército, sino que realizó sus proezas solo. Su carrera de subidas y bajadas es comparable a las condiciones de su nación en un tiempo cuando "no había rey en Israel; cada uno hacía lo que bien le parecía" (21:25).

13 *Idolatría e inmoralidad / Jueces 17-21*

Corazón del pasaje: Jueces 17; 19; 21:25

Resumen: Cronológicamente, la sección de hoy viene después del capítulo 3. Pero temáticamente constituye una conclusión adecuada para todo el libro de Jueces. ¿Qué le pasa a una nación cuando "cada uno [hace] lo que bien le [parece]"? Los horribles detalles que estos capítulos contienen nos dan la respuesta: grosera idolatría, perversión, brutalidad, inmoralidad, y desprecio total por la Palabra de Dios. Cuando por fin la conciencia nacional de Israel es sacudida por un espantoso "telegrama" enviado a las 12 tribus, la respuesta es indignación brutal.

Capítulo 17	Capítulo 18	Capítulo 19	Capítulo 20-21
Un sacerdote que se alquila	Un ídolo que se adora	Un crimen horrible	Una venganza violenta
Crasa idolatría		Crasa inmoralidad	

El derrumbe en la vida cristiana rara vez es una explosión: usualmente es una filtración lenta.

Tu andar diario: Si algo es digno de decirse, es digno de repetirse. Mira el primer versículo de los capítulos 18 y 19, y el último del capítulo 21 para descubrir una "clave" para el libro de los Jueces. Escríbelo en el espacio provisto:

Hay más en esa frase que el simple hecho de que Israel todavía no había coronado su primer rey. Es un reconocimiento de que la nación había dejado a su verdadero Rey —el Dios de sus padres—. Como lo expresó Dios: "A mí me han desechado, para que no reine sobre ellos" (1 Samuel 8:7; 10:19); y el resultado fue caos y corrupción nacional.

Hay algo más importante que el sistema de gobierno de una nación: la actitud del pueblo hacia el Gobernante Supremo, el Señor de cielo y tierra. Selecciona un día en este mes y decláralo "día de ayuno y oración" personal o familiar. Ora que Dios traiga avivamiento a tu nación, comunidad, familia —¡y que comience contigo!

Percepción: Un hombre y una tribu, dos historias tristes
Al leer los capítulos 17 y 18, el relato de Micaía y la tribu de Dan, observa algunos contrastes:
• Micaía quería más del favor de Dios (17:13); Dan quería más de la tierra de Dios (18:9).
• Micaía erigía imágenes (17:5); Los de Dan robaban imágenes (18:17).
• Micaía regresó a su casa sin sus dioses (18:26); los de Dan adoraron nuevos dioses pero no en la casa de Dios (18:31).

Rut

P uesto en el contexto de inestabilidad del tiempo de los jueces, la historia de Rut es una joya reluciente de redención y esperanza. Rut, una viuda joven, deja su tierra natal para viajar con su suegra a Belén y enfrentar con ella el hambre y la pobreza. Una vez allí, espiga en el campo de Booz, quien llega a amarla y se convierte en su pariente redentor. Ambos llegan a ser antepasados del Mesías, Jesús. Con sus dos temas de fidelidad y redención, el libro de Rut representa el amor redentor de Dios y su fiel devoción hacia toda la humanidad.

Enfoque	Fidelidad de Rut revelada		Fidelidad de Rut recompensada	
Divisiones	Decisión de Rut	Devoción de Rut	Libertador de Rut	Deleite de Rut
	1:1 1:18	1:19 2:23	3:1 3:18	4:1 4:22
Tópicos	Rut y Noemí		Rut y Booz	
	Yendo con Noemí	Espigando para Noemí	Amada por Booz	Casada con Booz
Lugar	Moab	Campos en Belén	Era en Belén	Hogar en Belén
Tiempo	Unos 30 años			

14 Rut: Interludio de amor / Rut 1-4

Corazón del pasaje: Rut 1, 4

Resumen: El libro de Rut constituye un bello "interludio de amor" en el período de los jueces en Israel, una época marcada por la inmoralidad, la idolatría, y la guerra. Es un tierno relato de devoción y fidelidad. Una viuda moabita deja su patria para vivir con su viuda suegra judía en Belén. Dios honra su dedicación guiándola al campo de Booz (un pariente cercano), donde ella recoge grano ¡y finalmente encuentra esposo! El libro cierra con una breve genealogía en la que se destaca el nombre de Booz como el bisabuelo del rey David, y antepasado de Jesús.

Capítulo 1	Capítulo 2	Capítulo 3	Capítulo 4
Resolución de Rut "Yo iré"	Reacción de Rut "Déjame espigar"	Ruego de Rut "Redímeme"	Recompensa de Rut "Un hijo"
Rut y Noemí		Rut y Booz	

El deber nos mueve a hacer cosas, pero el amor nos mueve a hacerlas maravillosamente.

Tu andar diario: *El amor es algo esplendoroso. El amor hace al mundo girar.*

El Amor... (¿De cuántas maneras más puedes pensar para completar la oración?)

El amor es difícil de definir, por ser una calidad de vida más fácil de demostrar que de describir. Rut demostró el verdadero carácter del amor cuando voluntaria y firmemente   prometió su lealtad y devoción a Noemí. Es claro que al viajar a un país extranjero perdería más de lo que ganaría. Ella todavía era joven y fácilmente podía volverse a casar con alguien de su misma nacionalidad. Pero su preocupación principal no era su propio bienestar, sino el de Noemí. Rut ejemplifica el amor sacrificial —el que Cristo mostró al "[dar] su vida por las ovejas" (Juan 10:11).

¿Cómo puedes dar de ti mismo sacrificialmente a alguien a tu alrededor —tu cónyuge, compañero de cuarto, empleado, vecino, o amigo? Escribe en el margen un nombre, un acto específico de amor desinteresado que puedes realizar por esa persona, y la fecha en que lo harás. Si tus actos de amor no son como los de *Rut*, pronto serán rutinarios (1 Corintios 13:1-3).

Percepción: Rut y Ester: Parecidas pero muy diferentes.

Rut y Ester son los únicos dos libros en la Biblia que llevan nombre de mujer. Rut, una gentil, vivió entre hebreos y se casó con un hebreo. Ester, hebrea, vivió entre gentiles y se casó con un gentil. Sin embargo, ambas mujeres fueron grandemente usadas por Dios para gloria de El.

Nuestro Pariente Redentor

15

⬅ **Da un paso atrás**

Contra el oscuro y deprimente fondo del libro de los Jueces, brilla Rut con la belleza de la fe sencilla y el amor leal.

Contrario a la tendencia pagana de Israel en ese tiempo, Rut —una joven viuda del país de Moab— olvida su herencia pagana para unirse al pueblo y al Dios de Israel. Y por su fidelidad en una era de incredulidad, Dios la recompensa dándole un esposo fiel, un hijo, y el privilegio de ser la bisabuela del rey David... y antepasada de Cristo mismo.

Corazón del pasaje Efesios 5:23-32

En la historia de Rut se halla el concepto que representa la obra de Cristo a favor de nosotros: el concepto del pariente redentor (o *goel*, "pariente cercano"; 3:9). El *goel* debe tener vínculos de sangre con aquellos que redime (Deuteronomio 25:5,7-10; Juan 1:14; Romanos 1:3; Filipenses 2:5-8; Hebreos 2:14-15). Segundo, debe ser capaz de pagar el precio de la redención (Rut 3:11; Mateo 20:28; Juan 10:15,18; Hebreos 10:7). Y finalmente, debe ser libre (como Cristo era libre de la maldición del pecado).

Como Booz sirvió de pariente redentor a Rut, así también Cristo fue el Mediador que nos redimió de la esclavitud del pecado. Y El nos ama mucho más de lo que Booz pudo haber amado a Rut.

⬆ **Mira arriba**

Como Rut fue la esposa de Booz, así también la iglesia es la esposa de Cristo (lee, por ejemplo, Mateo 9:15; Juan 3:29; Romanos 7:4; 1 Corintios 6:15; Apocalipsis 19:7-9; 21:2).

Para entender mejor lo que eso significa, dedica unos momentos a leer Efesios 5:23-32. Entonces da gracias a tu amante Salvador por su amor sacrificial hacia ti —amor que durará toda la eternidad.

Es más fácil amar a la humanidad como un todo que amar al vecino.

➡ **Sigue adelante**

Así como Cristo nos amó, debemos amar a otros. Eso significa de todo corazón. Sacrificialmente. Preeminentemente.

En Efesios 5, Pablo compara el amor de Cristo por Su esposa, la iglesia, con el amor de un hombre por su esposa. Si eres casado, considera tu relación con tu cónyuge. Si no lo eres, extiende la aplicación a tus amigos más íntimos o miembros de tu familia. ¿Ilustran tus relaciones el amor de Cristo por su iglesia? Pueden hacerlo, en Su poder, y para Su gloria.

1 Samuel

Tras el desastroso período de los jueces, Samuel —profeta y buscador de rey— es llamado por Dios para restaurar a Israel espiritual y políticamente. Andando el tiempo unge a Saúl como primer rey de Israel. Pero pronto Saúl demuestra que es incapaz de gobernar su propio corazón. Debido a que el corazón de Saúl no es afecto a Dios, Dios lo desecha. Samuel unge al joven David para que sustituya a Saúl, lo que causa una fiera rivalidad que resulta en la huida de David al desierto para escapar del celoso rey. El libro termina con la muerte de Saúl —que despeja el camino para el glorioso reinado de David.

Enfoque	Samuel		Saúl		David			
Divisiones	Llamamiento de Samuel	Derrota de Israel	Selección de Saúl	Rechazo de Saúl	David en la corte	Fuga de David	Misericordia de David	Caída de Saúl
	1 3	4 8	9 12	13 15	16 19	20 23	24 26	27 31
Tópicos	Último juez		Primer rey		Rey elegido			
	Transición		Ascenso		Declinación de Saúl y ascenso de David			
Lugar	Israel en Canaán							
Tiempo	Por lo menos 60 años							

Llamamiento y niñez de Samuel
1 Samuel 1-3

16

📖 **Resumen:** El período de los jueces está llegando a su fin. Queda <u>el último juez: Samuel, hombre piadoso e íntegro</u> que guiará la nación de régimen judicial a monarquía. La vida temprana de Samuel se asemeja a la de otro juez famoso, Sansón. Ambos nacen de mujeres estériles y en respuesta a la oración ferviente, son consagrados al servicio del Señor desde su nacimiento, y entran a una sociedad marcada por la decadencia moral y apatía espiritual. Pero mientras que Sansón pasó mucho de su vida evadiendo su vocación, Samuel hace todo lo contrario. Aun desde la niñez está presto para oír y obedecer la palabra del Señor

Corazón del pasaje: 1 Samuel 1:1-20; 3:1-21

Capítulo 1	Capítulo 2		Capítulo 3
Petición de Ana	Alabanza de Ana	Rechazo de Elí	Selección de Samuel
1	11	12 36	
Niñez de Samuel		Llamamiento de Samuel	

✍️ **Tu andar diario:** Todo en el hogar moderno se maneja mediante un conmutador... ¡excepto los niños! La disciplina —una vez considerada el procedimiento normal de los padres— está llegando a ser rara; en su lugar reina la permisividad.

¡Pero eso no es nada nuevo! Mil años antes de Cristo, la Biblia muestra un cuadro de ruina y rechazo de una familia porque el padre no disciplinó a sus hijos. Elí, sumo sacerdote de Dios, les permitió a sus dos hijos hacer lo que bien les parecía. En codicia desvergonzada, ellos tomaban para sí mismos la mejor parte de los sacrificios ofrecidos a Dios. En respuesta, Dios dijo: "Yo juzgaré su casa para siempre por la iniquidad que él sabe; porque sus hijos han blasfemado a Dios, y él no los ha estorbado" (3:13).

Padre, tu papel de disciplinador no es sólo una buena idea; es un deber dado por Dios. Dios tiene un patrón para que lo sigas en la asignación que El te ha dado de criar a tus hijos (Proverbios 19:25; 23:13-14). Lee acerca de ese patrón, edifica sobre él; ¡y observa cómo Dios bendice!

Cuando los padres temen sentar el pie [tomar una actitud firme], usualmente los hijos andan en puntillas.

✍️ **Percepción:** Un examen de cuatro preguntas (¡con sólo una respuesta!)
1. ¿Quién fue el último juez de Israel? <u>Samuel</u>
2. ¿Quién fue el primer profeta de Israel?_____
3. ¿Quién ungió a los dos primeros reyes de Israel? <u>Samuel</u>
4. ¿Quién fue el único hombre en el Antiguo Testamento del cual dos libros llevan su nombre? <u>Samuel</u>

17 Derrota de Israel / 1 Samuel 4-8

Corazón
del
pasaje:
1 Samuel
4, 6, 8

Resumen: Cuando la fe en Dios vacila, la fe en objetos hechos por el hombre aumenta. En una escena que recuerda el becerro de oro en Sinaí, el pueblo de Israel lleva el arca del pacto a la batalla, en la creencia de que su presencia aseguraría la victoria sobre los filisteos. En vez de ello, sufren una derrota aplastante en la cual 30.000 vidas se pierden (incluyendo los dos hijos de Elí) y el arca del pacto es tomada. Al oír la noticia, Elí se desploma y se quiebra el cuello —cuadro patético de un hombre y una nación destrozados—. Tenía Samuel que asumir la dirección del pueblo y guiarlo al arrepentimiento. Pero el ocaso de su vida no fue más próspero que el de Elí, pues los hijos de Samuel de nuevo corrompen el sacerdocio, lo que mueve a la nación a clamar por un rey, para que "nosotros [seamos] también como todas las naciones" (8:20).

Capítulo 4	Capítulo 5	Capítulo 6	Capítulo 7	Capítulo 8
El arca tomada	El arca indeseada	El arca devuelta	El pueblo arrepentido	El pueblo demandante
Regreso del arca			Reconstrucción de la nación	

El des-
contento
hace a
los
hombres
ricos
pobres,
mientras
que el
contenta-
miento
hace a
los
hombres
pobres
ricos.

Tu andar diario: ¿Cierto o falso?: El deseo de alternar con los Pérez comenzó con los vecinos de los Pérez.

Respuesta: ¡Falso! Estaba presente miles de años atrás cuando el pueblo de Israel demandó un rey como los de sus vecinos.

Es tendencia humana desear lo que otro tiene. Llámalo como quieras —codicia, concupiscencia, envidia, el síndrome de "el pasto del otro lado es más verde"—, Dios lo llama pecado. *Contentamiento*, no *codicia*, debe marcar el estilo de vida de los hijos de Dios.

Prueba tu "CC" —"Cociente de contentamiento"—. ¿Qué compra hiciste en los últimos 30 días motivado por envidia más que por necesidad genuina? ¿Deseos de cosas materiales te hacen desviar fondos que deben ir a la obra del Señor? Si es así, ¿qué tiene que cambiar en tus hábitos y actitudes de gastar, si vas a ser buen mayordomo de los recursos que Dios te ha dado? Recuerda lo que Jesús dijo: "Buscad primeramente el reino de Dios y su justicia..." (Mateo 6:33).

Percepción: Un nacimiento sin gloria en un momento infame
Momentos antes de su muerte, la esposa de Finees dio a luz un hijo y lo llamó Icabod ("¿dónde está el honor?") —un nombre apropiado para un niño que quedó huérfano al instante por la desobediencia de sus padres (4:19-22).

Selección de Saúl / 1 Samuel 9-12 **18**

📖 **Resumen:** Según las apariencias externas, la selección de Saúl como primer rey de Israel es acertada. Su porte real y presencia imponente lo hacen un candidato prometedor —desde el punto de vista humano—. Pero "el hombre mira lo que está delante de sus ojos, pero Jehová mira el corazón" (16:7). Saúl es ungido por Samuel, instalado como rey en Mizpa, probado en batalla contra los amonitas, y confirmado como rey en Gilgal. Pero permanece el hecho (como señala Samuel en su último discurso a la nación) de que Dios —no Saúl— debe ser Rey sobre Israel.

Corazón del pasaje: 1 Samuel 10; 12:6-25

Capítulo 9	Capítulo 10	Capítulo 11	Capítulo 12
Selección de un rey	Coronación de un rey	Confirmación de un rey	Advertencia a un rey
Administración de Saúl		Amonestación de Samuel	

✔️ **Tu andar diario:** ¿Qué requiere dirigir una nación? En el margen, ve si puedes escribir una lista de "cinco cualidades indispensables de un líder".

Quizás pensaste en cosas como apariencia dominante... habla elocuente... una aureola de autoridad... firmeza de carácter. Pero estudia los primeros años del reinado de Saúl —la única parte de su vida que recibió la aprobación de Dios— y descubrirás algo interesante acerca del estilo del liderazgo de Saúl. No hizo caso de los opositores, y rehusó escarmentarlos cuando se demostró que estaban equivocados; dio la gloria de su éxito a Dios; no pensaba de sí mismo más alto de lo debido; era sensible a las necesidades del pueblo. En pocas palabras, él era un verdadero siervo de Dios... y del pueblo que estaba tratando de guiar.

Antes de seguir a un líder, es sabio ver si va en la dirección correcta.

¿Cuál es tu estilo de liderazgo en tu hogar —iglesia —oficina —relaciones civiles y sociales? ¿Procuras servir, o ser servido —satisfacer necesidades, o que las tuyas sean satisfechas? Recuerda, el hombre mira (y aplaude) la apariencia externa; Dios mira (y recompensa) la actitud interna. ¿Qué función de liderazgo cambiarás en oportunidad de servir esta semana? Y ante la expectativa de dirigir a otros, memoriza Isaías 48:17, un versículo que describe el liderazgo de *Dios* sobre *ti.*

✒️ **Percepción:** Dios no actúa contrario su carácter

La promesa de Dios de que "no desamparará a su pueblo, por su grande nombre" (12:22) simplemente significa que abandonar a Israel sería una violación de Su pacto y una contradicción de Su carácter. Dios es siempre fiel a su Palabra... y a su nombre.

19 Rebelión y rechazo de Saúl
1 Samuel 13-15

Corazón del pasaje:
1 Samuel 13:1-14; 15:1-23

Resumen: A los dos años de su reinado, Saúl se enfrenta con una prueba crítica. Confrontado con un asalto de los filisteos, ¿obedecería él la palabra de Dios dada por Samuel? La respuesta es un sonoro "¡No!" Saúl asume la tarea de sacerdote en Gilgal y ofrece sacrificios que sólo a un levita le es lícito ofrecer —con insolente menosprecio de la ley de Dios—. El anuncio de Samuel de que Dios le quitaría el reino sólo estimula a Saúl a esforzarse más en hacer la obra de Dios —pero no a la manera de Dios—. Al desoír el mandamiento específico de Samuel de parte de Dios de aniquilar a los amalecitas, Saúl sella el destino de su reinado.

Capítulo 13	Capítulo 14	Capítulo 15
Maldición de Dios sobre Saúl	Maldición de Saúl sobre Israel	Rechazamiento de Saúl por Dios
Guerra con Filistea		Guerra con Amalec

Sólo el que cree es obediente; sólo el que es obediente cree.

Tu andar diario: ¿Agrada a Dios que uses el tiempo de la compañía para preparar tu lección de escuela dominical? ¿Qué de ir a 100 en zona de 85 k.p.h. para no llegar tarde a la iglesia? ¿Está bien mentir en tu declaración de impuestos si das los beneficios de tu "aritmética creativa" a Dios?

Hay cuestiones fundamentales detrás de estas y otras tantas situaciones que puedes enfrentar en la vida: ¿Cuán importante es la obediencia a la Palabra de Dios? ¿Es el guardar sus mandamientos más importante que tratar de hacer algo que crees le place más a El?

Para el rey Saúl, el asunto tenía importancia de vida o muerte. El concluyó que Dios pasaría por alto su obediencia a medias por el sacrificio generoso que ofreció a Dios, el dinero que dio a Su causa, el tiempo que pasó en Su casa. La decisión le costó el reino —y finalmente su vida.

Cuándo Dios habla, ¿escuchas? Y entonces, ¿actúas? No puedes aprender demasiado bien la lección que Saúl no aprendió en lo más mínimo: "¿Se complace Jehová tanto en los holocaustos y víctimas, como en que se obedezca a las palabras de Jehová? Ciertamente el obedecer es mejor que los sacrificios, y el prestar atención que la grosura de los carneros" (15:22). No obedecer a Dios de todo corazón lleva sólo a un corazón destrozado —¡en cada caso!

Percepción: Glosario en el taller del herrero (13:20-21)
reja = cuchilla del arado   azadón = azada, pico
hoz = cuchilla para segar   aguijada = vara larga con una punta de hierro para picar a los bueyes

92

David en la corte de Saúl
1 Samuel 16-19

20

Resumen: El rechazo de un rey conforme al corazón del pueblo (Saúl) prepara el escenario para la elección de un rey conforme al corazón de Dios (David). Siendo un pastor joven, más apto para el campo que para el palacio, David no cuenta con mucho para aspirar a la fama. Maneja certeramente la honda, es excelente tocando el arpa, y es el más joven de ocho hijos de una familia insignificante de Belén. Pero la actitud de su corazón es de total devoción —cualidad que se manifiesta en la forma en que se libra del gigante Goliat y se comporta ante los ataques del celoso Saúl.

Corazón del pasaje: 1 Samuel 16-17

Capítulo 16	Capítulo 17	Capítulo 18	Capítulo 19
David el músico	David el matador del gigante	David el novio	David el fugitivo
David favorecido por Saúl		David odiado por Saúl	

Tu andar diario: ¿Ves la vida como la ve Dios?

Aquí tienes una forma rápida de saberlo. Sólo contesta sinceramente estas tres preguntas:

1. ¿Ves una calamidad en cada oportunidad, o una oportunidad en cada calamidad?

2. Ante un problema del tamaño de Goliat, ¿respondes: "Es demasiado grande para darle", o, como David: "Es demasiado grande para que no le dé"?

3. ¿Piensas que has sido sacado a pastar, o ves tu circunstancia actual como un campo de prueba?

Si escogiste la segunda respuesta a cada pregunta, entonces ves la vida como la veía David (y Dios) —la perspectiva de que uno más Dios es mayoría en cualquier situación— la perspectiva que te capacita para caminar con Dios en castillos y cuevas; en campos y palacios; en paz y perseguido.

Si descubres que tu perspectiva necesita agudizarse, dedica algún tiempo hoy a leer de nuevo el Salmo 139 —una página del diario de David que muestra la actitud del corazón que agrada a Dios.

A veces basta con cambiar el punto de vista para convertir un deber que parece abrumador en una oportunidad interesante.

Percepción: David, el rey sin corona

En 16:13 Samuel unge a David como el segundo rey en la historia de Israel. Pero no fue hasta 2 Samuel 5:3 que David asume el liderazgo sobre las 12 tribus —¡una espera de cerca de 15 años!—. Durante ese intervalo Dios tenía que enseñarle muchas lecciones importantes al joven rey electo, de cómo pastorear a Su pueblo.

21 David huye de Saúl
1 Samuel 20-23

Corazón del pasaje: 1 Samuel 20-21

📖 **Resumen:** La sección de hoy pinta un cuadro peculiar: David, el rey electo de Israel —ungido, aprobado en batalla, y en espera de la inauguración de su reino— está huyendo por su vida del desquiciado Saúl, el rey rechazado. La persecución de Saúl lleva a David a medidas desesperadas, tales como comer el prohibido pan de la proposición en Nob y a fingir locura en Gat. Pero la Escritura dice que la confianza de David en Dios nunca disminuye, testimonio de ello son sus peticiones frecuentes a Dios por dirección y protección.

Capítulo 20	Capítulo 21		Capítulo 22	Capítulo 23
Complot asesino de Saúl	Huida desesperada de David			
	a Nob	a Gat	a Adulam	al desierto
	1　　9	10　　15		
David amenazado	David alejado			

Las grandes ocasiones no hacen héroes o cobardes; meramente los revelan.

✍️ **Tu andar diario:** ¿Te sientes atraído por los individuos importantes? ¿Encuentras algo magnético en un atleta dotado que se desempeña sin esfuerzo en el campo de juego, o en un músico que toca un instrumento o canta a la perfección? Si es así, entonces probablemente has sentido derrota y frustración, porque sabes que nunca podrás ser igual que el gran individuo que admiras.

David era un gran hombre de Dios en el verdadero sentido de la palabra. El descolló como guerrero, escritor, administrador, y músico. Quizás desees que tu vida fuera como la suya. Pero eso es imposible, ¿verdad?

Cuando la Biblia pinta un cuadro de un creyente, lo hace en tonos humanos —con manchas y todo: victoria y derrota, alegrías y dolores, fe y desconfianza—, todo está ahí. Y está ahí para que puedas identificarte con David, y saber que puedes llegar a tener la misma calidad de vida que él aprendió a experimentar con Dios día a día.

Los creyentes no son perfectos, sólo perdonados. Pero están creciendo. ¿Qué acerca de ti? ¿Estás enredado en una situación como estuvo David? Entonces aprende de eso y sigue adelante. Comienza de nuevo a caminar con Dios. Escoge una cualidad de David que admiras y trata de desarrollarla hoy.

📖 **Percepción:** Salmos escritos en el crisol de la experiencia

Los salmos son cantos sagrados de adoración y alabanza, escritos por David y otros como respuestas emocionales a experiencias de crisis. Algunos de los más conmovedores salmos de David fluyeron de su pluma durante la persecución homicida de Saúl. Para una mirada al interior, lea los salmos 34, 52, 54, 57, 142.

Misericordia de David hacia Saúl
1 Samuel 24-26

22

📖 **Resumen:** Después de una breve demora para hacer frente a la
la amenaza filistea, Saúl vuelve a perseguir a David. Su renovado celo casi tiene éxito, ya que (sin saberlo) atrapa a David y sus
hombres en una cueva. Entonces, milagrosamente se cambian los
papeles y David tiene a Saúl en su poder para darle la vida o la muerte.
Y aunque tiene en sus manos la venganza, rehúsa poner fin a la vida
del ungido de Dios. De nuevo en el capítulo 26 la escena se repite, esta
vez en el desierto de Zif. Y nuevamente David tiene que decidir. Otra
vez la fuente de la ansiedad de David está sólo a un golpe de espada,
y una vez más David resiste la tentación de asumir la función de Dios
de terminar con la vida de Saúl, antes de tiempo.

*Corazón
del
pasaje:
1 Samuel
24*

Capítulo 24	Capítulo 25	Capítulo 26
David libra la vida de Saúl	Abigail libra la vida de Nabal	David libra la vida de Saúl de nuevo
En la cueva	En la marcha	En la trinchera

◤ **Tu andar diario:** Paciencia es aceptar una situación difícil sin
darle a Dios un plazo para que la quite. Es decir, aguardar sin
ansiedad.
  Imagínate la figura alta y juvenil de David de pie junto al rey
Saúl, que al fin está a su merced. ¿Con qué pensamientos estará David
luchando? ¿Odio por su maltrato... lástima del rey loco... alegría porque al fin su momento de vengarse ha llegado? No, no hay indicios
de animosidad o venganza. Más bien el único deseo de David es que
Saúl viva hasta que Dios cumpla su promesa.
  ¿Estás en espera de una oportunidad para vengarte de una injusticia? Dios quiere reemplazar ese espíritu de amargura con un espíritu de
amor y perdón. Pero, como en el caso de David, la decisión es tuya. ¿Estás
dispuesto? ¡Entonces deja que Efesios 4:31-32 te enseñe la manera!

*Pacien-
cia es
aceptar
una si-
tuación
difícil
sin darle
a Dios
un plazo
para qu
la quit*

◤ **Percepción:** Descansa en paz, al estilo del Antiguo Testamento
Puede que hayas visto lápidas marcadas con las letras "R.I.P"
—Descanse en Paz—. La analogía del Antiguo Testamento se halla en
1 Samuel 25:29 —"Ligada en el haz de los que viven"—. Este dicho por
mucho tiempo se ha aplicado a la vida después de la tumba, y la
primera letra de cada una de sus palabras, en hebreo, se encuentra en
cada tumba judía. La frase es tomada de la costumbre de ligar cosas
de valor en un haz para evitar que se dañen o se pierdan (Génesis
42:35).

23 Caída de Saúl/ 1 Samuel 27-31

Resumen: Tras meses de huir para salvar su vida, David llega a la conclusión de que irse del país es la única manera de escapar de la implacable persecución de Saúl. Habiendo convencido a los filisteos de que él es un verdadero desertor, se le da la ciudad de Siclag como base de operaciones. Pero en vez de ayudar al enemigo, David y su ejército destruyen metódicamente las fortalezas filisteas. Mientras tanto, los intentos desesperados de Saúl por contrarrestar la amenaza filistea le llevan a consultar a una médium en Endor. En lugar de promesa de victoria, oye predicciones aterradoras de muerte y derrota —pronósticos, que se cumplieron el siguiente día cuando él y sus hijos murieron en el campo de batalla frente a un enemigo.

Corazón del pasaje: 1 Samuel 27-28,31

Capítulo 27	Capítulo 28	Capítulo 29	Capítulo 30	Capítulo 31
David en Siclag	Saúl en Endor	David despedido	Siclag defendido	Saúl destruido
Fin de la persecución de Saúl			Fin de la dinastía de Saúl	

Tu andar diario: "Cuando el camino resulta duro, lo duro resulta un camino".

Ese es un lema bien conocido que solía describir el valor y la determinación de cierta rama del ejército. Pero a pesar del lema, todo buen soldado sabe cuándo es mejor tomar el camino... en la dirección opuesta.

David era un soldado de primera. Considera sus logros militares: Derrotó a Goliat con una piedra, puso en desbandada al ejército filisteo, y arrasó varias ciudades filisteas mientras vivía en Siclag. Si alguien podía mantenerse firme frente a un enemigo, ese era David. ¿Por qué, pues, decidió huir del ejército de Saúl y esconderse en Siclag? Porque él sabía que a veces es más sabio *desistir* que *resistir*. Luchar contra Saúl sólo habría servido para poner a David al mismo nivel de Saúl de celo pueril y vil desquite.

¿Te hallas envuelto en defender tus derechos contra alguien que te ha agraviado? En vez de "pelear por ello", deja que Dios pelee por ti. Medita hoy en el Salmo 37:1-8: "No te impacientes... confía... deléitate... encomienda... espera... no te excites".

Dios ha unido dos casas que no pueden separarse: la obediencia y el poder.

Percepción: No hay término medio con un médium.

La visita de Saúl a la adivina de Endor no sólo violó la ley de Dios (Levítico 19:31), sino que contradijo la actuación de Saúl en 1Samuel 28:3 de expulsar del país a todos los encantadores y adivinos.

2 Samuel

David, el rey elegido en 1 Samuel, es el rey coronado en 2 Samuel, que gobierna primero en Judá y luego sobre todo Israel. Con un comienzo caracterizado por victoria y éxito, David lleva a Israel a prominencia mundial. Pero su reinado pronto se daña por el pecado doble de adulterio y asesinato. Los resultados de confusión, problema e inquietud sacudieron el reino por el resto de su vida y más allá. A pesar de sus debilidades personales, David sigue siendo "un hombre conforme al corazón de Dios" por su actitud de arrepentimiento y su respuesta a la voluntad de Dios.

Enfoque	Triunfos de David			Problemas de David			
Divisiones	Nación dividida	Nación unida	Nación expandida	Adulterio y asesinato	Rebelión de Absalón	Inquietud y violencia	Últimas palabras de David
	1 4	5 7	8 10	11 14	15 18	19 20	21 24
Tópicos		Guerra civil		Crímenes		Conflicto	
		Obediencia y bendición		Desobediencia y juicio			
Lugar	Hebrón			Jerusalén			
Tiempo	7 1/2 años			33 años			

24 La nación de David dividida
2 Samuel 1-4

Corazón del pasaje: 2 Samuel 1:1-2:7

Resumen: Los libros de 1 y 2 Samuel son una historia continua. En 1 Samuel, el ánimo es de muerte y desesperación; en 2 Samuel, brilla un rayo de esperanza. En 1 Samuel, la dinastía de Saúl es destruida; en 2 Samuel, la dinastía de David es establecida. Pero la transición de poder no es simple. El duelo de rigor por el monarca muerto, la ascensión del líder, la purga de la influencia del régimen anterior, y la derrota de las facciones rivales y los elementos de rebelión —todo ha de efectuarse antes que David pueda gobernar en paz.

Capítulo 1	Capítulo 2	Capítulo 3	Capítulo 4
Lamento de David	Influencia dejada por Saúl	Defección de Abner	Muerte de Is-boset
Llorando la muerte de Saúl		Luchando contra la casa de Saúl	

Puedes juzgar a un hombre por sus enemigos tanto como por sus amigos.

Tu andar diario: Haz una lista mental de tres candidatos para el título "Mi persona menos favorita en la tierra". Escoge un nombre que parezca ser el primer contendiente. Ahora pregúntate: "¿Cómo yo reaccionaría ante la noticia de que _____ ha tenido una muerte violenta?"

En un sentido, las oraciones de David finalmente habían sido contestadas. Sin levantar un dedo contra el ungido de Dios, David por fin había sido vindicado en su aspiración del trono de Israel. El hombre que por tanto tiempo y con tanto empeño había tratado de segar su vida ahora estaba muerto. Y en vez de regocijarse de la desgracia de Saúl, David llora sin avergonzarse al recibir la noticia. Hasta compuso un bello cántico de testimonio como un recuerdo perpetuo al primer rey de Israel.

¿Amas a tus enemigos? ¿Puedes destacar sus virtudes y logros —y restar importancia a sus faltas y fracasos— sin amargura o envidia? Así es el amor divino (1 Corintios 13:4-7). Si todavía eres "enemigo de tus enemigos", pide a Dios que te dé un corazón como el de David. Entonces haz de tu lista de "Las personas menos favoritas" en una lista de oración. Esto revolucionará tus oraciones; ¡puede aun convertir a algunos de tus enemigos en amigos!

Percepción: La ironía de las lágrimas de David
El lamento más profundo por la muerte de Saúl (1:11-12) vino de la persona que él más había odiado y perseguido. Compárelo con el llanto de Jesús sobre la ciudad de Jerusalén sólo días antes que sus habitantes le clavaran en la cruz (Mateo 23:37-39).

La nación unida de David
2 Samuel 5-7

25

📖 **Resumen:** Con la muerte de Is-boset, el pueblo de Israel transfirió su lealtad a David como su legítimo rey. Como su primer acto oficial, David conquista la fortaleza estratégica jebusea de Jerusalén y la hace la nueva capital de la nación. Pero algo más que reforma política y militar es necesario. La adoración de Dios tiene que volver a su lugar prioritario. Sabiendo esto, David hace planes para traer el arca del pacto a Jerusalén y construir un lugar apropiado para ella. En el proceso, aprende con dolor lecciones acerca de hacer la voluntad de Dios a Su manera y en Su tiempo.

Corazón del pasaje: 2 Samuel 5:1-5; 7:1-29

Capítulo 5	Capítulo 6	Capítulo 7
David reunifica la nación	David regresa el arca	David recibe el pacto
Consolidación	Júbilo	Expectación

✍️ **Tu andar diario:** Piensa bien en cada declaración y decide si es verdadera o falsa:

V F 1. Si Dios ha puesto un deseo en mi corazón, entonces tiene que ser Su voluntad que yo lo realice.

V F 2. Si mi meta es agradar y glorificar a Dios, entonces importa muy poco cómo yo proceda.

V T 3. Hacer la voluntad de Dios en otra forma que la manera de Dios no puede ser la voluntad de Dios.

David tenía dos ambiciones en los primeros años de su reinado: traer el arca a Jerusalén, y edificar allí una casa para Dios. Para lograr la primera, escogió el medio de transporte conveniente más bien que el obediente, y esto causó la muerte inesperada de un hombre. El deseo de David de edificar un templo majestuoso para Dios era encomiable, pero no era el plan de Dios para la vida de David.

Es maravilloso tener grandes sueños para Dios. Pero asegúrate de que esos sueños sean implementados a la manera de Dios, en el tiempo de Dios, y con la gente que Dios planea usar. Dios quería que fuera Salomón el hijo de David quien edificara el templo —y escribiera estas memorables palabras: "El corazón del hombre piensa su camino; mas Jehová endereza sus pasos" (Proverbios 16:9).

Escoger el camino conveniente en vez del obediente puede ser un obstáculo a tu progreso.

📷 **Percepción:** Aprendiendo una lección de vida o muerte (6:3-7)

Por quizás 50 años el arca había sido considerada poco más que un objeto. El juicio severo de Dios sobre Uza por tocarla marcó el comienzo de una nueva era en la adoración de Israel en la que el pueblo reconoció otra vez la santidad de la presencia de Dios.

26 La nación expansiva de David
2 Samuel 8-10

Corazón del pasaje: 2 Samuel 8-9

📖 **Resumen:** Una vez que la oposición interna contra su gobierno ha sido silenciada, David puede dedicarse a asegurar su nuevo reino contra invasiones extranjeras. En rápida sucesión, moabitas, sirios, edomitas, y amonitas caen ante las tropas de David, lo que mueve a los otros poderes vecinos a rendirse sin pelear. Extensos territorios y copioso tributo se añaden al reino de David. Pero David no tenía espíritu de venganza, como se puede ver en su trato con Mefi-boset.

Capítulo 8	Capítulo 9	Capítulo 10
David extiende su reino	David extiende su bondad	David extermina a sus enemigos
Moab	Mefi-boset	Amón

La parte de Dios, no la podemos hacer; nuestra parte, El no la hará.

🗡 **Tu andar diario:** Aquí hay otro examen de verdadero o falso. Según 8:1-14:

V F 1. David derrotó a los enemigos del Señor.
V F 2. El Señor derrotó a los enemigos de David.

Para comprobar tus respuestas, vuelve a leer el pasaje, señalando todos los verbos que describen las acciones de David ("David derrotó... sometió... tomó... mató") y todos los que expresan las acciones de Dios ("Jehová dio la victoria a David por dondequiera que fue", 8:6,14).

¿Quién peleó la batalla? ¡David! ¿Quién dio la victoria? ¡Dios! David no podía hacer la parte de Dios, ni tampoco Dios hacía la parte de David. Fue un esfuerzo cooperativo de principio a fin, proveyendo Dios poder y protección, y David con su espada matando a los enemigos. Para David salir en su propia fuerza —o sentarse y esperar ocioso que la tarea fuera hecha en la fuerza de Dios— habría sido desastroso. Pero junto con Dios, David era invencible.

Tanto la actitud de "Dios, tú no me necesitas" como la de "Dios, yo no te necesito", son fórmulas para el desastre. Examina tu propio plan de batalla para hoy. Entonces escribe un reto que estés enfrentando, y la estrategia que usarás para salir vencedor.

🗡 **Percepción:** Rapados a medias, avergonzados del todo (10:4)
Aun hasta el día de hoy, cortar la barba de uno se considera por los árabes como el colmo de la afrenta, comparable a azotarlo o marcarlo con un hierro candente. Muchos prefieren morir a dejarse cortar la barba, lo que muestra la severidad del insulto infligido a los hombres de David.

El adulterio de David y sus resultados
2 Samuel 11-14

27

Resumen: En un tiempo en que David debía haber estado en el campo de batalla, se hallaba en el terrado del palacio. Una mirada fortuita... un pensamiento codicioso... una indagación... y el rey de Israel pone en movimiento una cadena de eventos que culminan en adulterio y asesinato. Los hechos pecaminosos de David siguen incubando por años dentro de su familia en la forma de asesinato, incesto, traición, y revolución abierta.

Corazón del pasaje:
2 Samuel 11-12

Capítulo 11		Capítulo 12	Capítulos 13-14
Adulterio en el palacio	Asesinato en la batalla	Confesión sentida de David	Consecuencias en la familia de David
1 5	6 27		
Atrevimiento	Encubrimiento	Arrepentimiento	Remordimiento

Percepción: El desliz sutil de pecado a pecado

El salto de un solo pensamiento codicioso (11:2) al asesinato fríamente calculado de uno de los soldados más leales de David, nunca habría pasado por la mente del rey. Pero debido a que un "pecadito" ininterrumpidamente lo arrastró de uno a otro —indolencia, egoísmo, codicia, adulterio, traición, asesinato— ese fue el resultado.

Los pecados secretos no permanecen secretos por mucho tiempo.

Tu andar diario: ¿Usas... o abusas... de la autoridad que Dios te ha dado?

Examina el capítulo 11 y señala el verbo enviar cada vez que lo halles (ocurre doce veces), porque ahí está la clave de la caída de David.

Aunque era práctica común de los reyes enviar a otros a hacerles sus cosas, tal práctica se prestaba al abuso. David "envió a Joab" al frente de batalla (11:1), cuando David debió haber ido con él; "envió a preguntar" por Betsabé (11:3), aunque a él no le importaba eso; "envió mensajeros, y la tomó" (11:4), aunque ella pertenecía a otro hombre. David "envió ... por mano de Urías" (11:14) la sentencia de muerte de aquel soldado leal. No es extraño que, cuando el malvado plan de David se consumó, Dios "envió a Natán a David" (12:1) para descubrir toda la horrible trama.

Emplear la autoridad dada por Dios en beneficio propio puede parecer favorable ahora, pero a la larga resultará amargamente caro. En el margen, escribe los papeles de autoridad que ostentas hoy (e.g., padre, diácono, vicepresidente, maestro, líder de grupo). Entonces haz de tu lista un proyecto de oración al pedirle a Dios que haga de ti un ¡"enviador santificado"!

28 Pecados de los padres

Lectura bíblica: Salmo 51

Da un paso atrás

En los Diez Mandamientos, Dios ordenó a su pueblo que se guardara de hacer, servir o adorar imágenes de talla o ídolos. "Porque yo soy Jehová tu Dios, fuerte, celoso, que visito la maldad de los padres sobre los hijos hasta la tercera y cuarta generación de los que me aborrecen, y hago misericordia a millares, a los que me aman y guardan mis mandamientos" (Exodo 20:5-6).

Irónicamente, uno de los ejemplos más punzantes de la transmisión de los pecados de un padre a la próxima generación es una de las luces que más brillan en la Biblia: David.

Aunque David es llamado el hombre conforme al corazón de Dios, todavía tenía pies de barro. Su pecado con Betsabé, seguido por un asesinato encubierto, reveló su humanidad. Y aquel pecado le persiguió al caer sus hijos Amnón y Absalón en degradación y traición —cumplimiento del juicio anunciado por Dios (2 Samuel 12:11).

La verdad es obvia: El pecado puede ser perdonado, pero uno aún cosecha sus consecuencias inevitables. Leerás de esas consecuencias en la vida de David en los próximos días. Incesto, asesinato, intriga, rebelión —la historia de la familia de David desde el capítulo 12 en adelante es como una historia de horror.

Mira arriba

El curso de la vida de una persona puede girar alrededor de un pequeño evento. Tal fue el caso de David. Pero el pecado de David con Betsabé no fue el desplome repentino de sus valores morales. Más bien fue el desarrollo de una vida indisciplinada dada a la pasión, poligamia, y placeres ociosos. Así que cuando la tentación lo enfrentó, David no tuvo fuerza de voluntad para resistir. Y el estruendo de la caída se oyó por generaciones, en la forma de traición, inmoralidad, celos, y asesinato en la familia de David.

Uno simplemente no puede dejar sus pecados atrás hasta que los enfrente.

Sigue adelante

Hay luz en la oscuridad del pecado de David. Segundo de Samuel nos muestra que el corazón de David se quebrantó por su pecado, e inmediatamente reaccionó a la reprensión de Natán con arrepentimiento sincero. El Salmo 51 capta ese clamor por perdón. Pero aunque David experimenta el perdón de Dios, la semilla del pecado había sido sembrada —y la cosecha sería segada.

Enfrenta tus áreas de debilidad hoy. Confiésalas sinceramente a tu Dios perdonador; abandónalas de corazón, recibe nuevas fuerzas de El para seguir adelante.

Y si tienes hijos, asegúrate de orar por ellos todos los días. Por protección, por orientación, y misericordia. Tú puedes legarles una herencias espiritual maravillosa —que les dure toda la vida.

Revuelta contra David / 2 Samuel 15-18   *29*

📖 **Resumen:** De todos los hijos mencionados en la Biblia, ninguno es tan atractivo físicamente y sin embargo tan emocional y espiritualmente escabroso como Absalón. De Absalón, Matthew Henry escribe: "En su cuerpo no había falta, pero en su mente nada más que heridas y contusiones". La lectura de hoy describe el cumplimiento del juicio profético de Natán sobre David. Aunque había hecho en secreto sus transgresiones, la vergüenza el deshonor, y asesinato en el círculo de su propia familia sería hecho a la vista de todo Israel.

Corazón del pasaje: 2 Samuel 15, 18

Pero el problema mayor sería el intento rebelde de Absalón de usurpar el trono de su padre. La fe en Dios de David y su amor por su hijo descarriado nunca disminuyó, aunque fueron severamente probados. Ahuyentado de Jerusalén, maldecido por sus compatriotas, y deshonrado por su hijo, David finalmente es vindicado y restaurado, aunque a un tremendo costo personal y nacional.

Capítulo 15		Capítulo 16	Capítulos 17-18
Revuelta astuta de Absalón	Huida apresurada de David	Entrada triunfal de Absalón	Triste fin de Absalón
1 12	13 37		
Gobierno de David amenazado			Gobierno de David restaurado

✍ **Percepción:** Diario de un padre desgraciado
¿Qué pensaría David, qué sentiría, cuando vio a su hijo favorito desprestigiar el cargo de rey y abiertamente deshonrar el nombre de la familia en la azotea del palacio? ¿Cuántas lágrimas debió de haber derramado en privado y ante Dios al ver fructificar su propio pecado? No necesitamos conjeturar: los pensamientos y oraciones de David están escritos en su "diario" para que tú los leas. Se hallan en los Salmos 3, 4, 62, y 63.

Ríete de tus problemas; así siempre tendrás algo de que reírte.

🕊 **Tu andar diario:** La humanidad aún no ha inventado un pegamento que pueda reparar un corazón roto. Pero Dios lo puede hacer. Los psicólogos pueden averiguar tu pasado, decirte por qué tu corazón está quebrantado, y ayudarte a hacer frente a un corazón roto. Pero no están en el negocio de arreglar corazones rotos. Pero Dios sí. El se especializa en cirugía restauradora de vidas devastadas —toma los pedazos de un caparazón vacío y los transforma en algo bello, poderoso y glorioso para Sí. Hijos pródigos, matrimonios agrietados, hogares astillados —estos son Su especialidad.

¿Tienes trabajo para el Cirujano de corazones rotos? Su oficina está abierta 24 horas al día, siete días a la semana. No se requiere cita.

30 Inquietud y violencia en la tierra
2 Samuel 19-20

Corazón del pasaje: 2 Samuel 19

Resumen: Abrumado por el dolor de la muerte de su hijo Absalón, el lamento de David es tan alto y prolongado que da a entender que es ingrato con aquellos que arriesgaron la vida para devolverle el trono. Esta idea cortante, expresada por Joab, el general del ejército de David, levanta a David de su depresión y lo estimula a reasumir el mando. Sin embargo, su regreso no es muy agradable. Por dirigirse a su propia tribu (Judá) e invitarlos a restaurarle como su rey (lo cual ellos estaban dispuestos a hacer), David ahuyentó las otras tribus en un despliegue nacional de celos. Un revolucionario llamado Seba efectúa una rebelión inoportuna, y sólo después de sofocada puede David gobernar un reino unificado.

Capítulo 19		Capítulo 20	
Una sacudida por Joab	Un viaje a Jerusalén	Revuelta de Seba	Muerte de Seba
1　　　　　14	15　　　　　43	1　　　　3	4　　　　　26
Restauración de David en Judá		Más rebelión en Judá	

Dos vías rápidas al desastre son: seguir el consejo de nadie y seguir el de todos.

Tu andar diario: Ayer leíste cómo Absalón desechó el sabio consejo de Ahitofel y siguió el consejo tonto de Husai. Hoy lees cómo David evitó una insurrección de sus amigos por escuchar las palabras sabias del general Joab.

¡El consejo es un artículo del cual nunca habrá escasez! Todos, desde el cartero hasta el que dirige el tránsito, está pronto a dar consejo en una variedad de problemas. Pero tal consejo es tan bueno como su fuente. "Bienaventurado el varón que no anduvo en consejo de malos" (Salmo 1:1). Hay consejos que debes evadir. "Escucha el consejo y recibe la corrección, para que seas sabio en tu vejez" (Proverbios 19:20). Hay consejos que debes buscar y aplicar. ¿Y cómo puedes saber la diferencia? "El consejo de Jehová permanecerá para siempre; Los pensamientos de su corazón por todas las generaciones" (Salmo 33:11). El consejo que es fiel al corazón de Dios, a Su Palabra, es el que debes buscar y seguir.

Presenta una decisión que estés enfrentando hoy a una persona de tu iglesia o comunidad. Escucha atentamente el consejo que te den. Entonces síguelo. Dios te honrará por ello.

Percepción: Y hablando de consejeros sabios...

¡No se pierda la historia de la mujer sabia de Abel (20:14-22), que salvó su ciudad de la destrucción confrontando a Joab!

Ultimas palabras y acciones de David
2 Samuel 21-24

31

🔲 **Resumen:** La lectura de hoy abarca seis tópicos que, aunque fuera de orden cronológico, forman un apéndice al cuerpo principal de 2 Samuel: (1) un hambre terrible enviada como juicio por el trato de Saúl a los gabaonitas; (2) una serie de guerras con los filisteos; (3) un bello salmo de liberación y alabanza; (4) una lista de los valientes de David; (5) un censo pecaminoso; (6) el castigo severo que le siguió. El último párrafo del libro presenta a David en su pose más natural: en humilde adoración al Señor.

Corazón del pasaje: 2 Samuel 22; 24:18-25

Capítulo 21	Capítulo 22	Capítulo 23	Capítulo 24
Rescate de David	Cántico de David	Oficialidad de David	Pase de lista de David
La vida de David empeñada		La vida de David reseñada	

📝 **Tu andar diario:** ¿Cómo reaccionas cuando le has fallado a Dios y lo sabes? ¿Corres hacia El, o huyes de El?

En los últimos días de la vida de David, él ordenó un censo de sus tropas —motivado por orgullo, no por la necesidad... algo que enojó a Dios y obligó a David a escoger su propio castigo.

La misericordia no siempre se manifiesta por omitir el castigo.

En la mayoría de las religiones paganas hoy, se enfatiza el apaciguar —más bien aproximarse— a un dios enfadado. Pero note la reacción de David después de ordenar el censo pecaminoso.

El sabía que sus acciones eran malas y que merecía la disciplina del Señor. Pero vio más misericordia en Dios que en el hombre. Así que respondió: "Caigamos ahora en mano de Jehová, porque sus misericordias son muchas, mas no caiga yo en manos de hombre" (24:14). Aun en medio de la disciplina, los brazos el Señor son el lugar más seguro, y David lo sabía.

El dolor nunca es agradable, porque duele. Pero hay un dolor que viene de tu Padre celestial que te ama demasiado para permitirte pecar impunemente. Lee Hebreos 12:5-11 —y da gracias a Dios por su disciplina. Es señal segura de que eres Su hijo.

🔲 **Percepción:** De era a algo más

Se sabe que Arauna era jebuseo (24:18), uno de los habitantes originales de la ciudad de Jerusalén. Muchos creen que su era ha de ser identificarse con la formación rocosa preservada bajo la Mesquita de la Roca, en o cerca del lugar del templo de Salomón.

1 Reyes

La ilustre vida del rey Salomón se presenta en la primera mitad de 1 Reyes. Bajo su liderazgo, Israel llega a la cumbre de su poder y gloria. El toque culminante viene con la construcción del templo en Jerusalén. Pero el celo de Salomón por Dios se enfría cuando sus esposas paganas alejan su corazón de la adoración verdadera. Salomón muere como un hombre religiosamente dividido que deja atrás una nación dividida físicamente. El siglo siguiente ve la decadencia de dos naciones, ambas con creciente indiferencia hacia los profetas y preceptos de Dios.

Enfoque	Reino unido			Reino dividido		
Divisiones	Ascenso de Salomón	Templo de Salomón	Fama de Salomón	Una nación destruida	Ministerio de Elías	Reinado de Acab
	1　　　　4	5　　　　8	9　　　　11	12　　　　16	17　　　　19	20　　　　22
Tópicos	Expansión y gloria			División y decadencia		
	Un Rey			Muchos Reyes		
Lugar	Jerusalén			Reino del norte (Israel) Reino del sur (Judá)		
Tiempo	Unos 40 años			Unos 90 años		

La exaltación gloriosa de Salomón
1 Reyes 1-4

1

🔳 **Resumen:** Cuando la vida de David llegaba a su fin, su hijo Adonías intenta usurpar el trono de Salomón, el heredero legítimo. Pero el plan fracasa cuando David públicamente proclama a Salomón su verdadero sucesor. En sus horas finales, antes de morir, David encarga a Salomón que ande delante del Señor con integridad y verdad —petición que Salomón cumple en los primeros días de su administración, gobernando con justicia, discernimiento, humildad, y honestidad ante Dios y los hombres—. Dios le presenta a Salomón un "cheque en blanco", Salomón pide sabiduría para gobernar con acierto antes que bienes para vivir suntuosamente. ¡Dios le concede ambas cosas!

Corazón del pasaje: 1 Reyes 2:1-4; 3:1-15

Capítulo 1	Capítulo 2	Capítulo 3	Capítulo 4
Competencia de Salomón	Confirmación de Salomón	Consejo de Salomón	Comitiva de Salomón
Ungimiento de un rey		Administración de un rey	

✍ **Tu andar diario:** La humildad es una paradoja: Cuando crees que al fin la has hallado, ¡la perdiste! Falta que se escriba un libro intitulado *Mi humildad y cómo la logré.* Sin embargo, Dios espera —y recompensa— una actitud de humildad servicial en sus hijos.

Una forma de obtener fortaleza espiritual es memorizar la Palabra de Dios.

Salomón tenía todo a su favor: ascendencia piadosa, familia distinguida, seguridad financiera, y al Dios verdadero de su parte. Pero él también tenía una visión realista de sí mismo. Conocía sus propias debilidades: parcialidad, insensibilidad, impaciencia —las cuales, de no corregirse, podían arruinar su reinado desde el comienzo. Con humildad de niño él le pidió a Dios lo que necesitaba, no meramente lo que quería.

Aquí hay una oración para completar, y un proyecto para comenzar: "Yo sé que soy débil en la esfera de [¿qué?]; pero este mes, con la ayuda de Dios, voy a fortalecer esa área de debilidad [¿cómo?]". Al pensar en qué pasos tomar, reclama la promesa de Isaías 41:10 y cuenta con Dios para fortaleza.

🔳 **Percepción:** Siguiendo las huellas de su padre
David llegó a ser conocido como el "dulce cantor de Israel" por su habilidad en componer la mitad de los salmos en el himnario de Israel. ¡Pero Salomón no se quedó muy atrás! Según 4:32, compuso más de mil cánticos, de los cuales el Salmo 127 es un ejemplo.

2 *El templo de Salomón / 1 Reyes 5-8*

Corazón del pasaje:
1 Reyes 6:1-14; 8:12-61

Resumen: Antes de morir, David le había dado a su hijo Salomón la responsabilidad de construir una casa para Dios en Jerusalén. Ahora ese sueño podía hacerse realidad. Nada es demasiado bueno para el lugar donde ha de morar la gloria de Dios: cedros del Líbano, piedras costosas, toneladas de metales preciosos. Por siete largos años Salomón planea y prepara el templo. Cuando al fin instalan el arca del pacto en el Lugar Santísimo, la nube de la presencia de Dios llena la casa del Señor. De nuevo, la gloria de Dios habita en medio de Su pueblo.

Capítulo 5	Capítulo 6	Capítulo 7	Capítulo 8
Compras para el Templo	Construcción del Templo	Mobiliario del Templo	Terminación del Templo
Preparación	Edificación	Decoración	Dedicación

La raíz de toda firmeza está en la consagración a Dios

Tu andar diario: La razón por qué algunos suelen pensar que son completos fracasos es ¡porque fracasan en completar! Mira alrededor de tu hogar u oficina y haz una lista de todos los trabajos, proyectos, y asignaciones que comenzaste —pero nunca terminaste—. ¿No piensas que una tarea digna terminada con éxito vale por 50 a medias? No fue hasta que se *terminó* el templo que la gloria de Dios vino a residir allí —el sello de aprobación de Dios a una tarea bien hecha.

En un papel, escribe tus "tareas sin terminar". Quizás sea un libro cristiano que no terminaste de leer... un vecino no salvado que has deseado conocer... un proyecto familiar que nunca se comenzó. Junto a cada una, anota una fecha realista para su terminación y ponlas en tu calendario. Por terminar esas tareas que dejaste a medias, puede que recibas el "bien hecho" de Dios (Mateo 25:21).

Percepción: El Tabernáculo y el Templo —los contrastes

Detalle	Tabernáculo (Exodo26)	Templo (1 Reyes 6)
Dimensiones	14x5x5 m	28x10x15 m
Pórtico	no	no
Ventanas	no	sí
División entre recintos	Velo	Velo y puertas (2 Crónicas 3:14)
Objetos en el Lugar Santísimo	Arca con dos querubines (Exodo 25:18-20)	Arca y dos querubines separados (2 Cró. 5:7-8)

Fama, fortuna, y fracaso
1 Reyes 9-11

3

Resumen: Bajo el liderazgo capaz de Salomón, las fronteras de la nación se expanden a cinco veces el área que David gobernó. Financieramente, Salomón goza de prosperidad sin paralelo al afluir el tributo de las naciones vecinas al tesoro nacional. Pero aun al prosperar la nación, las semillas de decadencia espiritual están siendo sembradas. La pasión de Salomón por mujeres paganas, de las cuales tomó cientos como esposas y concubinas, desvía su corazón del Dios del cielo a los dioses de los hombres. Resultado: Dios arrebata la mayor parte del reino al hijo de Salomón.

Corazón del pasaje: 1 Reyes 9:1-9; 11:1-13

Capítulo 9	Capítulo 10		Capítulo 11	
Aumento de fronteras	Aumento de fama	Aumento de fortuna	Esposas paganas	Enemigos persistentes
1	13	14 29	1 13	14 43
Logros de Salomón			Estorbos de Salomón	

Tu andar diario: Lleva una linterna, papel de aluminio, y papel negro a un cuarto oscuro. Enfoca el aluminio primero; mueve entonces la luz para que dé en el papel pero no en el aluminio. ¿Cuál es más brillante: la luz que da en el papel (y es absorbida), o la que da en el aluminio (y es reflejada)?

Cuando la reina de Sabá oyó de las vastas riquezas y sabiduría de Salomón, decidió comprobarlo por sí misma. Nota a qué conclusión llegó: "Jehová tu Dios sea bendito, que se agradó de ti ... porque Jehová siempre ha amado a Israel, te ha puesto por rey" (10:9). Antes que absorber la gloria para sí mismo, Salomón reflejó la gloria de Dios. Cuando otros vieron la grandeza del rey, dieron gloria no al rey ¡sino al Rey de reyes!

Toma pedacitos del papel negro y del aluminio y llévalos contigo hoy. Pregúntate a menudo cuál de ellos representa tu vida en ese momento. Medita en Mateo 5:16 durante el día, y busca maneras creativas de reflejar, antes que absorber, la gloria de Dios.

Un talento humilde en uso vale más que uno genial ocioso.

Percepción: Desarrollando tu talento en talentos
Aunque el peso preciso (y por lo tanto el valor) de las medidas monetarias del Antiguo Testamento es desconocido, el *talento* era aproximadamente 34 kg; el *siclo*, 11,4 g; y la *libra*, 570 gr. Con el precio del oro a $475 la onza, el valor total del oro mencionado en 10:14 era ¡cerca de 380 millones de dólares!

4 Una nación partida en dos
1 Reyes 12-16

Corazón
del
pasaje:
1 Reyes
12

Resumen: La gran riqueza de Salomón resulta en parte de los altos impuestos que exige de sus conciudadanos. Después de su muerte, su hijo Roboam tiene que decidir si continuar o no con el duro yugo fiscal impuesto por su padre. Siguiendo un consejo necio, Roboam aumenta la carga de impuestos —e incuba una "revolución tributaria" nacional. Cuando todo se calma, ya el reino unido no existe, y en su lugar hay un reino dividido en dos naciones distintas (Israel y Judá) gobernadas por dos reyes decadentes (Jeroboam y Roboam).

Capítulo 12	Capítulo 13	Capítulo 14	Capítulos 15-16
Insensatez de Roboam	Idolatría de Jeroboam	Enfermedad de Jeroboam	Enfrentamientos de Judá con Israel
División	Depravación	Dolencia	Desastre

El que
los pa-
dres de-
jen que
un niño
crezca
sin Cris-
to es ne-
gligencia
del deber
mucho
mayor
que
dejarlo
crecer sin
saber
leer y
escribir.

Tu andar diario: En una escuela se asignó escribir una composición sobre el tema "¿Qué está mal con los padres hoy?" Un niño lo dijo todo: "Tenemos a nuestros padres tan tarde en la vida que es imposible hacer algo con ellos".

Padres, casi todos vosotros recibisteis vuestros niños cuando tenían sólo unos minutos de edad —pero ¿a qué edad ellos os recibirán a vosotros? Los padres están prestos a dar a sus hijos todo excepto lo que ellos más necesitan: tiempo. Tiempo para escuchar... para entender... para ayudar... para orientar. Tomar tiempo de vuestros intereses y emplearlo en los de los hijos parece simple. En realidad es la tarea más difícil y sacrificial de los padres.

El legado espiritual que Roboam pudo recibir de su padre Salomón, aparentemente no le ayudó a amar al Dios de Israel. Como resultado, el vacío espiritual que ocasionó la muerte de Salomón condujo a la fracción de la nación. ¿Será tu hogar diferente? Convoca a una reunión familiar esta noche para evaluar (con la colaboración de cada miembro) cómo pasáis tiempo juntos como familia —¡y cuán a menudo!

Percepción: El reino dividido doblemente dividido

La mayoría de los lectores estarán familiarizados con el reino dividido —10 tribus en el norte (Israel), y 2 tribus en el sur (Judá). ¿Pero sabías que hubo un tiempo cuando las 10 tribus del norte por poco se vuelven a dividir? Dos facciones poderosas, dirigidas respectivamente por Tibni y Omri, lucharon por el control del reino del norte. Y al final, ¿quién prevaleció como "rey del norte" (16:22)?_____

La maldición de los reyes 5

Da un paso atrás

En los días de los jueces, el pueblo de Israel había clamado por un rey (1 Samuel 8:6). Descontento con ese espíritu rebelde, Samuel se volvió al Señor en oración. Y Dios le aseguró: "Oye la voz del pueblo en todo lo que te digan; porque no te han desechado a ti, sino a mí me han desechado, para que no reine sobre ellos" (v. 7).

Lectura bíblica: 1 Samuel 8:6-18

El Señor señaló que los israelitas habían sido testarudos desde el día que Él los sacó de Egipto, "dejándome a mí y sirviendo a dioses ajenos, así hacen también contigo" (v. 8).

Como resultado, Dios ordenó a Samuel que les diera el rey que ellos querían. Pero Samuel también tenía que advertirles de los problemas de tener un rey... incluyendo el reclutamiento de los jóvenes, impuestos a las cosechas y el ganado, apropiación de la propiedad privada y la pérdida de la libertad personal (lee 1 Samuel 8:10-18).

Hasta ahora, has leído que todas esas advertencias habían vuelto a perseguir a los israelitas. Y su situación sólo se iba a empeorar.

¿Era la voluntad de Dios para Israel que tuviera rey? Obviamente el Señor sabía que Israel tendría un rey (lee la profecías de Génesis 49:10; Números 24:17; Deuteronomio 17:14-20). En Su soberanía, Dios permite aun actos malos para cumplir Su propósito (ve, por ejemplo, Génesis 50:20; Hechos 2:23).

Al continuar tu lectura diaria, verás una y otra vez los resultados degradantes de la elección de Israel. Dios permitió esa elección. Pero también permitió sus consecuencias.

Mira arriba

A diferencia de las monarquías del mundo, Israel había de ser una teocracia —literalmente, gobernada por Dios—. Dios había de reinar sobre sus asuntos, obrando a través de Su pueblo. Pero Israel escogió la manera del mundo por instalar un rey humano. Como notarás al leer a través de la Biblia, la humanidad tiende a considerar sus procedimientos superiores a los de Dios —aunque los resultados de tal actitud son siempre desastrosos.

Un paso de obediencia es mejor que cien sermones.

¿Tendrás tú la misma inclinación? ¿Hay algún área en tu vida de la cual crees tener tú, y no Dios, el control? ¿Qué puedes aprender de la decisión de Israel de salirse con la suya?

Sigue adelante

Es fácil para nosotros leer la Biblia y mover la cabeza sobre las decisiones egoístas e impías del pueblo de Dios. Pero podemos estar ciegos a nuestros propios fracasos respecto a seguir la Palabra de Dios en nuestras vidas diarias.

Hoy, piensa en tu verdadero Rey, el Señor Jesucristo (Juan 1:49). Prométele obediencia fiel, y está preparado para servirle fielmente en este día. El merece nada menos que eso.

6 Elías y Acab / 1 Reyes 17-20

Corazón
del
pasaje:
1 Reyes
18:20-
19:21

Resumen: El capítulo 15 inicia un patrón que se extenderá a través de 1 y 2 Reyes. El autor alternará en su narración entre la nación de Israel y la de Judá, describiendo primero el poder del norte, luego moviéndose al sur y así sucesivamente. El traza las historias paralelas de dos naciones en decadencia espiritual, dedicando tiempo ocasionalmente a señalar un profeta (como Elías) o un rey (como Acab) que contribuye significativamente al levantamiento o caída de las naciones. La lectura de hoy se centra alrededor de la persona misteriosa (pero humana) de Elías, el profeta que valientemente enfrenta a un rey israelita pagano y a 850 profetas de Baal, sólo para después huir de la asesina reina Jezabel.

Capítulo 17	Capítulo 18	Capítulo 19
Predicción en el palacio: "Sequía"	Competencia en el Carmelo: "Jehová es Dios"	Escondido en Horeb "Unge a Eliseo"
Elías confronta a Acab	Elías confronta a Baal	Elías confronta a Dios

No
podemos
esperar
vivir
deficien-
temente
y orar
eficiente-
mente

Tu andar diario: ¿Cuán a menudo haces la oración de inconveniencia?

En el libro de Santiago (5:17-18), Elías es señalado como ejemplo de oración. El no era un "supersanto" sino "un hombre sujeto a pasiones semejantes a las nuestras". Estuvo cansado, desanimado, y ansioso en ocasiones, pero su primera reacción fue llevar estas cosas al Señor en oración.

Pero lo notable de su vida de oración fue cuán a menudo hizo oraciones inconvenientes. Oró por una sequía, entonces observó como Dios contestó su oración... ¡y secó su propia provisión de agua! Oró por fuego del cielo, sabiendo que lo haría un hombre marcado a los ojos de Jezabel. Su oración constante fue: "Dios, haz algo grande... y yo estoy dispuesto si me necesitas".

Examina tu vida de oración. ¿Qué oración haces: "Dios salva a mi vecino pagano", o: "Dios, úsame para llevar a ese vecino a ti" —"Dios, consuela esa familia atribulada", o: "Dios úsame para llevar consuelo a esa familia"? Toma la situación que estás enfrentando hoy, y escribe tu propia oración de inconveniencia a Dios.

Percepción: Y hablando de corredores entusiastas...

Con su vida en peligro, Elías corrió desde el monte Carmelo hasta Jezreel y de allí a Beerseba —¡una distancia de unos 175 km!—. Cuando Elías corrió "para salvar su vida" (19:3), no quiso correr riesgos.

Reino de Acab / 1 Reyes 20-22

7

Resumen: Si esperas un final culminante en el libro de 1 Reyes hoy, ¡te sentirás desilusionado! Originalmente 1 y 2 Reyes era una sola narración continua, y la división entre ellos en nuestra Biblia es solamente literaria, no histórica. Hoy leerás acerca de la conclusión del vil reinado de Acab en Israel, y darás un breve vistazo al reino justo de Josafat en Judá. La vida de Acab es una larga ilustración de un hombre que no aprecia en absoluto a Dios. A pesar de la demostración poderosa de Dios en el monte Carmelo, y dos victorias sobre los sirios enviadas del cielo, Acab no muestra respeto alguno por los mandamientos de Dios.

Corazón del pasaje: 1 Reyes 20; 22: 29-40

Capítulo 20	Capítulo 21	Capítulo 22
Victorias aplastantes de Acab	Viña robada por Acab	Vergonzosa muerte de Acab
Conquista	Codicia	Calamidad

Tu andar diario: Pelear contra Dios puede ser asunto peligroso. Acab lo intentó, y le costó la vida.

En la lectura de hoy, nota cuántas veces Dios se manifestó a Acab. Paciente pero persistentemente, le mostró al rey de Israel que el Dios del cielo gobierna los asuntos de los hombres. Pero a pesar del fuego del cielo, dos victorias dadas por Dios sobre enemigos superiores, y la declaración sonante de los profetas, Acab no se apartó de sus caminos malvados. Negándose a aceptar que no hay "accidentes" con Dios, Acab resultó ser el objeto de tal "accidente". Disfrazándose para evitar el decreto profético del final de su vida, fue herido por una flecha lanzada "al azar" y llevada por una mano superior directo a una brecha en su armadura.

El único reino que prevalecerá en este mundo es el que no es de este mundo.

Haz un repaso mental de la primera semana de este mes. ¿Cómo te ha estado Dios demostrando Su realidad y Su poder mediante manifestaciones diarias de protección o provisión? ¿Y cómo has respondido? Escribe en el margen una respuesta apropiada que Acab nunca dio —¡pero tú sí lo harás!

Percepción: Asesinato sin un arma

A Acab no le importaba nada la ley de Dios, un hecho evidente es su desprecio de la restricción divina en transferir tierra de una tribu a otra (21:1-3; Levítico 25:23-28; Números 36:7-8). En desvergonzada codicia, le permitió a Jezabel maquinar el asesinato de Nabot —un crimen del cual más tarde Dios le haría responsable a él (21:18-19).

2 Reyes

E l autor de 2 Reyes entreteje los hilos históricos de dos naciones en una sola tela. En Israel, 19 reyes malos ascienden sucesivamente al trono, y alejan al pueblo aun más de Dios. A pesar de los esfuerzos de Eliseo y el mensaje de otros profetas, el juicio no puede postergarse ya más. Israel finalmente recibe su retribución: cautividad y dispersión por los asirios. En el sur, Judá sobrevive 150 años más. Pero al final el daño hecho por su liderazgo corrupto vuelve a traer una cosecha amarga: 70 años de exilio en Babilonia.

Enfoque	Ultimos días de Israel y Judá					
Divisiones	Elías, portavoz de Dios	Eliseo, obrador de milagros de Dios	Jehú, destruidor de la casa de Acab	Asiria, destruidor de Israel	Ezequías, el reformador de Judá	Babilonia, conquistador de Judá
	1 3	4 8	9 12	13 17	18 21	22 25
Tópicos	Cautividad de Israel				Colapso de Judá	
	Dispersión				Desplazamiento	
Lugar	Israel y Judá				Judá	
Tiempo	Alrededor de 300 años					

Eliseo, portavoz de Dios / 2 Reyes 1-3   *8*

🔲 **Resumen:** El libro de 2 Reyes puede resumirse en un solo versículo: "En aquellos días comenzó Jehová a cercenar el territorio de Israel" (10:32). La caída vertiginosa comenzada en 1 Reyes ahora se acelera por el ascenso al trono de un rey malo tras otro. Los profetas que hablan por Dios se atraviesan en esta senda descendente. Eliseo toma el manto —y ministerio— de su señor Elías. Habiendo invocado al Dios de Elías, Eliseo ve cómo Dios anega un valle como señal a Jeroboam, y hace que los moabitas crean que el agua es sangre, y acudan para caer derrotados.

Corazón del pasaje: 2 Reyes 2

Capítulo 1	Capítulo 2		Capítulo 3
Un fuego consumidor	Una carroza de fuego	Agua para la ciudad	Agua para una señal
	1 18	19 25	
El ministerio de Elías termina	El ministerio de Eliseo comienza		

🔲 **Tu andar diario:** Elías y Eliseo. ¿Has confundido alguna vez sus nombres? Si es así, no te culpes. Sus nombres son muy parecidos y sus carreras están tan íntimamente asociadas, que es difícil separarlas. ¡Pero no te pierdas le lección de sus vidas!

Elías muestra lo que Dios puede hacer a través de uno que permanece aunque está solo; Eliseo muestra lo que Dios puede hacer a través de alguien que está dispuesto a quedar en el anonimato. Elías se destacó por su fuerza en el monte Carmelo; Eliseo obtuvo una reputación por su servicio como el "que servía a Elías" (3:11). Elías era uno que declaraba la justicia de Dios abiertamente; Eliseo demostraba de manera suave la justicia de Dios. Elías exhortaba; Eliseo daba aliento. ¡Y Dios los usó a ambos!

¿A quién te pareces más en tu temperamento y talentos: a Elías, o a Eliseo? No trates de ser una mala imitación de lo que no eres. Con la ayuda de Dios, sé lo mejor posible para la gloria de Dios. Selecciona una cualidad de la vida de Elías o de Eliseo que tratarás de emular en tu servicio a Dios esta semana. Pide a Dios que abra puertas de oportunidad para hacer de esa cualidad una realidad en tu vida.

El mundo está lleno de obreros dispuestos, algunos dispuestos a trabajar, y otros dispuestos a dejarlos trabajar.

🔲 **Percepción:** Un fogoso testimonio de la verdad

Además de la retórica deslumbrante de Elías al acusar a Israel por sus pecados, los 500 profetas de Baal mencionados en 1 Reyes 18 y los 153 soldados de 2 Reyes 1, servirían para que se reconociera a Elías como un profeta de fuego. Su ida espectacular al cielo en una carroza tirada por caballos de fuego fue un clímax apropiado para su carrera.

9 El ministerio de alentar

**Lectura bíblica:
1 Samuel
20:1-4;
Hechos
11:19-26**

← Da un paso atrás

Las historias de Elías y Eliseo están entre las más emocionantes e intrigantes de toda la Biblia. Eliseo entra en la escena para encender la luz de la amistad y el aliento durante un tiempo de aflicción en la vida del mayor de los dos profetas.

Primero Reyes 19 narra la historia de la confrontación entre Dios y Baal en el monte Carmelo. Era Elías contra 450 sacerdotes de Baal en una confrontación para poner fin a todas las confrontaciones. Y el poder milagroso de Dios se demostró sin dejar lugar a dudas.

Aquella escena extraordinaria fue seguida por la respuesta de Dios a la oración de Elías por lluvia después de una sequía de tres años y medio... aun cuando no había nube alguna en el cielo.

Pero cuando Elías oyó que la impía reina Jezabel estaba decidida a matarle, le pidió a Dios que pusiera fin a su vida.

Entonces Dios le ordenó buscar a Eliseo para que fuese su compañero y ungirle como profeta y su sucesor. Por diez años, hasta que Elías fue llevado a la presencia de Dios, Eliseo sirvió al profeta de más edad como su ayudante y amigo. Y entonces tomó el manto del profeta y asumió su oficio de siervo de Dios.

↑ Mira arriba

**Cree que
no hay
nada de-
masiado
pequeño
para ha-
cer bien.**

El ministerio de alentar es un tema común en la Biblia. Jonatán animó a David (1 Samuel 20:1-4). Bernabé estimuló a muchos en la iglesia primitiva, incluso al apóstol Pablo (Hechos 11:19-26).

¿Quién te ha estimulado a ti? Tal vez un pastor, un maestro de escuela dominical, un estudiante, o un amigo. Piensa por un momento en esas personas especiales, y llévalas a Dios en oración. Dale gracias por el apoyo amoroso que te han brindado por años, y pídele que les bendiga de manera especial —que ellos puedan recibir el aliento que necesitan cuando lo necesiten.

→ Sigue adelante

El ministerio de alentar puede parecer un don menor o una vocación insignificante. Puede que nunca logres la fama de un Elías, un David, o un Pablo. Pero eso no importa. Lo importante es que seas fiel al llamado de Dios para ti. Esa fidelidad será evaluada ante el tribunal de Cristo.

En ese solemne día, muchos que ostentan los "papeles estelares" en la tierra retrocederán en humildad y gratitud, mientras otro emerge de las sombras para recibir el aplauso del cielo por su ministerio fiel de alentar. Ese podrías ser tú. Sé fiel en servir; pronto para animar.

Eliseo, obrador de milagros de Dios 2 Reyes 4-8 **10**

📖 **Resumen:** Eliseo, el obrador de milagros de Dios, hace no menos de ocho milagros en el espacio de la sección de hoy: provee un "pozo de aceite" para una viuda destituida, da nueva vida a un niño muerto, sana un potaje envenenado, multiplica el pan para una multitud hambrienta, cura de lepra a un capitán del ejército, hace flotar el hierro de un hacha, lee la mente de un rey enemigo, abre los ojos de un siervo para que vea ángeles de Dios, y cierra los ojos de los enemigos a la misma escena. En cada caso, el poder de Dios que obra en el *individuo* muestra Su disposición para hacer lo mismo en la *nación* que El ha llamado Suya.

Corazón del pasaje: 2 Reyes 4:1-7; 5:1-14; 6:1-7

Capítulo 4					Cap. 5	Cap. 6	Caps. 7-8
Los milagros de Eliseo incluyen							
Aceite	Nacimientos	Muerte	Veneno	Pan	Lepra	Hacha	Liberación
1 7	8 17	18 37	38 41	42 44			
La sunamita					El ejército asirio		

 Tu andar diario: Si usas espejuelos, tal vez conozcas el término *miopía*. La miopía, simplemente, es enfoque inadecuado. Las imágenes aparecen opacas o borrosas porque el ojo es incapaz de llevar la luz a un enfoque claro. La miopía física se puede detectar y corregir fácilmente.

Pero hay un problema visual similar en la esfera espiritual. Llamémosla "miopía espiritual". Los síntomas: enfoque claro cuando se trata de identificar problemas, obstáculos, y dificultades en la vida diaria, pero gran dificultad en enfocar la reserva de poder y protección que Dios ha provisto para resolver esos problemas. Miopía espiritual es la condición que el siervo de Eliseo sufría cuando enfocó el *problema* (6:15) pero no la *provisión* (6:17). El sólo vio una horda de sirios, mientras que Eliseo vio las huestes angelicales.

El instrumento No. 1 del diablo no es un pecador activo, sino un cristiano inactivo.

En una tarjeta de 8 x 13 cm, dibuja una tabla ocular pequeña (similar a la que ves en la consulta del oftalmólogo) usando las palabras de 2 Reyes 6:16, y ponla en el espejo o pared de tu cuarto. Que ésta te recuerde a menudo la importancia del enfoque espiritual adecuado en tu andar con Dios.

✒️ **Percepción:** Dos libros de Reyes comparados
    1 Reyes describe: **2 Reyes describe:**

- ministerio de Elías
- paciencia de Dios con el pecado
- progreso de la incredulidad
- bendición de la obediencia
- consagración del templo

- ministerio de Eliseo
- castigo de Dios al pecado
- resultados de la incredulidad
- maldición de la desobediencia
- profanación del templo

11 Jehú y Joás / 2 Reyes 9-12

Corazón del pasaje: 2 Reyes 9-10

Resumen: Jehú, recién ungido rey de Israel, lleva a cabo sus instrucciones de "Herirás la casa de Acab tu señor, para que yo (Dios) vengue la sangre de mis siervos los profetas" (9:7). En rápida sucesión, mata a Joram (rey de Israel), Ocozías (rey de Judá), Jezabel (impía mujer de Acab), la familia entera de Acab, y finalmente los profetas falsos, adoradores, y sacerdotes de Baal. Mientras tanto en el reino sureño de Judá, prevalecen la intriga y el derramamiento de sangre. Después de la muerte de Ocozías, su madre Atalía usurpa el trono y trata de asegurar su posición matando a toda la descendencia real. Sólo el infante Joás sobrevive, y más tarde llega a ser uno de los reyes reformadores más grandes de Judá.

Capítulos 9-10	Capítulo 11	Capítulo 12
Asesinatos por...		Logros de Joás
Jehú	Atalía	
Represalia de un rey	Refugio de un rey	Reforma de un rey

Muchos cristianos tienen suficiente religión para hacerlos decente, pero no para hacerlos dinámicos.

Tu andar diario: Aquí hay un examen de una sola pregunta. Pon una marca al lado de la respuesta *más correcta*. El cambio espiritual en la vida de un cristiano es...

_____ a. todo bien si no te excedes.

_____ b. muy beneficioso para mis amigos.

_____ c. algo que ha de buscarse de todo corazón.

Aunque "b" es una declaración verdadera, la mejor respuesta es "c", algo que ha de procurarse con diligencia. Dios desea que continuamente y de corazón nos vayamos conformando "a la imagen de su Hijo" (Romanos 8:29). No es suficiente comenzar un programa de cambio. Dios desea completar lo que El comienza. Por eso Jehú, aunque comenzó bien en la asignación que Dios le dio, perdió la aprobación total de Dios, porque dejó la tarea a medias (10:28-29).

Recuerda el área mayor de cambio en la que comenzaste a trabajar en tu vida: un hábito malo, una prioridad nueva, una relación abandonada. ¿Emprendiste la asignación de *todo corazón*, o *a medias*? ¿Hay todavía capítulos por escribir en tu historia de "Cómo Dios me ayudó a cambiar"? Si es así, ¿qué necesitas escribir hoy?

Percepción: Una profecía macabra cumplida literalmente
En 1 Reyes 21:23 Elías profetizó que los perros devorarían a Jezabel en Jezreel. En 2 Reyes 9:30-37 hay una descripción detallada de cómo el juicio de Dios sobre la impía Jezabel se cumplió... ¡hasta el último hueso!

Asiria, destruidor de Israel
2 Reyes 13-17

12

Resumen: Poco tiempo le queda a la nación de Israel. Aunque la paciencia de Dios con Su pueblo descarriado es enorme, Su mano de juicio ya está lista y no se detendrá más. Después de la muerte de Eliseo, la caída de la nación se acelera. A pesar del reinado capaz de Jeroboam II, quien revive la nación en todo menos espiritualmente, los reyes que le suceden hunden aun más al pueblo en la idolatría e inmoralidad. De los últimos nueve monarcas no hay uno que busque a Dios para dirección en sus asuntos terrenales. Por fin la nación de Asiria administra "el golpe final" al capturar y dispersar al pueblo desobediente de Dios y poner fin al reino del norte.

Corazón del pasaje: 2 Reyes 13, 17

Capítulo 13	Capítulo 14	Capítulo 15	Capítulos 16-17
Deceso de Eliseo	Declinación de Jeroboam II	Decadencia de cinco reyes	Dispersión de Israel
"Asiria...llevó a Israel cautivo" (17:6)			

Tu andar diario: ¿Es posible ser próspero y estar en bancarrota al mismo tiempo? (Discute esta pregunta con tu cónyuge, amigo, o abogado ¡hasta que lleguéis a un consenso!)

Mirando de afuera hacia adentro, las condiciones nunca habían sido mejores para Israel que durante el reinado de Jeroboam II. Prosperidad y prominencia marcaban cada área de la vida secular de la nación. La gloria de Israel estaba en su apogeo. Pero aparta los adornos del materialismo, y ¿qué encuentras? Debajo del esplendor hay pudrición. Para usar las palabras de Jesús, el pueblo y sus líderes eran como "sepulcros blanqueados" —bellos por fuera, muertos y pudrición dentro—. Detrás de la aparente capa de prosperidad había bancarrota espiritual y corrupción moral.

El hombre más pobre es aquel cuya única riqueza es el dinero.

En un momento en que estés solo hoy, mira a tu vida desde la perspectiva de Dios. ¿Eres por *dentro,* lo que pareces por *fuera?* ¿Armoniza tu andar con tu hablar, o algunas partículas de descomposición se han colado tras el exterior cristiano radiante que otros ven? El tiempo de resolver eso es *ahora,* y el lugar de comenzar es 1 Juan 1:9.

Percepción: Una racha de asesinatos en el norte
Durante los últimos 30 años de la historia de Israel, seis reyes reinaron —cuatro de los cuales fueron brutalmente asesinados en el cargo. El quinto fue llevado cautivo, y nunca más se oyó de él.

Colocando los
libros de
1 Reyes y
2 Crónicas

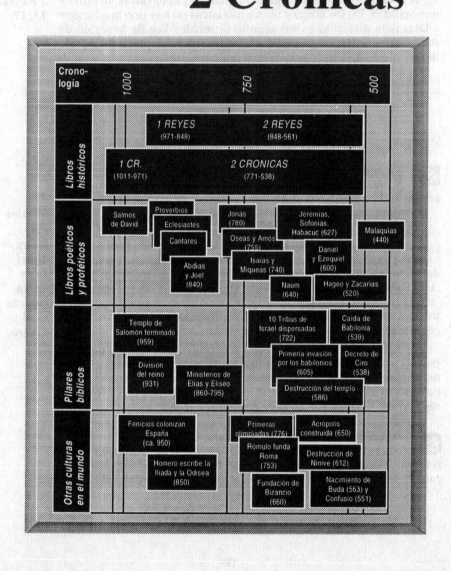

Crono-logía	1000	750	500

Libros históricos

1 REYES (971-848)   *2 REYES* (848-561)

1 CR. (1011-971)   *2 CRONICAS* (771-538)

Libros poéticos y proféticos

- Salmos de David
- Proverbios
- Eclesiastés
- Cantares
- Abdías y Joel (840)
- Jonás (780)
- Oseas y Amós (755)
- Isaías y Miqueas (740)
- Jeremías, Sofonías, Habacuc (627)
- Daniel y Ezequiel (600)
- Naúm (640)
- Hageo y Zacarías (520)
- Malaquías (440)

Pilares bíblicos

- Templo de Salomón terminado (959)
- División del reino (931)
- Ministerios de Elías y Eliseo (860-795)
- 10 Tribus de Israel dispersadas (722)
- Primeria invasión por los babilonios (605)
- Destrucción del templo (586)
- Caída de Babilonia (539)
- Decreto de Ciro (538)

Otras culturas en el mundo

- Fenicios colonizan España (ca. 950)
- Homero escribe la Ilíada y la Odisea (850)
- Primeras olimpiadas (776)
- Rómulo funda Roma (753)
- Fundación de Bizancio (660)
- Acrópolis construida (650)
- Destrucción de Nínive (612)
- Nacimiento de Buda (563) y Confusio (551)

Ezequías, el reformador / 2 Reyes 18-21   13

Resumen: Sobre la tumba del rey Ezequías pudiera haberse colocado este epitafio: "Ezequías, el mejor rey de Judá". Toma el trono a la temprana edad de 25 años y pronto se constituye como un reformador por excelencia que destruye todos los vestigios de adoración pagana entre el pueblo, incluyendo la serpiente de bronce que Moisés había hecho (y el pueblo había venerado por mucho tiempo). Por decidir poner su confianza en Dios antes que en ejércitos y caballos, Ezequías a menudo se encuentra de rodillas. En respuesta a sus oraciones, Dios mata 185.000 asirios y le concede 15 años más de vida. Pero la influencia piadosa y reformas del rey no le sobreviven, ya que su hijo Manasés introduce prácticas abominables de nuevo, y hace que la nación vuelva a sus caminos paganos y descenso espiritual.

Corazón del pasaje: 2 Reyes 18-19

Capítulos 18-19	Capítulo 20	Capítulo 21
Confrontación con Asiria	Continuación de la vida de Ezequías	Continuación del hijo de Ezequías
"Quitó los lugares altos" (18:4)		(Reedificó) los lugares altos (21:3)

Tu andar diario: ¿Por cuáles hechos y rasgos de carácter quieres que te recuerden después que mueras? Prueba algunos de los epitafios bíblicos de Ezequías:

"Hizo lo recto ante los ojos de Jehová" (18:3).

"En Jehová Dios de Israel puso su confianza" (18:5).

"Porque siguió a Jehová y no se apartó de él" (18:6).

"Y Jehová estaba con él" (18:7).

"Y a dondequiera que salía prosperaba" (18:7).

¡Qué testimonio perpetuo para un gran hombre de Dios! ¿Qué te gustaría que escribieran después que te hayas ido? Recuerda, antes que se pueda escribir, se tiene que vivir. Escribe tu propio epitafio en la forma que te gustaría que algún día fuera leído. Entonces procura vivir tu epitafio hoy para la gloria de Dios.

Lo que posees en este mundo será de otro cuando mueras, pero lo que eres será tuyo para siempre.

Percepción: El campeón de once capítulos

Sólo a un puñado de personajes se les dedican 10 capítulos o más en la Biblia: Moisés, David, Pablo, y Ezequías, para mencionar algunos. Los 11 capítulos dedicados a la vida de Ezequías están en tres libros del Antiguo Testamento. ¿Puedes nombrar los libros? Mejor, ¿puedes nombrar los capítulos?_____

14 Babilonia, conquistadora de Judá
2 Reyes 22-25

Corazón del pasaje:
2 Reyes 22, 25

Resumen: A Ezequías, tal vez el mejor rey en la historia de Judá, le sucede Manasés, ¡posiblemente el peor! Los 55 años del reinado de terror de Manasés llevan a la nación a un letargo espiritual del cual nunca se recobrará del todo. Aun el piadoso rey Josías no puede revertir el curso malvado de su nación, aunque su cruzada por la justicia pospone lo inevitable por algunas décadas. Después que muere Josías, las aplazadas consecuencias de la idolatría e inmoralidad de Judá son incontenibles. La nube negra del juicio de Dios envuelve la nación en la forma de Nabucodonosor y los ejércitos de Babilonia. Judá, que había rehusado aprender del triste ejemplo de su hermana Israel, ahora experimenta las mismas calamidades: muerte, destrucción, y deportación a un nuevo "hogar" en el exilio.

Capítulo 22	Capítulo 23	Capítulo 24
Recobrando la palabra de Dios	Restableciendo la adoración a Dios	Removiendo al pueblo de Dios
Cruzada de Josías		Cautividad de Judá

Dame una Biblia y una vela, enciérrame en un calabozo, y yo te diré qué está haciendo el mundo.

Tu andar diario: La próxima vez que visites tu iglesia, detente en el lugar de las cosas perdidas y halladas y nota cuántas Biblias se han separado de sus dueños. Ahora imagínate que algún día nadie pueda hallar una Biblia. Por descuido o indiferencia, la Palabra de Dios simplemente desaparece de los bancos y carteras, aulas y bolsillos de abrigos. Ni una copia puede hallarse en toda la iglesia. ¿Afectaría eso la manera en que tu iglesia conduce sus servicios, o alguien notaría la pérdida?

Quizás lo más triste en el tiempo de Josías era que faltaba la Palabra de Dios pero nadie la extrañaba. Piensa en maneras en que puedes hacer que la Biblia sea más visible y vital en tu hogar, lugar de trabajo, iglesia, o escuela. Perdida o hallada, la decisión es tuya.

Percepción: 1 y 2 Reyes, el comienzo y el final

1 Reyes empieza con	2 Reyes termina con
• David, rey de Israel	• Nabucodonosor, rey de Babilonia
• la gloria de Salomón	• vergüenza de Joaquín
• el templo consagrado	• el templo profanado
• bendición por obediencia	• juicio por desobediencia
• aumento de la apostasía	• consecuencias de la apostasía
• el reino unido dividido	• el reino dividido destruido

1 Crónicas

Los libros de 1 y 2 Crónicas describen el mismo período de historia judía que hallamos desde 2 Samuel hasta 2 Reyes, pero de una perspectiva diferente. Crónicas provee un comentario sacerdotal o "editorial divino" acerca del pueblo de Dios durante este período histórico. Tras trazar la descendencia real de David desde el principio, 1 Crónicas destaca la importancia espiritual del reinado justo de David, demostrando cómo la nación prospera cuando sus líderes honran y obedecen a Dios. Se enfatiza la adoración adecuada del único Dios verdadero —la adoración que la vida de David ejemplifica.

Enfoque	Linaje de David		Reinado de David			
Divisiones	Genealogía de David y de Israel	Arca de Dios	Pacto con Dios	Templo para Dios	Palabras finales	
	1 9	10 16	17 21	22 27	28 29	
Tópicos	Genealogía	Historia				
	Antepasados de David	Administración de David				
Lugar	Reino unido de Israel					
Tiempo	Miles de años	Unos 40 aos				

15 Genealogías de David / 1 Crónicas 1-9

Corazón del pasaje: 1 Cró. 1

Resumen: Las Crónicas hacen más que contar meramente la misma historia política contenida en los libros de Samuel y Reyes. Da una perspectiva sacerdotal de la historia del pueblo de Dios, algo así como un "comentario divino" del período del reino. Cuidadosamente une la historia de la nación con la mano activa de Dios en los asuntos de Israel. Las Crónicas se centran en el reino sureño de Judá. Primero Crónicas comienza con una serie larga de genealogías que trazan el linaje de David hasta Adán. Las genealogías proveen evidencia clara de que Dios obra a través de la historia, escogiendo un pueblo para Sí y luego protegiendo una familia dentro de ese pueblo para proveer liderazgo.

Capítulo 1	Capítulos 2-4	Capítulos 5-8	Capítulo 9
Descendientes de...			
Patriarcas	Judá	10 Tribus y levitas	Repatriados al exilio
Genealogías de David y de Israel			

La historia es sólo relatos acumulados de cómo Dios está obrando en las vidas de todos los individuos en la tierra.

Tu andar diario: La sección de hoy no es lo que se pueda llamar "el pasaje devocional favorito del año". Aparte de ofrecer algunas prácticas dudosas en la pronunciación hebrea, parece tener poco propósito excepto llenar nueve capítulos de la Biblia. ¿Por qué está ahí?

¡Está ahí para mostrarte la base histórica de tu fe! Los primeros capítulos de 1 Crónicas constituyen el esqueleto de todo el Antiguo Testamento. Unen al Antiguo Testamento en un todo unificado, con lo que demuestran que es, en efecto, historia y no meramente leyenda o mito. De Adán a Abraham, a Booz, a Benjamín, las generaciones están todas ahí en su propio orden para mostrar el desarrollo del plan y propósito de Dios a través de los años y de las vidas de hombres y mujeres de fe.

No te duermas durante la lectura de hoy (aunque es buena cura para el insomnio).

Sigue con ella hasta que captes su mensaje: Dios tiene un plan para la historia; un plan para Israel; ¡un plan aun para ti!

Percepción: El fin (es decir, de la Biblia hebrea)

Las Crónicas eran originalmente el último libro del Antiguo Testamento hebreo. Por eso Cristo en Lucas 11:51 habló de todos los mártires desde Abel (en el primer libro, Génesis 4:8) hasta Zacarías (en el último, 2 Crónicas 24:21). El estaba hablando de todos los mártires desde la A hasta la Z, ¡del primero al último, en el Antiguo Testamento!

El arca de Dios / 1 Crónicas 10-26

16

Resumen: El arca del pacto es un asunto prominente en las Crónicas, se menciona más de 40 veces. Así que no ha de sorprendernos que se dediquen tres capítulos a los eventos del traslado del arca a Jerusalén. La lección es clara: La acción correcta hecha con motivación correcta pero realizada en la forma incorrecta produce consecuencias mortales. Pasan tres meses antes que el traslado se complete. Pero cuando el arca es al fin emplazada en Jerusalén, David dirige al pueblo en celebración nacional.

Corazón del pasaje: 1 Cró. 11:1-9; 13:1-14; 15:1-3

Capítulo 10	Capítulos 11-12	Capítulos 13-15	Capítulo 16
Epílogo sobre Saúl	Proclamando rey a David	Planes para traer el arca	Alabanzas al Dios de David
David el guerrero		David el adorador	

Tu andar diario: Las luces azules intermitentes y el toque de la sirena nos dicen que algo anda mal. El chofer se detiene al lado de la carretera y escucha asombrado cuando el policía le dice: "Lo estoy multando por pasar una luz verde".

¿Absurdo? Considera esto: a David, teniendo una "luz verde" del Señor para llevar el arca a Jerusalén, iba al frente de una procesión alegre. De repente la alegría fue interrumpida por el enojo de Dios.

Un bache en el camino... una sacudida del carro... Un ademán de Uza... y lo que comenzó como una marcha nupcial, terminó como una procesión fúnebre —todo porque David pasó por alto la instrucción clara de Dios en Números 4:15 en cuanto a la manera de transportar el arca.

¿Y qué de ti? ¿Estás haciendo las cosas correctas, con los motivos correctos, y en la forma correcta? Haz esta pequeña prueba. Toma una área del servicio cristiano en la que participas regularmente, y hazte estas dos preguntas: (1) ¿Son mis motivos correctos al hacer lo que hago? (2) ¿Hago la obra de Dios a la manera de Dios?

Si la respuesta a cualquiera de las preguntas es no, dilo a El. Si las respuestas son sí, sigue el mandato de 1 Crónicas 16:8 y alaba a Dios por Su obra en tu vida.

El que obedece sinceramente se esfuerza para obedecer completamente.

Percepción: Un rey muy ungido

La unción de David sobre todo Israel (11:3) fue en realidad su *tercera* unción. La primera fue en privado por Samuel (1 Samuel 16:13); la segunda, públicamente como rey de Judá (2 Samuel 2:4).

125

17 Pacto con David
1 Crónicas 17-21

Corazón del pasaje: 1 Cró. 17

Resumen: El mayor sueño de David —que abrigaría toda su vida— es edificar una casa para Dios. El profeta Natán anima a David en esta ambición de honrar a Dios. Pero pronto Dios le aclara a Natán —y mediante Natán a David— que sólo durante la vida de Salomón el sueño se haría realidad. Aunque a David no se le permite edificar una casa a Dios, Dios le haría casa a David —una dinastía perpetua y reino eterno. En paz y en guerra, en tiempos de fidelidad y titubeos en la vida de David, Dios permanece fiel a Su promesa preservando la descendencia de David.

Capítulo 17	Capítulo 18	Capítulos 19-20	Capítulo 21
Pacto de David	Poderío de David	Conquistas de David	Censo de David
Eterno	Expandido	Extensas	Execrable

Antes de hacer algo grande para Dios, déjale hacer algo grande en ti.

Tu andar diario: Dobla en dos una hoja de papel, y haz dos listas. En la de la izquierda escribe: "Todas las cosas que quiero hacer para Dios en mi vida". En la otra: "Todas las cosas que Dios quiere hacer por mí en mi vida". Ahora compara las listas. ¿Son algunas de las cosas iguales?

David vio morir un sueño. El tenía en su corazón hacer algo grande para Dios. A pesar de las palabras de prohibición del profeta, David pudo haber insistido en lograr su propósito. Pudo haber seguido con sus planes, construir el templo de todas maneras, y realizar su sueño. Pero al final el templo estaría silencioso y vacío, porque Dios no estaba en los planes y no habría bendecido la obra. Y en el proceso, David habría perdido la bendición mucho mayor que Dios tenía para él.

Quizás Dios quiera que intentes algo grande para El. Por otro lado, puede que El simplemente quiera hacer algo grande por ti. ¿Estás disponible para cualquier opción? Toma tu "lista de sueños" y somételos todos en oración a Dios. Consagra tus sueños... luego ¡observa a Dios obrar en y a través de ti!

Percepción: General David, hombre de guerra
La vida de David en los capítulos 18-20 parece un capítulo de la Segunda Guerra Mundial. En estos 44 versículos se pueden descubrir por lo menos ¡una docena de batallas diferentes! ¿Cuántas puedes hallar? ¿Cómo explica esto por qué Dios quería que Salomón —no David— edificara el templo?

Buscando el corazón de Dios

18

Da un paso atrás

La vida de David conmueve a todo el que la lea en la Biblia. Su devoción de todo corazón a Dios nos estimula a seguir adelante en fe; Sus tiempos sombríos de dolor y pecado nos dan esperanza cuando nuestra propia humanidad nos asfixia.

Cuando David era un joven pastor, tenía amplia oportunidad de contemplar a su amado Dios. Al pasar horas pastoreando el rebaño en la soledad, su amor por Dios creció. Y Dios lo amaba. Hechos expresa claramente los sentimientos de Dios: "He hallado a David hijo de Isaí, varón conforme a mi corazón, quien hará todo lo que yo quiero" (Hechos 13:22).

Su singular relación se revela en las palabras de sus cantos íntimos. Salmos como el 7, el 8, el 23, el 51... y otros. Era una relación de franqueza y sinceridad. De confesión. De confianza. Y Dios se complacía en ella.

Así que cuando las tormentas de la vida azotaban —las tragedias, los fracasos, los conflictos— la relación era suficiente fuerte para soportar. Aun cuando David llegó a lo profundo de la desesperación, habiendo cometido adulterio y asesinato, su corazón permaneció lo suficiente tierno para atender a la fuerte reprensión de Natán y volverse a Dios totalmente arrepentido.

¿Qué distinguía al corazón de David? Era un corazón que se extendía con denuedo hacia Dios. No había lugar para un amor tibio. El deseaba la comunión con Dios más que ninguna otra cosa en la vida. Así que la obtuvo.

Corazón del pasaje: Hechos 13:20-23 Salmo 139:23-24

Mira arriba

Podrás pensar que tu relación con Dios sería más como la de David si todo lo que tuvieras que hacer fuera recostarte en una ladera y observar a los ovejas día y noche. De modo alguno David habría podido superar la tensión de *tu* vida y mantenido una comunión tan vibrante con Dios —no habría tenido tiempo. ¿Verdad?

No. La relación de David con Dios provenía de su corazón. No importa dónde estés, qué estés haciendo, tu corazón está contigo. Si tu corazón no tiene hambre de Dios sin importar tus circunstancias, entonces no tendrá hambre de Dios en ninguna otra circunstancia. Escudriña tu corazón delante de Dios ahora mismo. Como un trampolín para tu vida de oración y meditación, lee Salmo 139:23-24.

El cristianismo no es una religión; es una relación.

Sigue adelante

Si sientes que tu relación con Dios es más superficial y vacía de lo que quisieras, aprovecha esta oportunidad para hacer cambios. Saca tiempo para estar a solas con Dios; puedes lograrlo si lo haces una prioridad. Una relación con Dios como la que tuvo David no ocurre por casualidad. Pero con la ayuda de Dios, puedes hacerla ocurrir.

19 El templo de David para Dios
Crónicas 22-27

Corazón
del
pasaje:
1 Cró.
22-23

📖 **Resumen:** El sueño de David de edificar una casa para Dios no fue denegado —sólo pospuesto—. Subsistía para que Salomón su hijo erigiera la estructura. Pero a David se le dio el feliz privilegio de planear y preparar aquella hazaña arquitectónica. Debía hallarse un lugar adecuado, obtenerse los materiales de construcción, trazar los "planos", y organizar sacerdotes, músicos, y oficiales para el manejo ordenado de los servicios de adoración. Después de transmitir la visión y la responsabilidad del proyecto a Salomón, David le transfiere también las riendas del liderazgo.

Capítulo 22	Capítulos 23-24	Capítulo 25	Capítulos 26-27
Instrucciones para Salomón	Arreglos para...		
	Levitas	Músicos	Oficiales
Planes del templo	Pueblo del templo		

Si no
sabes
adónde
vas, pro-
bable-
mente
irás a
dar a
otro
lugar.

✒️ **Tu andar diario:** "Planea con tiempo. Después de todo, no estaba lloviendo cuando Noé hizo el arca".

Ese jocoso lema enfatiza la importancia de planear a corto y a largo plazo. Hay muchos servicios que puedes rendir a Dios de momento: testificar en una parada de ómnibus, visitar a una persona confinada, dar hospitalidad a un extraño. Pero hay muchos actos de servicio que demandan planes y metas de largo alcance. Construir una iglesia nueva, convertirse en misionero al extranjero, o cursar un plan de estudios, no ocurre por accidente —¡o de la noche a la mañana!

Vivir presuntuosamente en el futuro está mal (Santiago 4:13-17), pero planear cuidadosamente para el futuro es correcto (2 Corintios 9:1-8). Planea una reunión para esta noche con tu cónyuge o amigo para establecer por lo menos una nueva meta en tu ministerio para Dios. *Los que fallan en planear, planean fallar.*

📝 **Percepción:** El legado perdurable de David a los levitas

Casi inadvertido entre otros logros de David —pero de enorme importancia espiritual— fue su esfuerzo en organizar la tribu de Leví para ministerio efectivo. Al leer el capítulo 23, ten una idea de las divisiones y deberes de los levitas.

División	Tamaño	Deber principal	Referencia
Obreros	24.000	Ministrar en el templo	23:4
Oficiales	6.000	_____	23:4
_____	_____	_____	23:5
Músicos	_____	Cantar y tocar instrumentos	23:5

Palabras y hechos finales de David
1 Crónicas 28-29

20

Resumen: Compare los primeros capítulos de la vida de David con los finales, y llegará a una conclusión asombrosa: David termina su vida de la misma manera que la comenzó: con confianza humilde en Dios. A pesar de sus innumerables logros, David nunca dejó que la grandeza se le fuera a la cabeza. Por el contrario, sus palabras finales a Salomón y a la nación reflejan la misma devoción a Dios que caracterizaba al joven pastor en los campos de Judea. Con la visión de un templo encomendada a su hijo, y rodeado de las bendiciones de Dios, David muere "en buena vejez, lleno de días, de riquezas y de gloria; y reinó en su lugar Salomón su hijo" (29:28).

Corazón del pasaje: 1 Cró. 29:20-30

Capítulo 28		Capítulo 29	
Palabras de David...		Súplica de David	Sucesor de David
a Israel	a Salomón		
1	8 | 9 ... 21	1 ... 19	20 ... 30
Exhortación		Exaltación	Epitafio

Tu andar diario: Hay un asombroso epitafio sobre la vida del rey David. Pero para hallarlo, necesitas buscar en un lugar remoto: Hechos 13:36. Allí leerás estas palabras: "David [sirvió] a su propia generación según la voluntad de Dios".

En los 40 años en que David gobernó la nación de Israel, varias cosas fueron ciertas de su administración:

(1) *El vivió para servir.* En lugar del orgullo, la venganza, y el engrandecimiento propio característicos de tantos reyes de Israel, el reino de David fue marcado por la misericordia, la justicia, y la humildad. Además,

(2) *El vivió para hacer la voluntad de Dios.* Agradar a Dios era la pasión diaria de David; obedecer a Dios era su mayor deleite. ¿Y el resultado?

(3) *El siguió el propósito de Dios para su vida.* Había una tarea que realizar en el tiempo de David y, en la fuerza de Dios, David la hizo.

Tú puedes tener (3) sin (1) y (2), porque la voluntad de Dios para sus hijos implica el camino del servicio (Efesios 6:6). Pero como David aprendió, ¡no hay vocación más feliz en la vida!

Dios a quien envía, emplea; porque El no envía a nadie para que esté ocioso.

Percepción: Tres reyes dos veces coronados

La coronación doble de Salomón (23:1; 29:22) siguió un patrón que comenzó con Saúl (1 Samuel 10:1; 11:15) y continuó con David (2 Samuel 2:4; 5:3). En cada caso, la segunda coronación fue una confirmación de la primera.

2 Crónicas

E l libro de 2 Crónicas abarca cuatro siglos de la historia de Judá, desde los días gloriosos de Salomón y la construcción del magnífico templo hasta la conclusión del exilio babilónico. Tras la muerte de Salomón una sucesión de reyes buenos y malos asumen el poder. Como van los líderes, así va el pueblo; hasta que finalmente la nación en bancarrota espiritual es llevada cautiva. Pero los versículos finales de 2 Crónicas destellan esperanza. Después de 70 años, el rey Ciro de Persia decreta la reconstrucción de la casa de Dios y el regreso del pueblo de Dios.

Enfoque	Un análisis sacrdotal de la caída de Judá								
Divisiones	El templo de Salomón erigido	El templo de Salomón dedicado	El reino de Roboam dividido	Reformas de Asa	Reformas de Josafat	Reyes y reinas de Judá	Corrupción de Acaz	Reformas de Ezequías	Ultimos días de Judá
	1 5	6 9	10 12	13 16	17 20	21 25	26 28	29 32	33 36
Tópicos	Gloria de un rey		Desgracia de un reino						
	Apogeo de Judá		Ruina de Judá						
Lugar	Reino sureño de Judá								
Tiempo	Unos 40 años		Unos 400 años						

El templo de Salomón erigido
2 Crónicas 1-5

21

📖 **Resumen:** El sueño de un padre se transforma en la delicia del hijo cuando Salomón emprende la mayor hazaña arquitectónica de su tiempo: la construcción del templo de Jerusalén. Gran cantidad de hombres y materiales, más siete años de la vida de Salomón, se invierten en la tarea de completar la casa del Señor. Cuando al fin el templo se termina con el arca del pacto en su lugar, Salomón dirige al pueblo y a los músicos en una sentida alabanza a Dios. "Y cuando alzaban la voz con trompetas y címbalos e instrumentos de música, cuando alababan a Jehová ... la casa se llenó.... la gloria de Jehová había henchido la casa de Dios" (5:13-14, RVA).

Corazón del pasaje: 2 Cró. 1, 5

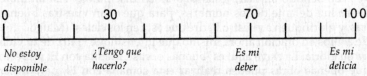

Capítulo 1	Capítulo 2	Capítulo 3	Capítulos 4-5
Promoviendo al rey	Planeando el templo	Construyendo el templo	Amueblando el templo
Sabiduría de Salomón	Obras de Salomón		

✍️ **Tu andar diario:** Al ser comisionado por Dios a una tarea, Salomón no permitía que nada le impidiera completar la asignación recibida de Dios. Con asombrosa rapidez organizó a más de 150.000 obreros y toneladas de materiales para lograr que la labor se realizara ininterrumpidamente.

¡El celo y entusiasmo de Salomón apenas dejaba tiempo para un breve refrigerio mientras hubiera trabajo por hacer!

Si fueras a evaluar el grado de tu entusiasmo para el servicio de Dios, ¿dónde quedaría en la siguiente escala?

```
0              30                    70              100
|___|___|___|___|___|___|___|___|___|___|
No estoy       ¿Tengo que           Es mi           Es mi
disponible     hacerlo?             deber           delicia
```

Por el tiempo en que arrimas el hombro, metes el cuello, y aguzas las orejas, usualmente yₑ es hora de almo zar.

Al principio del mes aprendiste que todo cuanto hagas, debes hacerlo de *corazón* "como para el Señor" (Colosenses 3:23). Ahora añade otro pensamiento de 1 Corintios 10:31: Todo lo que hagas, hazlo *honorablemente*, "para la gloria de Dios". Ese es servicio en el que tanto tú como Dios pueden deleitarse.

👆 **Percepción:** Oro, oro por todas partes
Casi todo lo del templo, incluyendo paredes, puertas, clavos, y muebles, llevaba oro o cubiertas de oro —un hecho logrado gracias a los enormes preparativos del rey David (1 Crónicas 22:14), quien para ello separó 100.000 talentos (3.750 toneladas) de oro puro.

22 El templo hoy

Lectura bíblica:
1 Cor.
6:19-20;
Mateo
5:14-16

← **Da un paso atrás**

Tomó siete años y el trabajo y destreza de 153.000 obreros. Y el resultado final fue magníficamente asombroso.

El templo de Salomón representó la majestad y la gloria de Dios como nada hecho por manos humanas jamás ha logrado. Como el hogar espiritual de la nación, su presencia en la capital decía más que las meras palabras. Declaraba a las naciones que el Dios del universo reinaba en Israel.

El templo era una ironía: una casa para el Dios del universo. Como lo expresó Salomón: "Y la casa que tengo que edificar, ha de ser grande; porque el Dios nuestro es grande sobre todos los dioses. Mas ¿quién será capaz de edificarle casa, siendo que los cielos y los cielos de los cielos no pueden contenerlo?" (2 Crónicas 2:5-6).

No, cuatro paredes nunca podrían encerrar al Dios infinito. Pero sí reflejar en medida ínfima Su majestad y gloria. Y podría mover a los que lo vieran a responder en reverente adoración al Dios que lo había ordenado.

Quizás no te hayas dado cuenta antes, pero Dios te ha comisionado para la misma función en tu mundo. Eres llamado a reflejar la gloria de Dios, que vive en ti. Como lo explicó Pablo: "¿O ignoráis que vuestro cuerpo es templo del Espíritu Santo, el cual está en vosotros, el cual tenéis de Dios, y que no sois vuestros? Porque habéis sido comprados por precio; glorificad, pues, a Dios en vuestro cuerpo y en vuestro espíritu, los cuales son de Dios" (1 Corintios 6:19-20).

↑ **Mira arriba**

Los faros no disparan cañones para llamar la atención a su luz: sólo alumbran.

En sentido similar, Jesús dijo a sus discípulos: "Así alumbre vuestra luz delante de los hombres, para que vean vuestras buenas obras, y glorifiquen a vuestro Padre que está en los cielos" (Mateo 5:16). Pide a Dios en oración ahora mismo que intensifique la luz de tu vida para su gloria. La clave aquí es "buenas obras". Medita con Él respecto a qué buenas obras puedes realizar esta semana con Él, para hacer brillar la luz de Su amor sobre aquellos que necesitan su calor y claridad en sus propias vidas.

→ **Sigue adelante**

¿Cómo puedes reflejar la majestad y gloria de Dios en tu propio "templo"? Piensa en esto. La ropa que usas. Lo que hablas, los hábitos que practicas, los lugares que frecuentas. Esas cosas reflejan o empañan la gloria de Dios en tu vida.

Hoy, coloca una vela en un lugar prominente en tu casa o trabajo. Durante el día, deja que ésta te recuerde la importancia de la luz de tu vida. A esto Dios te ha llamado. Nada da más satisfacción.

El templo dedicado
2 Crónicas 6-9

23

Resumen: En arreglos propios de la coronación de un rey, Salomón ahora dirige la nación en la dedicación del templo recién terminado a la gloria y adoración del Dios de Israel. Arrodillado en una tarima de bronce especialmente construida, Salomón hace una invocación majestuosa y conmovedora como no hay otra en la Biblia. Se desborda en alabanzas a Dios, dándole gracias por Su carácter inmutable y sus promesas fieles a favor de su nación. Cuando Salomón termina, la gloria de Dios llena el templo, lo que mueve al pueblo a responder: "Porque El es bueno, y su misericordia es para siempre" (7:3). Pero aun en medio de la adoración y el gozo, hay razón para preocuparse. Por la noche, Dios aparece a Salomón para advertirle que si la nación no permanece fiel a Dios, El arrancará al pueblo de su amada patria y destruirá el magnífico templo que les llevó tanto tiempo construir.

Corazón del pasaje: 2 Cró. 6, 9

Capítulo 6	Capítulo 7	Capítulo 8	Capítulo 9
Oración de dedicatoria	Promesa de perdón	Reputación de un rey	Riquezas de un rey
Salomón y su Dios		Salomón y sus bienes	

Tu andar diario: ¿Qué tienen en común estas tres palabras: *sal, imán, luz?*

Respuesta: Todas describen tu papel como cristiano.

Cada día que Dios te deja aquí en la tierra, has de ser como la sal (provocando en otros sed de Dios), como el imán (atrayendo a otros a Dios), y como la luz (mostrando el camino a Dios). La reina de Sabá viajó cientos de kilómetros para aprender por sí misma de la sabiduría y riquezas del rey de Israel (9:1). Nota su conclusión: "Bendito sea Jehová tu Dios ... por cuanto tu Dios amó a Israel" (9:8). ¡Después de ver la vida de Salomón, la reina dio gloria al Dios de Salomón! ¿Sucede eso día a día cuando otros se encuentran contigo?

Si el servicio a Dios es digno de algo, es digno de todo.

Lleva una bolsita de sal, un imán pequeño, o una caja de fósforos contigo hoy. Entonces cada vez que tantees en tu bolsillo o cartera, recuerda la función que Dios te ha dado —¡y practícala!

Percepción: Gran logro de un gran monarca

El capítulo 8 describe más de una docena de grandes logros del reinado de Salomón militar, arquitectónica, religiosa y comercialmente. ¿Cuántos puedes hallar?

24 Un reino dividido / 2 Crónicas 10-12

Corazón del pasaje: 2 Cró. 10

🔲 **Resumen:** Apenas Salomón está en su tumba la nación abandona la adoración y dedicación a Dios y se descarría. Roboam el hijo de Salomón impone un insensato aumento en los impuestos que provoca una amarga división de su reino. En el umbral de una guerra civil con Jeroboam (el recién establecido rey de las las 10 tribus del norte), Roboam obedece la palabra del profeta y desiste del conflicto. Pero cuando su reino se consolida abandona la ley del Señor otra vez. Dios envía una dolorosa represión en la persona de Sisac, rey de Egipto, quien derrota al ejército de Roboam y saquea las riquezas de la casa del Señor.

Capítulo 10	Capítulo 11	Capítulo 12
Roboam sigue mal consejo	Roboam sigue al Señor	Roboam deja al Señor
Reino dividido	Rey devoto	Rey disciplinado

🔲 **Tu andar diario:** ¿Es tu religión...

El que se avergüenza de su religión probablemente tiene una religión de la cual debe avergonzarse.

• ¿como una llanta de repuesto? (Sólo la usas en caso de emergencia.)
• ¿como una carretilla? (Se vuelca fácilmente y hay que empujarla.)
• ¿como un ómnibus? (Lo tomas sólo cuando va adonde quieres.)
• ¿o como un guía? (Algo de lo cual dependes constantemente.)

¡Las altas y bajas de la vida espiritual de Roboam bien se pueden comparar a una llanta de repuesto! Cuando los tiempos eran malos, él se volvía a Dios; cuando las cosas marchaban bien, se olvidaba del Señor. Puede recordarte las palabras de Dios a través del profeta Oseas: "En sus pastos se saciaron, y repletos, se ensoberbeció su corazón; por esta causa se olvidaron de mí" (Oseas 13:6).

Considera tu propia vida en este respecto. ¿Marchan bien las cosas? ¿Las cuentas pagadas? ¿Buena salud? ¿Ningún problema serio en la familia, iglesia, o vecindario? ¿Trabajo asegurado? ¿El refrigerador lleno? Entonces, ¡cuidado! Ahora a Satanás le agradaría confundirte y hacerte quitar los ojos de la Fuente de tus recursos. En el recordatorio de cada cheque que escribas hoy, añade las palabras: "¡No olvides! Esto puede aun proveer una oportunidad para testificar de tu Señor.

🔲 **Percepción:** "Querido diario, hoy saqueé un templo..."
Inscripciones halladas en las paredes de un templo egipcio describen el éxito militar de Sisac en saquear el templo de Jerusalén durante el reinado de Roboam (12:9). Un grabado muestra a Sisac mientras sujeta a varios israelitas por el pelo y los golpea con un garrote —una información dolorosamente confiable.

Reformas de Asa / 2 Crónicas 13-16 **25**

Resumen: Abías, rey de Judá, es usado por Dios para disciplinar y derrotar a Jeroboam, rey de Israel. En la batalla, caen
500.000 israelitas —una derrota devastadora de la cual Jeroboam
nunca se recuperaría del todo—. Lo que Abías logra en lo militar, Asa
intenta repetirlo en la esfera espiritual. Extirpa todo vestigio de religión extranjera de la tierra y manda al pueblo a regresar a la fiel
observancia de los estatutos de Dios. Pero al final de su reinado, Asa
enfrenta una amenaza de Baasa (rey de Israel) y busca protección
aliándose con el rey de Siria. Aun en su lecho de muerte confía
únicamente en los médicos terrenales, antes que en el Gran Médico.

Corazón del pasaje: 2 Cró. 15-16

Capítulo 13	Capítulos 14-15	Capítulo 16
Recesión espiritual de Abías	Reformas espirituales de Asa	Regresión espiritual de Asa
Dependencia del ejército	Dependencia de Dios	Dependencia de Siria

Tu andar diario: Ponte en el centro de una habitación, dóblate
y tira de los cordones de tus zapatos (o hebillas, cualquier cosa
que los sujete), y ve a qué distancia del piso puedes levantarte. InTéntalo tres veces.

Teje en fe y Dios hallará el hilo.

Las cosas se presentaban malas para el rey Asa. Baasa, rey de
Israel, le había cerrado todas las rutas de escape, y la situación parecía
desesperada. Así que Asa echó mano de las correas de sus propias
botas y les dio un fuerte tirón. Se volvió a Ben-adad, rey de Siria, y lo
sobornó para que viniera en su rescate. Según todas las apariencias
exteriores, ¡la estrategia dio resultado!

Pero Dios vio la situación de otro modo. Previamente, Asa
había confiado en el Señor, no en poderes extranjeros. Ahora estaba
dejando de confiar en Dios para confiar en correas de botas, y por ello
Dios le disciplinó.

¿Cuál es el patrón de tu vida? ¿Confiar en cordones de bota?,
¿fe, u obra de pie?, ¿confianza, o trucos? ¿Dios, o tú mismo? Cada vez
que hoy te pongas los zapatos recuerda que siempre es seguro confiar
en el Señor.

Percepción: El profeta de distinción probable (16:7-10)
Hanani el vidente, que condenó a Asa por confiar en ejércitos
extranjeros en vez de en su Señor, es el primer "profeta perseguido" en
las páginas de la Biblia. (Pero lee Lucas 11:47-51 y hallarás el nombre
de otro a quien, aunque rara vez considerado profeta, ¡se le puede
atribuir esta distinción probable!)

135

26 *Reformas de Josafat / 2 Crónicas 17-20*

Corazón del pasaje: 2 Cró. 17, 20

🏛 Resumen: Solamente 10 versículos se le dan al piadoso rey Josafat en 1 Reyes, pero el cronista dedica cuatro capítulos a su vida, ¡y con razón! Josafat sabe que la clave para el avivamiento espiritual en la nación es interés renovado en la ley del Señor y dedicación a la misma. El instituye un "programa de estudio bíblico" nacional, usando como maestros a los príncipes, los levitas, y los sacerdotes —un esfuerzo que Dios bendice ricamente con paz y prosperidad—. En contraste con sus predecesores, Josafat se las arregla para hacer paz con el rey de Israel. Pero una visita amistosa por poco le cuesta la vida al implicarse en una guerra entre Israel y Siria. Su reacción a la represión divina, su nombramiento de jueces para gobernar "no en lugar de hombre, sino en lugar de Jehová" (19:6), y su dependencia de Dios ante las crisis, todo manifiesta la realidad permanente de su fe.

Capítulo 17	Capítulos 18-19	Capítulo 20
Buscando al Señor en adoración	Buscando al Señor en Ramot de Galaad	Guerra contra Moab y Amón
Reformas justas de Josafat		

La regeneración ha hecho de nuestro corazón un campo de batalla.

🖐 Tu andar diario: El capítulo 20 describe tal vez la más curiosa batalla en todas las Escrituras. Josafat dirige su ejército a confrontar las fuerzas combinadas de Moab y Amón. Su plan de batalla es simple: "Paraos, estad quietos, y ved la salvación de Jehová" (20:17). Entonces, como para añadir insulto a la herida, Josafat elige cantores que vayan delante del ejército y canten alabanzas. Mientras los cantores cantan y los soldados están en atención, Dios realiza una grandiosa victoria para Judá mientras las fuerzas enemigas cooperan y "cada cual [ayuda] a la destrucción de su compañero" (20:23).

¿Has aprendido la lección que Josafat y el pueblo de Dios aprendieron? Cuando la batalla parece abrumadora, cuando el enemigo es grande e imponente, no huyas sino estáte quieto, canta, y mira a Dios obrar.

✍ Percepción: Un gran error
La alianza de Josafat con Acab (18:1-19:11) fue un serio disparate, muy merecedor de la represión del profeta Jehú (no el Jehú, nieto de Nimsi, que más tarde extinguió el linaje de Acab). La pregunta del profeta, "¿Al impío das ayuda, y amas a los que aborrecen a Jehová?" (19:2), reprendió a Josafat y le instó a restaurar la justicia y el orden sacerdotal en Judá.

Los reyes de Israel (Norte 10 Tribus)

Nombre	Reinó a.c.	Relación con l anterior	Años que reinó	Carácter	Cómo murió	1 Reyes	2 Crónicas
Jeroboam	931-910		22	malo	Herido por Dios	11:26-14:20	9:29-13:22
Nadab	910-909	Hijo	2	Malo	Lo asesinó Baasa	15:25-28	
Baasa	909-886	Nada	24	Malo	Falleció	15:27-16:7	16:1-6
Ela	886-885	Hijo	2	Malo	Lo asesinó Zimri	16:6-14	
Zimri	885	Cap de carrozas	7 días	Malo	Suicidio	16:9-20	
Omri	885-874	Cap del ejército	12	Malo	Falleció	16:15-28	
Acab	874-853	Hijo	22	Malo	Herido en batalla	16:28-22:40	18:1-34
Ocozias	853-852	Hijo	2	Malo	Falleció	22:40- 2 Reyes 1:18	20:35-37
						2 Reyes	
Joram	852-841	Hermano	12	Malo	Lo asesinó Jehú	3:1-9:25	22:5-7
Jehú	841-814	Nada	28	Malo	Falleció	9:1-10:36	22:7:12
Joacaz	814-798	Hijo	17	Malo	Falleció	13:1-9	
Joás	798-782	Hijo	16	Malo	Falleció	13:10-14:16	25:17-24
Jeroboam II	793-753	Hijo	41	Malo	Falleció	14:23-29	
Zacarías	753-752	Hijo	6 meses	Malo	Lo asesinó Salum	14:29-15:12	
Salum	752	Nada	1 mes	Malo	Lo asesinó Menhem	15:10-15	
Menahem	752-742	Nada	10	Malo	Falleció	15:14-22	
Pekaia	742-740	Hijo	2	Malo	Lo asesinó Peka	15:22-26	
Peka	752-731	Cap. del ejército	20	Malo	Lo asesinó Oseas	15:27-31	28:5-8
Oseas	731-722	Nada	9	Malo	Deportado a Asiria	15:30-17:6	

Los reyes de Judá (Sur, 2 tribus)

Nombre	Reinó A.C.	Relación con el anterior	Años que reinó	Carácter	Cómo murió	1 Reyes	2 Crónicas
Roboam	931-913	Hijo	17	Malo	Falleció	11:42-14:31	9:31-12:16
Abiam*	913-911	Hijo	3	Malo	Falleció	14:31-15:8	13:1-22
Asa	911-870	Hijo	41	Bueno	Falleció	15:8-24	14:1-16:14
Josafat	873-848	Hijo	25	Bueno	Falleció	22:41-50	17:1-20:37
						2 Reyes	
Joram	853-841	Hijo	8	Malo	Herido por Dios	8:16-24	21:1-20
Ocozías	841	Hijo	1	Malo	Asesinado por Jehú	8:24-9:29	22:1-9
Atalía	841-835	Madre	6	Malo	Ajusticiada	11:1-20	22:1-23:21
Joás	835-796	Nieto	40	Bueno	Sus siervos lo mataron	11:1-12:21	22:10-24:24
Amasías	796-767	Hijo	29	Bueno	Asesinado	14:1-20	26:1-28
Azarías**	792-740	Hijo	52	Bueno	Herido por Dios	15:1-7	26:1-23
Jotam	750-732	Hijo	16	Bueno	Falleció	15:32-38	27:1-9
Acaz	735-716	Hijo	16	Malo	Falleció	16:1-20	28:1-27
Ezequias	716-687	Hijo	29	Bueno	Falleció	18:1-20:21	29:1-32:33
Manasés	697-643	Hijo	55	Malo	Falleció	21:1-18	33:1-20
Amón	643-641	Hijo	2	Malo	Sus siervos lo mataron	21:19-26	33:21-25
Josias	641-609	Hijo	31	Bueno	Herido en batalla	22:1-23:30	34:1-35:27
Joacaz	609	Hijo	3 meses	Malo	Deportado a Egipto	23:31-33	36:1-4
Joacim	609-598	Hermano	11	Malo	¿Muerto en asedio?	23:34-24:5	36:5-7
Joaquín	598-597	Hijo	3 meses	Malo	Cautivo a Babilonia	24:6-16	36:8-10
Sedequias	597-586	Tío	11	Malo	Cautivo a Babilonia	24:17-25:30	36:11-21

*Abías, **Uzías   Nota: Las fechas de algunos reinos coinciden por circunstancias de corregencia

27 Reyes de Judá / 2 Crónicas 21-25

Corazón del pasaje: 2 Cró. 21-22

📖 **Resumen:** La vida de Joram es una prueba viviente de que un mal matrimonio puede deshacer lo que haya logrado la mejor crianza. Criado por un padre y un abuelo piadosos, Joram se casa con la hija impía de Acab y Jezabel, abraza sus deidades paganas, y lleva a la nación de nuevo a la idolatría. La atmósfera de confianza y afecto que caracterizaba a la administración de su padre es reemplazada por una de sospecha y celos. Como primer hecho público, Joram mata a todos sus hermanos y a muchos hombres influyentes en la nación —una maniobra destinada a asegurar su posición como rey, pero que en realidad le acarrea una muerte prematura y atroz. En rápida sucesión, su hijo, esposa, y nieto suben al trono en una historia de intriga familiar ¡que tiene que leerse para creerse! Joás y Amasías reinan por largo tiempo con doblez de corazón.

Capítulo 21	Capítulo 22		Cap. 23-24	Capítulo 25
Joram celoso	Ocozías el influenciado	Atalía la usurpadora	Joás el menor	Amasías el pueril
	1 9	10 12		
Gobernantes impíos			**Gobernantes justos**	

A veces los enemigos adecuados pueden hacerte más bien que los amigos inadecuados.

✍️ **Tu andar diario:** Las manzanas podridas tienen una rara cualidad. Por más manzanas buenas que uno empaque con una podrida, no puede hacer buena a la podrida. Pero sí puede arruinar muchas manzanas buenas.

Lo mismo ocurre con las relaciones personales. Una amistad corrupta basta para alejar a uno de Dios, aunque esté rodeado de personas justas... con tal que esa amistad sea lo suficiente íntima y duradera como para ejercer su influencia corruptora.

Tus amigos íntimos te impactarán para toda la vida. Por eso tu elección de toda la vida es de suma importancia. Dios dice muy claro en su Palabra: "No os unáis en yugo desigual con los incrédulos; porque ¿qué compañerismo tiene la justicia con la injusticia? ¿Y qué comunión la luz con las tinieblas?" (2 Corintios 6:14). Examina tus relaciones. Si estás cortejando el desastre, haz los cambios necesarios ahora —antes que la "manzana podrida" seas tú.

🔍 **Percepción:** La vida nada envidiable de un dirigente en Judá
Los cinco gobernantes que hallamos en la lectura de hoy enfrentaron muerte violenta. Cuatro fueron asesinados y uno fue herido por Dios con una enfermedad incurable. De los 20 gobernantes en la historia de Judá, la mitad murieron de "causas no naturales".

Corrupción de Acaz / 2 Crónicas 26-28   28

Resumen: El rey Uzías realiza proezas a favor de la nación de Judá, tanto militares como arquitectónicas. Pero espiritualmente su vida se parece a la montaña rusa. "En estos días en que buscó a Jehová, él le prosperó.... Mas cuando ya era fuerte, su corazón se enalteció para su ruina" (26:5,16). Uzías muere leproso por su devoción a medias para con Dios. En contraste, ¡su nieto Acaz se entrega de todo corazón a los dioses falsos y prácticas paganas! Acaz introduce imágenes de Baal, la adoración en los lugares altos paganos, y sacrificio de infantes. Aunque Dios repetidamente trata de advertir a Acaz del peligro de sus caminos y de hacer volver el corazón del rey a El, no hay respuesta. Sólo queda una pregunta: ¿Por cuánto tiempo la paciencia de Dios soportará a su pueblo rebelde?

Corazón del pasaje: 2 Cró. 28

Capítulo 26	Capítulo 27	Capítulo 28
Uzías y sus batallas	Jotam y sus construcciones	Acaz y su carencia de fe
Bueno y malo	Bueno	Malo

Tu andar diario: En el negocio de la carpintería, un 2 x 4 puede venir en diferentes longitudes. Pero en cada 2 x 4 hay algo en común: tiene aproximadamente 2 pulgadas de espesor y 4 de ancho.

Cuando Dios disciplina a un individuo... una familia... una iglesia... o una nación, a menudo lo hace con circunstancias dolorosas. Y aunque sería fácil comparar tal experiencia a ser "golpeado en la cabeza con un 2 x 4", hay una diferencia fundamental: los 2 x 4 se usan así por razones punitivas; la disciplina de Dios es terapéutica.

Piensa de nuevo en la vida de Acaz como la has visto desplegada en 2 Crónicas 28 y 2 Reyes 16. ¿Cómo trató Dios de llamar su atención y cambiar su curso de acción mediante...

...derrota en batalla?

...la palabra del profeta?

...ocupación enemiga?

Antes que juzgues severamente a Acaz, ¿hay una lección que Dios ha estado esperando pacientemente que tú aprendas también?

Dios ama a los suyos lo mismo cuando los azota que cuando los acaricia.

Percepción: Una práctica pagana castigada con la muerte

El sacrificio de infantes por fuego era un brutal rito cananeo introducido en Judá por Acaz. Aborrecible no sólo por razones humanas, era además una ofensa para la cual la ley de Moisés imponía la pena capital por apedreamiento (Levítico 20:1-5).

29 Reforma de Ezequías / 2 Crónicas 29-32

Corazón del pasaje: 2 Cró. 29, 32

Resumen: El ataque asirio y la dispersión de Israel son totalmente omitidos en este punto en la narración de Crónicas, aunque tuvieron profundo impacto en la vida y gobierno de Ezequías en Judá. Habiendo heredado un país desorganizado y un tributo gravoso a Asiria, Ezequías, sin embargo, pone lo primero en primer lugar. En el primer mes de su administración abre y repara la casa del Señor, restaura la admiración del templo y la celebración de la Pascua, por mucho tiempo descuidadas, y declara guerra a la adoración idólatra y prácticas paganas. Cuando el rey asirio Senaquerib sitia a Jerusalén y la situación parece sin esperanza, Ezequías emplea su fe de nuevo en oración buscando liberación. Dios contesta su ruego, y corona su vida de prestigio y poder.

Capítulo 29		Capítulo 30	Capítulo 31	Capítulo 32
Avivada la justicia	Adoración restaurada	Preparación para Pascua	Provisión para sacerdotes	Protección para el pueblo
1 19	20 36			
Reformas justas de Ezequías				

Puedes esperar que Dios intervenga cuando has dedicado tiempo a interceder.

Percepción: "Querido Diario, fue un mal día en Jerusalén..."

La versión del mismo Senaquerib de esta invasión ha sido hallada en un prisma de barro, que él mismo había hecho. Ahora está en el Museo del Instituto Oriental en Chicago, y lee en parte: "A Ezequías, rey de Judá, que no se había sometido a mi yugo, 46 de sus ciudades fortificadas... yo sitié y capturé... 200.150 personas... yo tomé como botín. A Ezequías mismo lo encerré como un pájaro enjaulado en Jerusalén, su ciudad real. Edifiqué una línea fortificada contra él, y rechacé a cuantos salieron por la puerta de su ciudad".

Ningún rey asirio jamás habría escrito de una derrota, especialmente una tan devastadora como el desastre de Jerusalén, pero es significativo que Senaquerib no se atribuyó haber tomado a Jerusalén —¡la confirmación más sorprendente de la historia bíblica!

Tu andar diario: ¿No sería maravilloso saber que alguien como Ezequías estuviera orando por ti todos los días? Aquí estaba un hombre que obtuvo respuesta a todas sus oraciones que se han registrado. ¿Te gustaría tener esa clase de "palanca" obrando para ti? ¿Verdad?

Entonces lee y medita este sermón en un párrafo de Robert Murray McCheyne, misionero y predicador escocés que no alcanzó a vivir treinta años: *Si yo pudiera oír a Cristo orar por mí en la habitación contigua, no temería a un millón de enemigos. Sin embargo, la distancia no hace diferencia; El está orando por mí.* ¿Qué piensas ahora?

Ultimos días de Judá / 2 Crónicas 33-36 **30**

Resumen: El último siglo de la historia nacional de Judá parece una pesadilla. Tras 55 años de reinado de terror y apostasía por Manasés, aun el piadoso reformador Josías es incapaz de tocar los corazones del pueblo, aunque por un tiempo disipa las apariencias externas del mal. Pero cuando muere, la nación regresa enseguida a los caminos abominables. Oprimidos y finalmente subyugados por los babilonios, el pueblo de Judá es masacrado, sus hogares y templo destruidos, los muros de su ciudad arrasados. Los que sobreviven son llevados a Babilonia, para reflexionar en su tragedia por 70 largos años. Pero en medio de este juicio y destrucción brilla un rayo de esperanza. Ciro, rey de Persia, promulga un decreto: La casa del Señor debe ser reedificada en Jerusalén. ¿Quiénes entre Su pueblo están dispuesto a regresar?

Corazón del pasaje: 2 Cró. 34; 36: 17-23

Capítulo 33	Capítulos 34-35	Capítulo 36
Los días sin ley de Manasés y Amón	Los días de respeto a la ley de Josías	Los días postreros de Judá
Rebelión	Reforma	Ruina

Tu andar diario: Para los judíos, Jerusalén representaba su lugar de mayor fracaso. Contemplar los escombros de lo que había sido Jerusalén —con su templo destruido y sus muros derribados—. Debe de haber quebrantado el corazón aun de los más duros del pueblo de Dios. Le habían fallado a El. Habían andado en sus propios caminos pecaminosos. Y habían sido castigados.

Ahora, mediante Ciro, Dios estaba llamando a Su pueblo de nuevo a "la escena del crimen", para una segunda oportunidad.

¿Le has fallado a Dios en días recientes, y pasado por tu exilio personal? No te desanimes —¡estás en buena compañía! Abraham, Moisés, y Jonás (entre otros) sufrieron reveses similares. Pero emergieron del fracaso para lograr grandes cosas para Dios. Y tú también puedes hacerlo.

¿Está Dios llamándote de nuevo a arrepentimiento, de nuevo a tu familia, escuela, o trabajo? ¿Responderás a ese llamado... ahora mismo?

Algunos nunca cambian su opinión porque, después de todo, ha estado en la familia por generaciones.

Percepción: Los últimos reyes de Judá: hermanos en el negocio
Por más de tres siglos el reino de Judá había pasado en forma ordenada de padre a hijo, interrumpida sólo por el corto reinado de Atalía. Pero ahora, en los frenéticos últimos años de Judá, como un trompo que gira descontrolado, el reino pasa rápidamente a tres hijos y nieto de Josías.

Esdras

E n el libro de Esdras, la narración histórica de 2 Crónicas continúa. Después de 70
años de exilio, Dios cumple su promesa del
regreso de su pueblo a su tierra. Bajo Su
dirección, el rey Ciro de Persia ahora gobierna
a Babilonia, y los judíos son libres para regresar a su patria. El primer grupo de repatriados
reconstruye el templo en Jerusalén (capítulos
1-6). Cincuenta y ocho años más tarde, Esdras
guía al segundo grupo (la mayoría sacerdotes
y levitas) de regreso a Jerusalén para reconstruir el carácter espiritual y moral del pueblo
(capítulos 7-10).

Enfoque	Reedificando el templo		Libro de Ester	Reedificando al pueblo	
Divisiones	Comisión del templo	Terminación del templo	Libro de Ester	Sacerdotes y peregrinos	Terminación y limpieza
	1 3	4 6	7	8 9	10
Tópicos	Regreso bajo Zorobabel		Interludio de 58 años	Regreso bajo Esdras	
	Restauración material			Restauración espiritual	
Lugar	De Persia a Jerusalén			De Persia a Jerusalén	
Tiempo	23 años (538-515 A.C.)			1 Año (457 A.B.)	

Comisión del templo / Esdras 1-3

1

🔲 **Resumen:** El pueblo de Dios ha pagado caro su indiferencia e idolatría. Por 70 años han languidecido en el exilio babilónico. Pero aunque la situación parece desalentadora, Dios no los ha dejado ni olvidado. Al tiempo señalado El levanta a un rey pagano de Persia llamado Ciro, cuya proclamación permite a los judíos regresar a Jerusalén y reconstruir el templo —un evento profetizado con todo detalle dos siglos antes (Isaías 44:28; 45:1-4). Sólo un puñado, comparativamente, de exiliados responde a la invitación. Dirigidos por Zorobabel y apoyados por el tesoro del rey, alrededor de 50.000 judíos emprenden el largo viaje a su tierra desolada, donde juntos comienzan a reconstruir el templo de la nación y el futuro de la nación.

Corazón del pasaje: Esdras 1:18; 3:1-13

Capítulo 1	Capítulo 2	Capítulo 3
Proclamando libertad para los exiliados	Preparándose para construir el templo	Progreso en la construcción del templo
Ciro	Censo	Consenso

✏️ **Tu andar diario:** Haz un experimento. Con un reloj a mano, ve cuánto tiempo te lleva encontrar un sujetapapeles, un sello de correos, y tu última declaración de impuestos. ¿Listo? ¡Comienza! (Menos de un minuto: tu casa está arreglada "decentemente y con orden"; entre uno y tres minutos: podrías usar alguna ayuda; más de tres minutos: probablemente tiene niños pequeños en casa.)

Ten tus herramientas listas; Dios hallará trabajo para ti.

Mientras recobras el aliento, pondera esta observación. La miríada de números en Esdras 1-2 no está ahí para abrumarte, sino para mostrarte que Dios es un Dios de detalle y orden. En efecto, ¡aquellos sacerdotes que buscaron sus registros familiares y no pudieron hallarlos fueron excluidos del sacerdocio como inmundos (2:62)! Lee ahora mismo 1 Corintios 14:40, luego practícalo hoy en un área de tu vida espiritual o personal que necesita atención.

🔖 **Percepción:** El libro evasivo de Esdras
En nuestra Biblia, Esdras sigue a 2 Crónicas y continúa la narración donde 2 Crónicas la termina (compara 2 Crónicas 36:22-23 con Esdras 1:13).

En el canon hebreo, Esdras y Nehemías eran originalmente un solo libro y se hallaban justamente antes de Crónicas. La primera división en dos libros en la Biblia hebrea no fue hecha hasta 1448, más de 18 siglos después de escrito el material.

2   *Terminación del templo / Esdras 4-6*

Corazón del pasaje: Esdras 4:15,24; 6:13-22

📖 **Resumen:** Zorobabel sabe que la tarea de reconstruir la nación tiene que comenzar en el altar, no en el banco de trabajo. El reto es principalmente espiritual, no arquitectónico. Por ello, lo primero para Zorobabel es erigir el altar y restablecer las fiestas nacionales de Israel, que reconocen los tratos de Dios en la vida de la nación. Después, al estar listos los materiales, y hechas las asignaciones, la reconstrucción del templo puede comenzar. Pero no pasa mucho sin que los vecinos se quejen ante el rey, y el trabajo se detenga. No es hasta 15 años después, cuando llega al poder Darío, un nuevo rey persa benévolo, que el proyecto se reanuda y termina.

Capítulo 4	Capítulo 5	Capítulo 6
Reprimiendo a los edificadores	Reintegrando a los edificadores	Recabando el objetivo
La obra resistida	**La obra reanudada**	**La obra realizada**

Nunca temas examinarte a ti mismo con las palabras de tus críticos.

🏃 **Tu andar diario:** Aún no ha habido una obra emprendida para Dios que no haya provocado críticas. En realidad, si deseas evitar las críticas, hay una sola forma: ¡*decir* nada, *hacer* nada, y *ser* nada!

La meta de Zorobabel de reconstruir el templo en Jerusalén surgió de motivación pura. El recorrió 1.450 km a través de un desierto peligroso. No trabajó por ganancias monetarias ni reconocimiento público. Pero a pesar de todo eso, encontró severas críticas y oposición de la población judía local —que habían tomado mujeres extranjeras y prácticas paganas.

Nadie aprecia más el valor de la crítica que quien la da. Pero considera estas palabras sabias de H. A. Ironside, predicador y comentarista norteamericano de la primera mitad de este siglo, referentes a cómo enfrentar la crítica: "Si lo que están diciendo de ti es verdad, rectifica tus caminos. Si no es verdad, olvídalo, y sigue sirviendo al Señor". Buen consejo para recordarlo la próxima vez que seas el blanco. Después de todo, ¡palos y piedras se le tiran sólo al árbol que lleva fruto!

✒️ **Percepción:** ¿Cuán "grande" puedes llegar a ser?

Según Esdras 5:8, el templo reconstruido fue edificado con "grandes piedras" (literalmente, "piedras de rodillos", que solamente se podían mover con el uso de rodillos). El tamaño de estas piedras no se especifica, pero eran lo suficiente grandes para causar asombro a los discípulos de Jesús (Marcos 13:1) —grandes piedras como corresponde a un Dios grande.

El mensaje del exilio

3

← Da un paso atrás

Exilio. Para muchos de nosotros hoy esa palabra se refiere a la remoción involuntaria de un líder político de su posición como gobernante de su tierra. Pero en la Biblia, significa el traslado de una nación entera: el reino sureño de Judá.

Es una triste historia, el clímax de años de degradación. El pueblo de Dios —y su líderes— continuamente rehusaron reconocer Su lugar prominente en su nación. Así que Dios permitió a Babilonia diezmar la nación y capturar a todo el pueblo. Al ser destruida Jerusalén por Nabucodonosor en 587 A.C., el reino de Judá cesó de existir políticamente.

El pueblo fue forzado a salir de su tierra y vivir en menoscabo social y económico en una tierra diferente. Pero los años pasaron, y el pueblo de Dios llegó a vivir cómodamente. Para el final del exilio, 70 años más tarde, la mayoría consideraba a Babilonia como su tierra.

Los profetas de Dios permanecieron activos a través de los años, manteniendo viva la esperanza de su patria. Por ejemplo, Ezequiel y Daniel ministraron en Babilonia durante el exilio. Y setenta años después de su partida, Dios permitió a Zorobabel, Esdras, y Nehemías llevar a los cautivos a su tierra.

Corazón del pasaje salmos 126, 137

↑ Mira arriba

El exilio trágicamente puso fin a la vida política de Judá. Pero también demostró que Dios en modo alguno estaba confinado a la tierra de Palestina. El era Dios de todo el mundo. Y el hecho de que su pueblo fuera esparcido y removido sólo extendió la influencia de Sus caminos en el mundo. El estaba con su pueblo en Babilonia y los cuidó allí.

Y de cierto modo la experiencia despertó los sentidos espirituales de la nación. Se dieron cuenta de que los profetas tenían razón. Su duro trabajo y sufrimiento, junto con el contacto directo con las realidades de las religiones falsas, sacó del pueblo de una vez y para siempre su deseo idólatra de seguir dioses falsos.

En el exilio Dios tuvo la atención de Su pueblo. ¿Qué necesitará El para atraer tu atención? ¿Estás ciego en algún área de desobediencia? Vuélvete a Dios arrepentido en oración. Busca ser limpiado de voluntad propia; invítalo a ser el Dios de tu vida de nuevo.

La mayor de todas las faltas es no estar consciente de alguna.

→ Sigue adelante

Capta un poco del gozo del regreso del exilio por leer el Salmo 126 en alta voz. ¿Conoces un hermano creyente que está vagando fuera de "su patria"? Quizás Dios te use para animarlo a regresar con gozo a El.

4 Sacerdotes y peregrinos / Esdras 7-8

Corazón del pasaje: Esdras 7:6-10; 8:21-36

 Resumen: Un rasgo interesante del libro de Esdras es que el nombre "Esdras" no aparece hasta el capítulo 7. Los primeros seis capítulos narran la vida y ministerio de Zorobabel en la reconstrucción del templo; ahora los capítulos 7-10 presentan un sacerdote llamado Esdras a quien Dios usa para reconstruir la condición espiritual del pueblo. Esdras comienza su labor 58 años después de los eventos del capítulo 6. El pueblo tiene una casa para Dios, pero no un corazón para Dios. Esdras se da cuenta de que el avivamiento tiene que comenzar con el regreso nacional a los estatutos y juicios de Dios como están en la ley de Moisés. Con el apoyo del rey Artajerjes de Persia, Esdras sale con 1.753 de sus conciudadanos para recorrer 1.450 km peligrosos de regreso a Jerusalén.

Capítulo 7		Capítulo 8	
Expedición de Esdras	Edicto de Artajerjes	Pueblo de Esdras	Protección de Dios
1 10	11 28	1 14	15 36
Suministros para un viaje		Sacerdotes para un viaje	

El maestro mediocre dice; el maestro bueno explica; el maestro excelente inspira.

 Tu andar diario: ¿Te acuerdas de tu primer maestro de escuela dominical? ¿Eres, o esperas ser, un maestro de la Palabra de Dios?

Aquellos que se dedican a la enseñanza de la Escritura han aceptado una solemne responsabilidad. Según Esdras 7:10 son cuatro veces responsables: (1)tienen que "preparar" sus corazones para servicio obediente, (2) "inquirir" el significado de la Palabra de Dios, (3) "cumplir" lo que descubran, y (4) "enseñar".lo que han aprendido. Lejos de ser una mera lección en un aula, la verdadera enseñanza de la Biblia es el fluir de una vida obediente en la vida de otro.

Piensa en un maestro que ha contribuido a tu crecimiento espiritual el año pasado por inquirir, cumplir, y enseñar la Palabra de Dios. ¿Cómo puedes honrar a esa persona hoy con una nota, llamada telefónica, o regalo especial? (¡Esa es una buena forma de practicar 1 Timoteo 5:17!) Esdras 7:10 describe el patrón de vida de Esdras: "Porque Esdras había preparado su corazón para inquirir la ley de Jehová y para cumplirla, y para enseñar en Israel sus estatutos y decretos". ¡Memoriza ese versículo y luego pide a Dios fortaleza para hacerlo el patrón de tu vida también!

Percepción: Poco personal especializado para una tarea enorme. La meta de Esdras era reedificar al pueblo espiritualmente. Para lograrlo, su primera necesidad no era fuerza de trabajo humana (el tomó consigo menos de 2.000 hombres), sino ministros. Muchos de los que él tomó eran sacerdotes y levitas.

Contaminación y limpieza / Esdras 9-10   **5**

Resumen: La noticia buena de la llegada de Esdras a Jerusalén es opacada con la mala de matrimonios mixtos en la comunidad. Los judíos están permitiendo a sus hijos casarse con mujeres paganas de los territorios vecinos. Aun sacerdotes, levitas, y líderes civiles están implicados —una condición que la ley de Dios condena y que para Esdras es intolerable. El proceso de corregir estos males es doloroso, difícil, y consume tiempo. Pero aun esos "cielos lluviosos" no pueden oscurecer el compromiso renovado de Israel a la pureza personal y nacional.

Corazón del pasaje: Esdras 9:1-10:17

Capítulo 9		Capítulo 10	
Matrimonios mixtos	Asentimiento angustioso	Arrepentimiento del pueblo	Lista de los ofensores
1 2	3 15	1 17	18 44
Confusión	Confesión	Reconciliación	Registro

Percepción: El problema crónico de cónyuges paganos

Esdras 10:18-43 nombra a 111 hombres culpables de matrimonio mixto —el mismo pecado condenado y prohibido en Deuteronomio 7:1-5—. La historia de Israel desde el período de los jueces en adelante ilustra la naturaleza crónica de la situación (Jueces 3:5-7) y las devastadoras consecuencias. Más tarde, Nehemías (13:23-28) y Malaquías (2:11) tratarían también con el problema recurrente de los matrimonios mixtos.

Nunca te enyugues con alguien que rehúse el yugo de Cristo.

Tu andar diario: El matrimonio se ha definido en muchas maneras —unas jocosas, otras trágicas—. ¿Cuál describe mejor el tuyo? *El matrimonio es*

—*la coexistencia pacífica de dos sistemas nerviosos.*

—*una escuela donde el esposo y la esposa son compañeros de clase.*

—*una unión (sindicato) que desafía a la administración.*

—*la manera más cara en el mundo de descubrir tus faltas.*

Añade a esa lista una más: *Un matrimonio excelente siempre implica un triángulo: un hombre, una mujer, y Dios.* El profeta Amós hizo la pregunta adecuada hace más de 2.700 años: "¿Andarán dos juntos, si no estuvieren de acuerdo?" La respuesta es obvia... sin embargo, es lamentable que muchos del pueblo de Dios hacen caso omiso de las claras advertencias y prohibiciones de las Escrituras.

Si eres soltero, lee 2 Corintios 6:14 ahora mismo; si estás casado, medita en 1 Corintios 7:10-16. Que esos versículos te recuerden que el matrimonio cristiano está designado para tres (¡tú, tu cónyuge, y Dios) para toda la vida!

Nehemías

Hay un templo reconstruido en Jerusalén, pero sólo escombros rodean la Ciudad Santa. Obviamente, ¡resta mucho por hacer! Para reconstruir los muros de la ciudad, Dios levanta a Nehemías, quien guía la tercera y última expedición de judíos repatriados de Persia. A pesar de recia oposición, Nehemías y su grupo de albañiles completan la labor en sólo 52 días. El celo de Nehemías se extiende no sólo a reconstruir la ciudad, sino también a reformar su ciudadanía —una tarea que demanda liderazgo inspirado.

Enfoque	Reconstrucción física			Reforma espiritual	
Divisiones	Planes de Nehemías para reedificar los muros	Oposición inicial a la reedificación de los muros	Oposición creciente a la terminación de los muros	Avivamiento en la ciudad reedificada	Protegiendo y purificando la ciudad reedificada
	1　　　　2	3　　　　4	5　　　　7	8　　　　10	11　　　　13
Tópicos	Construcción de la ciudad			Instrucción a los ciudadanos	
	Restauración de Israel como nación				
Lugar	Jerusalén				
Tiempo	Cerca de 25 años (445-420 A.C.)				

Construyendo los muros / Nehemías 1-2 **6**

Resumen: En la antigüedad, una ciudad estaba tan segura como sus muros. En el caso de Jerusalén, el templo brilla de esplendor, pero los muros están en ruinas y escombros. Nehemías, copero del rey de Persia, es a quien Dios escoge para reconstruir las defensas de la ciudad. Tras cuatro meses de interceder en oración por su pueblo y por su patria, Nehemías halla el momento oportuno. Con un plan en la mente y carga en el corazón, dirige su petición al rey —¡y recibe aun más de lo que pidió!—. Habiendo inspeccionado personalmente los contornos de Jerusalén, Nehemías anima a sus compatriotas con el clamor de fe: "El Dios de los cielos, él nos prosperará" (2:20).

Corazón del pasaje: Nehemías 1:1-2:8

Capítulo 1		Capítulo 2
Nehemías oye de Jerusalén	Nehemías ora por Jerusalén	Nehemías observa a Jerusalén
1 4	5 11	
Pena	Preparación	Planes

Percepción: Autobiografía de una oracion poderosa
Las memorias de Nehemías dan un testimonio elocuente del poder de la oración en la vida de un hijo de Dios. Al continuar leyendo el libro, cataloga las oraciones de Nehemías y las respuestas de Dios:

Referencia	*Nehemías oró por . . .*	*Dios contestó con . . .*
1:4-11	_____	_____
2:4-8	_____	_____
4:4-12	_____	_____
6:9, 14-16	_____	_____
13:14-31	_____	_____

La oración no es tanto someter nuestras necesidades a Dios como someternos nosotros a El.

Tu andar diario: Observa tu casa y descubrirás dos clases de ángulos: rincones adentro (donde te sienta), y esquinas afuera (por donde caminas). Piensa de eso como un cuadro de tu vida de oración. Hay dos clases de oraciones que puedes hacer: oraciones cómodas ("Señor, suple mi necesidad") y oraciones de entrega ("Señor, úsame para ayudar a suplir esa necesidad").

Aprende una lección de la vida de Nehemías. No ores para estar cómodo en tus circunstancias; ora para estar disponible y dispuesto a hacer la voluntad de Dios en cada situación. Y mientras tanto, ¡algunas murallas muy importantes pueden erigirse! Ve a un lugar tranquilo a leer la oración de entrega de Nehemías, en 1:5-11. ¡Luego hazla tuya!

7 Animando a los trabajadores / Nehemías 3-4

Corazón del pasaje: Nehemías 4

📖 **Resumen:** Al igual que los esfuerzos iniciales de reconstrucción de Zorobabel y Esdras, las "fuerzas reconstructoras" de Nehemías enfrentan oposición tanto de afuera como de adentro. Al comenzar las murallas a levantarse, así lo hace la oposición de los líderes de las provincias aledañas. Para cada problema, Nehemías busca —y halla— una solución que honra a Dios: El escarnio es manejeado con oración; las amenazas de violencia, con preparación adecuada; y el desánimo, con un ejemplo personal de fe en el poder de Dios.

Capítulo 3	Capítulo 4			
Reparando los muros	Ridiculizando a los obreros	Reanimando a los obreros		
		En oración		Militarmente
	1 3	4 12	13 23	
Obra iniciada	Obra interrumpida			

Pocas cosas sanan más que la risa de satisfacción; pocas cosas lesionan más que la risa de sarcasmo.

🐾 **Tu andar diario:** Recuerda una ocasión en que te consideraban ridículo. Quizás en una fiesta de disfraces, una excursión de pesca, o un drama en la escuela. En cualquier caso, tu apariencia provocó la risa de los presentes.

Tal vez nunca te hayas dado cuenta de que el ridículo es la acción de hacer que alguien se sienta ridículo. Por eso es tan doloroso. Mediante el sarcasmo, gestos rudos, tergiversación, o burla, alguien te hace (o a lo que tú crees) objeto de risa burlona.

Una de las pruebas de tu carácter cristiano es la manera en que enfrentas el ridículo. ¿Estallas de ira y buscas enseguida la manera de vengarte? ¿O, como Nehemías, dejas el asunto a Dios?

Jesús tiene unas palabras especiales de consuelo y estímulo para aquellos que sufren el ridículo y la persecución en su andar con Dios: "Bienaventurado sois cuando por mi causa os vituperen y os persigan, y digan toda clase de mal contra vosotros mintiendo. Gozaos y alegraos, porque vuestro galardón es grande en los cielos" (Mateo 5:11-12). Recuerda eso la próxima vez que se rían de ti o de tus ideas piadosas. Y si el ridículo no es un problema que enfrentas a menudo, ¡quizás mejor es que compruebes si tu luz realmente está brillando!

📖 **Percepción:** Vecinos notorios de Nehemías
Varios de los perseguidores de Nehemías son célebres en fuentes históricas extrabíblicas. El fastidioso Sanbalat (4:1) es identificado como el gobernador de Samaria en el Papiro Elefantino. Además, una roca inscrita con el nombre *Tobías* (4:3) en antiguo Arameo fue descubierta cerca de la Ammán de hoy, Jordania.

Terminación del muro / Nehemías 5-7   8

Resumen: Al continuar progresando la reconstrucción del muro, los oponentes de Nehemías variaron sus ataques, de confrontación directa a conspiración sutil. Sanbalat y Gesem repetidamente trataron de desviar a Nehemías de su asignación dada por Dios. Aun un falso profeta trata de inducir a Nehemías a caer en una trampa que podía resultar fatal —pero el claro discernimiento de Nehemías se percata de sus planes—. A pesar de sobornados, espionaje, engaño, e intentos de asesinato, Nehemías y su responsable grupo de albañiles completa el muro en menos de dos meses —hazaña que aun los enemigos de Israel perciben como "hecha por Dios" (6:16)—. Y ahora viene una nueva responsabilidad para Nehemías. Como gobernador, nombra (7:1), delega (7:2), organiza (7:3), y utiliza a los nuevos líderes en la ciudad recién construida.

Corazón del pasaje: Nehemías 5; 6:15-19

Capítulo 5	Capítulo 6	Capítulo 7
Opresión de dentro	Completando el muro	Catalogando a los obreros
Usura	Victoria	Autoridad

Tu andar diario: ¿Cuál es tu *índice de credulidad*? ¿Cuánto de lo que otros dicen crees sin cuestionar? Jesús les dijo a sus discípulos que fueran "sencillos como palomas", pero también les aconsejó ser "prudentes como serpientes" (Mateo 10:16). ¿Cómo eres tú?

Semaías esperaba que Nehemías fuera tan crédulo como para caer en su trampa y así arruinar el proyecto de construcción (6:10-14). ¿Te habrías tú percatado de que la sugerencia de Semaías era contraria a la voluntad de Dios? Nehemías reconoció la trampa porque conocía las Escrituras. Lee Números 18:7 y verás que lo que pudiera parecer una decisión difícil para Nehemías era bien simple *¡cuando recordó lo que Dios ya había dicho al respecto!*

Conocer bien tu Biblia no es sólo una buena idea; es esencial si vas a hacer deciciones sabias que honran a Dios. Lee 2 Pedro 3:18 en alta voz, y hazlo tu proyecto de crecimiento personal hoy.

Uno de los trucos del diablo es impedir que las personas escudriñen la Biblia.

Percepción: Canta mientras trabajas (7:1-3)
Cuando se terminó el muro, Nehemías colocó las hojas en las varias puertas. Pero debido a lo esparcida que estaba la población, los que trabajaban en el templo ("cantores y levitas", 7:1) se unieron a los porteros para hacer la guardia.

9 *Reconstruyendo muros espirituales*

Corazón
del
pasaje
Lucas
14:25-35

⬅ Da un paso atrás

Cuando Nehemías descubrió la condición de los exiliados que habían regresado a Jerusalén para reconstruir su patria, inmediatamente buscó la ayuda del Señor. Sin muro, sus vidas estaban en peligro, ya que enfrentaban la posibilidad de ataques del enemigo.

El muro de Jerusalén era de múltiples beneficios. Obviamente daba protección a la ciudad y seguridad contra ataques de afuera. Pero además, guardaban al pueblo dentro, capacitándolos para reconstruir sus vidas espirituales sin la degradante influencia del mundo que los rodeaba.

Del mismo modo, nosotros necesitamos edificar un muro para protegernos del exterior, y edificar una relación con el Señor en el interior. ¿Cómo están tus muros? ¿Necesitan reparación? ¿Ha comenzado la vegetación a desintegrar la mezcla?

Charles Swindoll, en *Páseme otro ladrillo*, da varios principios de la vida de Nehemías que se aplican al respecto:

1. *Preocúpate seriamente por la condición de tus muros.* La reconstrucción del muro de Jerusalén comenzó por una carga en el corazón de Nehemías. Si nuestros muros han de ser reparados, debemos preocuparnos genuinamente de su condición.

2. *Ora específicamente por dirección y protección.* Cuando Nehemías se dio cuenta de la situación, inmediatamente comenzó a trabajar —por orar a Dios—. Pon el fundamento de tus muros primeramente por pedir a Dios que su mano protectora guíe en el proceso.

3. *Enfrenta la situación sinceramente y con determinación.* El proyecto no es fácil. Considéralo por lo que es, y verás más claro lo que se necesita hacer.

4. *Reconoce que no puedes corregir la condición solo.* Reconstruir es tarea fuerte. Es fácil postergarlo y nunca terminar el proyecto. No permitas que eso ocurra. Vive dependiendo de Dios para fortaleza a fin de completar la tarea. De ello depende tu permanencia.

No
oremos
por car-
gas más
livianas,
sino por
hombros
más
fuertes.

⬆ Mira arriba

Tal como Nehemías inspeccionó el muro antes de comenzar, debes examinar los muros de tu vida espiritual. Pide a Dios que te muestre tus áreas específicas que requieren trabajo. Medita bien en Lucas 14:25-35 al contemplar tu proyecto de reconstrucción personal.

➡ Sigue adelante

Los muros de protección se mantienen mediante las disciplinas espirituales. Con oración, elabora tu propio plan de acción para reconstruir tus muros. Incluye las piedras de la lectura y el estudio de la Biblia, la oración, la comunión con los hermanos, y testificar. Sé específico en cuanto a cómo has de mantener los fuertes muros de la protección piadosa en tu vida.

Avivamiento en la ciudad / Nehemías 8-10   **10**

📖 **Resumen:** La primera mitad del libro de Nehemías enseña lecciones valiosas en cuanto a trabajar para Dios; la segunda mitad enfatiza la adoración a Dios. Comenzando con el capítulo 8, la narración es biografía más bien que autobiografía (ya no está en primera persona,"yo"). Ahora se centra en el bienestar espiritual, más bien que físico, del pueblo. La lectura y explicación pública de la Palabra de Dios trae un avivamiento arrollador a la ciudad. Gozándose al oír la preciosa ley de Dios, predicada por el sacerdote Esdras, el pueblo responde con oraciones de confesión, adoración a Dios, y una nueva resolución de vivir vidas piadosas.

Corazón del pasaje: Nehemías 8:1-12

Capítulo 8		Capítulo 9	Capítulo 10
Leyendo la ley	Respondiendo a la ley		
	Con regocijo	Con arrepentimiento	Con resolución
1 12	13 18		
Avivamiento en Jerusalén			

✔ **Tu andar diario:** ¡Avivamiento es el fenómeno quizás más discutido pero menos experimentado por los cristianos hoy! Y es fácil hallar la razón. Aunque el camino al avivamiento es simple, el precio es asombrosamente alto. Y pocos están dispuestos a pagarlo.

En ningún lugar de la Biblia se presenta más claro la "fórmula" para avivamiento que en la lectura de hoy. Había tres ingredientes básicos en el avivamiento de Israel: (1)lectura de la Palabra de Dios, (2) confesión de pecados, y (3) entrega de corazón a Dios. El pueblo hizo un pacto solemne de andar "en la ley de Dios" (10:29) —promesa que sólo una década más tarde sería vergonzosamente quebrantada.

Piensa en un área de tu vida que necesita "avivamiento"· tu matrimonio, ética de negocio, relación con tus hijos y otros miembros de la familia, tu vida de oración. Ahora considera el costo. ¿A qué cosas lícitas tienes que renunciar para obtener lo mejor de Dios? ¿Qué pecado debes dejar? ¿Qué acción puedes tomar ahora para mostrarle a Dios que hablas en serio?

Cada avivamiento que ha ocurrido en la historia del mundo, o de la iglesia, ha puesto mucho énfasis a la santidad de Dios.

📷 **Percepción:** Los primeros comentarios del Antiguo Testamento Esdras y sus asistentes "leían en el libro de la ley de Dios claramente, y ponían el sentido [es decir, la interpretación], de modo que entendiesen la lectura" (8:8). Después de años de exilio, muchos judíos ya no entendían el hebreo, y necesitaban que les interpretaran y explicaran en arameo —la lengua nativa de la gente común.

11 Reubicación / Nehemías 11-13

Corazón
del
pasaje:
Nehe-
mías 13

Resumen: Con el muro terminado y la condición espiritual de la nación revivida, Nehemías ahora se da a la tarea de consolidar y organizar la población. Una décima del pueblo es seleccionada por suerte para reubicarla a intramuros de la ciudad, mientras que el resto permanece en los suburbios. El muro es formalmente dedicado y oficiales del templo comisionados para supervisar las funciones de la adoración nacional. Tras una ausencia prolongada, Nehemías regresa de Babilonia, y encuentra que Tobías vive en una cámara perteneciente al templo, y que el pueblo muestra un abandono vergonzoso de las leyes de Dios concernientes al matrimonio y al día de reposo. Asumiendo de nuevo la función de reformador, Nehemías labora para restaurar la pureza nacional.

Capítulo 11	Capítulo 12	Capítulo 13
Desplegando a los ciudadanos	Dedicando el muro de la ciudad	Defendiendo la pureza de la ciudad
Distribución	Celebración	Expulsión

Perdonar
lenta-
mente no
es mucho
mejor
que no
perdonar.

Tu andar diario: ¡La vida sería una tarea fácil si tú fueras la única persona en la tierra! Y ahí está el problema.

Gente. No puedes vivir sin ella, pero ¿cuántas veces lo has intentado? El mayor reto de Nehemías no fue tratar de reedificar, sino tratar de amar a los reedificadores? Quizás vinieron a su mente preguntas como la de Pedro en Mateo 18:21: "Señor, ¿cuántas veces perdonaré a mi hermano que peque contra mí? ¿Hasta siete?"

Si Nehemías se hubiera limitado a siete, ¡no habría llegado ni al capítulo 3 de su libro! Nota la respuesta de Jesús: "No te digo hasta siete, sino aun hasta setenta veces siete" (Mateo 18:22).

Lo que hizo Nehemías con piedras y mezcla es bien conocido; lo que hizo con los hombres y mujeres testarudos, "perdonando sus ofensas contra él", está igualmente bien documentado en la Palabra de Dios. Nehemías sabía que perdonar es el mandamiento de Dios para nosotros; no criticar, murmurar, y condenar. ¿*Sabes* eso? ¿Lo *practicas*?

Percepción: Malaquías, una posdata profética a Nehemías
Cuatro siglos de silencio divino siguen al libro de Nehemías. Ninguna Escritura se escribió durante ese tiempo, posiblemente por la dureza del corazón del pueblo. Malaquías, un contemporáneo de Nehemías, dejó una breve constancia de la actitud indiferente de su día.

Ester

Como un novela emocionante, el drama de la vida real de Ester enfrenta a una bella heroína con un odioso villano, llega a un clímax en que la vida peligra, luego culmina con sorpresivo giro. La bella Ester está entre los muchos judíos cuya familia escoge quedarse en Persia tras el regreso de Israel a Jerusalén con Zorobabel, Esdras, y Nehemías. Escogida como reina, ella descubre un plan oficial de la corte para matarla a ella y a sus paisanos. En un dramático sesgo de los eventos, Dios usa la función de los dados y el insomnio del rey para salvar el día y preservar a Su pueblo.

Enfoque	Destrucción planeada		Destrucción prevenida	
Divisiones	Ester asciende al trono	Amán maquina una venganza	Amán recibe su merecido	Los judíos reciben un indulto
	1　　　　　　　2	3　　　　　　　4	5　　　　　　　7	8　　　　　　　10
Tópicos	Conflicto	Astucia	Valor	Conquista
	Vasti depuesta	Amán derrotado		Decreto del Purim
Lugar	Persia			
Tiempo	Unos 10 años (483-473 A.C.)			

12 Ester asciende al trono / Ester 1-2

Corazón del pasaje: Ester 1:1-12; 2:8-23

🔲 **Resumen:** Ester es más que una historia heroica. Ilustra cómo Dios controla los destinos de individuos y naciones a pesar de circunstancias adversas y oposición. Ester se asemeja a las noticias de hoy: intriga nacional, inseguridad política, intentos de asesinatos. Y sobre todo, la mano soberana de Dios está obrando en las vidas de Su pueblo, colocando a Ester en el palacio y el nombre de Mardoqueo en las crónicas persas "para esta hora" (4:14).

Capítulo 1		Capítulo 2	
Disolución de Asuero	Divorcio de Vasti	Coronación de Ester	Coraje de Mardoqueo
1　　　　　9	10　　　　22	1　　　　18	19　　　　23
Una antigua reina depuesta		Una nueva reina descubierta	

Valentía no es ausencia de temor, sino la conquista del mismo.

✍️ **Tu andar diario:** Sola... en un lugar extraño... sin amistades... asustada. Esa es una buena descripción de cómo Ester pudo haberse sentido cuando fue llevada al palacio por su primo Mardoqueo.

¿Te habría gustado hallarte en su lugar? Ella es presentada en el relato como una que había quedado sola en el mundo por Ia muerte de sus padres (2:7). Aunque fue adoptada por su primo, su herencia judía puso su vida en peligro cuando la incluyeron en el concurso de belleza del rey Asuero. Así que allí estaba ella: sin familia, sin amigos, sin tener un padre... ¿o sí lo tenía?

Ester evidentemente confió en un Padre invisible. Cuando fue llamada a comparecer en' el palacio, nunca vaciló. Armada de fe en Dios, marchó valientemente a un lugar desconocido para asumir deberes que eran nuevos para ella. Cuando se supo la noticia del complot de Amán, solicitó ayuno de parte de los judíos —una señal de humilde intercesión ante Dios.

Si eres creyente, entonces nunca estás solo. Dios siempre está presente como tu Padre amante. En efecto, Salmo 68:5 lo describe como "padre de huérfanos". ¿Por qué no llamas, o escribes, a tu padre terrenal y le dices lo que su actuación como padre... y la de Dios... han significado en tu vida. ¡A los padres les complace ser amados!

🔲 **Percepción:** El suntuoso palacio en Susa

El Pentágono es uno de los edificios de oficinas más grandes del mundo, con cabida para 26.700 empleados en su sitio de doce hectáreas. Multiplica eso por diez y tendrás una idea del tamaño de la acrópolis de 120 hectáreas del rey Asuero, escenario del concurso de belleza para elegir a la "Reina de Belleza de Persia".

Amán se rebaja a la venganza / Ester 3-4   **13**

📖 **Resumen:** Como en una novela, la trama ahora se complica. Ester ha sido elevada a reina sin darse a conocer su nacionalidad. Y ahora el villano Amán entra en la escena. Un favorito de la corte, Amán también asciende a la cima políticamente. Su odio por los judíos arde al rojo vivo cuando Mardoqueo omite rendirle homenaje. Amán persuade al rey Asuero con palabras y dinero a promulgar un edicto de destrucción de la raza judía. Supersticioso por naturaleza, Amán selecciona la fecha de ejecución tirando dados, ¡lo que da a Dios aun otra oportunidad de obrar detrás del escenario! Ahora la reina Ester se enfrenta a una decisión crucial. ¿Debía ella arriesgarse por revelar su nacionalidad en un intento de disuadir al rey? ¿O debía proteger su propia vida —y observar en silencio la masacre de sus paisanos?

Corazón del pasaje: Ester 3:1-6; 4:13-17

Capítulo 3	Capítulo 4	
Un decreto mortal	Un desesperado ayuno	Una decisión audaz
1	14 | 15	17
Plan de Amán	Promesa de Ester	

✋ **Tu andar diario:** ¿Te es difícil creer que pudieras odiar a alguien al grado de desear matarlo? ¿Tanto como para desear matar su familia completa? ¿Aun como para desear destruir toda su ciudad? Entonces imagínate el odio que había en el corazón de Amán hacia Mardoqueo —suficiente fuerte como para llevarle a destruir una nación entera.

Odio vengativo es el cuadro perfecto del villano Amán, y exactamente lo opuesto de la actitud de perdón que Dios desea para ti. Puede que no tengas la clase de odio de Amán, pero ¿eres culpable de un espíritu indispuesto a perdonar a alguien que te ha dañado? ¿Quisieras que el perdón que Dios te da fuera en proporción con el que tú otorgas a otros (Mateo 6:12)?

Lleva cinco centavos en tu bolsillo o cartera hoy. Entonces cada vez que te sientas tentado a reaccionar con ira ante una persona o circunstancia, deja un centavo —y el resentimiento que represenrta— en el lugar de la ofensa. Al terminar el día puede que seas cinco centavos más pobre, ¡pero habrás hecho lo que Jesús mandó en Mateo 6:12!

Cuando uno se venga, se hace igual que su enemigo; cuando pasa por alto la ofensa, se hace superior.

🔍 **Percepción:** El alto precio de la sangre fría

Un comentarista ha valorado el talento de plata hebreo en $12.000. Eso quiere decir que Amán estaba dispuesto a pagar $120 millones para exterminar a los judíos —¡una suma fabulosa para un asesino a sueldo persa!

14 *Las coincidencias de Dios*

Lectura bíblica: Daniel 4:34b-35; Salmo 46

← Da un paso atrás

Irónicamente, el libro de Ester no menciona específicamente a Dios. Sin embargo, su mano invisible está constantemente obrando en los eventos que se narran en Ester. La coronación de Ester, la olvidada proeza de Madoqueo, el destino de Amán, la visita sin invitación de Ester al rey... la lista sigue.

Sólo en los primeros siete capítulos, por lo menos doce eventos indican que Dios estaba soberanamente obrando detrás del escenario. Las posibilidades de que ocurran 12 eventos en orden consecutivo por coincidencia son de 1 en 479 millones. Por supuesto, ¡las posibilidades de esos sucesos en la voluntad de Dios son 1 en 1!

Más que ningún otro libro en la Biblia, Ester señala a la invisible soberanía de Dios. El libro está lleno del sentido de confianza de que El tiene el control, y que obra hábilmente para preservar a Su pueblo de tragedia terminal.

En lo que has leído hasta aquí en la Biblia, pregúntate qué eventos revelan la obra de la mano de Dios más claramente. Quizás estés pensando en la creación, el diluvio, la apertura del mar Rojo. Es fácil ver a Dios en los eventos dramáticos de la vida. Pero vivimos en la esfera de lo mundano, y aquí es más difícil verlo obrar.

No obstante, El está obrando. Y el mensaje de Ester es que debemos ser sensibles a Su voluntad; escuchar Su voz apacible; Y responderle con diligencia y fidelidad, no importa como El dirija.

↑ Mira arriba

En verdad Dios es soberano. Medita en oración en este atributo de tu Dios poderoso mientras lees Daniel 4:34b-35 y Salmo 46. Alábalo porque El es Dios, y cumplirá su voluntad. Y dale gracias porque su camino es perfecto, lleno de gracia, misericordia, y amor.

Dios es demasiado grande para que sea sacado de quicio por la impiedad del hombre.

→ Sigue adelante

Dispuesta a exponer la vida por su pueblo, Ester puso su confianza en Dios. Mientras los eventos se arremolinaban a su alrededor, su fe en la soberanía de Dios permanecía inconmovible.

¿Es esa una lección que necesitas? Es fácil suponer que sabemos qué hacer en cuanto a vivir nuestra vida, pero El está ahí, diciéndonos suavemente que pongamos nuestra vida en sus manos.

Si necesitas recordar el papel que has sido llamado a desempeñar en el drama de la vida, considera estas palabras de Dios del libro de Isaías: "Porque mis pensamientos no son vuestros pensamientos, ni vuestros caminos mis caminos, dijo Jehová. Como son más altos los cielos que la tierra, así son mis caminos más altos que vuestros caminos, y mis pensamientos que vuestros pensamientos" (Isaías 55:8-9).

Amán recibe su merecido
Ester 5-7

15

📖 **Resumen:** Ester resueltamente se acerca al trono para hacer una humilde petición. El rey y Amán son invitados a un banquete especial. Al terminar la ocasión festiva, Ester hace otra petición: El rey y Amán son invitados ¡a otro banquete! La demora sabia y oportuna de Ester permite al Director Divino poner en escena la salida de Amán. Al ir para su casa, Amán se siente insultado por la presencia de Mardoqueo a la puerta del rey, y ordena que construyan una horca para la rápida ejecución de Mardoqueo. Mientras tanto, el rey Asuero no podía dormir y trata de curar su insomnio leyendo los anales de la corte. Para su sorpresa, descubre la bondad no recompensada de Mardoqueo y ordena a Amán que dirija una procesión en honor de Mardoqueo. Tremendamente humillado, Amán regresa al banquete de Ester, donde ésta revela la nacionalidad de ella y la traición de él. El rey ordena a sus siervos que cuelguen a Amán en la misma horca preparada para Mardoqueo.

Corazón del pasaje: Ester 5, 7

Capítulo 5		Capítulo 6	Capítulo 7
Invitación de Ester	Fatuación de Amán	Recompensa de Mardoqueo	Ruina de Amán
1 8	9 14		
Esperanza		Honor	Horca

✍ **Tu andar diario:** Jamás se dijo un proverbio más verdadero que este: "Antes del quebrantamiento es la soberbia, y antes de la caída la altivez de espíritu" (Proverbios 16:18).

Traza el orgulloso camino de Amán a la destrucción. Comenzó con una promoción genuina (tal vez por servicio fiel) por el rey Asuero (3:1); esto llevó a arrogancia jactanciosa de su avance; y culminó en exaltación propia. ¡Tres pasos a la horca!

Proverbios 29:23 advierte: "La soberbia del hombre le abate; pero al humilde de espíritu sustenta la honra". ¿Dónde una promoción o logro reciente en tu vida ha sentado las bases para posible vanagloria, exaltación propia, y degradación? Amán cayó en la dolorosa trampa del orgullo. ¡Que 1 Pedro 5:6-7 dirija tu próximo paso hoy!

Tragarse el orgullo rara vez produce indigestión.

🖋 **Percepción:** Epitafio para un agageo
En el epitafio de Amán bien podrían haberse grabado las palabras: "Murió de *yo*". Un epitafio real para Amán se ha descubierto en la colección de escritos judíos llamada el Talmud (Megillah 7B). Dice simplemente: "¡Maldito sea Amán! ¡Bendito sea Mardoqueo!

16 *Los judíos reciben un indulto / Esther 8-10*

Corazón del pasaje: Ester 8:1-8; 9:1-2, 12-32

Resumen: Los últimos capítulos del drama de Ester son como el final de un cuento de hadas. Mardoqueo es promovido, los enemigos de los judíos destruidos, y Ester obtiene cartas del rey para instituir la Fiesta de Purim como un recuerdo perpetuo de la gran liberación de Dios. En el epílogo (capítulo 10), Mardoqueo recibe reconocimiento histórico en los anales persas. Tal aclamación de parte de historiadores paganos no se debe a las alegaciones arrogantes de la exaltación propia (como en el caso de Amán) sino al ejemplo de Mardoqueo de servicio en palabra y conducta.

Capítulo 8	Capítulo 9		Capítulo 10
Revocando la ley	Repeliendo al enemigo	Recordando a Purim	Recompensando a Mardoqueo
1	19	20 32	
Peleando	Festejando		Favoreciendo

La fe es tan simple, y a la vez tan difícil como creer que Dios cuida.

Tu andar diario: Si has observado una presentación de premios (Oscar o Emmy, por ejemplo), probablemente hayas escuchado a muchos de los ganadores atribuir gran parte de su éxito al *director*. ¿Puedes sugerir por qué?

Ahora que has terminado de leer el libro de Ester, un drama divino que se desarrolla en el escenario real de la historia, ¿A quién crees que Ester y Mardoqueo atribuirían *su* éxito?

Piensa en los personajes que has hallado en el libro; entonces brevemente contesta las siguientes preguntas:

1. ¿Cuántos eventos en el libro demuestran claramente el control soberano de Dios? (tirar los dados, el insomnio del rey). _____

2. ¿Qué lección puedes aprender de...
los dos banquetes de Ester?_____
bondad de Mardoqueo no recompensada? _____
el que Amán echara suertes? _____
el ahorcamiento de Amán? _____

3. ¿Cuál es una manera en que puedes cooperar con el Director de *tu* vida para dar gloria a El?_____

Percepción: La fiesta de los dados

La Fiesta del Purim deriva su nombre de la suerte o dados (hebreo, *purim*) que Amán echó (3:7; 9:24). En excavaciones arqueológicas en Susa se han descubierto dados numerados similares a los que Amán pudo haber usado en su selección supersticiosa de una fecha.

Colocando los
libros de
Esdras, Nehemías, Ester, y Job

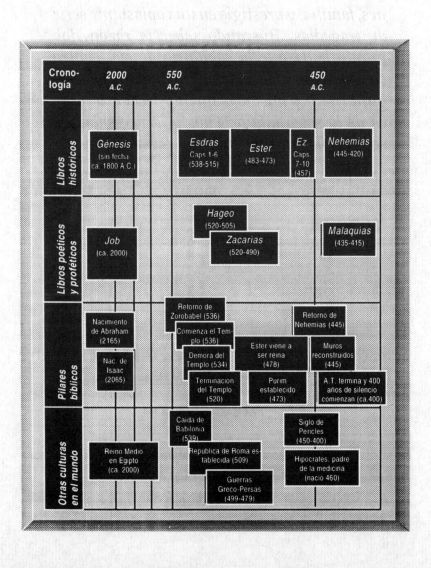

Crono-logía	2000 A.C.	550 A.C.			450 A.C.
Libros históricos	Génesis (sin fecha ca. 1800 A.C.)	Esdras Caps 1-6 (538-515)	Ester (483-473)	Ez. Caps. 7-10 (457)	Nehemías (445-420)
Libros poéticos y proféticos	Job (ca. 2000)	Hageo (520-505) Zacarías (520-490)			Malaquías (435-415)
Pilares bíblicos	Nacimiento de Abraham (2165) / Nac. de Isaac (2065)	Retorno de Zorobabel (536) / Comienza el Templo (536) / Demora del Templo (534) / Terminación del Templo (520)	Ester viene a ser reina (478) / Purim establecido (473)		Retorno de Nehemías (445) / Muros reconstruidos (445) / A.T. termina y 400 años de silencio comienzan (ca.400)
Otras culturas en el mundo	Reino Medio en Egipto (ca. 2000)	Caída de Babilonia (539) / Republica de Roma establecida (509) / Guerras Greco-Persas (499-479)			Siglo de Pericles (450-400) / Hipocrates, padre de la medicina (nació 460)

Job

E l libro de Job enfoca la antigua cuestión del sufrimiento humano, y así examina uno de los asuntos más desconcertantes de la vida. De la noche a la mañana el patriarca cuyo nombre lleva el libro, ve sus bendiciones convertidas en sinsabores al perder su salud, bienes, familia, y prestigio en una aplastante serie de tragedias. Buscando saber la razón, Job pronto halla que la sabiduría de sus cuatro consejeros es inadecuada. Finalmente, Job pregunta a Dios mismo y aprende lecciones acerca de la soberanía de Dios y la necesidad de confiar plenamente en El.

Enfoque	Conflicto	Consejo	Confianza
Divisiones	Aflicción y lamento de Job	Consejeros y controversia de Job	Respuesta y absolución de Jehová
	1　　　　　3	4　　　　　37	38　　　　　42
Tópicos	Las obras de Dios	Incomprensión de los hombres	Palabras de Dios
	Satanás cuestiona a Dios	Amigos cuestionan a Job	Dios responde a Job
Lugar	Tierra de Uz		
Tiempo	Período patriarcal (alrededor de 2000 A.C.)		

Aflicción y lamento de Job / Job 1-3 17

🔲 **Resumen:** Job, un piadoso y rico residente de Uz, observa impotente cómo su salud, bendiciones y prosperidad se derrumban a su alrededor. Job no sabe (el lector sí, por los capítulos 1 y 2) que su problema no comienza en la *tierra*, sino en el *cielo*. Con el permiso de Dios (y dentro de limitaciones divinamente impuestas) Satanás lanza una serie de ataques devastadores en un intento de obligar a Job a renunciar a Dios. En cada prueba, la fe de Job en Dios resplandece, aunque un torbellino personal se agita en el corazón de Job cuando pregunta vez tras vez: "¿Por qué, Dios?"

Corazón del pasaje: Job 1-2

Capítulo 1		Capítulo 2		Capítulo 3
Primera prueba de Job		Segunda prueba de Job		Angustia de Job Expresada
Arreglada	Soportada	Arreglada	Soportada	
1 12	13 22	1 6	7 13	
Comienza la prueba				Comienza la confusión

✍️ **Tu andar diario:** Tres veces en el Nuevo Testamento se menciona a Satanás como un animal salvaje. ¿Cuántas de las tres puedes recordar antes de buscar los pasajes en la Biblia? ¿Por qué cada símbolo es apropiado?

1 Pedro 5:8 _____

Apocalipsis 12:9 _____

Apocalipsis 20:2 _____

Un mar tranquilo nunca hizo marinero diestro.

¡Satanás está vivo y activo, deambulando por todo el planeta tierra! Si lo dudas, medita sólo en la historia de Job, un "hombre perfecto y recto, temeroso de Dios y apartado del mal" (1:1). Job era un hombre íntegro, de acendrada moral, y sumiso a Dios. Y los mismos atributos de piedad que hicieron a Job vasija muy útil para el servicio de Dios hicieron de él un blanco predilecto para los ataques de Satanás. Pablo escribió: "Y también todos los que quieren vivir piadosamente en Cristo Jesús padecerán persecución" (2 Timoteo 3:12); y Job es claramente un "primer objetivo".

¿Te has apropiado de la armadura protectora que Dios te ha provisto para con ella puedas evadir los dardos de fuego del maligno? ¿No estás seguro? Antes de seguir adelante hoy, mira a la lista de los componentes de la armadura de Dios, en Efesios 6:11-17. Asegúrate de que cada pieza esté firmemente colocada. (¡Puedes pedir a un amigo o miembro de la familia que lo compruebe!)

🔲 **Percepción:** Un nombre de la antigüedad
El nombre del libro y su héroe, Job (hebreo, 'Iyyob), aparece en textos extrabíblicos de fecha tan temprana como el 2000 A.C., lo que indica que Job es quizás el libro más antiguo de la Biblia.

18 Ciclo #1: Elifaz y Job / Job 4-7

Corazón del pasaje: Job 4, 6

📖 **Resumen:** Tras una semana de deplorar en silencio su desgracia, tres consejeros humanos de Job comienzan a analizar su situación. Elifaz, aparentemente el mayor, habla primero. El razona que una conducta recta trae bendición, mientras que el pecado trae sufrimiento; por lo tanto, Job tiene que ser culpable de transgresión y necesita arrepentirse. Job afirma enfáticamente que su desesperación es justificada, y reta a Elifaz a presentar una evidencia contra él. Después de silenciar a su acusador, Job dirige su atención a Dios. Bombardea a Dios con preguntas acerca del dolor en la vida y le implora que no lo trate como a un reo (7:20).

Capítulo 4	Capítulo 5	Capítulo 6	Capítulo 7
"Dios es justo"	"Tú eres culpable"	"Yo soy inocente"	"Dios, déjame en paz"
Razonamientos de Elifaz		Rebatimiento de Job	

Prepárate para lo peor; espera lo mejor, y agradecido acepta lo que Dios mande.

✍ **Tu andar diario:** ¿Es lo siguiente verdadero o falso?

V F 1. El sufrimiento en tu vida siempre se debe a pecado o desobediencia personal (Job 1:8).

V F 2. El sufrimiento en tu vida es una señal segura de que estás haciendo lo que Dios desea que hagas (1 Pedro 4:15-16).

V F 3. A veces no hay razón terrenal (aunque puede haberla celestial) para que se te permita sufrir física o emocionalmente (Job 1:12; 2:6).

Elifaz no fue el primero (ni será el último) consejero o amigo que razone así: "El sufrimiento es siempre una señal de pecado en la vida del que sufre". Sin embargo, Jesús mismo echó a un lado esa falsa conclusión cuando se encontró con un hombre ciego de nacimiento. En respuesta a la pregunta de los discípulos, "Rabí, ¿quién pecó, éste o sus padres, para que haya nacido ciego?" (Juan 9:2), Jesús respondió: "No es que pecó éste, ni sus padres, sino para que las obras de Dios se manifiesten en él". A veces Dios permite el sufrimiento para poder demostrar Su poder perfecto ante la debilidad humana.

¿Estás afligido por la pérdida de la salud, las finanzas, o algún familiar? Cerciórate de que no exista causa terrenal para tu dolor; entonces confía en Dios, que puede haber una razón celestial.

✍ **Percepción:** Elifaz, "sabio" de Temán
Según Jeremías 49:7, el pueblo natal de Elifaz, Temán, era famoso por sus consejeros y sabios —¡precisamente lo que Job necesitaba!

Ciclo # 1: Bildad y Job / Job 8-10

19

Resumen: Cuando Bildad habla, deja a un lado la acostumbrada introducción cortés (compare 4:1-6) para confrontar directamente a Job. Su acusación es la misma de Elifaz: "Dios es justo; Job es culpable". Bildad intenta apoyar su argumento en la tradición y la historia. Como en su previa impugnación, Job responde primero a su consejero humano (9:1-24), antes de dirigir su queja a Dios. Job reconoce la justicia de Dios, pero no puede reconciliarla con su aflicción inesperada. Esto sume a Job aun más profundo en la desesperación y lamenta haber nacido.

Corazón del pasaje: Job 8-9

Capítulo 8	Capítulo 9	Capítulo 10
"Sólo el culpable sufre"	"El culpable y el inocente sufren"	"Habría sido mejor no haber nacido"
Teoría de Bildad	Teología de Job	

Tu andar diario: ¿Te has sentido alguna vez como si algo interrumpiera la comunicación entre tú y Dios? Dios parecía demasiado grande o remoto para interesarse genuinamente en tus pequeños ayes. Pensaste que necesitabas un mediador, un árbitro, un abogado para que entregara tu queja a Dios, y estar seguro de que fuera comunicada con precisión.

En medio de su perplejidad, Job se lamentaba: "No hay entre nosotros árbitro que ponga su mano sobre nosotros dos" (9:33). ¡Pero *tú* tienes un Arbitro! "Porque hay un solo Dios, y un solo mediador entre Dios y los hombres, Jesucristo hombre" (1 Timoteo 2:5). Tú eres más afortunado que Job, porque tienes al Señor Jesucristo presto a interceder por ti (Hebreos 7:25).

Abre tu baúl y saca todos los trapos sucios de resentimientos que nunca le has confiado a Dios. Anótalos en el margen, y entrégalos todos a tu "Arbitro". Recuerda, es Su tarea representarte ante el Padre. Entonces prepárate para disfrutar el día, confiado en el conocimiento de que la aparente brecha en tu comunicación con Dios ¡ha sido salvada!

Letrero en la puerta de un consejero: "Si tienes problemas, entra y cuéntamelos. Si no los tienes, entra y dime cómo resolviste".

Percepción: Más de 99.44 por ciento puro
Job sabía que el agua más pura y el jabón más eficaz no tenían poder para remover las manchas del pecado. Sólo la limpieza de Dios puede lograrlo (Salmo 51:7; Isaías 1:18). ¿Has dejado que la Palabra de Dios traiga limpieza a tu vida hoy (Juan 15:3)? Si no, ¡dedica un tiempo a la limpieza ahora mismo!

20 Ciclo # 1: Zofar y Job / Job 11-14

Corazón del pasaje: Job 11, 13

Resumen: Zofar deja la cortesía aun más atrás (11:2-6) al multiplicar las acusaciones contra Job. Le recuerda a Job que Dios es terrible y omnisciente, por lo tanto Job tiene que arrepentirse. Sólo entonces Dios lo restaurará. Job comienza su tercera defensa en un tono sarcástico (12:2). Reconoce la terribilidad de Dios, pero, con todo, reclama su inocencia. Vuelve a hablar primero a sus consejeros terrenales antes de dirigir sus comentarios a su Padre celestial para lamentarse de la fragilidad del hombre. Pero en medio de la desesperación de Job, surge un rayo de esperanza al contemplar la vida más allá de la tumba.

Capítulo 11		Capítulo 12	Capítulo 13	Capítulo 14
"Dios·es grande"	"Tú eres culpable"	"Dios es grande"	"No tenéis fundamento"	"Todavía estoy dolorido"
1	12	13	20	
Exposición de Zofar		Conclusiones de Job		

Paga al mal con el bien, y privarás al malhechor del placer de su maldad.

Tu andar diario: La crítica duele, pero la calumnia hiere. Los "amigos" de Job resultaron ser poco más que "fraguadores de mentira" (13:4). La Biblia tiene muchas referencias a aquellos que se valen de falsedades o verdades a medias para acusar a creyentes inocentes. Por ejemplo, el salmista clama: "Contra mí forjaron mentira los soberbios" (Salmo 119:69). Pero aun frente a tal trato inmerecido, el salmista se refrenó, diciendo: "Mas yo guardaré de todo corazón tus mandamientos". Aun los ataques calumniosos no justifican que en represalia hagamos daño. Para el creyente, ¡Dios tiene una forma mejor!

El desea que reacciones escrituralmente a tu acusador en una forma santificada: ¡Mátalo con bondad! Como dijo el apóstol Pablo: "No seas vencido de lo malo, sino vence con el bien el mal" (Romanos 12:21). ¿Alguien te ha herido profundamente de palabra en días recientes? Puedes escoger. Te desquitas mediante una represalia o vences el mal respondiendo en amor. Traza hoy una estrategia para transformar a uno de tus falsos acusadores en un amigo, mediante el irresistible amor de Dios. Comienza a poner en práctica tu plan, ponte a un lado y dale a Dios tiempo para obrar.

Percepción: Negligencia profesional... ¡o algo peor!
Job usa imágenes similares a la pérdida de licencia de un médico por razón de negligencia (13:4). Por contraste, la ley antigua del código de Hamurabi establecía que si un médico operaba el ojo de alguno sin éxito, el ojo del médico había de ser cegado también.

Ciclo # 2: Elifaz y Job / Job 15-17   **21**

🔲 **Resumen:** El segundo ciclo de debates comienza con Elifaz, que va directamente al grano en su acusación: "¿Por qué tu corazón te aleja ... para que contra Dios vuelvas tu espíritu?" (15:12-13). Elifaz describe gráficamente la angustia y destino final del impío, esperando que Job lo aplique a su situación. Job reacciona inmediatamente, declarando a Elifaz y sus compañeros "consoladores molestos" (16:2). Después de afirmar que Dios solo lo ha desmenuzado, se hunde más profundo en su desesperación hasta que al fin llega al fondo, aparentemente sin esperanza y solo. Y descubre que Dios ha estado allí todo el tiempo.

Corazón del pasaje: Job 15-16

Capítulo 15	Capítulo 16	Capítulo 17
"Job es hipócrita"	"Dios es severo"	Todo está perdido"
Acusación de Elifaz	Candor de Job	

✍️ **Tu andar diario:** El argumento de Job en 16:7-17 se podría resumir de esta manera: "Si Dios contra nosotros, ¿quién es por nosotros?" Finalmente él llegaría a conocer la verdad que se escribiría más tarde para nuestra consolación y aliento: "Si Dios es por nosotros, ¿quién contra nosotros?" (Romanos 8:31). La respuesta obvia a ambas preguntas es ¡nadie! Pero, ¿está Dios por nosotros, o contra nosotros? ¿Cómo podemos estar seguros en circunstancias adversas?

La verdadera medida del amor de Dios es que El ama sin medida.

En un papel, escribe las dificultades que ahora estás enfrentando, las que podrían inclinarte a concluir que Dios no está de tu parte: enfermedad prolongada, deudas no pagadas, pérdida de empleo, muerte de un ser querido. Luego ve a Romanos 8:35-39 para que veas cuántos de tus problemas pueden realmente separarte del amor de Dios. La muerte no puede. La angustia no puede. El hambre no puede. En realidad, ¡nada puede!

Ahora toma ese papel y quémalo. Al hacerlo, da gracias a Dios porque Su amor es más fuerte que cualquiera de las cosas que escribiste o los problemas que enfrentarás hoy.

🖊️ **Percepción:** El silencio es oro

¿Sabes la diferencia entre la cirugía menor y la mayor? Es menor cuando otro es quien la sufre; mayor, cuando eres tú; ¿verdad? Del mismo modo, es fácil para los amigos de Job hablar cuando es Job quien tiene el dolor. Como muchos casos desde entonces, su compasión silenciosa (2:13) ayudaba más que sus palabras bien intencionadas. A veces lo mejor que podemos hacer es sentarnos en silencio y compartir el dolor que está en el corazón de nuestro hermano.

22 Ciclo # 2: Bildad y Job / Job 18-19

Corazón del pasaje:
Job 18:1-19:6

Resumen: En su segundo intento de aconsejar a Job, Bildad pinta un cuadro más oscuro aun del destino de los impíos: Su luz se apagará; sus planes traerán su propia ruina; su fortaleza será devorada; y cada paso suyo será acompañado de oscuridad, debilidad, y terror. Sin el afecto de su familia y amigos, Job se vuelve de nuevo a su Padre celestial en busca de consuelo. Remontándose de las profundidades de la depresión y la desesperación, la fe de Job revive en una estrofa majestuosa de fe y confianza: "Yo sé que mi Redentor vive... y en mi carne he de ver a Dios" (19:25-26).

Capítulo 18		Capítulo 19	
"Procedes mal"	"Los impíos son atrapados"	"Sois inútiles"	"Mi redentor vive'
1 4	5 21	1 20	21 29
Crueldad de Bildad		Confianza de Job	

Habiéndote arrugado todo con los afanes y la preocupación, es tiempo de que tu fe se levante.

Tu andar diario: Mira bien en qué te apoyas en tiempo de necesidad. Si la fuente de fortaleza es ineficaz, quedarás quebrantado y desilusionado.

Job contaba con que sus amigos y familiares entenderían su ruego. Después de todo, si uno no puede acudir a sus seres amados en tiempo de necesidad, ¿adónde acudirá? Nota el resultado de la confianza mal colocada de Job: "Mis conocidos como extraños se apartaron de mí. Mis parientes se detuvieron, y mis conocidos se olvidaron de mí... mis criadas me tuvieron por extraño.... Todos mis íntimos amigos me aborrecieron, y los que yo amaba se volvieron contra mí" (19:13-15,19). Hundido en el cieno de la desesperación y la desilusión, Job eleva su mirada al cielo. Desde el valle de la depresión tenebrosa, se remonta a la cima de la consoladora presencia de Dios.

Toma la letra del himno "Salvo en los tiernos brazos". Medita en las estrofas, y haz lo que el himnólogo recomienda: Apóyate en Jesús.

Percepción: Escalando hasta la cúspide de la fe con Job
Nota la creciente fe de Job en una solución *celestial* a sus ayes *terrenales*.

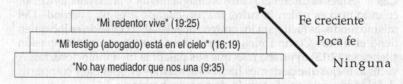

"Mi redentor vive" (19:25) — Fe creciente
"Mi testigo (abogado) está en el cielo" (16:19) — Poca fe
"No hay mediador que nos una (9:35) — Ninguna

23

Ciclo # 2: Zofar y Job / Job 20-21

📖 **Resumen:** Zofar, carente de originalidad, procede a tañer las mismas cuerdas del tema de sus dos compañeros: la retribución del impío. Evade la defensa, llena de esperanza, de Job para declarar que la satisfacción del impío será breve, y cierta su ruina —¡generalizaciones que Zofar espera que Job aplique a su caso!—. En su impugnación, Job emplea muchos de los mismos términos, preguntas, y argumentos de sus acusadores. Hay excepciones a la teoría de que únicamente el justo prospera y sólo el impío sufre. Dios derrama sus bendiciones sobre los impíos tanto como sobre los justos —un hecho que socava los argumentos de Zofar pero no trae consuelo a Job.

Corazón del pasaje: Job 20:1-11; 21:22-34

Capítulo 20		Capítulo 21		
"Tu argumento me afecta"	"Mi argumento debiera afectarte"	"Abre tus oídos"	"Abre tus ojos"	"Abre tu corazón"
1 3	4 29	1 6	7 26	27 34
Repetición de Zofar		Rebatimiento de Job		

✍️ **Tu andar diario:** El optimismo congenia con la fe; el pesimismo, con la duda. ¿Con cuál congenias tú?

Se cuenta la historia de un hombre que fue sin dinero a un restaurante, pensando pagar su comida con la perla que esperaba encontrar en la ostra que planeaba ordenar. ¡Eso es ser *optimista!* También, la del hombre que rehusó casarse porque estaba seguro de que nunca encontraría la joven que mereciera ser tan feliz como él la haría. ¡Eso es un *pesimista!*

Entre estos dos extremos está el *bíblico*, aquel que, sin negar las realidades duras de su situación presente, puede todavía echar mano de todas las promesas y provisiones de Dios acerca de vivir por encima de sus circunstancias. Zofar sólo podía ofrecer a Job respuestas trilladas y refranes piadosos. Como resultado, su consejo trajo angustia en vez de consuelo.

Un pesimista es una persona que permanece mareada durante todo el viaje de la vida.

¿Cómo puedes dar verdadero consuelo a un amigo o familiar que está dolido emocional, física, o espiritualmente hoy? Planea cuidadosamente lo que dirás... y lo que no dirás. Entonces hazle una visita consoladora a esa persona.

📝 **Percepción:** Palabras con sonido hueco (pero familiar)

En su impugnación, Job ingeniosamente emplea las palabras de sus oponentes. Por ejemplo, en un solo versículo (21:28), Job parafrasea (y parodia) las palabras de los tres consejeros: Bildad (8:22), Elifaz (15:34), y Zofar (20:26).

24 Ciclo # 3: Elifaz y Job / Job 22-24

*Corazón
del
pasaje:
Job
22-23*

🕮 **Resumen:** Aún negándose a admitir la posibilidad de que un hombre inocente tenga que sufrir, Elifaz comienza la tercera ronda del diálogo. Sin embargo esta ronda no concluye su ciclo. La contribución de Bildad es muy breve (Capítulo 25), y Zofar no habla. Los argumentos ahora se tornan dolorosamente mordaces. Elifaz confronta a Job con esta declaración: "Por cierto tu malicia es grande, y tus maldades no tienen fin" (22:5). Job no impugna la acusación directa de Elifaz.

Capítulo 22	Capítulo 23	Capítulo 24
"Eres un impío"	"¿Dónde está mi juez?"	"¿Dónde está la justicia?"
Acusación de Elifaz	Interrogante de Job	

*Un
gramo de
fe es más
precioso
que un
kilogra-
mo de
conoci-
miento.*

✍️ **Tu andar diario:** Jugar al escondite es muy entretenido para los niños. Tienes que encontrar a alguien que está tratando de evadirte.

Jugar al escondite en la esfera espiritual no es ni interesante ni agradable. En realidad, puede resultar frustrante. La pregunta, "¿Dónde estás, Dios?" es tan vieja como los días de Job.

Job 23:8-12 contiene una mezcla de duda y confianza. Job había guardado los caminos de Dios, obedecido sus mandamientos y aun "guardé las palabras de tu boca más que mi comida" (23:12). Y sin embargo, adondequiera que Job se volviera en su crisis —hacia delante... hacia atrás... a la izquierda... a la derecha (23:8-9)— parecía que no estaba Dios.

Aunque Job no podía juntar las piezas del rompecabezas, se dio cuenta de que Dios sí. Y ahí estaba la clave, porque Dios quería que Job confiara en El sin preguntar. Confianza, no conocimiento, era el asunto.

Armar un rompecabezas es un buen entretenimiento para la familia después de la cena. Si no tienes uno en casa, cómpralo al regresar del trabajo. Y mientras coordinan las piezas, comunica a tus hijos una lección de la vida de Job acerca de qué hacer cuando las piezas de la vida no compaginan.

📖 **Percepción:** ¿Aún no caes en la cuenta, Job?

En cada ciclo de debate, el tono acusador de los consejeros de Job se torna más persistente y mordaz. En el ciclo # 1, hablan sobre los impíos y los justos; en el ciclo # 2, de los impíos; y ahora en el ciclo # 3, el blanco de su abuso verbal es claramente Job mismo.

Ciclo # 3: Bildad y Job / Job 25-28   **25**

Resumen: Bildad no discute con Job, sino más bien ofrece dos generalizaciones: Dios es grande, y el hombre es un gusano —conclusiones en las que Job no encuentra consuelo alguno—. La impugnación de Job toma la forma de un discurso acerca de la soberanía de Dios, en la que enfatiza su inocencia, y reafirma su confianza en que la balanza de la justicia de Dios finalmente se inclinará a su favor. Entonces Job pondera la grandeza de la sabiduría de Dios, y concluye diciendo: "He aquí que el temor del Señor es la sabiduría, y el apartarse del mal, la inteligencia" (28:28) —¡aunque esa inteligencia todavía está lejos de él!

Corazón del pasaje: Job 25, 28

Capítulo 25	Capítulo 26	Capítulo 27	Capítulo 28
"Dios es grande"	"Dios es soberano"	"Dios es justo"	"Dios es sabio"
Conclusión de Bildad	Conclusiones de Job		

Tu andar diario: ¿Entiendes la importancia del discernimiento? Lee los siguientes versículos para que veas lo que dicen acerca de la importancia del entendimiento en la vida del creyente:

Proverbios 3:5 No te apoyes en tu propia prudencia.
Proverbios 4:7 Sabiduría ante todo; adquiere sabiduría.
Proverbios 9:10 _____
Proverbios 16:16 _____
Job 28:28 _____
Salmo 111:10 _____

Uno llega a ser sabio por observar lo que le ocurre cuando no lo es.

La palabra "inteligencia" en Job 28:28 significa discernimiento moral. Implica dar una mirada objetiva a tus circunstancias, con una perspectiva adecuada de la voluntad de Dios en el asunto, y finalmente proceder en la dirección correcta.

Entender la voluntad de Dios, por lo tanto, significa más que simplemente saber qué hacer; es poner en práctica lo que sabes. Es ser "hacedores de la palabra, y no tan solamente oidores" (Santiago 1:22). ¿En qué esfera en tu andar con Dios no estás aplicando todo tu conocimiento? ¿Cómo puedes mostrarle a Dios que verdaderamente entiendes su voluntad?

Percepción: Consejeros sin consejo
A medida que cada ciclo de debate progresa, los acusadores de Job hallan que tienen menos que decir. Nota el número de versículos hablados por cada acusador al recorrer los tres ciclos: Elifaz (48, 35, 30); Bildad (22, 21, 6); Zofar (20, 29, 0).

26 *Ciclo # 3: Zofar y Job / Job 29-31*

Corazón del pasaje: Job 29:1-7; 30:1-8; 31:5-15

📖 **Resumen:** Zofar, dándose cuenta de que el debate se ha estancado, guarda silencio en vez de rebatir por tercera vez. Pero mientras los consejeros de Job por fin se callan, el problema de su sufrimiento permanece, lo que hace a Job recordar los buenos días del pasado. En el pasado Dios lo había bendecido con protección, prosperidad, y el respeto de sus vecinos. Pero ahora todo ha cambiado. La pobreza ha reemplazado a la prosperidad; el respeto ha dado paso al ridículo; la enfermedad ha destruido su salud y vitalidad. Mirando al interior, Job concluye que su castigo es injustificado. Al mirar arriba, sólo podía rogar: "Péseme Dios en balanza de justicia, y conocerá mi integridad" (31:6).

Capítulo 29	Capítulo 30	Capítulo 31
"Me acuerdo de los buenos días del pasado	Me resiento por los malos días del presente"	"Me considero perfectamente inocente"
Gloria pasada de Job	Gemido actual de Job	Piedad persoanl de Job

Todavía Dios habla a los que dedican tiempo en escucharle.

🏃 **Tu andar diario:** Un pan se pone viejo si se deja en un ambiente desfavorable por mucho tiempo. Una habitación adquiere mal olor cuando no circula aire fresco en ella. Aun la vida de un cristiano se pone "rancia" sin la exposición fresca a la Palabra de Dios cada día. Si no lo crees, ¡pregúntaselo a Job! Su declaración concluyente en 31:40 es breve pero significativa: "Aquí terminan las palabras de Job". No había nada más que decir. A sus amigos se les habían terminado los argumentos; Job se había quedado sin explicaciones; en una palabra, la situación se había puesto "rancia"... hasta que Dios habló.

¿Sientes que tu andar con Dios se está estancando o poniendo rancio? Entonces haz lo que hizo Job. Calla por un rato y deja que sea Dios quien hable. Busca un lugar libre de distracciones (teléfono, niños, voces humanas), y toma 15 minutos para, sin interrupción, reflexionar en la Palabra de Dios y escuchar su voz. No es fácil... ¡pero vale la pena!

✍️ **Percepción:** Bendiciones pasadas, ayes presentes
En los capítulos 29-30 Job contrasta su suerte en la vida ("en los meses pasados", 29:2) con su actual estado de desesperación ("Pero ahora", 30:1). ¿Puedes descubrir por lo menos tres de los contrastes que Job menciona?

"En los meses pasados..."	"Pero ahora..."
_____	_____
_____	_____
_____	_____

Ciclo # 3: Eliú y Job (Parte 1)
Job 32-34

27

📖 **Resumen:** En los largos debates, tres hombres han dialogado con Job. Pero hay un cuarto hombre que ha permanecido en cortés silencio, más joven que el resto. Al fin, enojado con Job por su autoproclamada inocencia e indignado con los tres amigos de Job por sus respuestas ineficaces, Eliú no puede permanecer cayado por más tiempo. En cuatro extensos monólogos, él declara su evaluación de la situación de Job. Según Eliú, el problema es orgullo. Aunque no era el pecado lo que había ocasionado las pruebas de Job, sin embargo él si peca en medio de sus pruebas por demandar arrogantemente una respuesta de Dios. Eliú le recuerda a Job que un Dios misericordioso a veces tiene que usar la aflicción para llamar nuestra atención y salvarnos de consecuencias aun más serias.

Corazón del pasaje: Job 32:1-9; 33:8-22; 34:10-15

Capítulo 32	Capítulo 33	Capítulo 34
Respuesta altenativa de Eliú	Propósito de Dios en el dolor	Justicia de Dios con la humanidad
Introducción	Instrucción	Imparcialidad

🦅 **Tu andar diario:** El orgullo es algo curioso, competitivo. Uno no es orgulloso porque es rico; es orgulloso porque es *más rico*. No por ser *elegante*, sino *más elegante*.

En el caso de Job, él no era orgulloso porque era justo; sino porque se veía a sí mismo como *más justo* que otros que sufrían, y por lo tanto sintió que tenía el derecho de exigir de Dios una explicación.

Con razón dijo C. S. Lewis: "El orgulloso siempre ve debajo de él las cosas y las personas; y por supuesto, mientras uno está mirando hacia abajo, no puede ver algo que esté sobre él" —¡aunque ese "algo" sea Dios!—. El orgullo siempre es resultado de tener entronizado al "yo" en lugar de Dios, y Dios no admite rival alguno. Considera el caso de Job, el remedio más rápido para el problema del "yo" es mirar arriba, al rostro del gran "Yo soy".

Mantén siempre la cabeza en alto, pero ten cuidado de que la nariz esté a un nivel amistoso.

🖋 **Percepción:** ¿Quién es Eliú?
Eliú (el nombre literalmente significa "mi Dios es El") era un buzita, que vivía cerca de Edom, porque Buz (Génesis 22:21) era hermano de Uz (Job 1:1), y un arameo (Génesis 10:22-23). Eliú actuó como moderador en el diálogo entre Job y sus amigos, y sus discursos ayudaron a preparar el camino para el momento en que Dios mismo comenzaría a hablar, en el capítulo 38.

28 Sufrimiento vs. soberanía

Lectura bíblica: Filipenses 1:12-30

← Da un paso atrás

Una pregunta ha inquietado a la humanidad desde el comienzo del tiempo: Si Dios es justo y todopoderoso, ¿cómo puede haber mal y sufrimiento en el mundo, especialmente en el caso de los inocentes?

Si en verdad Dios es todopoderoso y justo, entonces la lógica declara que el sufrimiento de uno indica la medida de su culpabilidad a los ojos de Dios. En otras palabras, el pecado de uno es castigado por sufrimiento. Y mientras mayor es el pecado, mayor es el sufrimiento.

Job sufrió a tal punto que sus amigos perdieron toda esperanza respecto a él. Desde el capítulo 3 hasta el 37, ellos debatieron en cuanto a si Dios permitiría tan intenso sufrimiento en un hombre inocente.

Pero los tres amigos de Job son demasiado simplistas en su concepto de la naturaleza de Dios. La afirmación posterior de Eliú de que Dios usa el sufrimiento para limpiar y purificar al justo se aproxima más a la verdad en el caso de Job, pero todavía no expresa toda la realidad.

La conclusión simple del asunto es que Dios es soberano y digno de obediencia y adoración... independientemente de lo que El escoja traer a la vida de uno. Job llega al punto en que tiene que aprender a confiar en la bondad y el poder de Dios en medio de la adversidad. Y para ello tiene que ensanchar su entendimiento de Dios.

Ya ves, aun un hombre justo como Job (1:1) tiene que arrepentirse del orgullo y de la justicia propia. Debe llegar al final de sí mismo, y humillarse ante Dios, reconociendo Su grandeza y majestad.

Es ese el mensaje que necesitamos captar hoy. Dios es el Señor de "los que están en los cielos, y en la tierra, y debajo de la tierra" (Filipenses 2:10). El es todopoderoso y omnisciente. Y cada uno de sus actos resulta definitivamente en el bien.

↑ Mira arriba

Porque somos humanos y Dios es Dios, sus caminos a veces nos pueden parecer incomprensibles. Sin embargo, sabemos, como lo supo Job, que podemos confiar plenamente en El.

A la luz de esto, quizás necesites hablar con el Señor tocante a algunas circunstancias adversas que te están llevando a cuestionar el proceder de Dios. ¡Que el mensaje de Job te estimule a poner los ojos en tu amante y soberano Señor!

A veces vemos más a través de una lágrima que a través de un telescopio.

→ Sigue adelante

El apóstol Pablo enfrentaba victoriosamente las circunstancias adversas porque podía ver la mano de Dios en ellas. Lee Filipenses 1:12-30. Deja que su ejemplo te inspire a edificar tu confianza en Dios —¡y a darle gracias porque tus circunstancias son realmente tan buenas como son!

Ciclo # 3: Eliú y Job (Parte 2) / Job 35-37 **29**

Resumen: Job ha declarado: "De nada servirá al hombre el conformar su voluntad a Dios" (34:9). Eliú ahora intenta probar que realmente vale la pena servir a Dios, a pesar del precio en dolor. Mediante el sufrimiento, la gente puede aprender mucho acerca de la justicia, disciplina, y santidad de Dios. Ciertamente, "él es Todopoderoso... grande en poder; y en juicio y en multitud de justicia" (37:23). Sólo en un cuadro más claro de Dios encontrará Job las respuestas a sus preguntas.

Corazón del pasaje: Job 35; 37:14-24

Capítulo 35	Capítulo 36	Capítulo 37
"El hombre no es como Dios"	"Dios no es como el hombre"	"Dios es soberano sobre el hombre"
Afirmaciones de Eliú		Conclusión de Eliú

Tu andar diario: Una vez un niño vino a su padre y le preguntó: "Papá, ¿por qué el viento sopla?" A lo que el padre respondió: "No sé, hijo".

El muchacho continuó: "Papá, ¿de dónde vienen las nubes?"

"No estoy seguro, hijo".

"Papá, ¿de qué está hecho el arco iris?"

"No tengo idea, hijo".

"Papá, ¿te molesta que yo te pregunte?"

"No, hijo, ¿de qué otra manera vas a aprender?"

El padre terrenal, incapaz de contestar preguntas acerca de la naturaleza, dejó a su hijo con poca esperanza de que su padre pudiera manejar las más espinosas interrogantes de la vida. Pero hay un Padre celestial, el Dios de la creación, el que hizo el trueno y la lluvia, el viento y las nubes (37:5-11), quien sabe también las respuestas a los enigmas más profundos de la vida. ¿Es El tu Padre celestial? ¿Eres parte de su familia? No puedes comprar tu entrada a ella, ni trabajar para ganártela. Debes nacer en la familia de Dios.

¿Te parece imposible? Entonces lee a Juan 3:1-18. Nicodemo aprendió directamente de Jesús lo que significa "nacer de nuevo". ¡Tú puedes también!

Nada hay a la vuelta de la esquina que esté fuera de la vista de Dios.

Percepción: Las obras de Dios —poderosas pero misteriosas

Eliú presenta más de 30 imágenes del mundo físico y natural (36:26-37:24) para mostrar la majestad y la fuerza del poder creador de Dios. Y sin embargo, estas maravillas de la naturaleza que son una parte diaria de la vida son a la vez incomprensibles (36:26,29; 37:5), porque ellas ejecutan las órdenes de Dios tanto para maldición como para bendición (37:13). Aun las fuerzas de los elementos no escapan del control de Dios.

30 Respuesta de Jehová a Job / Job 38-39

Corazón
del
pasaje:
Job
38:1-18

Resumen: Ahora Dios habla "desde un torbellino" (38), y comienzaadirigirpreguntasescudriñadorasaJob—preguntas designadas a ilustrar la grandeza de Dios y la pequeñez del hombre—. Obviamente, este rompimiento del silencio celestial ¡no es exactamente lo que Job tenía en mente en 31:35! El sólo puede temblar de asombro, tácitamente contestando: "No... No... No..." al interrogatorio divino. Dios invita a Job a revisar todo el ámbito de la creación de la A a la Z —de astronomía a zoología—. Sus preguntas no llegan a contestar los *porqués* específicos de Job, pero sí comienzan a contestar la pregunta más grande y aún sin formular: *quién.*

Capítulo 38	Capítulo 39
"¿Entiendes tú todo lo del mundo físico?"	"¿Entiendes todo lo del mundo animal?"
Jehová interroga a Job	

Algo que
puedes
aprender
al mirar
al reloj
es que
éste
pasa el
tiempo
con las
manos
ocupa-
das.

Tu andar diario: ¿Has experimentado la emoción de hablar con un dignatario importante o líder mundial (reina, embajador, primer ministro, o presidente)? Relativamente pocas personas lo han hecho, pero millones sueñan con tal evento. Quizás hayas aun ensayado lo que dirías si se llevara a cabo tal reunión. Por el sufrimiento que había tenido, el anhelo más profundo de Job era una audiencia con el Señor del universo. Sin embargo, cuando ese sueño se hizo realidad, Job se halló sin fuerzas para emitir sus acusaciones u ofrecer sus excusas. ¡La presencia majestuosa de Dios le hizo callar del todo!

¿Cuántas acusaciones o excusas has dirigido a Dios recientemente por tus acciones (o inacciones)? ¿Te sentirías cómodo al ofrecer esas mismas excusas a Dios si te encontraras cara a cara con El? ¿O guardarías, como Job, silencio delante de El? La emocionante (pero imponente) verdad es que algún día tú *estarás* delante de El... y lo verás tal como El es (1 Juan 3:2). El propósito de esa verdad purificadora es prepararte (no paralizarte) para esa anhelada reunión. ¿Cómo te puedes preparar hoy para encontrar gozosamente al Señor cara a cara?

Percepción: Lección de astronomía para Job
En 38:31-33 Dios demuestra su soberanía sobre las constelaciones de estrellas. Busca los nombres mencionados en el versículo 31 en una buena enciclopedia. Trata de localizar las constelaciones en el cielo alguna noche en que haya buen tiempo. Recuerda, ¡tu Dios las ha "atado" a todas y las puede "desatar"!

Indulto de Job / Job 40-42

31

🔲 **Resumen:** Después del reconocimiento de la soberanía de Dios por Job, y su consiguiente confesión (40:1-5), el Señor continúa su interrogatorio. Empleando ilustraciones sacadas del mundo animal, el Todopoderoso le muestra a Job su propia fragilidad y sus limitaciones, hasta que al fin Job clama en arrepentimiento: "Yo hablaba lo que no entendía, cosas demasiado maravillosas para mí, que yo no comprendía" (42:3). Entender el control de Dios, no el hacerle preguntas, suple la necesidad del corazón de Job. La historia de Job está llegando a su fin. Habiendo aprendido la lección de por qué Dios permitía el sufrimiento, Job ahora observa cómo sus pruebas y su confusión se cambian en triunfo. El Juez divino no sólo restaura el prestigio de Job, sino también las posesiones y la familia del patriarca.

Corazón del pasaje: Job 40:1-14; 42

Capítulos 40-41	Capítulo 42	
Job ve la majestad de Dios	Job ve la justicia de Dios	Job ve la gracia de Dios
1	6 | 7	17
Jehová ilumina a Job		

📗 **Tu andar diario:** Lo más desabrido en la vida es tener uno que reconocer su mal proceder. Si lo dudas, pregúntales a Elifaz, Bildad y Zofar (42:7-9). No sólo la evaluación que hicieron de la situación de Job estaba errada (y como resultado, su consejo no fue sabio), sino que al final su "paciente" ¡tuvo que orar por la sanidad de ellos!

Experiencia es lo que recibes cuando estás esperando otra cosa.

Repasa mentalmente tu estudio del libro de Job. ¿Cuántas veces te viste tentado a aceptar el diagnóstico de uno de los tres amigos de Job? ¿Habrías tenido tú que reconocer tu error junto con ellos?

Dos lecciones resultan del sufrimiento de Job: Uno debe estar presto para llevar las cargas de otros (Gálatas 6:2), pero cauteloso en juzgar las acciones de otros (Mateo 7:1). Al final del libro de Job en tu Biblia (o en un papel aparte), escribe un resumen que capte algunas de las lecciones e ideas que has aprendido de tu estudio y que quedarán grabadas en ti. Puede que Dios nunca te llame a sufrir como Job, pero Él espera que aprendas de la experiencia del sufrimiento de Job.

🗂 **Percepción:** Midiendo una generación
¿Cuánto es una "generación" en la Biblia? Job 42:16 dice: "Después de esto vivió Job ciento cuarenta años, y vio a sus hijos, y a los hijos de sus hijos, hasta la cuarta generación". Si se divide 140 años entre 4 generaciones, parece que una generación en el tiempo de Job era de unos 35 años.

Salmos

P or un período de unos diez siglos, se compusieron y compilaron himnos inspirados de adoración para formar la antología conocida como el libro de los Salmos (de una palabra griega que significa "un cántico acompañado con un instrumento de cuerdas). Compuestos mayormente por David y otros seis autores y usados como el himnario del templo, estos conmovedores ruegos y alabanzas captan la esencia de lo que es caminar diariamente con Dios. Cada una de las cinco secciones tiene una semejanza temática con un libro del Pentateuco, y termina con una doxología de alabanza.

Sección	Libro 1: salmos 1-41	Libro 2: salmos 42-72	Libro 3: salmos 73-89	Libro 4: salmos 90-106	Libro 5: salmos 107-150
Principal(es) autor(es)	David	David e hijos de Coré	Asaf	Anónimos	David
Posible compilador	David	Ezequías		Esdras/Nehemías	
Contenido	Lamentos	Himnos nacionales		Himnos de alabanza	
Temática con el Pentateuco	Génesis (humanidad)	Exodo (redención)	Levítico (adoración)	Números (peregrinación)	Deuteronomio (Palabra de Dios)
Bendición de alabanza	41:13	72:18-19	89:52	106:48	150:1-6
Tiempo en que se compusieron	Unos 1.000 años				
Fecha de compilación	1020-970 A.C.	970-610 A.C.		Hasta 430 A.C.	

La hora más oscura del día / Salmos 1-6   *1*

Resumen: Los primeros seis salmos sirven de introducción apropiada a todo el Salterio. En ellos aprenderás la importancia de meditar en la Palabra de Dios (1), reconociendo que el Señor es el Rey (2), y estando constantemente entregado a la oración en los tiempos buenos y en los malos (3-6).

Corazón del pasaje: Salmo 3

Salmo	Autor	Idea clave	(Versículo) aludido en el N.T.
1	Desconocido	Cuadro de dos vidas	(2) Ro. 7:22
2	David*	El Señor y su ungido	(1-2) Hch. 4:25-26; (7) Hch. 13:33
3	David	La hora oscura del día	(8) Ap. 7:10
4	David	Oración al acostarse	(4) Ef. 4:26
5	David	Oración matutina	(9) Ro. 3:13
6	David	Oración con lágrimas	(8) Mt. 7:23; 25:41

*Ve Hechos 4:23

Tu andar diario: ¿Puedes permanecer firme cuando eres de la minoría? ¿Qué cuando la minoría está disminuyendo y la mayoría aumentando?

El Salmo 3 es el primero de 14 salmos que contienen en el título una indicación de la situación histórica que llevó a David a escribirlos. La inscripción dice: "Salmo de David, cuando huía de delante de Absalón su hijo" (ve 2 Samuel 15:16-17). Esas palabras resumen el dolor de un padre, la humillación de un monarca depuesto, y la caída de un gran líder militar. Cuando el hijo favorito de David, Absalón, usurpa el trono, el rey entra en uno de los períodos más lúgubres de su vida.

Permanecer firme es fácil cuando se está afianzado en la fe.

Pero a partir del versículo 3, David dirige el enfoque de su problema a Quien podía resolverlo. Recuerda que Dios es un escudo para protegerle, gloria para adornarle, y el que levanta su cabeza para animarle (v. 3). Dios da paz en medio de la aflicción (v.5) y da valor frente a la oposición (v. 6). Verdaderamente, sin Dios no hay victoria; con Dios, todo enemigo puede ser vencido.

¡Insomnio ante un gran problema es señal inequívoca de que tu enfoque está fuera de lugar! Copia las palabras del versículo 5 y ponlas donde sean lo último que veas esta noche y lo primero por la mañana. Recuerda, ¡el Solucionador de tus problemas nunca duerme!

Percepción: Y hablando de la hora más oscura del día...

La primera mitad de Salmo 3:8 es citada en otro lugar del Antiguo Testamento por alguien que también estaba teniendo un "día oscuro" —en efecto, uno de los días más negros, solitarios y mojados que alguien jamás haya experimentado—. ¿Recuerdas de quién se trata? (Busca en Jonás 2:9 la respuesta.)

2 *Aguardando al Juez / Salmos 7-12*

Corazón del pasaje: Salmo 7

Resumen: Todos menos uno de los salmos en la lectura de hoy comienzan con un clamor de lamento: ¡Oh Jehová", "Oh Dios". Estos cortos pero poderosos cantos expresan el deseo del salmista de que prevalezca la justicia (7), el impío sea humillado (9-10), y el santo nombre de Dios, exaltado (8,11-12).

Salmo	Autor	Idea clave	(Versículo) Aludido en el N.T.
7	David	Aguardando al Juez	(9) Ap. 2:23
8	David	Corona de la creación	(2) Mt. 21:16; (4-6) He. 2:6-8
9	David	Peligro del impío	(8) Hch. 17:31
10	Anónimo	Peligro del peregrino	(7) Ro. 3:14
11	David	Confianza desde el templo	
12	David	Verdad de la boca de Dios	

Todo le llega al que espera —aun la justicia.

Percepción: Cus, el benjamita desconocido

El Cus mencionado en el título del Salmo 7 constituye un misterio, ya que tal contemporáneo de David no se nombra en la Biblia. Algunos comentaristas han sugerido que Cus puede ser otro nombre para Simei (2 Samuel 16:5; 19:16), el benjamita que maldijo a David y le lanzó piedras durante su retirada apresurada de Jerusalén tras la revuelta de Absalón. Ahora lee el Salmo 7 de nuevo... ¡con sentimiento!

Tu andar diario: Medita en cada una de las siguientes declaraciones y señala aquellas con las que estés de acuerdo:

_____ 1. Dios es el Juez de toda la tierra.

_____ 2. La justicia de Dios es perfecta e imparcial.

_____ 3. El camino del impío lleva a la destrucción.

_____ 4. Dar una respuesta impía a un impío es pecado.

Lo que has hecho si señalaste las cuatro declaraciones es asentir mentalmente al hecho de que Dios arreglará todas las cuentas justamente y en Su tiempo perfecto (Salmo 7:8-9). Los impíos serán castigados; los justos serán recompensados —¡pero no siempre con la prontitud que quisieras!

Ahora toma esas mismas cuatro declaraciones y trasládalas a situaciones de la vida real. Para David, eso significaba: "*Jehová juzgará a los pueblos*... incluso este Cus, que me está maldiciendo y lanzando piedras. *La justicia de Dios es perfecta e imparcial*... y El me vindicará de las acusaciones calumniosas de Cus sin que yo tenga que hacerlo. *Una respuesta impía a Cus sería pecaminosa*... por lo tanto, esperaré en el Señor". ¡Ahora haz lo mismo con un "Cus" en tu propia vida! Mientras esperas que el Juez rectifique las injusticias en tu vida, haz de Salmo 7:1 tu paciente oración.

Conquistas pasadas, confianza futura
Salmos 13-18

3

📖 **Resumen:** En marcado contraste con la suerte del necio que niega la existencia de Dios (14), hay muchas bendiciones para el que sirve a Dios de todo corazón: gozo (13), comunión con Dios (15), satisfacción (16), preservación (17), y confianza para encarar el futuro (18).

Corazón del pasaje: Salmo 18

Salmo	Autor	Idea clave	(Versículo) Aludido en el N.T.
13	David	De congoja a canto	
14	David	De necedad a fe	(1-3) Ro. 3:10-12
15	David	Hombre conforme al corazón de Dios	
16	David	Satisfacción de Dios	(8:11) Hch. 2:25-28; 13:35
17	David	Protección de Dios	(15) 1 Jn. 3:2
18	David	Conquistas pasadas, confianza futura	(2) He. 2:13; (49) Ro. 15:9

📝 **Tu andar diario:** Vivir al resplandor de las victorias de ayer puede ser (a) útil, (b) perjudicial, (c) útil y perjudicial. (Escoge uno.)

Probablemente escogiste (c) —"útil y perjudicial"—. Al sentarse David a escribir el Salmo 18, recuerda muchas de las pasadas liberaciones de Dios en su vida. Dios ha sido su "fortaleza... roca... castillo... libertador... escudo... alto refugio" (v. 2). David sabe de primera mano que Dios es el que oye, venga, levanta, rescata, recompensa, y ciñe de poder a los que confían en El. Y ese conocimiento da a David la garantía para confiar en Dios en el futuro también: *"Amarte he.... invocaré a Jehová....* Por tanto *cantaré* a tu nombre" (vv. 1, 3, 49 [RVA]).

Un cristiano satisfecho de sí mismo es una expresión contradictoria.

Pero hay un peligro para los que se complacen en las victorias de ayer: AUTOCOMPLACENCIA. ¡El hecho de que Dios ha prometido pelear por ti no significa que hayas de sentarte y no hacer nada! Observa la acción en los pasos de obediencia de David: "Yo he guardado los caminos de Jehová.... no me he apartado de sus estatutos... me he guardado de mi iniquidad" (vv. 21-23).

Esta noche, saca algo que te recuerde la fidelidad de Dios en lo que va del año (álbum fotográfico, memorándum, o diario), y pasa unos minutos reviviendo victorias pasadas. Entonces dile a Dios lo que te propones hacer durante el resto del año al andar en confiada obediencia a El.

🔍 **Percepción:** ¿No he cantado eso en algún lugar antes?

Si las palabras del Salmo 18 te parecen familiares, es porque las ha leído antes... ¡en 2 Samuel 22! (¿Recuerdas la ocasión que movió a David a componer esos versos?)

4 *Mi guía y protector / Salmos 19-24*

*Corazón
del
pasaje:
Salmo 23*

Resumen: Se puede ver al Señor en muchos oficios diferentes en estos seis salmos: el Creador (19), el Ayudador (20), el Rey (21), el Crucificado (22), el Pastor (23), y el Glorioso (24). Cada oficio implica una responsabilidad correspondiente para el pueblo que le sigue como su Dios, Rey, Pastor y Soberano.

Salmo	Autor	Idea clave	Versículo) aludido en el N.T.
19	David	El cielo y las escrituras	(4) Ro. 10:18; (9) Ap. 19:2
20	David	Fe en medio del problema	
21	David	Regocijo después del rescate	
22	David	Un sollozo y un cántico	(1, 7-8, 16, 18) Mt. 27:35, 39, 43, 46
23	David	Mi guía y protector	(1) Jn. 10:11; He. 13:20
24	David	Mi Creador y Rey	(1) 1 Co. 10:26-28

*Dios nos
cuida y
cultiva,
y conti-
núa su
obra en
nosotros
hasta
que nos
lleva al
final de
su
promesa.*

Percepción: Una trinidad de salmos del Pastor

Salmos 22, 23, y 24 forman un trío de cantos acerca del Señor nuestro Pastor. En el Salmo 22 El es el Buen Pastor que da su vida por las ovejas (Juan 10:11); en el Salmo 23, el Gran Pastor que guía y provee (Hebreos 13:20); y en el Salmo 24, el Príncipe de los pastores, el soberano Señor de las ovejas (1 Pedro 5:4). ¿Es El tu Pastor?

Tu andar diario: Algunos de los hombres más notables en la Escritura fueron pastores. ¿Puedes pensar en tres de ellos? _____.

José fue pastor (Génesis 37:2). Junto con sus once hermanos, él cuidaba los rebaños de su padre Jacob. Sin José saberlo, Dios lo estaba preparando para el día en que "pastorearía" la nación de Egipto durante siete años de hambre.

Moisés fue pastor. Por 40 años tuvo que vérselas con tercas ovejas en Madián, sin saber que pronto estaría poniendo su "educación pastoral" en práctica al dirigir una rebelde nación de israelitas.

David fue pastor. Siendo muchacho apacentaba las ovejas de su padre, sin saber que pronto sería ungido para "pastorear" al pueblo de Dios.

Para David, comparar a Dios con un pastor amante y cuidadoso en el Salmo 23 fue natural, porque conocía por experiencia la función de un pastor. Trata de parafrasear el Salmo 23 en tus propias palabras, usando una metáfora que conozcas por experiencia. Por ejemplo: "El Señor es mi Jefe... mi Maestro... mi Pastor (de iglesia)... mi Entrenador... mi Padre". O haz más de una paráfrasis y explora creativamente varios aspectos de la obra de Dios en tu vida.

El Salmo del Pastor

5

⬅ Da un paso atrás

Cuando David el pastor escribió el canto que más tarde se designaría como el Salmo 23, quizás no se imaginaba lo profundo que éste tocaría a la humanidad por generaciones futuras. ¿Por qué? Porque, bien profundo, todos sabemos que somos ovejas. Y el consuelo que podemos derivar de sus expresiones es tan consolador como si nuestro propio Pastor, Jesucristo, nos llevara en sus brazos.

Lectura bíblica: Hebreos 13:20-21

La Biblia frecuentemente se refiere a los creyentes como ovejas. Así que este salmo tiene que ver con nosotros. Considera algunos hechos concernientes a las ovejas —y piensa cómo se pueden aplicar a nosotros:

1. *Virtualmente las ovejas no tienen defensas.* Casi toda la creación animal de Dios cuenta con alguna clase de mecanismo efectivo de defensa, ya sean garras o dientes, color especial, o velocidad especial, fuerza o sentidos agudos. Pero las ovejas no tienen nada de esos. Son débiles, lentas, y torpes. Ni aun pueden gruñir. La única protección viene de su pastor. Y lo mismo es cierto del cristiano.

2. *Las ovejas tienen dificultad en encontrar pasto y agua.* Tienen que depender totalmente de su pastor para sostenimiento. Si no lo consiguen, comen hierbas venenosas y mueren. Nosotros, igualmente, dependemos del Señor que nos sostiene.

3. *Las ovejas se asustan fácilmente.* Y el susto las puede llevar a actos que ponen en peligro su vida. Así que su pastor trata de mantenerlas en calma, cantando y simplemente estando con ellas. Nosotros podemos tener la misma clase de relación protectora con nuestro Pastor.

4. *Las ovejas tienen mal sentido de dirección.* Se extravían fácilmente —aun en su propio territorio. Los creyentes pueden actuar de manera similar. Simplemente no podemos ser nuestro propio guía; nos metemos en problema cada vez que lo hacemos. Necesitamos confiar en nuestro Pastor y atender a su voz implícitamente.

5. *Las ovejas no pueden asearse muy bien.* Es el pastor quien las mantiene limpias. Nosotros también por naturaleza estamos sucios. Solamente nuestro Pastor nos puede limpiar.

⬆ Mira arriba

No nos halaga que nos comparen con las ovejas. Pero la comparación es adecuada. Podemos escoger ser orgullosos y cerrar los ojos a la verdad, o volvernos a nuestro Pastor en dependencia amorosa, seguros de su cuidado y amor constante. Da gracias a El por eso, mientras meditas en Hebreos 13:20-21.

➡ Sigue adelante

Usa o lleva hoy contigo una prenda de lana para que te recuerde a la oveja y el pastor. Comparte con un amigo algo que hayas aprendido hoy en cuanto a ser oveja. Quizás tu conversación animará a otra oveja a venir al rebaño.

Dios no nos consuela para que estemos confortables, sino para hacernos consoladores.

6 Orando a través del alfabeto
Salmo 25-30

Corazón del pasaje: Salmo 25

Resumen: Cuando David escribió los salmos que lees hoy, tenía en mente el carácter multifacético del Dios a quien servía. "Bueno y recto" (25:8), "mi luz" (27:1), "mi fortaleza" (28:7), "Rey para siempre" (29:10), y "Dios mío" (30:2,12).

Salmo	Autor	Idea clave	(Versículo) aludido en el N.T.
25	David	Orando a través del alfabeto	
26	David	Juzgando al acusado	
27	David	Temor absorbido por la fe	(1) Jn. 12:46 (12) Mt. 26:60
28	David	Clamor del abatido	(4) 2 Ti. 4:14; Ap. 22:12
29	David	Voz del Señor	(3) Ap. 10:3
30	David	Confianza del exaltado	(5) Jn. 16:20

La oración es la más poderosa de todas las armas que las criaturas pueden manejar.

Tu andar diario: El Salmo 25 es el primer "salmo alfabético" en el Salterio. Ahora verás por qué esa es una designación apropiada.

Escribe las letras del alfabeto verticalmente en el margen: A, B, C, etc. Ahora, ¿puedes hallar para cada letra un versículo bíblico que la lleve al comienzo? Por ejemplo, **A.** "Aguarda a Jehová" (Salmo 27:14); **B.** "Bienaventurados los de limpio corazón" (Mateo 5:3). Ve a cuántas letras del alfabeto puedes relacionar con un versículo de la Biblia.

Lo que acabas de intentar con el alfabeto español, David lo hizo en el Salmo 25 con el alfabeto hebreo. Con sólo variaciones menores, David procede a través de todo el alfabeto hebreo, y expresa sus pensamientos en orden alfabético. Tú puedes considerar eso como que él "oraba por todos sus problemas desde la A hasta la Z".

De la manera en que David "preparó" sus peticiones, podía recordarlas fácilmente después de escrito el salmo. Así él podía verificar cómo Dios había contestado fielmente cada petición. Tú puedes hacer lo mismo por comenzar una lista de oración. Escribe tus peticiones, ponles fecha, ora diaria y sistemáticamente por ellas, ¡y observa a Dios obrar! (Y recuerda: ¡Dios contesta las oraciones en tres maneras: "sí", "no", y "espera!")

¡Entonces, como David, puedes hacer tu tiempo de oración tan fácil de recordar como A, B, y C!

Percepción: Otros salmos alfabéticos en el Salterio

El alfabeto hebreo tiene 22 letras. Conociendo ese hecho, ¿cómo supones que el salmista organizó los siguientes salmos alfabéticos: Salmo 34, Salmo 145 (falta una letra), Salmo 119? (clave: Divide 176 entre 8.)

Orando por tus perseguidores / Salmos 31-36 7

Resumen: Una perspectiva apropiada puede ayudarte a enfrentar cualquier circunstancia y llevarte de grima a gloria (31), del fracaso al perdón (32), de seguridad falsa a confianza (33), de aflicción a adoración (34), de persecución a alabanza (35), y de tinieblas a luz (36).

Corazón del pasaje: Salmo 35

Salmo	Autor	Idea clave	(Versículo) aludido en el N.T.
31	David	De grima a gloria	(5) Lc. 23:46
32	David	Alabanza por el perdón de Dios	(1-2) Ro. 4:7-8; (5) 1 Jn. 1:9
33	Desconocido	Mi Hacedor y Rey	(3) Ap. 5:9; (6) He. 11:3
34	David	Mirando la vida desde la cueva	(12-16) 1 Pe. 3:10-12; (20) Jn. 19:36
35	David	Orando por los perseguidores	(19) Jn. 15:25
36	David	Vida y luz en el Señor	(1) Ro. 3:18; (9) Jn. 12:46

Tu andar diario: Amar al amable, es fácil. Amar a quien no es amable, es difícil. Pero ¿qué de amar al antipático? ¡A eso el cristiano es llamado! Piensa en las palabras de Cristo a sus discípulos: "Amad a vuestros enemigos, bendecid a los que os maldicen, y haced bien a los que os aborrecen, y orad por los que os ultrajan y os persiguen" (Mateo 5:44). ¿Cómo puede uno orar por gente así?

El Salmo 35 te dará parte de la respuesta. Nota cómo David oró por aquellos que le estaban persiguiendo:

David no justificaba sus acciones. Mientras oraba para que Dios librara su propia vida, también pidió que fueran confundidos sus opresores a fin de que vieran el resultado de su necedad.

David no devolvía mal por mal. El pudo haber atacado a sus agresores en un intento de vindicarse a sí mismo. En vez de eso los trataba como a él le hubiera gustado ser tratado (vv. 13-14).

David procuró mantener una perspectiva apropiada en medio del sufrimiento. El salmo se desarrolla en tres estrofas, cada una de las cuales comienza con la dificultad de David (1-8, 11-17, 19-26), pero concluye con su alabanza por el hecho de que Dios aún controla todo (9-10, 18, 27-28).

¿Te ves acusado injustamente en tu hogar, oficina, o escuela? Usando la oración de David como modelo, ¿cómo puedes reaccionar de manera que de tu dificultad resulte alabanza.

En la oración, mientras parece que procuramos doblegar la voluntad de Dios a la nuestra, estamos en realidad sometiendo nuestra voluntad a la Suya.

Percepción: Salmos 34 y 35: compañeros de infortunio

El Salmo 35, fuera o no escrito como compañero del Salmo 34, está situado apropiadamente a su lado, no sólo por sus frases similares (34:7; 35:5-6), sino porque habla de la clase de tinieblas que acaban de ser disipadas en el Salmo 34.

8 *Herido por un amigo / Salmos 37-41*

Resumen: Los Salmos no es meramente un libro de alabanza; es también de consejo práctico. Hoy aprenderás cómo tratar con la impaciencia (37) y la pérdida de fortaleza (38-39; Cómo descansar en la fidelidad de Dios (40) y cómo reaccionar ante la deslealtad de un amigo (41).

Corazón del pasaje: Salmo 41

Salmo	Autor	Idea clave	(Versículo) Aludido en el N.T.
37	David	Bienestar y bien hacer	(11,22,29) Mt. 5:5
38	David	Clamor de un santo sufriente	(11) Lc. 23:49
39	David	Fe en medio de debilidad	(12) He. 11:13
40	David	Del lodo al coro	(6-8) He. 10:5-9
41	David	Herido por un amigo	(9) Jn. 13:18

Tu andar diario: El Salmo 41 marca el final del Libro 1 del Salterio. Concluye la sección en la misma forma que comienza el Salmo 1: hablando de la persona bienaventurada (feliz) que está correctamente relacionada con Dios.

Piensa del Salmo 41 como de una pirámide de alabanza en medio de la angustia, una especie de "Cómo bendecir al Señor cuando estás confinado a una cama de enfermo".

La alabanza es más espontánea cuando las cosas van bien; pero más preciosa cuando las cosas van mal.

```
                    "Mis enemigos ... vienen" (5:9)
        "Jehová, ten misericordia" (4)      "Jehová, ten misericordia" (10-12)
    "Bienaventurado el que" (1:3)                "Bendito sea Jehová" (13)
```

El salmista está sufriendo de alguna dolencia o herida física (v. 3). Lo que comienza como una descripción en tercera persona del hombre que se compadece del pobre y necesitado (vv. 1-3) pronto se convierte en el ruego de un santo desanimado y enfermo: "Ten misericordia de mí; sana *mi alma*" (v. 4). Mientras más el salmista medita en el Señor, más confiado está en la fortaleza de Dios en su hora de necesidad.

Si estás enfermo en cama hoy, puedes experimentar la bendición de Dios aun en medio de tu restablecimiento. En vez de abatirte por tu condición, invierte el tiempo en meditar en las misericordias de Dios. ¿Cómo el Señor te ha liberado... preservado... fortalecido... sostenido en semanas recientes? Comparte algunas de esas experiencias de fe con un miembro de tu familia o compañero de cuarto en el hospital. Eso puede ser precisamente el estímulo que esa persona necesita para que alabe al Señor contigo.

Percepción: Los "Haz" y los "No hagas" de contar con Dios
El Salmo 37 contiene ocho *"Haz"* y cuatro *"No hagas"*. ¿Puedes encontrar los doce y dar a cada uno una paráfrasis moderna? (Ejemplos: "No te impacientes" = ¡No te sulfures! "Confía" = Apóyate.)

Aquí viene el Novio / Salmos 42-49

9

Resumen: Hoy lees algunos de los salmos atribuidos a los hijos de Coré, descendientes del hombre que murió por su rebelión contra Moisés (Números 16:1-33; 26:10). Una parte de esta familia fue consagrada como los porteros del templo (1 Crónicas 9:19); otra, como cantores y músicos del templo (1 Crónicas 6: 31-33,37).

Corazón del pasaje: Salmo 45

Salmo	Autor	Idea clave	(Versículo) aludido en el N.T.
42	Coreítas	Abatido pero confiado	
43	Desconocido	Aislado pero nunca solo	
44	Coreítas	Fracaso convertido en éxito	(22) Ro. 8:36
45	Coreítas	Aquí viene el Novio	(2) Lc. 4:22; (6-7) He. 1:8-9
46	Coreítas	Una ciudad inconmovible	(4) Ap. 22:1
47	Coreítas	Un rey conquistado	
48	Coreítas	La ciudad de Dios	(2,8) Mt. 5:35
49	Coreítas	La vanidad de las riquezas	(16-19) Lc. 12:13-21

Tu andar diario: Mira en un periódico la sección social. Nota cuánta publicidad, retratos, y fanfarria se dedica a las bodas. El Salmo 45 fue escrito por un poeta, que, como una especie de periodista celestial, estaba tratando de captar en imágenes verbales la gloria y esplendor de una novia y un novio en el día de sus bodas. Sólo que ésta no era una boda terrenal. Nota cómo Hebreos 1:8-9 cita los versículos 6 y 7 de este Salmo ¡y los atribuye a Jesucristo mismo!

Jesucristo es la condescendencia de la divinidad y la exaltación de la humanidad.

En las bodas del Cercano Oriente antiguo el hombre era más importante que la mujer. ¡Todos los invitados se reunían para observar su indumentaria y el aspecto de sus acompañantes! La procesión nupcial era para el novio, ¡no para la novia! Y ciertamente, el Novio es digno de gloria y honor. Note la descripción de Sus virtudes: "Tu trono ... es eterno y para siempre; cetro de justicia es el cetro de tu reino" (v. 6). "Eres el más hermoso de los hijos de los hombres; la gracia se derramó en tus labios" (v.2). Con Su espada ceñida sobre el muslo, para mostrar fortaleza y justicia, el Rey es de veras majestuoso.

Concluye tu tiempo devocional hoy meditando en el versículo 17. Luego busca una manera de dar a conocer a la próxima "generación", por palabra o hecho, al Rey de reyes. ¡Aquí viene el novio!

Percepción: Tratando a los Salmos con realeza
Otros "salmos reales" (los que presentan a Cristo como Rey) son: Salmos 2, 18, 20, 21, 72, 89, 99, 110, y 145.

10 El clamor de un rey por limpieza
Salmos / 50-54

Corazón
del
pasaje:
Salmo 51

📖 **Resumen:** El pecado y la confesión son temas prominentes en los salmos que lees hoy (50). David provee un modelo de confesión después de su pecado con Betsabé (51), y pasa a describir la naturaleza traicionera de la lengua (52) y la necedad de seguir el mal (53). Sólo teniendo a Dios como su fuente constante de ayuda (54) puede uno contrarrestar las tentaciones diarias y los peligros constantes de la vida.

Salmo	Autor	Idea clave	(Versículo) aludido en el N.T.
50	Asaf	El Juez que no calla	(12) 1 Co. 10:26,28
51	David	El clamor de un rey por limpieza	(4) Ro. 3:4
52	David	La lengua traicionera	
53	David	La futilidad del mal	(1-3) Ro. 3:10-12
54	David	Dios es mi ayuda y sostén	

Si
nuestras
oracio-
nes no
nos
cambian,
entonces
no ora-
mos bien.

✍ **Tu andar diario:** Nuevos productos "milagrosos" aparecen continuamente, anunciados con énfasis por su habilidad de limpiarlo todo, desde "la mugre más persistente" hasta la "suciedad del cuello" de la camisa. Pero hay una limpieza que no pueden realizar: la de un corazón sucio.

El Salmo 51 fue escrito en la hora más oscura de la vida de David. Por unos 20 años el pastor rey había reinado en justa magnificencia. Pero de la noche a la mañana su pecado con Betsabé cambió todo eso. Primero el adulterio, luego el asesinato, dejaron feas cicatrices en la vida del rey. Natán el profeta fue enviado por Dios a confrontar a David con la gravedad de su pecado. Y David respondió con una oración sentida de arrepentimiento, "Lávame... límpiame.... Crea en mi un corazón limpio" (vv. 2,10).

David sabía que el perdón implica a dos partes: el ofensor y el ofendido. A menos que la parte ofendida esté dispuesta a poner a un lado el mal que se ha hecho, la comunión no puede restaurarse. El precio del perdón nunca es barato, pero David sabía que tenía que ser pagado. "Los sacrificios de Dios son el espíritu quebrantado; al corazón contrito y humillado no despreciarás tú, oh Dios" (v. 17).

¿Ha sido tu andar con Dios interrumpido por una mancha oscura de pecado? Entonces levántate ahora mismo y busca un lugar donde lavarte las manos. Al hacerlo, pide a Dios que lave tu corazón también. Confiesa específicamente tus ofensas contra Dios, y experimenta Su limpieza —la que ningún jabón puede realizar (1 Juan 1:9).

🔎 **Percepción:** Siete clamores por limpieza en los Salmos. Además del Salmo 51, hay otros seis "salmos de un corazón arrepentido" en el Salterio: Salmos 6, 32, 38, 102, 130, y 143.

Catalogando el Salterio

Tal como la nación de Israel estaba dividida en muchas tribus diferentes, así los salmos pueden dividirse en muchos tipos diferentes. Al continuar tu recorrido a través de este libro, podrás clasificar cada salmo que leas. La mayoría de los salmos caen en una de tres categorías:

I   *Salmos de lamento.* Peticiones dirigidas a Dios por el individuo o comunidad que se halla en angustia. Usualmente incluyen una descripción de los problemas, una confesión de confianza, y un voto de alabanza a Dios, expresado en la seguridad de que Dios puede librar y librará a Su pueblo (ejemplos: Salmos 3-7, 22, 42).

II   *Salmos de gratitud.* Ofrecidos públicamente por uno o más adoradores, reconocen las acciones fieles de Dios a favor de Su pueblo en el pasado, o expresan confianza en Su promesa de actuar en el futuro (ejemplos: Salmos 18, 27, 62).

III   *Salmos de alabanza.* Estos himnos se basan en la palabra "alabanza" o "aleluya". Son expresiones gozosas de adoración por la grandeza de Dios, que le reconocen como Creador, Sustentador, y Amador de Su pueblo (ejemplos: Salmos 113, 117, 146-150).

Además encontrarás:

IV   *Salmos de la realeza,* himnos que describen al Rey, tanto en sentido terrenal como celestial, que reina sobre Su dominio (ejemplos: Salmos 2, 95-96).

V   *Salmos de ayes,* poemas que expresan la justa indignación del salmista contra los enemigos de Dios, y demandan la pronta retribución de Dios (ejemplos: Salmos 49, 109, 137).

VI   *Salmos acrósticos,* poemas de alto estilo en los que cada sección, versículo o línea comienza con una letra sucesiva del alfabeto hebreo (ejemplos: Salmos 9-10, 25, 35, 119).

VII   *Salmos de peregrinos,* Cantados por los adoradores en sus viajes a Jerusalén para las fiestas anuales (ejemplos: Salmos 120-134).

VIII   *Salmos mesiánicos,* Cantos proféticos que describen al Mesías venidero como Rey (Salmos 2, 24, 110), Siervo (Salmos 22-23, 40, 60), y el Hijo de Dios (Salmo 118).

11 *Oración al ser perseguido / Salmos 55-59*

Corazón del pasaje: Salmo 59

🔲 **Resumen:** La lectura de hoy capta las emociones del rey David durante algunos de sus días más difíciles. Nota las francas peticiones de David y absoluta confianza en Dios a raíz de ser traicionado (55), desilusionado (56), y perseguido (57,59). A través de todo, David sabe que "hay galardón para el justo... [y que] Dios ... juzga en la tierra" (58:11).

Salmo	Autor	Idea clave	(Versículo) aludido en el N.T.
55	David	Traicionado por un hermano	(22) 1 Pe. 5:7
56	David	Una redoma llena de lágrimas	(4) He. 13:6; (9) Ro. 8:31
57	David	Fe de un fugitivo	
58	David	Pesando a los píos	
59	David	Oración mientras es perseguido	

La alabanza es el mejor de los sacrificios y la verdadera evidencia de piedad.

🔲 **Su caminar diario:** El Salmo 59 es el último en una serie de tres salmos (57-59) descritos como *mictams* (cantos de liberación) cantados al tono de *altaschit* ("No destruyas"). Vuelve atrás y refresca tu memoria en cuanto a lo que hay detrás del Salmo 59, en 1 Samuel 19:11: "Envió Saúl, y vigilaron la casa [de David] para matarlo" (título del Salmo 59). De tiempo en tiempo cada uno tiene necesidad de comer —y ocasionalmente preguntar por direcciones— a la carrera, pero ¿has aprendido a alabar mientras corres?

El Salmo 59 describe a David en fuga. Habiendo escapado por estrecho margen de la persecución homicida de Saúl, huyó por su vida. Era un fugitivo... un perseguido... un hombre que huye. Quizás contando con unos minutos en que podía detenerse y tomar aliento, tomó la pluma y compuso las palabras del Salmo 59, un canto de confiada alabanza mientras era perseguido.

Es fácil quejarte de los "enemigos" que están a tu rededor —las circunstancias que invaden tu vida trayendo ansiedad e incertidumbre—. Es fácil pedir a Dios que juzgue a esos enemigos y quite esas circunstancias. Pero ¿puedes tú, como David, alabar a Dios por esas circunstancias y reaccionar con una actitud gozosa de alabanza mientras andas "a la carrera"? Lee de nuevo los últimos dos versículos de los Salmos 57, 58, y 59. Entonces completa esta oración: "Porque Dios es mi defensa y mi refugio (59:16), hoy le alabaré 'a la carrera' por_____".

🔲 **Percepción:** El "selah" de aprobación
La palabra *selah*, que aparece 71 veces en el libro de los Salmos, puede haber marcado un crescendo en la música, el final de un estribillo, o una pausa dramática para enfatizar lo que se acababa de decir.

Buenas noticias y malas noticias
Salmo 60-66

12

📖 **Resumen:** Hoy lees cinco salmos de lamento (60, 61, 63-65; fíjate en el clamor "Oh Dios") en los cuales el salmista expresa su confianza en las promesas de Dios ante la derrota, el desánimo, y el engaño. En todo eso, halla que Dios es un refugio digno de alabanza (62, 66).

Corazón del pasaje: Salmo 60

Salmo	Autor	Idea clave	(Versículo) aludido en el N.T.
60	David	Buenas noticias y malas noticias	
61	David	Dios, mi roca alta	
62	David	Dios mi defensa inconmovible	(12) Mt. 16:27; Ap. 2:23; 22:12
63	David	Dios, la satisfacción de mi alma	
64	David	Guardado del pánico	
65	David	Dios de poder	(7) Mt. 8:26
66	Desconocido	Dios de muchos	

✍️ **Tu andar diario:** ¿Cuál fue la mejor noticia que recibiste el año pasado? ¿Cuál fue la peor? ¿Alguna vez alguien ha venido a decirte: "Tengo buenas y malas noticias..."? ¿Cuál querías oír primero?

El Salmo 60 fue escrito después de buenas y malas noticias para el rey David. En la cumbre de su poder, David gozó de victoria sobre sus enemigos de cerca y de lejos (2 Samuel 8:3-5). (Esas son las buenas noticias.) Pero el arrollador éxito de David en la guerra hizo que sus enemigos unieran sus fuerzas mediante una alianza. Este salmo indica que Edom atacó a Judá desde el sur, trayendo devastación al mal protegido país de David. (Esas son las malas noticias.) Tras oír el informe, David se sentó para verter sus emociones en un canto inspirado —el Salmo 60.

David reconoció la mano soberana de Dios en lo que había ocurrido. (Nota el pronombre *tú*, o su equivalente, repetido ocho veces en los primeros cuatro versículos.) No sólo Dios se mueve en los asuntos de los hombres; ¡El posee las naciones mismas (vv. 7-8)! Por lo tanto, David se podía gloriar en la fuerza poderosa de Dios, sabiendo que "en Dios, haremos proezas" (v. 12) —confianza que puedes imitar hoy.

Completa estas dos oraciones:
1. "Al mirar a mis circunstancias, la *mala* noticia es..."
2. "Al mirar a los recursos de Dios, la *buena* noticia es..."

La primera plana de cualquier periódico es razón adecuada para la necesidad de un Dios salvador.

✒️ **Percepción:** Un cursillo de geografía israelita (Salmo 60)
Los versículos 6 y 7 describen seis importantes puntos geográficos en el tiempo del rey David. Con la ayuda de un buen mapa bíblico, ve cuántos de los seis puedes localizar.

13 Una tierra llena de gloria
Salmos 67-72

Corazón del pasaje: Salmo 72

📖 **Resumen:** ¿Cuán digno de alabanza es el gran Dios de Israel? David y Salomón te lo mostrarán cuando leas estos salmos hoy. Dios es digno de alabanza por sus juicios (67), su compasión y provisión (68), su atención al clamor de sus hijos (69-70), su fortaleza a favor de los débiles (71), y su soberanía sobre las naciones (72).

Salmo	Autor	Idea clave	(Versículo) aludido en el N.T.
67	Desconocido	Un salmo misionero	
68	David	Majestad en lo alto	(18) Ef. 4:8
69	David	Ruego desde un mar de problemas	(9) Jn. 2:17; (21) Mt. 27:34; (22-23) Ro. 11:9-10; (25) Hch. 1:20
70	David	Pronta ayuda	
71	Desconocido	Un salmo para la vejez	
72	Salomón	Una tierra llena de gloria	

La oración es escudo para el alma, sacrificio para Dios, y azote para Satanás.

🖐 **Tu andar diario:** Al leer el Salmo 72, observa la "descripción del proceder de un gobernante justo". Eso te dará puntos específicos para orar por los líderes nacionales, locales, y espirituales. Por ejemplo, un líder justo se interesa en:

... traer paz al pueblo (vv. 3,7).

... ayudar a los pobres, necesitados, y oprimidos (vv. 4,12-14).

... generar un temor piadoso hacia las leyes del país (v. 5).

... aliviar al pueblo con reformas justas (vv. 6-7).

Compara este salmo con Isaías 11:1-5, y pronto verás quién es proféticamente descrito en este salmo: ¡ningún otro que Jesucristo, el Mesías de Israel! Pero sepultada en el corazón del salmo está esta afirmación: "Y se orará por él continuamente; todo el día se le bendecirá" (v. 15). Salomón, autor del Salmo 72, sabía que el representante de Dios en cualquier generación necesita y merece las oraciones y alabanzas de su súbitos.

Haz una pausa ahora mismo y da gracias a Dios por aquellos que sirven en posiciones de autoridad sobre ti. Pide a Dios que les ayude en sus funciones difíciles como siervos del pueblo. Puede que quieras escribir una nota a uno o más de tus oficiales electos, para comunicarles lo que has aprendido del Salmo 72.

📑 **Percepción:** Cantos modernos de un salmo antiguo
Por lo menos dos grandes himnos de la fe fueron sacados del Salmo 72: "El Señor Ungido" de James Montgomery y "Jesús reinará" del bien conocido Isaac Watt.

Dios nuestra roca 14

Da un paso atrás

Uno de los cuadros ilustrativos más bellos que pinta la Biblia es el de Dios como nuestra roca. En el Salmo 62, David repetidamente describe a Dios con esa imagen verbal: "El solamente es mi roca y mi salvación. Es mi refugio, no resbalaré. En Dios está mi salvación y mi gloria; en Dios está mi roca fuerte, y mi refugio" (vv. 6-7).

Es un pensamiento de consuelo: Dios es nuestra defensa inconmovible, nuestro refugio, nuestra fortaleza absoluta.

Comenzando en Génesis 49:24, es un cuadro de nuestro Dios que se halla en diversos lugares de las Escrituras. Moisés declara: "El es la Roca, cuya obra es perfecta, porque todos sus caminos son rectitud; Dios de verdad y sin ninguna iniquidad en él; es justo y recto" (Deuteronomio 32:4). Ana, la madre de Samuel, alude a Dios como su roca en 1 Samuel 2:2. David alaba a su Roca, su Fortaleza, su Libertador en 2 Samuel 22. Y se menciona a Dios como una roca unas 20 veces en los Salmos. En cada caso, Dios la Roca es fuerte para salvar, un lugar donde hay seguridad.

En el Nuevo Testamento, Cristo viene a ser nuestra roca. El es piedra de tropiezo, una "roca de caída" a la nación de Israel (Romanos 9:33). Y en 1 Corintios 10:4, Pablo identifica a la roca de Exodo como Cristo mismo.

Dios es nuestra roca. Eso quiere decir que puedes confiar en El plenamente por su fuerza y protección.

Lectura bíblica: 2 Samuel 22; 1 Cor. 10:4

Mira arriba

Cuando enfrentas un problema que no parece tener solución, ¿es tu primera reacción correr a la Roca... o simplemente correr? Si no puedes hacer otra cosa cuando todos tus esfuerzos y recursos han fallado, entonces deja que Dios sea tu Refugio, tu Fortaleza, tu Roca.

Esa no es en ti una señal de debilidad, sino de fortaleza. Esa fue la experiencia de David, como expresa en el Salmo 62. Ninguna acción de otra persona, habría podido detener su resolución de esconderse en la roca fuerte de la protección amorosa de Dios. Dios era su fortaleza segura. Así que David nos invita a unirnos con él allí.

Reconoce la fortaleza de Dios en tu vida en oración ahora mismo. Y si estás en necesidad, corre a la Roca.

Podemos temblar sobre la Roca de los Siglos, pero la Roca nunca temblará bajo nuestros pies.

Sigue adelante

Traza hoy el concepto de Dios como nuestra roca, a través de las Escrituras, con la ayuda de una concordancia. Entonces lleva una piedrecita en tu bolsillo o cartera para que recuerdes la protección y seguridad que Dios promete a Sus hijos obedientes.

15 *Gracias por los recuerdos / Salmos 73-77*

Corazón del pasaje: Salmo 75

Resumen: Para los que se olvidan de Dios el camino será resbaladizo y la prosperidad pasajera (73, 75). Por contraste, aquellos que ordenan sus vidas de acuerdo a la Palabra de Dios descubrirán esperanza en medio de devastación (74) y recursos para enfrentar cada situación victoriosamente en la vida (76-77).

Salmo	Autor	Idea clave	(Versículo) aludido en el N.T.
73	Asaf	El camino resbaladizo de los impíos	(28) Stg. 4:8
74	Asaf	Esperando en medio de devastación	(17) Hch. 17:26
75	Asaf	Gratitud en medio de recuerdos	(8) Ap. 14:10
76	Asaf	Derrotando al poderoso	(7) Ap. 6:17
77	Asaf	Batallando con la melancolía	

Alabar y adorar a Dios es la parte más noble de la obra de los santos en la tierra, como será su principal ocupación en el cielo.

Tu andar diario: Un cómico famoso emplea como su canción lema, "Gracias por los recuerdos". Es difícil oír las notas de esa tonada sin revivir algunas de las memorias de hace medio siglo que han hecho de Leslie Townes Hope (alias Bob Hope) virtualmente una palabra familiar.

De algún modo, una melodía o canto favorito puede avivar recuerdos, el compositor del Salmo 75 se da cuenta de que revivir las obras maravillosas de Dios puede causar acción de gracias. Recontar los grandes hechos de Dios es indispensable en la adoración a Dios. Evocar Su fidelidad y poder mostrada en el pasado, puede sólo guiar a una conclusión: ¡El es digno de alabanza! "Pero yo siempre anunciaré y cantaré alabanzas al Dios de Jacob" (9). Hay muchas maneras de traer a la memoria los recuerdos del trato de Dios en el pasado para contigo. Como una familia o individualmente, emprende uno o más de los siguientes proyectos de alabanza esta noche:

1. Mira algunas transparencias, películas caseras, o álbumes de fotos que te recuerden la fidelidad de Dios en el pasado año.

2. Intercambia recuerdos con otra persona acerca de experiencias de fe que hayan tenido en lo que va de año.

3. Repasa antiguos talonarios de cheques, para recordar consultas con tu médico (tiempos de enfermedad), cuentas de reparación (emergencias inesperadas), y otras ocasiones en que Dios suplió fielmente tus necesidades —físicas, financieras y espirituales!

Percepción: Una introducción apropiada para un nuevo grupo de salmos

El Salmo 73 encabeza la tercera sección del libro de los Salmos, el "Libro Levítico". Levítico es el libro de adoración. Cuando Asaf necesitó ayuda para conceptuar la vida, fue al "santuario de Dios", y allí aprendió la perspectiva de Dios.

Lo que pudiera haber sido / Salmos 78-83 **16**

📖 **Resumen**: Los salmos de Asaf (50-83) concluyen con seis testimonios de la grandeza y fidelidad del Dios de Israel. El ha guardado sus promesas en el pasado (78) —un recuerdo alentador ante un futuro incierto (79-80)—. Dios está presente (81) y no está callado (82-83) cuando se trata de destruir ídolos y enemigos.

Corazón del pasaje: Salmo 81

Salmo	Autor	Idea clave	(Versículo) aludido en el N.T.
78	Asaf	Escucha el pasado	(2) Mt. 13:35; (24) Jn. 6:31
79	Asaf	Espera ayuda de Dios	(2-3) Ap. 16:6
80	Asaf	Vuelve a Dios	
81	Asaf	Cuán poderoso ha sido	
82	Asaf	Los "dioses" juzgados	(5) 1 Jn. 2:11; (6) Jn. 10:34
83	Asaf	Ruina de los enemigos de Dios	

✎ **Tu andar diario**: No hay nada más triste que recordar lo que pudo haber sido. El potencial no realizado lleva a uno a la escena del fracaso y susurra en sus oídos, "Si tan sólo hubieras..."

Hubo muchos "debieras haber" en la larga historia de Israel. Ellos debieron haber esperado pacientemente al pie del monte Sinaí hasta que Moisés regresara con la ley de Dios... pero no lo hicieron. Debieron creer los informes inspirados en fe de Josué y Caleb tras reconocer la tierra... pero no lo hicieron. Debieron haber destruido a los cananeos y a otros pueblos paganos... pero no lo hicieron. Y el repetido fracaso de los israelitas en cuanto a obedecer a Dios les causó la pérdida de muchas bendiciones que Dios quería darles... pero no pudo.

Vuelve a leer Salmo 81:13-16. Señala la palabra "hubiera" [o su equivalente verbal] cada vez que la encuentres. Entonces hazte esta pregunta: "El año próximo, cuando mire retrospectivamente a este año, ¿qué diré que debiera haber hecho que no estoy haciendo? ¿Qué puedo hacer para lograr que las bendiciones de Dios en mi vida no sean sólo cosas que debieran o pudieran haber sido, sino que, en efecto, han sido".

El dolor más agudo viene de recordar lo que uno debió haber hecho —un día demasiado tarde para hacerlo.

✎ **Percepción**: Un canto para cantarse en luna nueva
El Salmo 81 probablemente se cantaba en la fiesta anual de los tabernáculos (v. 3; compara Levítico 23:24), una ocasión festiva que conmemoraba la fidelidad de Dios durante la peregrinación en el desierto. Cada séptimo año culminaba con la lectura de la ley de Dios (Deuteronomio 31:10-13), para que las familias "oigan y aprendan, y teman a Jehová ... y cuiden de cumplir todas las palabras de esta ley".

17   *Avívanos otra vez / Salmos 84-89*

Corazón del pasaje: Salmo 85

![icon] **Resumen:** Cada salmo que lees hoy contiene una petición sentida a Dios: satisfácenos otra vez (84); revívenos otra vez (85); óyenos otra vez (86); únenos otra vez (87); anímanos otra vez (88); haznos cantar otra vez (89). Y cada salmo concluye con una afirmación de confianza en que Dios hará precisamente eso en respuesta a las oraciones de Su pueblo.

Salmo	Autor	Idea clave	(Versículo) aludido en el N.T.
84	Coreítas	Satisfácenos otra vez	
85	Coreítas	Revívenos otra vez	
86	David	Oyenos otra vez	(9) Ap. 15:4
87	Coreítas	Reúnenos otra vez	
88	Hemán	Anímanos otra vez	(8) Lc. 23:49
89	Etán	Haznos cantar otra vez	(9) Mt. 8:26; (20) Hch.13:32

La señal principal del avivamiento auténtico es arrepentimiento permanente.

![icon] **Tu andar diario:** Una de las cosas más difíciles en el mundo es revivir un avivamiento.

En el monte Carmelo, Elías demostró a toda la nación que el Señor es Dios (1 Reyes 18); pero en unos pocos años ya el pueblo había regresado a la adoración de Baal. La predicación de Jonás revolucionó a Nínive (Jonás 3:1-5). Sólo 150 años más tarde, la ciudad regresó a sus caminos paganos y fue arrasada como por un diluvio por los babilonios (Nahúm 1:7-8).

El Salmo 85 describe una nación que había tenido avivamiento en el pasado. Los versículos 1-3 contienen seis declaraciones de lo que Dios había hecho, pero el avivamiento duró poco. Habían vuelto a las viejas prácticas y costumbres. La tibieza había reemplazado a la vitalidad espiritual. Lo que la nación necesitaba ahora era un *avivamiento revivido*. Así que el salmista clama en favor de su gente: "[Vuelve] a darnos vida" (v. 6).

Los despertamientos espirituales y avivamientos nacionales están bien documentados en la historia... ¿pero qué de ahora? Un avivamiento puede venir a tu país sólo cuando haya primero un avivamiento en sus ciudadanos... y eso significa que tiene que comenzar contigo y tu familia.

Esta noche antes de retirarte a dormir, ora por avivamiento y despertamiento espiritual. Pide a Dios que lo comience contigo... y tu familia... y tu iglesia... y tu negocio... y tu comunidad... y tu nación.

![icon] **Percepción:** Clave para avivamiento: permanecer, no retroceder.

El avivamiento puede venir cuando nuestra sentida oración sea: "Escucharé lo que hablará Jehová Dios; porque hablará paz a su pueblo y a sus santos para que no se vuelvan a la locura" (85:8).

Una razón para cantar / Salmos 90-97 **18**

Resumen: Aunque los autores de muchos de los salmos que lees hoy son desconocidos, el objeto de su adoración es bien conocido: el Dios de la eternidad (90), el Dios de la protección (91), el Dios de la grandeza (92), el Dios de la majestad (93), el Dios de la venganza (94), el Dios de la salvación (95), el Dios de la gloria (96), y el Dios de la santidad (97).

Corazón del pasaje: Salmo 95

Salmo	Autor	Idea clave	(Versículo) aludido en el N.T.
90	Moisés	Lo largo y lo corto de la vida	(4) 2 P. 3:8
91	Desconocido	Bajo la sombra del Omnipotente	(11-12) Mt. 4:6
92	Desconocido	Cuán grande eres	(5) Ro. 11:33; (15) Ro. 9:14
93	Desconocido	Jehová es Rey	
94	Desconocido	¿Hasta cuándo, oh Jehová?	(11) 1 Co. 3:20; (14) Ro. 11:1-2
95	David*	"Una razón para cantar"	((7-11) He. 3:7-11; 4:3, 5, 7
96	Desconocido	Un salmo para toda la tierra	(13) Hch. 17:31
97	Desconocido	Coronación del Rey	(3) Ap. 11:5; (7) He. 1:6

*Lee Hebreos 4:7

Tu andar diario: ¿Describirías tu habilidad para el canto como... (a) digna del teatro de la Scala, de Milán, (b) digna de la ducha, o (c) algo que indigna al que te oye?

Nota las dos invitaciones en el Salmo 95: "Venid ... cantemos" (v. 1), y: "Venid, adoremos y postrémonos" (v. 6). Hay razones para ambas, independiente de la calidad de tu voz. ¿Por qué has de cantar las alabanzas de Dios? Porque El es un gran Dios y un gran Rey (v. 3); El es grande, El es fuerte (v. 4); El es creativo (v. 5). En una palabra, ¡El es omnipotente!

El salmo incluye su propia aplicación. ¿Cuál debiera ser tu respuesta hoy a la luz de ese conocimiento? "Si oyereis hoy su voz [¿la oyes tú?], no endurezcáis vuestro corazón" (vv. 7-8). Aunque Dios es omnipotente, no es indiferente. Puedes disgustarlo (v. 10) por menospreciar sus mandamientos; ¡o lo puedes honrar viniendo delante de El con cánticos!

Busca en tu himnario, entre los himnos de adoración, uno para cantarlo o leerlo como una oración de adoración a tu gran Dios y Rey. Luego alza tu voz, ¡porque El es digno de tu adoración!

Después del silencio, lo que es más capaz de expresar lo inexpresable es la música.

Percepción: Un salmo para todos los tiempos

Desde la antigüedad la iglesia cristiana ha usado mucho el Salmo 95 (conocido como el *Venite*, del latín para "Venid") como un llamamiento y guía a la adoración. ¡Tu iglesia pudiera desear hacer lo mismo!

19 Gozo en la corte del Rey
Salmos 98-103

Corazón del pasaje: Salmo 100

Resumen: En el Salmo 103, el salmista te insta a contar tus bendiciones. Y los Salmos 98-102 proveen muchas ideas para ayudarte a hacerlo, ya que destaca las muchas cosas por las cuales debes estar agradecido: tu salvación (98), oración contestada (99), la misericordia y la verdad de Dios (100), La justicia y la santidad de Dios (101), el cuidado de Dios cuando estás abatido (102).

Salmo	Autor	Idea clave	(Versículo) aludido en el N.T.
98	Desconocido	Celebración del Rey	(3) Lucas 1:54; (9) Hch. 17:31
99	Desconocido	Exaltación del Rey	
100	Desconocido	Gozo en la corte del Rey	
101	David	Viviendo en integridad	(4) Mt. 7:23
102	Desconocido	Viviendo en adversidad	(25-27) He. 1:10-12
103	David	Cómo bendecir al Señor	(8) Stg. 5:11; (17) Lc.1:50

Alabanza es simplemente expresar estimación.

Tu andar diario: Cuando el presidente de Estados Unidos aparece en público, a menudo es saludado con la interpretación de "Saludo al Jefe". El título es apropiado, porque el objeto de atención no es otro que el comandante en jefe de los Estados Unidos. Pero ¿qué tocas tú cuando el Señor Dios, el Comandante en Jefe del Universo, se manifiesta? ¿Cómo le honras? ¿Qué canción de tributo apropiada puedes cantarle?

¡Quizás quieras comenzar con el Salmo 100! La primera línea bien pudiera traducirse: "¡Viva el Jefe!", porque esa es la estatura grandiosa del Señor Dios: "Porque Jehová es bueno; para siempre es su misericordia, y su verdad por todas las generaciones" (v. 5).

Isaac Watts captó la escencia del verso 5 en esta estrofa de su himno "Al trono majestuoso". Léela dos veces, cópiala, y hazla tu meditación constante durante todo el día, mientras "[sirves] al Señor con alegría":

Señor, a tu Palabra sujeto el mundo está,
y del mortal perecen la astucia y la maldad;
después de haber cesado los siglos de correr,
tu amor, verdad y gloria han de permanecer.

Percepción: Un suspiro de alivio de problemas y preocupaciones Los Salmos 95-100 forman la colección de "salmos de adoración". En contraste con los lamentos y peticiones que caracterizan a tantos del Salterio, estos seis salmos contienen solamente adoración, ya que el salmista fija su mirada en Dios.

El Dios que guarda Su Palabra
Salmos 104-106

20

🪟 **Resumen:** Hoy ves tres instantáneas del gran Dios a quien sirves. El es tan grande como para crear y gobernar el universo (104); tan pequeño, que puede gobernar los corazones de su pueblo (105); y lo suficiente amoroso como para disciplinar a sus hijos rebeldes (106).

Corazón del pasaje: Salmo 105

Salmo	Autor	Idea clave	(Versículo) aludido en el N. T.
104	Desconocido	El Dios que gobierna la creación	(4) He. 1:7
105	Desconocido	El Dios que gobierna la historia	(8:9) Lc. 1:72-73
106	Desconocido	El Dios que recuerda la iniquidad	(10, 45, 48) Lc. 1:68, 71-72

🗸 **Tu andar diario:** Las opiniones pueden variar, pero el más alto honor que puedes hacer a una cocinera o jefe de cocina es decirle: "¿Puedo repetir?" Hay algo en pedir más de lo que agradó a tu paladar que anima el corazón de un aspirante a repostero o maestro culinario. Si nunca lo has hecho, ¡compruébalo en la mesa esta noche!

El Salmo 105 muestra que lo que es cierto en la cocina lo es también en el cielo. A Dios le gusta mostrar su poder a favor de su pueblo. El quiere que cantes de ello, y "[des] a conocer sus obras en los pueblos" (vv. 1-2). Aún más, desea que muestres gratitud por las misericordias pasadas ¡por regresar por más (vv. 3-4)!

El salmista ilustra su punto evocando a Abraham y Moisés —dos hombres cuyas vidas fueron dedicadas a seguir fielmente a Dios. Una y otra vez en el transcurso de sus vidas, Dios "se acordó de su santa promesa" (v. 42) por dar protección, provisión, orientación y alegría a Sus fieles siervos.

Imagínate por un momento que el salmista ha reservado los últimos cinco versículos del Salmo 105 para hablar de tu vida. ¿Qué podría él añadir a lo que ya ha dicho acerca de la fidelidad de tu fiel Dios que cumple Su promesa? Escribe tu propia posdata al salmo. Y si no se te ocurre algo para escribir, pide a Dios que haga de hoy un capítulo especial en tu vida al caminar con El.

La gratitud del que recibe debe responder al beneficio del dador como el eco responde a la voz.

📖 **Percepción:** Evocando las plagas de Egipto
En Salmo 105:28-36 el salmista menciona ocho de las diez plagas que Dios usó para librar a los israelitas de la esclavitud egipcia. ¿Puedes recordar las dos que omitió? (Si necesitas ayuda, consulta a Exodo 7-12.)

1._____

2._____

21   *Una caminata diaria a través de la creación*

Lectura bíblica: Salmos seleccionados; Génesis 1:1-2:3

← **Da un paso atrás**

En tiempos del Antiguo Testamento, cada mañana se ofrecía a Dios un sacrificio de alabanza, acompañado por el canto de un salmo del Salterio, el himnario de los hebreos. Según el Talmud judío, salmos específicos —seleccionados para recordar al adorador los siete días de la creación de Dios— se cantaban en los días correspondientes de la semana.

Para mejorar tu adoración a Dios esta semana (o prolongar tu tiempo con Dios hoy), ¿por qué no sigues este "andar diario" de los Salmos? Para cada día de la creación, lee el salmo anotado abajo con el pasaje correspondiente del relato de la creación en Génesis. ¿Qué parte de la creación de Dios era el motivo de cada día?

Día 1: Lee Salmo 24 y Génesis 1:1-5.

Día 2: Lee Salmo 146 y Génesis 1:6-8.

Día 3: Lee Salmo 95 y Génesis 1:9-13.

Día 4: Lee Salmo 148 y Génesis 1:14-19.

Día 5: Lee Salmo 8 y Génesis 1:20-23.

Día 6: Lee Salmo 139 y Génesis 1:24-31.

Día 7: Lee Salmo 92 y Génesis 2:1-3.

⬆ **Mira arriba**

Crear requiere poder infinito. Todo el mundo no puede hacer una mosca.

C. S. Lewis escribió: "Debido a que Dios creó la Naturaleza —inventada por Su amor e ingenio— ésta demanda nuestra reverencia".

Lamentablemente, es más fácil para nosotros dar por sentada la creación de Dios. Después de todo, ¡vivimos en ella todos los días!

Procura que este antiguo ejercicio refresque tu concepto de la creación de Dios que te rodea. Aprovecha la ocasión para darle gracias a Dios por cada faceta de su creación día por día. Y pide Su bendición y protección sobre ella. Recuerda: tú tienes una parte en esa protección de la creación, mediante tus acciones como mayordomo de Sus recursos.

→ **Sigue adelante**

Haz una cita con Dios en los próximos días para ir a un paraje solitario cercano donde puedas sentarte con tu Biblia y pasar unos momentos meditando en su creación a través de su Palabra.

Usa las lecturas indicadas arriba que se refieren a cada día de la creación como un trampolín para adorarlo a El por Su magnífica obra en el mundo. Luego aprovecha la oportunidad para comentar con alguien la importancia de tu convicción de que el universo es un producto de la mano creadora de su Dios.

El Señor es Sacerdote y Rey
Salmos 107-110

22

📖 **Resumen:** Hay mucho de qué cantar en la selección de los salmos de hoy. Primero viene el canto de los redimidos (107); luego un canto dedicado al Dios de poder y gloria (108); y finalmente, un canto de lamento por los ataques calumniosos de un enemigo (109). ¿Pero cómo puede uno cantar cuando los impíos parecen asesinar impunemente? ¡Recuerda con el salmista David que el Señor es Rey (110)!

Corazón del pasaje: Salmo 110

Salmo	Autor	Idea clave	(Versículo) aludido en el N.T.
107	Desconocido	Un canto de los redimidos	(9) Lc. 1:53; (29) Mt. 8:26
108	David	Un canto de alabanza y oración	
109	David	Un canto del que es calumniado	(8) Hch. 1:20; (25) Mr. 15:29
110	David	El Señor es Sacerdote y Rey	(1) Mt. 22:44; Hch. 2:34-35; (4) He. 5:6; 7:17, 21

✍️ **Tu andar diario:** El primer versículo del Salmo 110 es uno de los más frecuentemente citados en el Nuevo Testamento. Con la ayuda de una concordancia bíblica, ve en cuántos lugares puedes hallar Salmo 110:1 citado o aludido en el Nuevo Testamento (¡hay como una docena!).

Después de leer el salmo, entenderás por qué los autores del Nuevo Testamento ponen tanto énfasis en este versículo. En él David, el rey de Israel, habló de otro Rey como su "Señor". David, gobernante de una nación, humildemente reconoció el señorío del Gobernante de todas las naciones: "Jehová [Dios] dijo a mi Señor [Cristo]: Siéntate a mi diestra [privilegio del que no gozan ni aun los ángeles, Hebreos 1:13], hasta que ponga a tus enemigos por estrado de tus pies". Aún tiene que tener lugar una rendición final en la cual "se doble toda rodilla ... y toda lengua confiese que Jesucristo es el Señor" (Filipenses 2:10-11).

¡Cuán divinamente supremo es nuestro Señor sobre todos los demás!

David, con todo su poderío real, aprendió que había Otro en su vida que merecía el título de "Señor". Él, sin vacilar, reconocía a ese Sacerdote y Rey soberano. ¿Es así en tu vida también? ¿Has entronado a Jesucristo como Rey en tu corazón?

Lleva una llave adicional en tu bolsillo o cartera hoy, para que recuerdes que el Rey del universo quiere ser el Rey absoluto en tu castillo. ¡Pero sólo tú puedes dejarle entrar!

🔍 **Percepción:** En caso de que te veas limitado en tu búsqueda...
Citas y alusiones al Salmo 110:1 que quieras marcar en tu Biblia incluyen: Mateo 22:44; Marcos 12:36; Lucas 20:42; Hechos 2:34-35; 1 Corintios 15:25; Hebreos 1:13; 10:12-13.

23 El nombre loable de Dios / Salmos 111-118

Corazón del pasaje: Salmo 113

📖 **Resumen:** ¡La alabanza impregna casi cada línea de los salmos que lees hoy! Dios es digno de alabanza por su cuidado (111), sus mandamientos (112), su nombre (113), su poder (114), su singularidad (115), su liberación (116), su verdad (117, y su misericordia (118). ¡Qué otra respuesta pudiera haber sino "alabar al Señor"!

Salmo	Autor	Idea clave	(Versículo) aludido en el N.T.
111	Desconocido	Las loables obras de Dios	(9) Lc. 1:49, 68
112	Desconocido	El loable hombre de Dios	(9) 2 Cor. 9:9; (10) Mt. 8:12
113	Desconocido	El loable nombre de Dios	
114	Desconocido	El loable poder de Dios	
115	Desconocido	El único Dios loable	(13) Ap. 11:18; 19:5
116	Desconocido	Loor por la liberación de Dios	(10) 2 Co. 4:13; (11) Ro. 3:4
117	Desconocido	Loor por la verdad de Dios	(1) Ro. 15:11
118	Desconocido	Loor por la misericordia de Dios	(6) He. 13:6; (18) 2 Co. 6:9; (22-23) Mt. 21:42; (26) Mt. 21:9

Bendice al Señor hoy; El te bendice todos los días.

🖐 **Tu andar diario:** ¿Has oído decir acerca de un atleta: "El es tan grande en su evento que nadie puede ni aun tocarlo?" ¿Qué quiere decir con eso el que habla? ¿Por qué la grandeza es a veces sinónimo de lejanía?

El Salmo 113 es una proclamación majestuosa de la grandeza de Dios: "Excelso sobre todas las naciones es Jehová, sobre los cielos su gloria. ¿Quién como Jehová nuestro Dios, que se sienta en las alturas" (vv. 4-5). Suena bien remoto e intocable, ¿verdad?

Pero sigue leyendo, porque ese Dios exaltado y glorioso "se humilla a mirar en el cielo y en la tierra" (v.6). El se preocupa de tales problemas terrenales como la pobreza (v.7), la política (v. 8), y familias que desean un niño (v. 9). ¡Con razón el salmista irrumpe en alabanzas al comienzo y al final del salmo!

Dios es todopoderoso, pero es condescendiente. Cuando Ana (1 Samuel 2), María (Lucas 1:46-55), y Zacarías (Lucas 1:67-79) echaron mano de esa verdad, no tuvieron problema en alabar a Dios. ¿Tienes un amigo inconverso con quien puedas compartir la verdad del Salmo 113 y conducirlo al Dios que vive en corazones humanos?

📝 **Percepción:** Un grupo de salmos pascuales
Los Salmos 113-118 son cantados anualmente por los judíos devotos en la celebración de la Pascua, los primeros dos (113-114) antes y los últimos cuatro (115-118) después de la comida pascual. Así que es posible que el Salmo 113 fuera uno de los últimos que nuestro Señor cantó antes de su crucifixión (Marcos 14:26).

La polifacética Palabra de Dios / Salmo 119 **24**

Resumen: El Salmo 119 es el salmo más largo y el capítulo más largo del libro más largo de la Biblia. Lo cual le permite entrar en lujo de detalles acerca del tema que enfoca: la polifacética Palabra de Dios. Tal como el salmo parece interminable al tú leer sus 176 versículos, así deben tu alabanza y amor por la Palabra de Dios ser interminables al hacerla el punto de enfoque de tu tiempo devocional hoy y todos los días.

Corazón del pasaje: Salmo 119:1-16, 105-112

Salmo	Autor	Idea clave	(Versículo) aludido en el N.T.
119	Desconocido	La multifacética Palabra de Dios	(3) 1 Jn. 3:9; 5:18; (62) Hch. 16:25; (89) 1 P. 1:25; (137) Ap. 16:5,7

Percepción: 1 + 19 = 119

En el Salmo 1, un salmista anónimo declara que el hombre bienaventurado es el que medita constantemente en la ley del Señor. En el 19, David describe la Palabra del Señor en sus muchas facetas. Hoy leerás el Salmo 119, el cual se extiende sobre los Salmos 1 y 19 para producir un testimonio majestuoso acerca del poder y la perfección de la Palabra de Dios.

Tu andar diario: Un sinónimo es una palabra que significa lo mismo (o casi lo mismo) que otra palabra, pero se escribe diferente. ¿Cuántos sinónimos puedes hallar para los siguientes términos bíblicos?:

Salvación: _____

Salmo: _____

Palabra de Dios: _____

La Biblia es tan amplia como la vida, teniendo en verdad el mismo Autor.

Es lógico que el salmo más largo y el capítulo más largo de la Biblia tengan por tema la Palabra de Dios. Pero ¿cómo un compositor elabora un salmo que haga justicia a la admirable y poderosa Palabra de Dios? ¿Cómo tú lo harías? ¿Cómo declararías sus cualidades que tranforman la vida sin que parezca trillado o monótono?

Respuesta: Tú escribirías el Salmo 119, un salmo alfabético en el que cada una de las 22 letras del alfabeto hebreo se usa ocho veces (ocho es el número de "superabundancia") para comenzar con dos versos pareados que describen algún aspecto de la Palabra de Dios. Es ley (para ser obedecida), testimonio (para ser divulgado), precepto (para ser practicado), promesa (para ser reclamada), camino (para ser seguido). En total, 11 sinónimos se emplean en el salmo. A medida que halles cada sinónimo, úsalo para completar esta oración: "Ya que la Palabra de Dios es_____, hoy yo corresponderé por _____".

25 *Paz por fuera y por dentro / Salmos 120-127*

Corazón del pasaje: Salmo 122

📖 **Resumen:** Los Salmos 120-134 tratan tópicos que aprecian los viajeros que se hallan lejos del hogar: paz (120, 122); protección (121, 125, 127); y provisión (123-124, 126). Al leer estos "himnos del camino", imagínate a ti mismo en un largo viaje, con tu destino ahora a la vista.

Salmo	Autor	Idea clave	(Versículo) aludido en el N.T.
120	Desconocido	Buscando la paz	(3-4) Stg. 3:6
121	Desconocido	El Señor nuestro guardador	
122	David	Paz por fuera y por dentro	
123	Desconocido	Los ojos en el Señor	
124	David	El Señor nuestro ayudador	
125	Desconocido	El Señor nuestro protector	(5) Gá. 6:16
126	Desconocido	El Señor nuestro restaurador	
127	Salomón	El Señor nuestra seguridad	

Dormimos en paz en los brazos de Dios cuando nos rendimos a su providencia.

✒️ **Tu andar diario:** La paz mundial siempre ha sido evasiva. De los últimos 3.500 años de historia humana, menos de 300 podrían llamarse "exentos de guerra". Más de 8.000 tratados se han hecho... y quebrantado... durante ese tiempo. Con razón un cínico ha definido la paz como "ese breve momento glorioso de la historia en que todos están armándose de nuevo".

Mientras David describe el final de un largo viaje a la ciudad santa de Jerusalén (Salmo 122), contempla la ironía de su nombre: *Jerusalén, Ciudad de Paz,* aunque ha conocido muy poco de ella. Y así el salmista exhorta: "Pedid por la paz de Jerusalén" (vv. 6-8).

Tal como la ciudad de Jerusalén en el tiempo de David albergaba la presencia misma del Señor, así tu cuerpo hoy es el "templo [la morada] del Espíritu Santo" (1 Corintios 6:19). ¡La fuente misma de la paz reside en tu ser! Empleando esos recursos, ¿cómo puedes ser un pacificador en tu mundo hoy? ¿Cómo puedes contribuir a la solución de los conflictos (en vez de iniciar otros) en tu hogar, oficina, escuela, e iglesia? Puedes comenzar por orar, como hizo David, por "la paz... por amor de mis hermanos y mis compañeros" (vv. 7-8).

✒️ **Percepción:** Himnos para la caminata a Jerusalén
Los Salmos 120-134 se identifican en los títulos como "cánticos graduales" o "cantos de ascensión", himnos cantados por peregrinos en sus viajes anuales a Jerusalén durante los días festivos. Esos salmos describen el progreso del peregrino al viajar desde una tierra distante (120) hasta ver la Ciudad Santa (121) y finalmente llegar (122) con mucho gozo (123-134).

Aguas profundas, noches oscuras
Salmos 128-134

26

📖 **Resumen:** Bendiciones para los justos (128) y juicios para los impíos (129) aguardan al final del viaje. Y aunque haya noches oscuras a lo largo del camino (130), el alma tranquila hallará esperanza en el Señor (131). En el santuario de Dios (132, 134) y entre el pueblo de Dios (133) hay fortaleza para enfrentar cada nuevo día.

Corazón del pasaje: Salmo 130

Salmo	Autor	Idea clave	(Versículo) aludido en el N.T.
128	Desconocido	Bendición para los que temen a Dios	
129	Desconocido	Vindicación para los justos	
130	Desconocido	Aguas profundas, noches oscuras	(8) Tito 2:14
131	David	Esperanza para el alma tranquila	
132	Desconocido	Procurando un lugar para el Señor	(5) Hch. 7:46; (17) Lc. 1:69
133	David	Armonía en la familia de Dios	
134	Desconocido	Bendiciendo a Dios en Su casa	(1) Ap. 19:5; (2) 1 Ti. 2:8

✒️ **Tu andar diario:** ¿Cuáles de estas experiencias has tenido en el transcurso de tu vida?: (1) Casi te ahogas. (2) Perdiste a un ser querido por una enfermedad incurable. (3) Pasaste toda una noche sin dormir.

Si puedes identificarte con una o más de dichas situaciones, no tendrás problema en identificarte con el autor del Salmo 130, porque las tres experiencias se hallan en su lamento de ocho versículos.

(1) *El salmista se está ahogando en un mar de desesperación* (v. 1). La corriente de aflicción lo ha obligado a forcejear en aguas que cubren su cabeza. (2) *Se siente como un reo que espera ser juzgado.* (v. 3). A menos que el Señor perdone su iniquidad, sabe que su caso es "incurable". Sin embargo, a pesar de su angustia, (3) *aguarda pacientemente a que amanezca* (vv. 5-6). La noche de circunstancias oscuras parece interminable, pero el salmista sabe que el Señor lo rescatará tan cierto como el alba sigue a la noche.

El alivio a la depresión está a la distancia de una alabanza.

En medio de aguas profundas y noches oscuras, hay una razón para tener esperanza —¡siempre que la esperanza esté en el Señor!—. La cura de la depresión del salmista es simple. No es una píldora sino una Persona, Uno que es tan fiel en el siglo 20 A. D. como lo fue en el siglo 10 A.C.

🔍 **Percepción:** Ascendiendo mediante un salmo de ascenso

Aquí en el Salmo 130, uno de los salmos graduales (de ascenso), el lector es transportado con el salmista desde las profundidades de la depresión (v.1) a las alturas de la esperanza y la confianza (v. 8).

27 *Alabanza de todo corazón / Salmos 135-139*

Corazón del pasaje: Salmo 138

📖 **Resumen:** A veces es fácil alabar al Señor simplemente por recordar el pasado (135-136); otras veces los recuerdos del pasado producen más dolor que alabanza (137). Pero aun los tiempos de aflicción y lágrimas pueden ser motivos de alabanzas (138) al pensar en el conocimiento infinito y presencia continua de tu Dios omnipotente (139).

Salmo	Autor	Idea clave	(Versículo) aludido en el N.T.
135	Desconocido	Antología de alabanza	
136	Desconocido	Antífona de alabanza	
137	Desconocido	Lágrimas vertidas en el exilio	(8) Ap. 18:6
138	David	Alabanza de todo corazón	(8) Fil. 1:6
139	David	El Dios omnipresente y omnisciente	(14) Ap. 15:3

El agua de la alabanza de los santos es sacada de un pozo profundo, el corazón.

✍️ **Tu andar diario:** Cuando alguien sigue un curso de acción sin importarle el sacrificio implicado, decimos que "pone todo su corazón en eso". Enumera las metas que persigues de todo corazón (excelencia académica, proezas atléticas, éxito en los negocios, un entretenimiento o vocación). Luego pregúntate: "¿Por qué hago esto con todo el corazón?"

El Salmo 138 encabeza los últimos ocho salmos atribuidos al rey David. En él leerás de la pasión de David en alabar a Dios "con todo [su] corazón" (v. 1). Y las razones son fáciles de hallar: (1) Dios contestó la reiterada oración de David por fortaleza y protección en tiempos de dificultad (v. 3). (2) Dios magnificó Su Palabra al cumplir sus promesas a David (v. 2; lee 2 Samuel 7:8-16). (3) Aunque grande y glorioso en Su carácter, Dios no obstante tomó interés especial en David (vv. 5-6). Júntalo todo y ya tienes la motivación de David para alabar a Dios, aun delante de los reyes de la tierra (v. 4).

¿Tienes, como David, entusiasmo en alabar a Dios hoy? Entonces ¿por qué no organizar una "comida de alabanza" con algunos amigos cristianos? Que cada uno traiga un plato favorito... y un relato de algo loable que Dios haya hecho en los meses pasados. Mientras comen, alaben a Dios juntos con testimonio y canto. (Advertencia: ¡Esto puede formar hábito! Proceda por su cuenta y riesgo.)

🖊️ **Percepción:** Jehová cumplirá, por un "es", y un "no"
Note cómo la conocida verdad del verso 8 ("Tu misericordia, oh Jehová, es para siempre") está entre una declaración de confianza ("cumplirá") y una de compromiso ("no desampares"). Las tres son elementos esenciales de la alabanza.

Una vida de alabanza   28

← **Da un paso atrás**

El libro de los Salmos —y toda la Biblia— exhorta a los hijos de Dios a alabarle. La alabanza es simplemente expresar gozosamente tu adoración y apreciación por tu magnífico Dios. Y los Salmos nos guían muy bien en la alabanza.

Lectura bíblica: Salmos seleccio- nados; 1 Juan 1:9

¿Quién ha de ser alabado? Lee Salmos 145:1; 147:1.

¿Quién es El para que se le alabe? Las razones son incontables, pero comienza con Salmos 21:13; 89:5; 138:2; 145:4.

¿Quiénes han de alabarle? Lee Salmos 148 y 150:6.

¿Cuándo hemos de alabarle? Lee Salmos 35:28; 71:6; 72:15; 146:2.

¿Cómo hemos de alabar a Dios? Aquí hay algunas ideas para comenzar:

Que tu alabanza sea:	Demuéstrala en:
Personal —tus sentimientos profundos	Poesía
Reverente — en adoración	Recitar un salmo
Apreciativa —llena de gratitud a Dios	Obra de arte
Iluminadora —que te enseñe acerca de ti y de Dios	Música instrumental (ver Salmo 150)
Sincera—honesta y significativa	Canto
Entusiasta—refrescantemente enérgica	Expresión escrita

↑ **Mira arriba**

Monótona. Seca. Aburrida. Débil. Sin vida. ¿Admitirías que esos adjetivos describen tu vida cristiana?

El problema puede provenir de que las líneas de comunicación entre tú y tu Dios amante estén obstruidas. Por supuesto, Dios no las obstruyó. De modo que si has dejado amontonar pecados sin confesar, consulta a 1 Juan 1:9 y Salmo 51:10, y habla de eso con Dios. El se deleita en oír oraciones sinceras de creyentes que desean Su toque limpiador.

La alaban- za es un alma florecida.

→ **Sigue adelante**

Una vida de alabanza puede traer deleite a Dios y a ti. Pasa algún tiempo alabando a tu Señor ahora mismo. Para que te ayude a expresar tus sentimientos con palabras, escoge uno de estos salmos selectos: Salmos 8, 19, 29, 33, 36, 103-105, 111, 113, 117, 135-136, 139, 145-150.

Pero no sólo a Dios le has de decir cómo te sientes acerca de El. Háblale a algún conocido tuyo que necesita oír las buenas nuevas acerca de tu Salvador digno de alabanza.

Como dice Apocalipsis 4:11: "Señor, digno eres de recibir la gloria y la honra y el poder; porque tú creaste todas las cosas, y por tu voluntad existen y fueron creadas".

29 Encontrando refugio en la huida
Salmos 140-145

Corazón del pasaje: Salmo 142

📖 **Resumen:** Tus enemigos te alejarán de Dios o te acercarán a Dios. En su hora de necesidad, David encontró un Refugio seguro (140, 142), un Amigo confiable (141), un Oído atento (143), un Brazo fuerte (144), un Rey misericordioso (145) —y tú puedes hallarlo también.

Salmo	Autor	Idea clave	(Versículo) aludido en el N.T.
140	David	Morando en la presencia de Dios	(3) Ro. 3:13
141	David	Una oración vespertina por pureza	(2) Ap. 5:8; 8:3
142	David	Hallando refugio en la huida	
143	David	Cuando todo lo demás falla	(2) Ro. 3:20; Gá. 2:16
144	David	De oscuridad a amanecer	
145	David	Alfabeto de alabanza	(3) Ro. 11:33; (17) Ap. 15:3

Una braza encendida puede incendiar un bosque.

✍️ **Tu andar diario:** ¡Para David, la vida se hallaba sepultada... literalmente! Perseguido por la partida de Saúl, que quería destruirle, David huyó a la cueva de Adulam. Allí se le unieron 400 hombres harapientos, todos ellos "afligidos... endeudados... en amargura" (1 Samuel 22:2). Allí las emociones de David se fueron al fondo. Y allí escribió el Salmo 142 —una oración para las ocasiones en que la vida se recluye. Una que quizás necesites hacer hoy.

En la cueva de Adulam, David se sintió confinado, emocionalmente exhausto, y sin un amigo en el mundo (vv. 3-4,6). Pero en vez de alejarle *de* Dios, los problemas de David le atrajeron *hacia* Dios. Nota el objeto de su ruego: "Clamaré a Jehová... pediré a Jehová misericordia. Delante de él expondré mi queja.... Clamé a ti, oh Jehová" (vv. 1-2,5). Abatido por sus perseguidores, David halló que no tenía adónde mirar excepto arriba.

¿En qué te sientes aprisionado hoy? ¿Por el agotamiento emocional de tu vida familiar? ¿Presiones del trabajo? ¿Inseguridad financiera? ¿Una enfermedad permanente? Al igual que David, tienes opciones: permitir que los problemas se interpongan entre tú y Dios, o correr al único Refugio seguro en tiempo de angustia. David huyó a una cueva, pero encontró una Fortaleza. Une tu voz a la de él, haciendo del Salmo 142:7 tu oración: "Saca mi alma de la cárcel, para que alabe tu nombre; me rodearán los justos, porque tú me serás propicio".

🔍 **Percepción:** Cantos para el jefe
El título del salmo, "Al músico principal", aparece en 55 salmos como también en el libro de Habacuc (3:19). Parece que el músico principal del templo tenía su propia colección de salmos.

Alabanzas para el Señor digno de alabanza **30**
Salmos 146-150

Resumen: Como el crescendo dramático de una sinfonía, el libro de los Salmos asciende a un clímax de alabanza. Alabad a Dios de una a otra generación (146); Alabad a Dios por su tierno cuidado (147); Alabad a Dios por su creación (148); Alabad a Dios por su justicia (149); alabad a Dios por su grandeza (150). ¡Alabad al Señor digno de alabanza!

Corazón del pasaje: Salmo 146

Salmo	Autor	Idea clave	(Versículo) aludido en el N.T.
146	Desconocido	Loor al loable Señor	(6) Hch. 4:24; 14:15, Ap. 14:7
147	Desconocido	Loor a Dios en lo alto	(3) Lc. 4:18; (9) 12:24
148	Desconocido	Una sinfonía universal de alabanza	
149	Desconocido	Alabanzas del pueblo de Dios	
150	Desconocido	Una adecuada bendición de alabanza	

Tu andar diario: Hay por lo menos dos buenas razones para alabar al Señor, según el Salmo 146: (1) Dios desea que lo hagas reiteradamente hoy ("Alabaré a Jehová en mi vida" v. 2); y (2) tú lo harás por la eternidad ("Cantaré salmos a mi Dios mientras viva [mientras tenga ser]", v. 2) En la alabanza, como en cualquier ocupación, ¡la práctica perfecciona!

¡Pon en acción un salmo en tu andar cristiano hoy!

El Salmo 146 comienza con un llamamiento a alabar: "Alaba, oh alma mía, a Jehová". Y la pregunta lógica es: "¿Por qué? ¿Qué ha hecho El para merecer mi alabanza?" Nota la pronta respuesta del salmista:

Dios es digno de alabanza por lo que ha hecho en el pasado. El hizo "los cielos, y la tierra, el mar, y todo lo que en ellos hay" (v. 6).

Dios es digno de alabanza por lo que está haciendo en el presente. El salmista usa 10 verbos en tiempo presente en los versos 6-9 para describir las actividades de largo alcance de Dios hoy (¿puedes hallar los 10?).

Concluya su estudio del libro de los Salmos componiendo su propio canto de alabanza, siguiendo el modelo del Salmo 146. Comience con la frase, "¡Alabado sea el Señor!" Luego alábalo por lo que El está haciendo en tu vida (pasada, presente y futura). Finaliza igual que el libro de los Salmos: con un grito culminante a todo el que pueda oírlo: "¡Alabad al Señor!"

Percepción: El Salmo 150, un detonante para la alabanza
Alaba al Señor (¿dónde? v. 1) _____
                (¿por qué? v. 2) _____
                (¿cómo? vv. 3-5) _____
                (¿quiénes? v. 6) _____

Proverbios

Vivir piadosamente en un mundo impío no es tarea fácil. Pero el libro de Proverbios —El primer libro de sabiduría práctica en la Biblia— enseña la aplicación juiciosa de la verdad a la vida diaria. En esta singular colección de poesías, parábolas, razonamientos, historias, y máximas sabias, hay instrucciones respecto al trato entre padres e hijos. De forma marcadamente memorable, Salomón —el principal autor— da a sus lectores un "manual divino" de cómo vivir para agradar a Dios.

Enfoque	Prólogo		Proverbios				Preceptos	
Divisiones	Propósito y tema	El consejo de un padre	Palabras de Salomón (parte una)	Palabras de sabios	Palabras de Salomón (parte dos)	Palabras de Agur	Palabras acerca de la mujer virtuosa	
	1	2 9	10 21	22 24	25 29	30	31	
Tópicos	Persona de sabiduría		Principios de sabiduría			Práctica de sabiduría		
	Salomón					Agur y Lemuel		
Lugar	Judá					Desconocido		
Tiempo	ca. 950-700 A.C.							

El temor de Jehová / Proverbios 1-4   1

🔹 **Resumen:** Pocos libros de la Biblia comienzan con una declaración clara del propósito por el cual se escribieron. Pero el autor de los Proverbios claramente declara el propósito del libro: "Para entender sabiduría y doctrina" (1:2-5). La palabra hebrea para "sabiduría" significa más que inteligencia humana: se refiere a destreza o maestría. Al igual que los artesanos y artífices que confeccionaron el tabernáculo fueron descritos como "sabios" (Exodo 31:1-11), Dios desea que su pueblo sea "sabio" (diestro) en la tarea de hacer decisiones morales y éticas. Los primeros nueve capítulos de Proverbios toman la forma de la conversación de un padre con su hijo joven —una cartilla divina para aprender "el temor de Dios".

Corazón del pasaje: Prov. 1:1-2:6

Capítulo 1	Capítulo 2	Capítulo 3	Capítulo 4
Principio de la sabiduría	Valor de la sabiduría	Recompensas de la sabiduría	Lugar de la disciplina
Preocupación paternal: "Oíd, hijos" (4:1).			

🔹 **Tu andar diario:** ¿Puedes relacionar cada uno de estos temores (fobias) con su definición correcta? (¡No debes usar el diccionario!)

_____1. acrofobia   a. temor a lugares cerrados
_____2. xenofobia   b. temor a la altura
_____3. hidrofobia   c. aversión a los extranjeros
_____4. claustrofobia   d. temor al agua

Temo a Dios, pero no le tengo miedo.

Aunque estas fobias pueden ser detrimentes, hay otros temores que pueden tener una influencia benéfica en tu comportamiento (por ejemplo, temor a quemarte, temor a tropezar en la oscuridad). Tales temores no aterrorizan o inmovilizan, sino más bien conducen a una acción constructiva (como usar una agarradera o encender una luz).

El "temor de Dios" es así. En vez de alejarte, aterrorizado, de la presencia de Dios, causa reverencia y admiración profundas y permanentes al pensar en el poder y la gloria de Dios. Te estimula a prestar atención cuando El habla —y obedecer cuando El manda—. Lee 2:1-5; 14:26-27; 23:17-18 para que descubras cómo y por qué puedes vivir cada día en el "temor de Dios".

🔹 **Percepción:** La autodestrucción del necio
Cuando el hombre se revela contra Dios, termina destruyéndose a sí mismo. Cae por su propia impiedad (11:5) y es enlazado por sus propias transgresiones (29:6). Pondera la vigencia permanente de la sabiduría de Dios al considerar los resultados del aborto, las drogas y el abuso del alcohol, los hogares destruidos, y la homosexualidad en nuestro día.

211

2 Peligros de la vida / Proverbios 5-9

Corazón del pasaje: Proverbios 7-8

Resumen: A partir del capítulo 5, Salomón cambia de aplicaciones generales a aplicaciones más específicas de la sabiduría en situaciones de la vida diaria. Peligros y lazos abundan, listos para enredar y destruir al incauto: inmoralidad, deudas, pereza, falsedad, orgullo. Incurrir en estos pecados es una invitación segura a la pobreza y el desastre. La tentación, aunque sea sutil, puede llevar a consecuencias de muerte. ¡No oigas su llamada! Antes, responde a la invitación de la sabiduría, entre los muchos beneficios de la cual está el "favor de Jehová" (8:35).

Capítulos 5-6	Capítulo 7	Capítulo 8	Capítulo 9
Los vicios del mundo		Las virtudes de la sabiduría	
Inmoralidad	Adulterio	Perdurable	Invitadora
Amonestación paternal: "Está atento a mi sabiduría" (5:1)			

La tentación no es pecado, pero el que juega con la tentación invita el pecado.

Tu andar diario: "Yo nunca tengo problemas con la tentación", dijo un hombre un día. "Cuando viene, ¡me rindo a ella!"

Esa es una manera de tratar con la tentación —y la verás ilustrada en la respuesta del joven en el capítulo 7. Confrontado ante las lisonjas atractivas de la ramera, "al punto se marchó tras ella... como el necio" (7:22). Ceder a la tentación de ella fue fácil... aun momentáneamente agradable. Pero el dolor que produjo arruinó toda su vida.

¿Estás practicando la sabiduría en tu vida moral, o jugando con pensamientos inmorales o adúlteros —los cuales sólo pueden llevar a acciones inmorales y adúlteras—? Los tribunales de divorcio están atestados de parejas bien intencionadas que habían afirmado: "Eso nunca nos pasará a nosotros". El consejo que te da Salomón es: Sé sabio antes que sea demasiado tarde. Si menosprecias los mandamientos de Dios, eso *puede* pasar... y probablemente *pasará*.

Ten una conversación "de Padre a hijo" con tu Padre celestial acerca de tus relaciones con el sexo opuesto. Examina tus pensamientos y acciones. ¿Hace falta confesión y limpieza (1 Juan 1:9)?

Percepción: Cómo vivir como un rey

Salomón, autor de más de 3.000 proverbios (de los cuales unos 900 están en el libro de Proverbios; 1 Reyes 4:32), fue el rey más rico y de mayor influencia en su tiempo. Sin embargo, él declara en· el capítulo 8 que la clave de la felicidad no es la riqueza, el poder, o cualquier otra posesión "de rey"; sino la sabiduría —conocer a Dios y obedecer su Palabra—. Piensa en esto: ¡La felicidad de un rey está a tu alcance!

Palabras sabias de Salomón
Proverbios 10-13

3

📖 **Resumen:** Una de las mejores maneras de apreciar una buena acción es contrastándola con una necia. La mayoría de los proverbios que leerás hoy son antitéticos; emplean la conjunción *pero* para contrastar la senda de la insensatez con la de la fe. El currículo es variado e intensamente práctico; cómo usar tu boca y tu dinero; cómo ser un buen vecino; cómo escoger tus amigos; cómo conducir negocios; cómo resolver conflictos. Piensa en la lectura de hoy como un manual de adiestramiento designado a enseñarte cómo enfrentar la vida teniendo la perspectiva de Dios.

Corazón del pasaje: Proverbios 10

Capítulo 10	Capítulo 11	Capítulo 12	Capítulo 13
Bocas y bienes	Guía y generosidad	Transgreción y trabajo	Malicia y mentira
Cómo ser sabio o insensato			

🔏 **Tu andar diario:** Cambia el paso hoy. Lee la porción de hoy con lápiz en mano, captando las ideas que Dios te dé en estas áreas prácticas:

1. ¿Cuál es el papel de tu lengua (10:19-21)? _____

_____

2. ¿Cómo puede la generosidad añadir a tu riqueza (11:24-26)?

_____

3. ¿Qué pueden decir otros de ti por la forma en que respondes al consejo sabio (12:15)?

_____

4. ¿Cuáles son dos clases de "riquezas" (13:7-8, y cuál de ellas debes procurar?

_____

5. ¿Por qué Dios establece "leyes" que tienes que guardar (13:14)?

_____

6. ¿Qué pasa si las obedeces? ¿Qué pasa si no las obedeces (13:13)?

_____

7. ¿Qué proverbio en la sección de hoy habla más claro a una necesidad en tu vida? ¡Escríbelo!

_____

Uno puede llegar a ser sabio si observa lo que pasa cuando no lo es.

🖊 **Percepción:** Un resumen estructural de Proverbios
Capítulos 1-9:Proverbios paternales ("hijo mío")
Capítulos 10-15:Proverbios antitéticos ("pero")
Capítulos 16-22:Proverbios sintéticos ("y")
Capítulos 23-31:Proverbios extensos (más de un versículo)

4 *Los tesoros de la sabiduría*

Lectura bíblica: 1 Cor. 1:30; Colosenses 2:3; Proverbios 2

← Da un paso atrás

La palabra clave en Proverbios, como sin duda ya has descubierto, es *sabiduría*. Palabra al parecer poco aplicable a la sociedad de hoy, que pone tanto énfasis en el conocimiento, o aun en "chanelar". Para Dios, sin embargo, la sabiduría es una joya que El desea que cada hijo suyo posea.

La sabiduría se define como "la habilidad de vivir la vida diestramente". Vivir una vida piadosa en un mundo impío, no es fácil. Pero Proverbios contiene las instrucciones detalladas de Dios a su pueblo a fin de que manejen con éxito los asuntos prácticos de cada día, tales como la relación con Dios, con los padres, con los hijos, con los vecinos, con el gobierno.

Proverbios es uno de los pocos libros en la Biblia que declara su propósito (Proverbios 1:2-6). Mediante este libro Dios desea impartir discernimiento y discreción moral, y ayudar a sus hijos a desarrollar lucidez y percepción moral.

Para los creyentes del Nuevo Testamento, la sabiduría resulta un don aun más rico. En 1 Corintios 1:30, Pablo se refiere a Cristo como Aquel que "nos ha sido hecho por Dios sabiduría". En Cristo, él añade, "están todos los tesoros de la sabiduría y del conocimiento" (Colosenses 2:3).

⬆ Mira arriba

Si te percatas de que no eres tan sabio hoy como creías ser ayer, eres más sabio hoy.

En el mundo de hoy no se considera a la sabiduría un artículo útil. Pero para Dios, vale más que todas las riquezas del mundo (Proverbios 3:13-14). ¿Es así como la consideras? ¿Estás buscando sabiduría personalmente mediante el estudio de la Palabra y tu comunión con Dios? Examina tu corazón en oración delante del Señor.

→ Sigue adelante

La sabiduría de Dios está al alcance de todos. Pero puede desecharse si uno así lo quiere (lee Proverbios 1:24-25). La Biblia llama burladores e insensatos a los que rechazan la sabiduría de Dios. ¿Por qué? Porque rechazar la sabiduría resulta en serias consecuencias (lee 1:26-28,31-32). Cuando surjan las tragedias y los problemas, los recursos que uno necesita para sobrevivir y crecer en medio de ellos, no estarán disponibles.

Ya has leído varios capítulos en el libro de sabiduría de Dios. ¿Estás tomando en serio las palabras que lees? ¿Estás escudriñándolas para hallar en ellas las verdades que encierran para ti?

La sabiduría de Dios está aquí para que la tomen. Lee otra vez los primeros dos capítulos de Proverbios y haz una lista de los beneficios de la sabiduría que se encuentran allí. Luego considera la alternativa. ¿Verdad que no vale la pena ni aun tomarla en cuenta?

Sabiduría que aprovecha / Proverbios 14-17 5

Resumen: En ningún lugar es la sabiduría más esencial que en la relaciones del hogar y la comunidad. La actitud del corazón controlada por el temor de Dios es la clave para la propia respuesta hacia otros. La lectura de hoy contiene numerosos proverbios designados a promover paz, prosperidad, y justicia en las relaciones interpersonales de la vida. La estructura de estos proverbios es simple, pero la variedad de asuntos es inmensa: carácter y lengua, sendas y objetivos, pensamientos y motivos. En cada caso, tu dedicación a la piedad debe ser evidente.

Corazón del pasaje: Proverbios 16

Capítulo 14	Capítulo 15	Capítulo 16	Capítulo 17
Vecinos y naciones	Codicia y consejo	Ley del Señor	Amigos y enemigos
Sabiduría que aprovecha			

Tu andar diario: La repetición ha sido llamada la madre del aprendizaje. ¡También ha sido llamada la madre del aburrimiento! Pero cuando una declaración es tan importante como para que el autor la repita más de una vez, puedes estar seguro de que contiene un mensaje que no debes perderte.

Un versículo que encontrarás repetido en la lectura de hoy es este: "Hay camino que parece derecho al hombre, pero su fin es camino de muerte". ¿Puedes hallar los dos lugares donde aparece? Más importante aun: ¿Puedes detectar la aplicación que el autor quiere que descubras?

Ahorrar tiempo o esfuerzo —y por ello acortar el camino al éxito— ¡no es mala idea en ninguna generación! Pero cuando se hace con la intención de evadir los consejos (12:15) o el trabajo duro (15:19), puede resultar desastroso. Considera los atajos que planeaste tomar hoy. ¿Conducen al éxito, o al desastre? Las palabras de Proverbios 16:9, escritas en una tarjeta de 8 x 13 cm y llevadas contigo durante el día, ¡puede que sea lo que necesitas para mantenerte en "el camino de justicia" (16:31)!

Temor reverente hacia Dios es la clave de la fidelidad en cualquier situación.

Percepción: Acento en el Señor

Elohím (a veces traducido "Dios" al español, se usa sólo siete veces en el libro de Proverbios) a menudo fue usado para designar a otros fuera del Dios verdadero. En contraste, *Jehová* (se usa ochenta y siete veces en Proverbios) es el nombre personal de Dios, que no se usa para otro que no fuera Dios como El se revela a sí mismo. ¡Qué bueno es que nuestro Señor condesciende a hablarnos acerca de sí mismo, porque El es el único Dios verdadero!

6 Decisiones sabias en la vida
Proverbios 18-21

Corazón del pasaje: Proverbios 19

🔲 **Resumen:** Las distintas declaraciones de sentido común que hay en la lectura de hoy son descripciones de los peligros que amenazan al sabio y al insensato, reseñas del carácter del pobre y del poderoso, y evaluaciones de lo que parece ser bueno y de lo que es bueno en realidad. A través de todo, Salomón ve a Dios obrar en los corazones y asuntos de los humanos, para ayudarles a evitar la adulación y falsedad y a manifestar una conducta obediente.

Capítulo 18	Capítulo 19	Capítulo 20	Capítulo 21
Palabras que punzan	Hijos insensatos	Pesas injustas	Riquezas impías
Decisiones sabias de la vida			

El yugo del Señor Jesús nunca sienta bien en un cuello erguido.

✍️ **Tu andar diario:** ¿Qué impide que te veas como realmente eres, que otros te vean como quisieras ser, y que Dios te ayude a ser lo que realmente te gustaría ser?

Mientras cavilas en este acertijo, mira la lección contenida en 18:12. (Es muy importante; también la hallarás en 16:18-19.)

El orgullo —de ti mismo, de tus posesiones, de tus habilidades— trae destrucción. La humildad —ante Dios, ante otros, ante ti mismo— trae honor. Dios se deleita en enaltecer a los humildes (3:34), pero desprecia al altivo (6:16-17; 16:5). El orgulloso está en contra de sí mismo (8:36), del prójimo (13:10), y de Dios (l6:5), y finalmente hallará destrucción. Como el orgullo hizo que Lucifer deseara ser mayor que Dios (Isaías 14:12-14), y resultó en condenación (1 Timoteo 3:6), así puede también arruinar tu vida.

Busca oportunidades hoy de practicar la humildad en vez del orgullo. Nada es tan difícil de hacer con gracia como desmontarte del caballo de la altivez —¡y nada es tan necesario!— Busca una persona cuyas necesidades e intereses puedas anteponer a los tuyos hoy. Salte de tu ruta para expresar una palabra de apreciación sincera. Recuerda, todo lo que tienes y eres te ha sido dado por Dios (1 Corintios 4:7).

Y si tuviste problemas con el acertijo, recuerda que el orgullo cubre tus propios pecados, oscurece la visión de otros, y obstaculiza el servicio a Dios.

🔲 **Percepción:** Un proverbio indio acerca de la humildad

Una palabra india para humildad literalmente significa "polvo", un hecho que ayuda a explicar el significado de este proverbio indio: "Puedes caminar sobre el polvo toda la vida y nunca protestará".

Palabras sabias para el rey
Proverbios 22-24

7

📖 **Resumen:** Los últimos capítulos de Proverbios contienen sanos consejos para los que están en posiciones de autoridad. La clave de la sección se halla en la puerta de entrada (21:1-2): "Como los repartimientos de las aguas, así está el corazón del rey en la mano de Jehová, a todo lo que quiere lo inclina. Todo camino del hombre es recto en su propia opinión; pero Jehová pesa los corazones". La lectura de hoy contiene consejos sabios para cualquiera que esté en posición de responsabilidad: desde padres hasta príncipes, desde pastores hasta potentados. Los líderes necesitan conocer los preceptos morales, éticos, y espirituales de Dios si van a guiar a los que están bajo su autoridad por caminos de conducta y carácter que honren a Dios.

Corazón del pasaje: Proverbios 24

Capítulo 22	Capítulo 23	Capítulo 24
Acciones correctas	Asociaciones correctas	Expectativas correctas
Tentación y temperancia		

✒ **Tu andar diario:** Muy bien se ha dicho: "Las cosas que cuentan más en la vida son las que no se pueden contar".
¿Qué valoras más? En una escala del 1 al 10 (siendo 1 bajo y 10 alto), ¿cuánto tú valoras...

Si no temes enfrentar la música, puede que algún día dirijas la banda.

_____ un buen hombre? _____ reverencia? _____ misericordia?
_____ humildad? _____ generosidad _____ honradez?

Estas cualidades —y otras— son indispensables para un líder piadoso. Si no estás totalmente satisfecho con los números que has asignado, pasa más tiempo meditando en estos poderosos proverbios:

• *De más estima es el buen nombre que las muchas riquezas, y la buena fama más que la plata y el oro (22:1).*

• *Riquezas, honra y vida son la remuneración de la humildad y del temor de Jehová (22:4).*

• *No seas sin causa testigo contra tu prójimo, y no lisonjees con tus labios (24:28).*

🔍 **Percepción:** Proverbios —¡Manéjese con cuidado!
Cultos gobernantes del mundo una vez viajaron a Jerusalén para oír la sabiduría de Salomón (1 Reyes 10). Más tarde, Jesús dijo ser más grande que Salomón (Lucas 11:31). Y Jesús advirtió que aquellos que oyeran Sus enseñanzas y no obedecieran, un día serían condenados por los gobernantes del tiempo de Salomón. Hoy estás leyendo la misma sabiduría que ellos acataron —¡y Dios espera que la tomes con el mismo cuidado!

8 *Palabras sabias del rey / Proverbios 25-29*

Corazón del pasaje: Proverbios 25

📖 **Resumen:** La justicia no solamente engrandece a una nación (14:34), ¡también estabiliza a los ciudadanos de la nación! En su contribución final al libro de Proverbios, Salomón describe las riquezas de la justicia y el fatal peligro de la necedad. Reyes y campesinos, testigos falsos y amigos, el justo y el corrupto, el necio y el sabio, el perezoso y el diligente, el engañador y el confiable —¡Salomón tiene algo que decirles a cada uno!— La sabiduría de Dios guía a escoger las soluciones acertadas en las situaciones de la vida, y da una perspectiva correcta acerca de las posesiones materiales.

Capítulo 25	Capítulo 26	Capítulo 27	Capítulo 28	Capítulo 29
Reyes y súbditos	Necios y amigos	Besos y maldiciones	Pobreza y prosperidad	Adulación y favor
Soluciones acertadas		Perspectivas correctas		

La sabiduría es un don divino y no una adquisición humana.

✍️ **Tu andar diario:** A primera vista podrías pensar que estos 138 proverbios son pensamientos misceláneos expresados al azar. Pero,en realidad, hay evidencia de cuidadoso arreglo, y agrupación de los proverbios que tratan de temas similares. Al leer, ten en mente estas categorías... y piensa en situaciones correspondientes en tu vida para las cuales puede beneficiarte el consejo de Salomón:

La lengua (25:11-15)   Chisme (26:20-22)
Moderación (25:16-17)   Hipocresía (26:23-28)
Deslealtad (25:18-19)   Mayordomía (27:23-27)
Compasión (25:20-22)   Opresión (28:15-17)
Actos necios (26:1-12)   Pobreza (29:13-14)
Pereza (26:13-16)   Corrección (29:15-21)

Ahora haz un círculo alrededor del área más problemática en tu andar con Dios, y subraya aquella en la cual, con la ayuda de Dios, actualmente tienes el mayor dominio. Dale gracias por la última; comprométete a trabajar esta semana en la primera. Puede que quieras colocar esta página en un lugar prominente como tu "asignación para la semana".

🔍 **Percepción:** Consejo por comparación en el capítulo 25
Al leer el capítulo 25, trata de localizar por lo menos un consejo útil respecto a estas situaciones cotidianas.
Recibir honor:_____
Responder a una persona contenciosa: _____
Ministrara un amigo deprimido: _____
Comer dulces: _____
Hospedarse en casa de un amigo: _____

Palabras sabias para mujeres
Proverbios 30-31

9

🕮 **Resumen:** Es raro oír que alguien admita que es ignorante, ¡pero Agur hace exactamente eso! Sin embargo, con sus preguntas acerca de la naturaleza, lleva al lector a entender algo de la infinita inteligencia de Dios en contraste con las limitaciones del intelecto humano. Lemuel cierra con broche de oro el libro de los Proverbios, al ponderar las virtudes de una esposa y madre piadosa. Es apropiado que Proverbios, que comienza en el cielo (1:7), termine en el hogar (31:15); porque si la sabiduría de Dios es eficaz, mejor es que se aplique en el crisol de la vida diaria.

Corazón del pasaje: Proverbios 31:10-31

Capítulo 30		Capítulo 31	
Palabras hacia Dios	Advertencias hacia el hombre	Una madre piadosa	Una mujer virtuosa
1 6	7 33	1 9	10 31
Una mujer odiosa		Una mujer virtuosa	

☑ **Tu andar diario:** Proverbios 31 dedica 22 versículos a la mujer virtuosa, ¡y ni uno solo al hombre virtuoso! Quien piense que la Biblia no es un libro "liberado", no ha leído el libro de Proverbios.

¡Y cuán virtuosa es esta mujer! En el hogar, es la compañera confiable (v. 11) que incansablemente cuida de su familia (vv. 12, 15,18,27). Es una hábil compradora (vv. 13-14) y costurera (vv. 11, 16,18,24). Fuerza y dignidad adornan su conducta (v. 25); bondad y sabiduría acompañan su hablar (v. 26), y el temor del Señor motiva su comportamiento (v. 30). Ella es en verdad un tesoro preciado (v. 10)

Mujeres, haced inventario ahora mismo de las virtudes que Dios quiere que vuestras vidas irradien. ¿Podéis identificar áreas que necesitan cambiar? ¿Sobre qué puntos fuertes podéis edificar? Y, hombres, no paséis por alto la exhortación que se os hace en el versículo 30: "Esa será alabada". ¿Hace mucho que no das a la señora "Sobrepasa-las-piedras-preciosas" la alabanza que ella merece? Esta noche, llévala a comer fuera... ¡y haz de Proverbios 31:28 una realidad en tu vida!

Lo más importante que un padre puede hacer por sus hijos es amar a la madre de ellos.

📝 **Percepción:** Proverbios en el Antiguo, parábolas en el Nuevo
Nota la pregunta hecha por Agur (30:4), y la respuesta dada por Jesucristo en Juan 3:13. No sólo muchas de las parábolas de Jesús se basan en los proverbios que has leído en estos días, sino también la mejor traducción de la palabra hebrea para *proverbio* en el Antiguo Testamento ¡es la palabra griega *parábola* en el Nuevo Testamento!

Eclesiastés

Rey de aclamación mundial y riquezas legendarias, Salomón (tradicionalmente considerado el Predicador de Eclesiastés) tuvo toda oportunidad para examinar la vida en todas sus complejidades. Eclesiastés es el registro inspirado de su búsqueda intensa de significado y satisfacción en la tierra. Su investigación arroja la conclusión de que, fuera de Dios, todo en la vida es "vanidad" —futilidad sin esperanza—. Poder, prestigio, placer —nada puede llenar el vacío que hay en el corazón humano—. La satisfacción máxima viene solamente cuando tememos, honramos y obedecemos a Dios.

Enfoque	La vida ... debajo del sol			...encima del sol
Divisiones	La vaciedad de lo que se persigue en la vida	La vaciedad de las posesiones de la vida	La vaciedad de lo pasajero de la vida	La solución a la vaciedad de la vida
	1 2	3 6	7 10	11 12
Tópicos	"¡Oye a Dios!"			"¡Teme a Dios!"
	"Vanidad de vanidades; todo es vanidad (1:2)			
Lugar	Dentro del corazón humano			
Tiempo	En días del rey Salomón			

Exploración del significado de la vida
Eclesiastés 1-6

10

📖 **Resumen:** Hallarle sentido a la vida no es siempre fácil. Este es el problema que enfrenta el predicador del libro de Eclesiastés mientras discurre sobre lo que ha visto y experimentado en la vida. Todo proyecto que él ha emprendido —desde adquirir sabiduría hasta amasar riquezas— ha resultado en vanidad. En un súbito arranque de emoción el predicador se da cuenta de que Dios, en realidad, determina los tiempos y propósitos de la vida. Pero este entendimiento se desvanece cuando él enfoca la futilidad de la vida debajo del sol, y pasa por alto al Unico que puede hacer de la vida un todo significativo.

Corazón del pasaje: Ec. 1-2

Capítulos 1-2	Capítulo 3	Capítulos 4-6
Esfuerzos sin sentido	Tiempos significativos	Condiciones sin sentido
La exploración del significado de la vida		

🖉 **Tu andar diario:** Piensa en los de tu escuela, oficina, o vecindario, y escoge a tres que considerarías "los más indicados para tener éxito". Ahora analiza la razón por la cual los seleccionas a ellos en vez de a otros probables "candidatos". ¿Es por su dinero... inteligencia... posición... posesiones?

Si hubo un personaje del Antiguo Testamento que tuvo posibilidades de éxito ¡fue Salomón! Bendecido con sabiduría, riquezas, posición, poder, y prestigio, tenía todo lo que un hombre pudiera desear —¿no te parece?—. Mira su evaluación de todo eso: "El placer... es vanidad... la risa... es locura... la plata y el oro... la sabiduría... el trabajo que tomé para obtenerlos... todo era vanidad y aflicción de espíritu, y sin provecho debajo del sol" (2:1-11).

¿Un cuadro deprimente? Quizás. Pero no pases por alto el versículo 24. Mientras Salomón ve los eventos y esfuerzos de la vida desde la perspectiva de Dios y las cosas buenas de la vida como regalos "de la mano de Dios", su vida cobra sentido y propósito. Enumera las cosas buenas que disfrutas hoy que vienen de la mano de Dios: salud, empleo, familia, educación, etc.

La respuesta a la pregunta "¿Cuál es el propósito de la vida?" no es un cuál sino un Quién.

🖉 **Percepción:** Hilos de plata entre el oro

Uno de los pasajes más conmovedores de Eclesiastés es la descripción alegórica del proceso de envejecimiento (12:1-7). Sabiendo que las aflicciones de la vejez les llegarán a todos, el escritor de Eclesiastés aconseja a su lectores: "Acuérdate de tu Creador en los días de tu juventud, antes que vengan los días malos" (12:1). ¡No hay mejor consejo para cualquiera a cualquier edad!

11 Explicación del significado de la vida
Eclesiastés 7-12

Corazón del pasaje: Ec. 7, 9, 12

Resumen: Hasta aquí el predicador se ha concentrado principalmente en los problemas de la vida, sin buscar una explicación. Pero mientras más profundamente examina los patrones y perplejidades de la vida, más concluyente viene a ser la evidencia que le da a él la solución: Teme a Dios. Cuando la sabiduría se vuelve vanidad, teme a Dios (7:18). Cuando los caminos de Dios parecen inescrutables o inciertos, teme a Dios (8:12-13). Cuando todo se ha dicho y hecho, teme a Dios (12:13), porque esto es el todo del hombre.

Capítulo 7	Capítulos 8-10	Capítulos 11-12
Sabiduría en medio de impiedad	Propósito en medio de perplejidad	Adoración desde la cuna hasta la tumba
La explicación del significado de la vida		

Cerciórate de vivir para algo por lo cual valga la pena morir.

Tu andar diario: Si la vida te parece carente de sentido, entonces puedes estar al borde del descubrimiento más grande de tu vida. Dios tiene muchas maneras extrañas de atraer a los individuos hacia El y de demostrar Su amor y cuidado. Con Job, El usó la tragedia; con el salmista David, la vida de un fugitivo; con el predicador de Eclesiastés; el vacío de la existencia en la tierra. ¿Qué está usando El contigo para enseñarte la misma importante lección?

Es interesante notar que cada vez que se menciona a *Dios* en el libro de Eclesiastés, se usa la palabra hebrea que significa Creador. El nombre personal *Señor* nunca aparece. El predicador está hablando no de un Dios que conoce personalmente, sino de un Dios que está muy por encima —como muchos hablan de Dios hoy—. Y es por esto que resulta tan valioso descubrir que la vida aparte de Dios carece de sentido. Si una vida vacía e insatisfecha te mueve a buscar al Dios personal del universo, entonces ¡estás a punto de conocer a la Persona más importante en la vida!

La Biblia dice que una vida significativa... la vida eterna... abundante... viene sólo a través del conocimiento de Dios y de su Hijo Jesucristo (Juan 10:10; 17:3). Lee detenida y reiteradamente esos dos versículos. Luego exprésale a Dios el deseo de tu corazón. El espera que lo hagas, para recibirte —ahora mismo.

Percepción: El testimonio de un ateo respecto a Eclesiastés
Un profesor ateo, después de leer Eclesiastés, comentó que era el único libro en la Biblia que tenía sentido para él. ¡Que lástima que pasara por alto los últimos dos versículos del libro!

Cantares

Al rey Salomón se le atribuye haber escrito más de mil cantares. Sin embargo, éste es al que él llama el "Cantar de los Cantares", o "el mejor de todos los cantares que puedan haber". Las palabras del rey tejen un tapiz de amor y devoción hacia su joven esposa, incluyendo tanto las alegrías como los sinsabores del matrimonio. Aunque los intérpretes no están de acuerdo en cuanto a si el libro es simplemente un poema lírico de amor o la descripción de un evento real de la vida de Salomón, la mayoría lo ven como una alegoría del amor eterno del Salvador por Su esposa, la iglesia.

Enfoque	Fomentando el amor		Fidelidad del amor	
Divisiones	Afición al amado	Unidad al amado	Separada del amado	Dedicada al amado
	1:1 3:5	3:6 5:1	5:2 7:10	7:11 8:14
Tópicos	Cortejo	Consumación	Conflicto	Cultivo
	Amor creciente	Amor cumplido	Amor probado	Amor perdurable
Lugar	Israel, en el país y en el palacio			
Tiempo	Quizás 1 año			

12 Un canto nupcial de amor
Cantares 1-8

Corazón
del
pasaje:
Cantares
1-3

Resumen: De los más de 1.000 cantares que el rey Salomón escribió (1 Reyes 4:32), Cantares es, como él mismo lo admite, el "cantar de los cantares" (1:1). En una atmósfera rústica pastoril, describe el romance y matrimonio de Salomón con una pastora sulamita, y la felicidad y los problemas de su vida matrimonial juntos. Por lo menos se han sugerido tres interpretaciones del libro: (1) Una alegoría del amor de Dios hacia su nación, Israel; (2) Un cuadro del amor de Cristo hacia su esposa, la iglesia, (3) Un drama funcional que describe los muchos matrimonios de Salomón (1 Reyes 11:3).

Capítulos 1-3	Capítulo 4	Capítulos 5-6	Capítulos 7-8
Iniciando el amor	Unidos en amor	Luchando en amor	Creciendo en amor
Cortejeo	Consumación	Conflictos	Cultivo

Un buen
matrimo-
nio es la
unión de
dos que
perdo-
nan.

Tu andar diario: Pocas instituciones han sido tan criticadas como la del matrimonio. Y sin embargo, a pesar de todos sus detractores, el matrimonio continúa gozando de una popularidad asombrosa. Cada año, más de dos millones de parejas norteamericanas van al altar a decir: "¡Lo prometo!"

No te debe sorprender que la Biblia diga mucho acerca del matrimonio. ¡Después de todo, fue la idea de Dios! El ofició en la primera boda (Génesis 2); Su Hijo hizo el primer milagro público en una boda (Juan 2); y el libro de Apocalipsis concluye con una boda. (Apocalipsis 19). En efecto, el matrimonio es una de las principales maneras que Dios usa para explicarse a sí mismo. Efesios 5:22-23 es un serio recordatorio a las parejas cristianas de que su matrimonio es un cuadro que manifiesta al mundo el amor de Cristo por Su esposa, la iglesia.

El Cantar de los Cantares ha sido descrito como el manual matrimonial de Dios para aquellos cuyos matrimonios están enviando un S.O.S. Pero ya sea que tu matrimonio esté sobre un mar tranquilo o en aguas turbulentas, toma tiempo esta noche para leer por lo menos parte del libro en unión de tu cónyuge. Luego dile a tu cónyuge: "¡Te amo!" Eso pudiera ser el comienzo de la renovación del romance en tu matrimonio.

Percepción: Amor desde Hermón hasta Hesbón
En el Cantar de los Cantares se mencionan 15 lugares geográficos. Localiza los más que puedas con la ayuda de un atlas bíblico o los mapas que se hallan en la parte posterior de tu Biblia.

Isaías

E l ministerio de Isaías abarca cuatro décadas y los reinados de cuatro reyes de Judá. Los 66 capítulos de su libro, como una Biblia en miniatura, armonizan con los 66 libros del Antiguo y Nuevo Testamentos. Los primeros 39 capítulos, como los 39 libros del Antiguo Testamento, enfatizan la santidad y justicia de Dios y pronuncian ayes y condenación sobre Judá. Los 27 capítulos finales enfocan el futuro, anunciando el tema del Nuevo Testamento —el Mesías viene para traer consuelo a Su pueblo y juicio a las naciones.

Enfoque	Juicio			Transición	Esperanza		
División	Juicio vine para Judá	Juicio viene para los vecinos de Judá	Juicio viene sobre toda la tierra	Interludio: Asiria a las puertas de Jerusalén	Viene consuelo y paz	Viene el Príncipe de paz	Viene restaurración al pueblo de Dios
	1 — 12	13 — 27	28 — 35	36 — 39	40 — 48	49 — 57	58 — 66

Tópicos	Condenación (1:4)	Consolación (40:1)
	Siervo pecaminoso (Judá)	Siervo sufriente (Cristo)
Lugar	Judá y sus vecinos	Israel y el mundo
Tiempo	Unos 40 años(722-681 A.C.)	Miles de años

13 Inculpación de Judá
Isaías 1-4

Corazón del pasaje: Isaías 1

🔲 **Resumen:** En la nación de Judá existe una crisis. La impiedad ha permeado cada fibra de la vida social, política, y espiritual del país —condición que Dios halla intolerable—. La acusación divina viene en labios de Su profeta Isaías. A menos que toda la nación se arrepienta, Dios reducirá a ruinas a Su pueblo. Hambre y pestilencia reemplazarán a la festividad y el placer, para mostrar que el Santo de Israel todavía reina en Sion. El rey y los plebeyos, sacerdotes y profeta —nadie estará seguro cuando este día terrible de la ira de Dios venga sobre Su pueblo.

Capítulo 1	Capítulo 2	Capítulo 3	Capítulo 4
Inculpación de Judá	Monte de Jehová	Juicio de Judá	Renuevo de Jehová
"Oíd"	Casa	Holocausto	Santidad

¡El solo hecho de que estés "sin honra en tu propia tierra", no significa necesariamente que seas profeta!

🖊 **Tu andar diario:** ¿Qué tienen en común estas tres ciudades: Pompeya, Hiroshima, y Sodoma?

Respuesta: Las tres son lugares históricos de desastre. Pompeya fue destruida por la erupción del monte Vesuvio; Hiroshima, por una bomba atómica en la Segunda Guerra Mundial; y Sodoma, por fuego y azufre del cielo en los días de Abraham.

Ahora añada a esa lista el nombre de Judá. Hasta el tiempo del profeta Isaías, Sodoma permanecía sola como símbolo universal de depravación y vergonzosa desgracia. Si se dice que una nación es como Sodoma, se indica que ha descendido a lo más bajo moral, espiritual, y socialmente (1:9). Pero ahora a los ojos de Dios, Judá había reemplazado a Sodoma como el objeto de burla y ridículo (1:10). Y el juicio de Judá sería aun más severo porque su privilegio había sido mucho más significativo.

Oportunidad implica responsabilidad —en los días de Judá y en los tuyos—. Enumera las libertades religiosas que disfrutas hoy: libertad para orar, memorizar la Escritura, propagar tu fe sin temor de agresión física, adorar en la iglesia de tu elección. Si viniera juicio hoy en proporción a tu uso (o abuso) de esos privilegios, ¿qué pasaría? ¿Y qué podrías estar haciendo hoy para que eso no suceda?

⛏ **Percepción:** De lo trágico a lo trivial (1:21-23)
En la endecha de Isaías sobre Jerusalén, el profeta muestra que cada aspecto de la vida de la ciudad ha sido afectado por la rebeldía espiritual de la nación: la justicia, el dinero, ¡y aun la calidad del vino!

El Emanuel de Judá
Isaías 5-7

14

📖 **Resumen:** La llamada de Isaías al arrepentimiento nacional es tan urgente que aun su llamamiento y comisión personal al oficio de profeta tienen que esperar hasta el capítulo 6. El "ay" de Isaías (soy inmundo, v. 5) es contestado por el "he aquí" de Dios (Yo soy santo, v. 7), que resulta en el "heme aquí, envíame a mí" de Isaías (estoy disponible, v. 8) y el "anda" de Dios (Yo quiero usarte, v. 9). La tarea encomendada a Isaías es nada envidiable, porque Dios advierte desde el inicio que el pueblo será espiritualmente sordo y ciego. Pero armado de confianza en su Emanuel, Isaías comienza a declarar palabras duras de lo alto en atrios y palacios de Judá.

Corazón del pasaje: Isaías 6-7

Capítulo 5	Capítulo 6	Capítulo 7
Canto de la viña	Misión de Isaías	Señal de Emanuel
Condenación	Comisión	Advenimiento

✒️ **Tu andar diario:** No es tanto lo que Dios puede hacer *a través* de ti sino lo que tú le permitas a Dios hacer *para* ti, lo que determinará la medida de tu efectividad para El.

Dios tenía un mensaje que Isaías debía dar —un mensaje de santidad y juicio; de esperanza en medio de problemas—. Pero antes que Su profeta pudiera llevar el mensaje, tenía que llevar la carga. Tenía que comprender su propia condición pecaminosa —su propia terquedad y tibieza espiritual— antes de poder enfrentar a toda una nación que sufría de las mismas condiciones trágicas. Antes que Isaías pudiera estar de pie frente al rey de Judá, tenía que arrodillarse ante el Rey del universo. Después de la visión de Dios, Isaías tenía un vivo sentido de la grandeza y la santidad asombrosas de Dios, y nada le detuvo de rendirse a Dios para servirle.

¿Estás tratando de servir a Dios antes de haberle visto? Aprende de la experiencia de Isaías: No te *lances* hasta haberte *arrodillado*, ¡porque así se efectúa un servicio *adecuado*!

A Dios no le interesan tanto los que pueden hacer todas las cosas, como los que están dispuestos a hacer cualquier cosa.

🔍 **Percepción:** Una lección objetiva en el palacio (6:1)
Isaías recibió su llamamiento "En el año que murió el rey Uzías". Así que su llamamiento está asociado con la muerte del rey, una muerte prematura debida a lepra causada por desestimar la santidad de Dios —la misma condición que traería muerte a la nación también.

JULIO ❑ Día 196

15 *Santo, Santo, Santo*

Lectura bíblica:
1 Pedro
1:13-25

← Da un paso atrás

En Isaías 6, el profeta plasma en palabras la visión que tuvo de la santidad de Dios cuando fue comisionado para ser profeta, y es un cuadro majestuoso. "Santo, santo, santo, Jehová de los ejércitos; toda la tierra está llena de su gloria" (6:3).

Y ante esa vista de la sublime santidad de Dios, Isaías exclamó: "¡Ay de mí! que soy muerto" (6:5). A la luz de la perfección de Dios, Isaías se vio a sí mismo como lo que era: una criatura pecaminosa.

R. C. Sproul comenta:

"Si jamás ha habido un hombre de integridad, ese fue Isaías ben Amós.... Era considerado por sus contemporáneos como el hombre más justo en la nación; respetado como un parangón de virtud. Luego él dio un breve vistazo al Dios Santo. En aquel momento su autoestima se hizo añicos. En un corto segundo fue expuesto, desnudado bajo la mirada de la norma absoluta la santidad. Mientras Isaías podía compararse con otros mortales, era capaz de mantener una opinión elevada de su propio carácter. Al instante de medirse con la norma suprema, se vio destruido —moral y espiritualmente aniquilado—. Muerto. Deshecho. Su concepto de integridad se derrumbó (La santidad de Dios, pp. 43-44).

↑ Mira arriba

La belleza de la santidad no necesita pintura.

¿Cómo compararías tu vida con la de Isaías? Podemos estar agradecidos por una cosa: la experiencia de Isaías con Dios no fue normativa para el resto de nosotros. Si lo hubiera sido, ¿quién de nosotros podría sobrevivir a ella?

Generalmente, Dios señala áreas de pecado en nuestras vidas poco a poco. Cuando lo hace, podemos tratar con esos pecados confesándolos y pidiéndole que nos dirija por Su Espíritu. Pero Dios le reveló a Isaías todos sus pecados de una vez. Y fue una experiencia muy humillante de la que él nunca se repondría del todo.

Isaías había visto por sí mismo la santidad de Dios. Y esa visión le reveló no sólo lo que era Dios, sino también lo que él mismo era.

Dios limpió a Isaías de su pecado aquel día. ¿Por qué no volver a leer Isaías 6 y pedirle a El que comience a limpiar tu vida también.

→ Sigue adelante

Decir que Dios es santo es afirmar que El está completamente separado del pecado, que es puro y limpio. Decir que algo o alguien es santo es declarar que ha sido separado para Dios para Su gloria.

Nuestra santidad nunca puede aproximarse a la de Dios. No obstante, podemos esforzarnos en ser santos. Lee 1 Pedro 1:13-25, y memoriza el versículo 16. Haz de ese versículo más que un conjunto de palabras en tu mente; hazlo tu meta hoy y cada día.

El Príncipe de paz de Judá / Isaías 8-12 **16**

Resumen: La vida familiar de Isaías constituye un testimonio elocuente de la confiabilidad de sus profecías (8:18). Su hijo primogénito Maher-salal-hasbaz actúa como un recordatorio continuo de la amenaza de los asirios contra Jerusalén (8:1-4). Pero frente a "tribulación y tinieblas... y angustia" (8:22), Isaías proclama una nota de esperanza. "El pueblo que andaba en tinieblas vio gran luz" (9:2). Viene un Niño cuyo nombre mismo da esperanza y confianza: Admirable, Consejero, Dios fuerte, Padre eterno, Príncipe de paz. Aunque las sombras de juicio oscurezcan el horizonte, los redimidos pueden cantar Sus alabanzas, pues ¡la victoria final ya está asegurada!

Corazón del pasaje: Isaías 8-9

Capítulos 8-9	Capítulo 10	Capítulo 11	Capítulo 12
Niño venidero	Calamidad venidera	Renuevo venidero	Motivo de alabanza
Príncipe de paz	Ejército de Asiria	Vara de justicia	El santo

Tu andar diario: Nunca podría escribirse acerca de un general un resumen más trágico que este: "Ganó la batalla pero perdió la guerra". En la guerra, como en la vida cristiana, la victoria depende no de quién gana cada batalla, sino más bien de quién gana la batalla final. Una derrota no significa que se ha perdido la guerra.

Al mirar Isaías el horizonte profético, veía derrota y destrucción para su nación. La batalla se perdería. Judá caería por su orgullo e impiedad. ¡Pero la guerra no se perdería! El Mesías, el Príncipe de paz, el Renuevo justo de Isaí, vendría a cambiar la aparente derrota en victoria.

Piensa el en futuro profético de tu nación y luego enumera las tendencias espirituales, morales, y políticas que adviertes. Se ve bien desolado, ¿verdad? Ahora a través de tu lista escribe la última parte de 12:6: "Porque grande es en medio de ti el Santo de Israel". Como en el tiempo de Isaías, el futuro es tan brillante como las promesas de Dios.

La seguridad no está en la ausencia de peligro, sino en la presencia de Dios.

Percepción: El camino abierto

En tiempos bíblicos la carretera internacional más importante era la *Via Maris* ("el camino del mar"), mencionada en Isaías 9:1. El camino del mar comenzaba en Egipto y seguía la costa del mar Mediterráneo hacia el norte; doblaba tierra adentro a través de la cordillera del Carmelo en Meguido, pasaba por el valle de Jezreel, y continuaba hasta Damasco, dando a los ejércitos y a las caravanas acceso a los grandes imperios del mundo antiguo.

17 Juicios contra Babilonia y Moab
Isaías 13-16

Corazón
del
pasaje:
Isaías 13

🔲 **Resumen:** El reino de Dios`es mundial, y también Su juicio. Yendo más allá de las fronteras de su nación, Isaías dirige sus proyectiles verbales a las naciones paganas vecinas de Judá por su interferencia en el programa de la justicia de Dios. Cien años antes que Babilonia adquiriera prominencia, Isaías predice su papel primero como opresora, luego como oprimida. El mismo juicio esperaba a Asiria, Filistea, y Moab —enemigos que serían quebrantados en sus momentos de aparente victoria.

Capítulo 13	Capítulo 14	Capítulo 15	Capítulo 16
La caída de Babilonia		La caída de Moab	
Predicha	Celebrada	Celebrada	Predicha
Oscurecimiento de Babilonia		Caída de Moab	

La
verdad
nunca es
barata,
pero el
justo
siempre
puede
darse el
lujo de
tenerla.

✍️ **Tu andar diario:** En el béisbol, si un bateador conecta un "hit" sólo en tres de diez veces, se le llama un buen bateador. ¿Con cuánta frecuencia tenía un profeta del Antiguo Testamento que "conectar" con sus profecías para ser llamado un buen profeta (Deuteronomio 18:20-22)?

Isaías dedicó todo el capítulo 13 al levantamiento y la caída del Imperio Babilónico. ¿Cuál fue el promedio de su bateo profético?

• Isaías predijo que la destrucción de Babilonia la efectuaría un país lejano, no un poder vecino (v. 5). Babilonia cayó en el 539 A. C. ante un pueblo guerrero ubicado a 560 km al este de Babilonia.

• Isaías predijo el nombre de la nación conquistadora: Media (v. 17), un hecho que la historia confirma.

• Isaías predijo la extinción permanente de Babilonia (vv. 19-22). El lugar ha estado desierto desde el siglo cuarto A.C.

• Isaías predijo aun que los árabes nómadas evadirían a la una vez poderosa Babilonia (v. 20). El lugar desolado ha sido mirado con miedo supersticioso por los árabes beduinos desde entonces.

Si las profecías que Dios dio a Isaías son tan confiables, ¿qué te dice eso a cerca del Dios de Isaías? Lleva una de tus cargas al Señor ahora mismo y déjala allí. ¡Te alegrarás de haberlo hecho!

📝 **Percepción:** Cargas, cargas dondequiera
Los capítulos 13-23 (Versión Antigua) contienen una lista larga de cargas —oráculos de juicio divino sobre naciones culpables—. Como tales éstas forman un interludio apropiado entre las predicciones de Isaías acerca de la invasión de Asiria (capítulos 1-12) y el inicio de esa invasión (capítulos 28-39).

Juicio sobre Etiopía y Egipto
Isaías 17-20

18

Resumen: Damasco, Etiopía, y Egipto fueron los próximos en sentir los rasgos disciplinarios de la pluma profética de Isaías. La gloria de Damasco sería removida, dejando atrás flaqueza de cuerpo y alma. Pero unos pocos se arrepentirían y, como en el rebusco de los olivos, da esperanza de una cosecha futura. El pueblo de Etiopía sería podado como ramas y caería en la batalla. Pero un día vendrían a Sion y rendirían homenaje a Dios, reconociéndole como su Soberano. Egipto tendría guerra civil, ruina económica, y pobreza espiritual, lo que mostrará la bancarrota de los dioses falsos de Egipto.

Corazón del pasaje: Isaías 17, 19

Capítulo 17	Capítulo 18	Capítulos 19-20
Ruina para Damasco	Trilla para Etiopía	Infamia para Egipto
Juicio contra los vecinos de Judá		

Tu andar diario: Con la ayuda de un atlas o mapa mundial, contesta las siguientes preguntas:

1. ¿Puedes localizar a Babilonia? ¿Por qué no? (13:19-20)
2. ¿Puedes localizar a Moab? ¿Por qué no? (15:1)
3. ¿Puedes localizar a Etiopía? ¿Por qué? (18:1,5,7)
4. ¿Puedes localizar a Egipto? ¿Por qué? (19:1,4,16,24)

Dios no está en el negocio de meramente tumbar naciones; El también las sostiene, las disciplina, las purifica, y las prepara para el papel mundial que les tiene preparado.

Decir que Dios castiga y purifica a Etiopía, Egipto, Australia o Norteamérica es decir que Dios disciplina y purifica a los etíopes, egipcios, australianos, y norteamericanos. El proceso es raras veces agradable, pero siempre es beneficioso.

Piensa de tu vida como si fuera un árbol. ¿Has estado extrayendo en abundancia los nutrientes de la Palabra de Dios? ¿Estás bien regado, o pasando por una sequía? ¿Hay "ramas" de tu vida que es necesario podar? Si Isaías comenzara un capítulo diciendo: "Profecía sobre... ti!" ¿qué leerías? Toma las palabras de 17:7 y deja que te guíen a la reacción que Dios desea de ti ahora mismo.

Cada juicio airado de Dios en la historia del mundo ha sido un acto santo de preservación.

Percepción: Una sombra ruidosa (18:1)

Etiopía, una tierra "que hace sombra con las alas", es literalmente una tierra "que hace ruido con las alas". El término hebreo es similar a la palabra *tsetse* que imita el sonido de insectos que zumban.

19 Juicio sobre Jerusalén y Tiro
Isaías 21-23

Corazón del pasaje: Isaías 21

📖 **Resumen:** Aun mientras declara profecías de ruina y destrucción, a Isaías se le parte el corazón por la culpa de las naciones implicadas. Babilonia, "el desierto del mar", será triturada sin misericordia por Media, lo cual causa al profeta dolor y desánimo. La ruina de los hombres nunca es un cuadro hermoso, y para Isaías, Babilonia se ha vuelto más que simplemente una visión del pabellón de los sentenciados a muerte. Lo mismo es cierto en cuanto a Jerusalén. Aunque su juicio es muy merecido, a Isaías le es muy difícil desligarse de la horrible suerte de sus compatriotas. Poco consuela al profeta la promesa de Dios de que el juicio no vendría en sus días (22:14).

Capítulo 21	Capítulo 22	Capítulo 23
Juicio pronosticado contra...		
el desierto del mar	el valle de la visión	los habitantes de la isla
Babilonia	Jerusalén	Tiro

Más fracasos espirituales causa la pereza que la incredulidad.

✒️ **Tu andar diario:** Acércate a la próxima ventana y cuenta las personas que veas. Entonces hazte esta pregunta: "¿De cuántos de éstos me preocupo yo?"

La multitud sin identidad se ha vuelto una parte común y aceptada de la vida en este planeta. A menudo es muy fácil volverse insensible, indiferente, a la condición perdida de aquellos que nos rodean. Isaías sabía que una de las mejores maneras de desarrollar pasión por las almas es meditar en el destino de hombres y mujeres perdidos. ¿Hacia dónde se dirigen? ¿Y qué les espera, a menos que alguien se interese por ellos y les haga conscientes del amor de Dios y de su propia perdición y se arrepientan?

Al pensar que venía juicio sobre sus conciudadanos, Isaías se humilló en oración y luego se puso en acción. ¿Y qué de ti? Vuelve de nuevo a la ventana, ahora para orar por aquellos que veas. Tú no puedes alcanzarlos a todos, pero ¿puedes alcanzar a uno hoy? Pide a Dios que te dé denuedo y una puerta de oportunidad para lograrlo.

🔎 **Percepción:** El plan y el propósito de Dios
Por lo menos cuatro propósitos se lograron por profetas como Isaías: Señalar la inmoralidad del pueblo; llamar la nación a volver a la ley de Moisés; advertir acerca de juicio por venir; y predecir la venida del Mesías.

Juicio convertido en júbilo *Isaías 24-27*

20

🔲 **Resumen:** En los últimos 11 capítulos, Isaías ha estado mirando su mundo a través de una lupa, y enfocando juicios devastadores de naciones específicas. Pero en la sección de hoy, él da un paso atrás para examinar el panorama profético con un telescopio, y lo que ve le imparte júbilo. Tanto la tierra como el cielo son objetos del escrutador juicio de Dios. Los redimidos, justificados al fin, irrumpen en un canto espontáneo, para exaltar al Señor del universo. Aunque abatido y pisoteado a menudo, el pueblo de Dios ahora tiene verdaderos motivos para cantar: refugio, liberación, y triunfo definitivo en el Santo de Israel. ¿Es esa tu canción hoy?

Corazón del pasaje: Isaías 26-27

Capítulo 24	Capítulos 25-26	Capítulo 27
Castigo para el pueblo	Cantos para el Señor	Conservación para el pueblo de Dios
Día del Señor	Devoción	Defensa

◪ **Tu andar diario:** El diccionario define *crisis* como "el punto decisivo para mejorar o empeorar en una enfermedad aguda o tiempo de angustia". Con esa definición en mente, toma un periódico o revista de noticias y señala por lo menos 10 puntos críticos en el mundo hoy.

Isaías 24-27 ha sido llamado el "Apocalipsis de Isaías," porque en ellos leerás acerca de la caída definitiva de los enemigos terrenos, huestes angélicas (24:21), y aun la muerte misma (25:8). El tema de la sección es juicio, pero en casi cada párrafo se advierte una nota de gozo: cantos del remanente del pueblo de Dios (24:14-16), gozo por la grandeza de Dios (capítulo 25), y alabanzas al Dios loable de Sion (capítulo 26). Ciertamente el pueblo de Dios es bendecido, aun en tiempos de crisis.

¿Con qué actitud enfrentas las crisis de hoy? ¿Está tu rostro tan sombrío como las noticias? ¿O puedes reír y cantar en medio de la tormenta, sabiendo Quién permite que los vientos soplen? Pon las palabras *"¡Sonríe! Tú tienes motivos para sonreír"* en un lugar destacado. Y que ellas te recuerden al enfrentar cada nuevo reto hoy que la victoria ya está asegurada.

Piensa de una crisis como la oportunidad de descubrir todo lo que Cris(to e)is.

◪ **Percepción:** ¿Qué obtienes en un banquete de gruesos tuétanos? Los "gruesos tuétanos" a que Isaías se refiere en 25:6 son platos selectos preparados con aceite de oliva y tuétanos —los platos más deliciosos al paladar del antiguo Cercano Oriente.

21 La perspectiva del profeta

Lectura bíblica:
1 Pedro 1:10-12

Da un paso atrás

Como muchos de los profetas, Isaías comunicó la revelación de Dios concerniente a cuatro eras proféticas:

1. *El tiempo del mismo Isaías.* Con frecuencia en su libro Isaías habla de eventos del momento a la luz del juicio de Dios. Esto implica "proclamar" más bien que "predecir", pero ambas acciones son aspectos del mensaje profético de Dios.

2. *La cautividad de Judá.* Isaías predijo el exilio de Judá en Babilonia. Sólo Dios sabía exactamente cuándo esto ocurriría, pero Isaías lo mencionó por primera vez en 11:11. Más tarde, cuando Ezequías era rey, las profecías proferidas fueron aun más claras (lee 39:6).

3. *La venida de Cristo.* Profecías de esta naturaleza aparecen especialmente en la última parte de Isaías, capítulos 40-66. Se revelan aspectos tanto de la primera venida de Cristo como de la segunda.

4. *La culminación de la historia.* Isaías revela eventos del fin del tiempo, como son el reino de Cristo como el Príncipe de paz (lee 9:6), y el recogimiento de Israel después de haber sido disperso por el mundo (lee 27:12-13; 43:5-7; 65:8-10). En el más remoto horizonte, Isaías prevé los nuevos cielos y la nueva tierra (lee 65:17).

Mira arriba

La Biblia es una ventana en la prisión de este mundo a través de la cual podemos mirar a la eternidad.

Obviamente, los profetas, incluyendo a Isaías, no entendían totalmente todas las promesas de Dios reveladas a ellos, pero aun así, fielmente escribieron y predicaron estas verdades. Lo hicieron así porque conocían y confiaban en el Dios que las revelaba.

Al leer 1 Pedro 1:10-12, ponte en el lugar de los profetas. Considera lo grandioso de su labor. Piensa en la confianza absoluta que ellos tenían en Dios. Según Pedro, ¿cuál fue el propósito de ellos al escribir esas verdades?

En oración, da gracias a Dios por sus profetas y por Su Palabra, escrita por ellos y conservada para ti en la Biblia. Pídele que te haga diligente en el estudio de Su Palabra.

Sigue adelante

Tú tienes una gran ventaja sobre los profetas, pues en la Biblia que posees todo el consejo de Dios está revelado. ¿Cuánto sabes de las profecías de Dios?

Pide a tu pastor o maestro de escuela dominical que te recomiende una guía de estudio, o libro, que bosqueje el mensaje de los profetas. Es un estudio fascinante que aumentará tu fe y que puede revolucionar tu andar con Dios.

Ayes sobre Israel y Judá
Isaías 28-30

 Resumen: Como un rayo que retumba a lo lejos las profecías de Isaías comenzaron a centrarse en el ominoso avance de los ejércitos asirios. Efraín, (reino del norte) se revuelve como un borracho, indiferente ante el peligro y falsamente confiado en que los ejércitos de Egipto le librarán en tiempo de problema. Pero no habrá tal liberación. El juicio caerá después sobre Ariel (Jerusalén, símbolo del reino del sur), si sus ciudadanos siguen el triste ejemplo de Efraín de confiar en Egipto para su protección.

Corazón del pasaje: Isaías 28

Capítulo 28	Capítulo 29	Capítulo 30
Condenación de Israel	Condenación de Judá	Causas de la condenación
"¡Ay de Efraín!"	"¡Ay de Ariel!"	Lamento de rebelión

Tu andar diario: De las siguientes calamidades, señala las que hayas experimentado en tu vida:

_____ Te sentaste en una silla que cedió bajo tu peso.
_____ Se te desinfló un neumático en una calle congestionada.
_____ Prestaste algo de valor y lo perdiste o se dañó.
_____ Dispusiste el despertador para las seis ¡y sonó a las ocho!

¿Qué tienen en común estas contrariedades de la vida diaria? Todas son ejemplos de confianza mal fundada. Pusiste tu confianza en un objeto (tal como una silla o un neumático o un reloj) y te fallaron. O dependiste de otra persona y te falló.

Quien está enredado en este mundo no está preparado para el próximo.

Isaías les advirtió tanto a Efraín como a Ariel: "No confiéis en los ejércitos de Egipto, porque os fallarán. Poned vuestra confianza en Jehová de los ejércitos, pues Él nunca os faltará ni os dejará". Desoyendo las advertencias del profeta, estas naciones situaron su confianza donde no debían —y sintieron el aguijón de la disciplina de Dios.

¿Te hallas en peligro de hacer lo mismo? Completa esta oración en 10 maneras diferentes: "Hoy, estoy confiando en Dios para..." Si no te es fácil completar las diez terminaciones de la oración, quizás mucha de tu confianza está en objetos y personas que no son de fiar. ¿Qué debes cambiar a fin de que Dios sea el único en quien te apoyes?

Percepción: Sintiendo todo el peso del juicio (28:19-20)
El juicio por venir sobre Jerusalén sería tan severo que las camas y las mantas se acabarían, y aun las noticias de lo que Dios estaría haciendo aterrarían a los oídos que lo escucharan.

23 Aguardad al Rey venidero
Isaías 31-35

Corazón del pasaje: Isaías 33

📖 **Resumen:** Mientras Isaías continúa estudiando el horizonte profético, ve venir más que calamidades. Es cierto que lo que viene no es agradable para el pueblo rebelde de Dios. Pero también vendrá un Rey que traerá paz como un río, libertad para los cautivos, justicia para los oprimidos, y juicio sobre el cielo y tierra. A la luz de su segura venida, al pueblo de Dios se le insta a velar y esperar paciente, expectante, y resueltamente. ¡Su redención está cerca!

Capítulo 31	Capítulos 32-33	Capítulo 34	Capítulo 35
Guardaos de Egipto	Aguardad al Rey	Esperad el juicio venidero...	
		Con expectación	Con gozo
¡Cuidado!	¡Mirad arriba!	¡Preparaos!	¡Cantad!

La alabanza no es vana cortesía, sino el abrazo confiado de un niño a su padre.

🔑 **Tu andar diario:** Imagínate esta escena. Es la mañana del domingo. Entras en silencio en tu iglesia y esperas que el preludio comience. Pero para tu sorpresa, una banda irrumpe en el recinto tocando el himno nacional.

El preludio prepara el ánimo para lo que sigue. Un buen preludio no atrae la atención a sí mismo (como en el caso de nuestra jocosa ilustración), sino más bien prepara al oyente para lo que va a venir. De igual modo, el preludio de dolor (capítulos 31-35) de Isaías prepara al pueblo de Dios para la consolación que sigue (capítulos 40-66). El Señor es Soberano y Salvador. Los que niegan Su poder tendrán dificultad en aceptar Su salvación.

¿Puedes hallar una forma en que cada uno de los siguientes atributos de Dios actúe como un preludio de lo que El desea hacer en tu vida?

El poder creador de Dios (Salmo 19:1-3) me prepara para aprender que _____

El conocimiento infinito de Dios (Salmo 139:1-6) me da la confianza de que _____

La santidad perfecta de Dios (Isaías 1:18) me advierte de la importancia de _____

✏️ **Percepción:** No apuestes a los caballos

En los tiempos bíblicos sólo los ricos podían tener caballos. El judío promedio dependía del asno o el buey para viajar y arar. En general, el caballo era un "arma" de guerra y representaba poder militar. Por esta razón Dios reiteradamente advirtió a los israelitas que no confiaran en naciones con caballos y carrozas (Isaías 31:1), sino en El solamente.

Un interludio histórico —Ezequías
Isaías 36-39

24

📖 **Resumen:** Isaías el profeta se torna en Isaías el historiador en los capítulos 36-39. Dos eventos principales dominan el relato: la invasión de Judá por los asirios en el 701 A.C., y la grave enfermedad que amenazó la vida del rey Ezequías. La burla de los invasores asirios se convierte en llanto de angustia y retirada, al morir 185.000 a manos de un ángel del Señor —respuesta directa a la oración de Ezequías—. En respuesta a otra oración de Ezequías, Dios añadió 15 años a su vida. Pero por dedicar esos años de más a propósitos egoístas antes que a la voluntad de Dios, Ezequías sella el destino de su nación. Queda montado el escenario para que Babilonia conquiste y lleve cautivo al pueblo de Judá, y caiga el telón respecto al juicio de Dios.

Corazón del pasaje: Isaías 36-37

Capítulo 36	Capítulo 37	Capítulo 38	Capítulo 39
Invasión de Asiria	Instrucción de Isaías	Enfermedad de Ezequías	Introducción de Babilonia
Influencia de Asiria cesa		Influencia babilonia comienza	

✍️ **Tu andar diario:** Pónganse de pie, todos los que gusten de ser ridiculizados.

¡Tú no harías caso a una invitación como esa! Después de todo, a nadie le gusta ser ridiculizado por sus convicciones. Pero, como Pablo le advirtió al joven Timoteo, "todos los que quieren vivir piadosamente en Cristo Jesús padecerán persecución" (2 Timoteo 3:12). Como cristiano llamado a estar firme por Dios en un mundo sin Dios, puede que tengas que tragar la píldora amarga del ridículo —y tragarla regularmente.

Sufrir por Cristo debe contarse como un privilegio.

Le sucedió a Ezequías y sus paisanos. Escarnecidos por las hordas asirias y menospreciados por su fe en Dios, el pueblo de Judá rió último. Por todo esto aprendieron que el ridículo significa poco ¡cuando se conoce al gran Dios del cielo!

¿El temor a ser ridiculizado o insultado te ha impedido estar firme por Dios? ¿Te has cohibido de sugerir un estudio bíblico en la oficina o una reunión evangelística hogareña en tu comunidad por temor a lo que otros puedan decir? Aprenda de Ezequías: ¡Estás en el equipo ganador!

🔍 **Percepción:** "¡Ratones, de nuevo!"

Herodoto, antiguo historiador griego, cita casos de plagas de ratones en Asiria. Quizás la plaga mortal traída por el ángel del Señor fue bubónica...¡y por ende, irónica!

25 Consuelo para el pueblo de Dios
Isaías 40-43

Corazón del pasaje: Isaías 40, 42

Resumen: Se ha dicho que el libro de Isaías es la Biblia en miniatura, sus 66 capítulos tienen afinidad con los 66 libros de la Biblia. Sus primeros 39 capítulos, como los 39 libros del Antiguo Testamento, proclaman juicio sobre la pecaminosa humanidad. La paciencia de Dios es grande, pero El no permitirá que el pecado persistente quede sin castigo. Comenzando con la sección de hoy, los últimos 27 capítulos de Isaías, como los 27 libros del Nuevo Testamento, proclaman un mensaje de consuelo y esperanza. El Mesías viene para ser el Salvador del pueblo pecador. Por lo tanto: "Consolaos, consolaos, pueblo mío, dice vuestro Dios" (40:1).

Capítulo 40	Capítulo 41	Capítulo 42	Capítulo 43
Consuelo para el pueblo de Dios	Causa contra los rivales de Dios	Siervo del pueblo de Dios	Salvador del pueblo de Dios
Israel	Ídolos	El Santo de Israel	

Mejor trabajaría con Dios en la oscuridad que ir solo en la luz.

Tu andar diario: ¿Qué tiene que ocurrir para que te sientas bien cómodo? ¿Que cambio necesitan tus finanzas, seguridad del empleo, relaciones con los demás, salud, apariencia física, o actuación académica antes que puedas relajarte y sentirte totalmente cómodo, libre de preocupaciones?

"¡Me gustaría pagar todas mis cuentas!" ¿Pero qué de las nuevas que lleguen mañana? "¡Me gustaría tener una fortuna en el banco!" ¿Pero qué si el banco quiebra y pierdes todo? "¡Me gustaría gozar de perfecta salud!" ¿Pero qué si tuvieras un accidente y perdieras toda habilidad para trabajar?

Tu grado de comodidad siempre será el que tengas de confianza en Dios. El que Isaías declare: "Consolaos", después de 39 capítulos de juicio parecería absurdo —¡a menos que recuerdes quién está proveyendo el consuelo!—. Escribe los primeros cinco versículos del capítulo 40 en una tarjeta, y ponlo debajo de la almohada esta noche. Cuando te levantes mañana, deja que sea el primer pensamiento consolador del día. Dios irá delante de ti todo el día —así que, ¡cálmate y goza de Su presencia!

Percepción: Los capítulos totalmente consoladores (40-66)
Aunque la idea de consuelo se halla sólo dos veces en los primeros 39 capítulos (12:1; 22:4), la hallarás reiteradamente en el resto del libro (40:1-2; 49:13; 51:3,12,19; 52:9; 54:11; 57:6; 61:2; 66:13).

Ídolos impotentes y Dios omnipotente
Isaías 44-48

26

Resumen: En una asombrosa colección de profecías específicas, Isaías predice el agente de consuelo que Dios usará en la liberación de Su pueblo (Ciro, rey de Persia), y el medio de consuelo que Dios empleará (destrucción de la idólatra Babilonia). Isaías se burla de los que ponen su confianza en imágenes de piedra o madera. Del mismo tronco, el artífice hace dioses para adorar y leña para quemar (capítulo 44). En contraste, el Dios de Israel escribe la historia de antemano, ¡mencionando a reyes por sus nombres siglos antes de su nacimiento! ¿Es de asombrarse que Dios declare: "Yo soy Dios, y no hay otro Dios, y nada hay semejante a mí" (46:9) ¿Es de asombrarse que Dios traiga juicio sobre Babilonia —o sobre cualquiera que se atreva a sustituir con árboles y rocas al omnipotente Dios de los ejércitos, el Santo de Israel?

Corazón del pasaje: Isaías 44-45

Capítulo 44	Capítulo 45	Capítulo 46	Capítulo 47	Capítulo 48
Insensatez de los ídolos	Grandeza de Dios	Fragilidad de los ídolos	Expiración de Babilonia	Emancipación de Israel
Ídolos impotentes			Dios omnipotente	

Tu andar diario: Idolatría es una palabra que suena muy fuerte. Bueno es que el pueblo de Dios hoy no tiene que luchar con la idolatría —¿o sí?

¿Qué es idolatría realmente? Un comentarista la define de esta manera: "Idolatría es cualquier cosa que se interpone entre uno y Dios". Según esa definición, muchas cosas pueden caer en la categoría de ídolos:

Si es para ti más preciado que Dios, deletréalo I-D-O-L-O.

Televisión	Novio	Comida
Ropa	Cónyuge	Fútbol
Empleo	Hijo	La pesca
Automóvil	Ambición	_____
(Escribe la última)		

Selecciona un asunto de esta lista, y pregúntate: "¿Me está acercando a Dios o alejándome de El? ¡Luego haz lo que sugiere Isaías 46:8-9,12!

Percepción: ¿Quisiera el regio siervo ponerse de pie?
Cuando encuentres la palabra *siervo* en Isaías, observa bien el contexto. La palabra puede referirse a uno de estos cuatro —debes decidir cuidadosamente—: ¿Es David (37:35), Isaías (44:26), la nación de Israel (41:8-9), o el Mesías (49:5-6)?

239

27 Sufriente por el pueblo de Dios
Isaías 49-51

Corazón
del
pasaje:
Isaías 51

📖 **Resumen:** Para el pueblo de Dios, el camino de restauración es el de servidumbre y sufrimiento. Viene Uno que perdonará la iniquidad y restaurará la justicia a Sion. En contraste con la rebelde Israel, este Siervo vendrá voluntaria y humildemente a ofrecerse a sí mismo como sacrificio por muchos (50:6). Por lo tanto, los fieles son llamados a oír la voz de Dios (51:9,17), pues "cercana está mi justicia" (51:5).

Capítulo 49	Capítulo 50	Capítulo 51
Restauración de Judá	Arrepentimiento de Judá	Justicia de Judá
Ayuda en Sion	Sanidad en Sion	Oíd en Sion

El servir
nunca
puede
consti-
tuir es-
clavitud
para
quien
ama.

✍️ **Tu andar diario:** Dobla una hoja de papel por la mitad. Ahora imagínate que puedes darte el lujo de emplear un criado para que realice las tareas que normalmente haces que no te agradan. En el lado izquierdo del papel, escribe esas tareas. (Hazte la idea de que estás escribiendo la descripción del trabajo de tu criado.) Al lado derecho escribe las tareas que haces y deseas continuar realizando, aun cuando tengas un sirviente.

Puede ser que las tareas que escribiste en el lado izquierdo sean serviles y monótonas. Requieren que acomodes tu horario a alguien; demandan tiempo, dinero, y molestias.

Lo maravilloso acerca de la descripción que Isaías hace del Mesías venidero es esta: Aunque Cristo pudo haber venido con espadas relucientes y ejércitos en marcha para imponer Su justicia sobre la humanidad, en vez de ello El escogió venir como el Siervo sufriente, que permite que la gente le hiera y humille (50:6), a fin de mostrar la plena extensión de Su amor. Y el Siervo supremo llama a todos los que le habrían de seguir a similar estilo de vida de servidumbre, que demuestra el amor de Dios en acción.

Es fácil ser servido; es difícil servir. Pero con la ayuda de Dios, aun tus actividades en la parte izquierda del papel pueden resultar gozosas (antes que penosas) en tu vida. Procura hallar maneras creativas de realizar esas tareas seculares, y da gracias a Dios por las oportunidades que te concede cada día de servir a otros.

✍️ **Percepción:** Una trilogía de verdades consoladoras
Los últimos 27 capítulos de Isaías forman tres "secciones de solaz" de 9 capítulos cada una: La liberación del pueblo de Dios (40-48), El Libertador del pueblo de Dios (49-57), y La gloria del pueblo de Dios liberado (58-66).

Sufrimiento a favor del pueblo de Dios
Isaías 52-57

28

📖 **Resumen:** En ningún lugar del Antiguo Testamento hallarás un cuadro más claro del horrendo precio de tu redención que en la sección que leerás hoy. Medita en los muchos versículos que muestran la angustia que el Salvador soportó al pagar el terrible precio del pecado.

"Fue desfigurado ... y su hermosura más que la de los hijos de los hombres" (52:14).

"Fue herido ... molido ... el castigo de nuestra paz fue sobre él, y por su llaga fuimos nosotros curados" (53:5).

"Jehová cargó en él el pecado de todos nosotros" (53:6).

"Fue cortado de la tierra de los vivientes" (53:8).

"Jehová quiso quebrantarlo, sujetándole a padecimiento ... por cuanto derramó su vida hasta la muerte ... y fue contado con los pecadores, habiendo él llevado el pecado de muchos" (53:10,12).

Corazón del pasaje: Isaías 52-53

Capítulo 52	Capítulo 53	Capítulo 54	Capítulos 55-56	Capítulo 57
Siervo exaltado	Siervo sufriente	Siervo fiel	Redención por el siervo	Reprensión por el siervo
Proveyendo redención			Respondiendo a la redención	

🔖 **Tu andar diario:** El pasaje que leerás hoy contiene la más importante pieza de buenas nuevas que puedas oír! Se puede resumir en sólo tres palabras: *encarnación, redención, invitación.*

Encarnación: Jesucristo, el Hijo de Dios, vino en carne (53:2-3), la plenitud de la Deidad en cuerpo humano.

Redención: El vino para sufrir y morir, a fin de poner "su vida en expiación por el pecado" (53:10), para llevar "el pecado de muchos" (53:12).

Invitación: El provee misericordia y perdón a todos los que respondan. "A todos los sedientos: Venid a las aguas" (55:1).

¿Qué has hecho con la invitación del Siervo sufriente? ¿La has menospreciado, rechazado, o aceptado? Si nunca lo ha hecho, acepta su palabra hoy. Dile sí a Aquel que murió para que pudieras vivir eternamente.

Al mirar la cruz es imposible que pensemos que Dios no aprecia nuestras vidas.

✒️ **Percepción:** Canción de un siervo en cinco estrofas

Piensa de 52:13-53:12 como un cántico de 15 versos con 5 estrofas de tres versos cada una. (Márcalas en tu Biblia.) El canto del Siervo comienza y termina con exaltación (estrofas 1 y 5), asciende a través de rechazo (estrofa 2 y 4), y su clímax es agonía (estrofa 3).

241

29 Cuadro del Mesías

Lectura bíblica: Filipenses 2:5-11

← Da un paso atrás

Isaías pinta un cuadro del Mesías como el Siervo sufriente en 52:13-53:12. Y de esta profecía, el comentarista G. Campbell Morgan escribe: "Nada hay, en el Antiguo Testamento ni en el Nuevo, más impresionante que este cuadro del Siervo del Señor, en el que estamos conscientes de una espantosa oscuridad que, sin embargo, arde y brilla con gloria inefable".

Las formas específicas en que Jesucristo cumplió las profecías de Isaías aporta fuerte evidencia de la confiabilidad e inspiración de las Escrituras. Observa cómo las profecías de Isaías fueron citadas por varios autores del Nuevo Testamento y aplicadas a nuestro Señor:

- Isaías 52:15, citada en Romanos 15:21
- Isaías 53:1, citada en Juan 12:38; Romanos 10:16
- Isaías 53:4, citada en Mateo 8:17
- Isaías 53:5-6, citada en 1 Pedro 2:22-25
- Isaías 53:7-8, citada en Hechos 8:32-33
- Isaías 53:12, citada en Marcos 15:28; Lucas 22:37

Jesucristo es Dios en forma humana; tan completamente Dios como si no fuera hombre, y tan completamente hombre como si no fuera Dios.

Isaías presenta un Mesías que es exaltado, y sin embargo despreciado. Herido por nuestros pecados. Un Cordero llevado al matadero para nuestra expiación. Es un cuadro de Uno que humildemente se sacrificó a sí mismo por nosotros. Su sufrimiento es un horrible espectáculo, pero no carente de propósito. Y por ese sufrimiento, Él es ciertamente digno de nuestra adoración más sentida, y devota obediencia.

⬆ Mira arriba

Examina a Filipenses 2:5-11, la conmovedora descripción que hace el apóstol Pablo del mismo Siervo sufriente. Pregúntate en qué son tus actitudes hacia tus propias circunstancias, y quizás hacia el llamamiento que te ha dado Dios, diferentes de las del Salvador?

Al adorar hoy, da gracias a Dios por el acto amoroso de sacrificio de Cristo por ti. Y pídele que forme en ti las virtudes que hicieron brillar la vida de Cristo mientras anduvo en la tierra.

➡ Sigue adelante

En Hechos 8:26-38, leerás una historia en la que este pasaje de Isaías fue usado para traer una persona a Cristo. Disponte hoy a dar a alguien una palabra de testimonio acerca de tu Salvador sufriente. Esto te pudiera abrir la puerta para más comunicación del evangelio, como ocurrió en el caso de Felipe hace unos 2.000 años.

Gemido y gloria de Judá
Isaías 58-62

30

Resumen: Al mirar Isaías la situación de su tiempo, ve pocas cosas encomiables. Vano ritual, ayunos inútiles, y ausencia de comunión caracterizan la vida espiritual de la nación. Pero como los primeros rayos del sol tras una tormenta de verano, Isaías capta una visión del futuro glorioso que aguarda al pueblo de Dios. Viene un día en que serán eliminadas las tinieblas, cesará la aflicción, "nunca más se oirá en tu tierra la violencia" (60:18), y las buenas nuevas de salvación serán proclamadas en toda Sion. La tierra desolada será habitada y próspera, inspirando alabanzas hasta los fines de la tierra porque Dios no ha olvidado Su pueblo después de todo. El gemido ha dado lugar a la gloria.

Corazón del pasaje: Isaías 59-60

Capítulo 58	Capítulo 59	Capítulo 60	Capítulo 61	Capítulo 62
Ayunos olvidados	Comunión rota	Nación reconstruida	Pueblo reconstruido	Comunión renovada
Gemido de Judá		Gloria de Judá		

Tu andar diario: ¿Has construido alguna vez un puente? (Probablemente no.) ¿Has construido un puente *espiritual*? (Se supone que sí.)

El sacerdote en el Antiguo Testamento debía hacer precisamente eso: construir un puente entre el Dios santo y la humanidad pecaminosa. Lo efectuaba mediante el ofrecimiento de sacrificios interminables, la sangre de animales, para cubrir los pecados de una nación.

La nación de Israel fue seleccionada por Dios para construir puentes para las naciones vecinas: mostrar por su estilo de vida de fe que Dios recompensa a aquellos "que le buscan" (Hebreos 11:6).

¡Y la misma tarea ha sido transmitida a ti! Como cristiano, tienes que ser sal en un mundo insípido, luz en medio de las tinieblas, y sacerdote que trae la gente de nuevo a Dios (Mateo 5:13-14; 1 Pedro 2:9).

Piensa de este día como la única oportunidad para construir un puente entre un pecador perdido y su Dios amante. Quizás no puedas construir un puente en un solo día, pero puedes comenzar ese proceso importante por tus palabras, conducta, e interés genuino en la vida de otro.

Construir puentes. Toma tiempo, es costoso —¡y digno de cualquier costo!

Bendita es la influencia de un alma fiel y amante sobre otra.

Percepción: Gloria en el Antiguo, Gloria en el Nuevo

Con una Biblia abierta en Isaías 60, y otra en Apocalipsis 21, nota cuántas semejanzas puedes hallar entre esos dos capítulos llenos de gloria. ¡Hay casi una docena!

31 El futuro glorioso de Judá
Isaías 63-66

Corazón del pasaje: Isaías 66

🔲 **Resumen:** A la luz de la calamidad presente y la gloria futura, sólo puede haber una respuesta apropiada del pueblo de Dios: arrepentimiento de su orgullo y rebelión. "Ahora pues, Jehová, tú eres nuestro padre; nosotros barro, y tú el que nos formaste; así que obra de tus manos somos todos nosotros" (64:8). Los dos temas que han predominado en el mensaje de Isaías —condenación y consolación— aparecen de nuevo en los versículos finales: "La mano de Jehová para con sus siervos será conocida [consolación], y se enojará contra sus enemigos [condenación]" (66:14). Por lo tanto, "Jehová sea glorificado" (66:5).

Capítulo 63	Capítulo 64	Capítulo 65	Capítulo 66
Recordando las misericordias de Dios	Arrepintiéndose del orgullo	Rehaciendo el cielo y la tierra	Regocijándose en Jerusalén
Judá habla a Jehová		Jehová habla a Judá	

De los errores ajenos, el sabio toma para corregir los propios.

✏️ **Tu andar diario:** ¡Felicidades! Acabas de leer las cerca de 33.000 palabras del libro de Isaías (si usaste la Versión de 1960), lo que hace del mismo el quinto en extensión en la Biblia. (¿Cuáles crees que son los libros más largos?) Al concluir otro mes en el estudio de la Palabra de Dios, considera cuánto has aprendido acerca del gran Dios a quien adoras y sirves:

En *Proverbios* aprendiste que el temor del Señor es el principio de la sabiduría, lo que te capacita para hacer decisiones que agradan a Dios y que te pueden mantener en el camino que Dios quiere que sigas. En *Eclesiastés* aprendiste que las posesiones y objetivos de la vida nunca llenan el vacío que sólo Dios puede llenar. En el *Cantar de los Cantares* aprendiste que tu relación matrimonial ha de ser un cuadro para el mundo del amor desinteresado de Dios hacia ti. Y en *Isaías* aprendiste que Dios no puede dejar sin castigo al pecado. Por eso envió a Su Hijo como el Siervo sufriente.

Escribe el párrafo anterior en una tarjeta postal y envíatela a ti mismo. Cuando llegue, expresa esos pensamientos a Dios en oración como tu propósito diario de que tus decisiones, aspiraciones, y relaciones sean agradables al santo Ser que te compró con su sangre.

🔲 **Percepción:** Cada nación y lengua
Isaías 66:18-19 describe la afluencia de gente a la nueva Jerusalén, de Tarsis (España), Fut y Lud (Africa), Tubal (Turquía), y Javán (Grecia). Esta gloriosa conclusión del libro de Isaías nos recuerda que Dios tiene un lugar en Su nuevo mundo para personas de fe —de todas las naciones.

Jeremías

En el reloj de la historia, Judá está sólo a segundos de la destrucción cuando Dios llama a Jeremías a predicar arrepentimiento a un pueblo afluente y satisfecho de sí mismo. En el libro que lleva su nombre, Jeremías reta a sus paisanos a reconocer sus errores y arrepentirse. Sin embargo, la respuesta de Judá no es arrepentimiento sino rechazo. Por más de 40 años, la nación pecadora permanece sorda a las reiteradas advertencias de Jeremías, hasta que al fin es demasiado tarde. El ejército babilonio llega; cae la venganza; y la justicia y santidad de Dios son vindicadas.

Enfoque	Profecías a los judíos				Profecías a los gentiles		
Divisiones	Llamamiento de Jeremías	Condenación de Judá	Conflictos de Jeremías	Consolación de Jeremías	Constancia de Jeremías	Condenación de nueve países	Consumación del juicio de Jerusalén
	1	2 25	26 29	30 33	34 45	46 51	52
Tópicos	Ministerio	Mensaje	Miseria		Venganza		Vindicación
	Sermones de Jeremías				Angustias de Jeremías		
Lugar	Judá				Babilonia		
Tiempo	Unos 40 años						

1 *Llamamiento de Jeremías / Jeremías 1-3*

Corazón del pasaje: Jeremías 1; 2:13-19

Resumen: Por siglos los profetas habían venido al pueblo de Dios con el ultimátum: "Refórmense o Dios les despachará en juicio". Pero su mensaje cayó en oídos sordos y corazones de piedra. Por fin es tiempo de que Dios muestre que Sus palabras no son vana amenaza. El selecciona un mensajero —Jeremías, el compasivo hijo de un sacerdote de Anatot— para que anuncie que la condición de Judá es irremediable. Debido a su idolatría e indiferencia, el pueblo sufrirá juicio, ejecutado por los babilonios.

Capítulo 1	Capítulo 2	Capítulo 3
Jeremías llamado	Judá condenado	Jehová retando
"¡Prepárate!"	"¡Recuerden!"	"¡Regresen!"

Errar es humano, pero cuando el borrador se gasta antes que el lápiz, se está errando demasiado.

Tu andar diario: ¿Has visto alguna vez un castillo de arena comenzar a derrumbarse al subir la marea? Es un ejemplo de erosión. Primero la base es socavada. Luego las paredes comienzan a ceder. Finalmente toda la estructura se derrumba.

Así es la erosión... aun en la vida cristiana. Un hábito, antes impensable, llega a tolerarse a regañadientes. Y lo que se tolera, pronto es condonado... luego apoyado... y después abiertamente promovido como aceptable a los ojos de Dios.

Esta erosión es algo tan sutil. Sutil... pero devastadora. Sucedió en la nación de Judá. Quizás esté ocurriendo en tu vida también. En tu vida personal... tu ética comercial... tu uso del dinero... tu relación con tu cónyuge o hijos. Y mientras te es posible no hacer caso a la presencia de la erosión, no te será posible escapar de sus consecuencias, porque son tan seguras como la Palabra de Dios.

¿Estás jugando con la defección o contaminación en tu vida cristiana, en la confianza de que la paciencia de Dios es larga? Entonces lee lo que Dios dice en su penetrante proclamación que se halla en Exodo 34:6-7.

Percepción: La duración del ministerio de Jeremías (1:1-3)

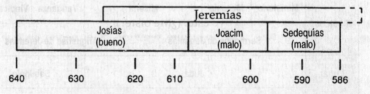

(Joacaz y Joaquín se han omitido, ya que cada uno gobernó sólo 3 meses)

La deslealtad de Judá / Jeremías 4-6   **2**

Resumen: La sección presenta un cuadro de la futura invasión babilónica. Casi puede oírse el galopar de los caballos, los gritos de guerra de los invasores caldeos, y los de angustia del pueblo de Dios al experimentar las terribles consecuencias de su rebelión. Pero la cura no es peor que la enfermedad, pues Judá ni aun sabe tener vergüenza (6:15) en su empeño de seguir toda clase de actividad detestable y arrogante indulgencia.

Corazón del pasaje: Jeremías 5

Capítulo 4	Capítulo 5	Capítulo 6
Desastre procedente del norte	Contaminación de adentro	Castigo de afuera
Caldea	Corrupción	Calamidad

Tu andar diario: ¿Qué pensarías de un médico que, al descubrir un tumor profundo en tu cuerpo, te dijera: "Tome dos aspirinas y estará bien"? ¿Qué de un bombero que respondiera a tres alarmas de fuego, diciendo: "Probablemente el fuego lo consumirá todo muy pronto"? ¿O de un policía que, al llegar a la escena del crimen, sencillamente sacuda la cabeza y diga: "Los niños siempre serán niños"?

En cada caso, la respuesta es inapropiada a la situación. Los tumores requieren cirugía; los fuegos han de ser extinguidos; los criminales deben ser castigados por sus fechorías.

Y en ello hay una parábola. En nuestros días se ha perdido el concepto de la seriedad del pecado. Defectos del carácter... error de juicio... desliz de la lengua... momento de debilidad —llámalo como quieras, la Palabra de Dios no cae en tales juegos de semántica. Toda transgresión de la ley de Dios es pecado (1 Juan 3:4), y el pago de no alcanzar la gloria de Dios es muerte (Romanos 3:23; 6:23).

Dios buscó en vano una persona en la ciudad de Jerusalén que estuviera a favor de la justicia y la piedad en días de Jeremías (5:1). ¿Hallará El diferencia en tu ciudad hoy? Si Dios buscara donde tú vives (y El está haciendo precisamente eso), ¿qué hallaría? Confesión y entrega, no hay mejor manera de arreglar tu vida.

No se requiere que un hombre sea importante para que sea cristiano; sólo se requiere todo lo que hay en él.

Percepción: "Ahora oye esto. (¿Me oíste?)"
Si algo es importante, hay que repetirlo. Y el hecho de que Babilonia habría de ser la avalancha del juicio de Dios sobre el impío Judá se repite en la profecía de Jeremías ¡164 veces!

3 *Adoración indigna / Jeremías 7-10*

Corazón del pasaje: Jeremías 8

Resumen: Idolatría e hipocresía han permeado cada fibra de la vida nacional de Judá. El pueblo, los profetas, y sacerdotes practican adoración indigna en arrogante indiferencia. Pero mediante Jeremías, Dios envía una vibrante acusación. Su nación —con todo su esplendor externo— será reducida a un montón de ruinas por la arrogancia e idolatría del pueblo. Al pensar en la "cirugía divina" de Judá, Jeremías, sin avergonzarse, llora por sus endurecidos paisanos.

Capítulo 7	Capítulo 8	Capítulo 9	Capítulo 10
Seguridad "peligrosa"	"Sabiduría" necia	Lenguas traicioneras	Estatutos sin sentido
Complacencia	Insensatez	Perjurio	Idolatría

Mientras tu conciencia sea tu amiga, no te preocupes de tus enemigos.

Tu andar diario: Un ave vuela miles de kilómetros sobre territorio extraño para evitar el frío del invierno. El salmón nada un enorme trayecto para regresar al lugar de su nacimiento. Un perro de caza persigue y recupera la presa, sin haber aprendido esas habilidades.

¿Qué tienen en común estos fenómenos? Todos son ejemplos de la actuación del instinto: esas aptitudes dadas por Dios que hacen actuar a las criaturas en maneras que no han aprendido.

Como hay instintos naturales que Dios ha puesto en ti para tu bienestar físico, también hay "instintos" espirituales para guardar tu salud espiritual. Leerás de uno en 8:4-9, el instinto que punza tu conciencia cuando pecas, haciéndote responder: "¿Qué he hecho?" Como la luz en el tablero de instrumentos, ese instinto te alerta de que existe un problema.

Pero es necesario que des el próximo paso. La reacción de Judá fue desestimar la advertencia. ¿Estás en peligro de hacer lo mismo? Responde a uno de los toques divinos que sientes ahora mismo, con obediencia.

Percepción: El Valle de la Matanza (7:30-34)
Tofet literalmente significa "altar" o "fogón". Era donde se ofrecían niños en sacrificio a Moloc, la deidad pagana —práctica prohibida por Josías (2 Reyes 23:10) y repudiada por Dios (Jeremías 7:31). El valle de Hinom después llegó a ser el basurero de la ciudad donde el fuego continuamente consumía la basura. Como tal su nombre llegó a ser sinónimo de infierno (Marcos 9:47-48).

Pacto roto / Jeremías 11-15

4

Resumen: Dios ordena a Jeremías tomar un cinto de lino y enterrarlo a orillas del río Eufrates. Más tarde se le dice que lo desentierre. El resultado es fácil de imaginar: Un cinto inservible, que ya no tiene uso. Y la analogía es dolorosamente clara. Seleccionado por Dios para un lugar de comunión íntima (como un cinto), Judá ahora sería desechado en juicio debido a su corrupción.

Corazón del pasaje: Jeremías 13

Capítulo 11	Capítulo 12	Capítulo 13	Capítulos 14-15
Una promesa rota	Una queja amarga	Un cinto podrido	Un pueblo apóstata
"¿Por qué sufren los justos?"		"¿Cómo sufrirán los injustos?"	

Tu andar diario: Moisés el siervo de Dios, y Samuel, el primer profeta de Israel. ¿Qué tienen en común estos dos grandes hombres del Antiguo Testamento?

La respuesta puede que te asombre e inquiete. Dios declaró que sus oraciones combinadas no bastarían para impedir el desastre que venía sobre la rebelde Judá (15:1).

Hay un tiempo para orar... para arrepentirse... para arrodillarse ante Dios. Pero viene un día cuando será demasiado tarde para orar —a tu favor o el de otro.

Deberes diferidos son deleites del diablo.

Hoy tienes la facultad de buscar a Dios o de evadirlo, de reconocer tu necesidad o pasar por alto el asunto. Hoy muchos pueden estar orando por ti: tu cónyuge, tus hijos, tus padres, tus amigos, tu pastor. Y puedes optar por burlarte de esas oraciones. Pero la alternativa de ponerte *bien* con Dios se va poniendo *mal* —llegará el día en que ni Moisés y Samuel juntos podrán, en oración, mover a Dios a tu favor.

Isaías 55:6 dice: "Buscad a Jehová mientras puede ser hallado". ¡Y cuando obedezcas ese mandamiento hallarás una promesa maravillosa esperándote en Hebreos 11:6!

Percepción: Jeremías, experto en enseñanza audiovisual

El cinto podrido (13:1-11) es sólo el primero de 10 recursos audiovisuales que Jeremías emplea para comunicar su mensaje. Identifica los otros, que se hallan en estos pasajes:

13:1-11_____	19:1-13 _____
13:12-14_____	24:1-10 _____
14:1-9_____	27:1-11 _____
16:1-9_____	32:6-15 _____
18:1-6_____	43:8-13 _____

pluma de los profetas

Los temas de arrepentimiento y juicio ("Te enmiendas o desapareces") son comunes a todos los dieci-siete libros proféticos, Isaías—Malaquías. Pero cada profeta le habló a una situación contemporánea única. Observe el tema y el período del mensaje de cada profeta. Refiérase a menudo a este gráfico a medida que vaya leyendo los profetas.

Profeta	Mensaje en su día (y para nosotros)	Período
Jonás	Dios ama a los gentiles	A Asiria antes del exilio
Nahúm	Destino de Nínive por su brutalidad	
Abdías	Destino de Edom por su traición	A Edom antes del exilio
Oseas	El amor de Dios por la adúltera Israel	
Amós	El pueblo de Dios, maduro para el juicio	
Isaías	Venida del Mesías	
Jeremías	Juicio ahora, gloria futura	
Lamentaciones		
Joel	Juicio que vendrá como plaga	A Judá antes del exilio
Miqueas	El pueblo de Dios en problemas	
Habacuc	El justo por la fe vivirá	
Sofonías	El día del Señor viene	
Ezequiel	Dios no ha terminado con su pueblo	A Judá durante el exilio
Daniel	Dios controla los acontecimientos del mundo	
Hageo	El peligro del desinterés	
Zacarías	La gloria del Mesías	A Judá durante el exilio
Malaquías	El peligro de la dureza de corazón	

El profeta y el alfarero / Jeremías 16-20

5

🔲 **Resumen:** Jeremías mismo se constituye en una lección objetiva para su nación, pues su misma vida ilustra lo que pronto caería sobre Judá. Al profeta se le manda quedarse célibe y evitar funerales y días de fiesta —un recordatorio diario para sus paisanos de que pronto iban a experimentar involuntariamente lo que Jeremías fue llamado a experimentar voluntariamente—. Pérdida de familia, de comodidad, y de gozo esperan al pueblo rebelde —un mensaje que al final es oído... y resulta en golpizas y encarcelamiento para el fiel profeta de Dios.

Corazón del pasaje: Jeremías 16; 18:1-10

Capítulo 16	Capítulo 17	Capítulo 18	Capítulo 19	Capítulo 20
Siervo célibe	Día de reposo profanado	Alfarero paciente	Vasija rota	Profeta encarcelado
Represión				Rechazo

🗳 **Tu andar diario:** *Cierto, o falso:* La salvación es un don gratuito (antes de contestar, lee Efesios 2:8-9).

Cierto o falso: El discipulado es un objetivo costoso (antes de contestar, lee Lucas 14:25-33).

Para Jeremías seguir a Dios y hacer Su voluntad implicaba un precio enorme: pérdida de comodidades, libertad restringida, y sacrificio personal (16:1-13). Jeremías voluntariamente soportó algunas restricciones insólitas a fin de cumplir una misión singular.

De igual modo, Cristo instó a los que querían seguirle como discípulos a sentarse primero y contar el precio. La salvación es un don gratuito, pero el discipulado es un objetivo costoso.

¿Qué puede implicar ese precio para ti? Quizás signifique dejar un negocio lucrativo... una ambición acariciada... el aplauso del mundo. Sea lo que fuere, lo descubrirás formulándote esta pregunta: "¿Qué hay en mi vida hoy que dificulta que yo siga en los pasos del Maestro?" Deja que Dios te hable con el ejemplo de Jeremías. Luego, si una cirugía espiritual es necesaria, dale a Dios la libertad de usar el bisturí de Su Palabra en tu vida. El discipulado es a menudo doloroso, pero siempre es provechoso.

Cuesta seguir a Jesucristo, pero cuesta más no hacerlo.

🖊 **Percepción:** Escudriñar el corazón, ¿probar los... riñones?

Es interesante cómo las palabras cambian su significado. La palabra hebrea traducida "corazón" (17:10) literalmente significa riñones —una figura de dicción que denota lo más interno del ser, la mente—. Cuando Dios prueba los "riñones", El mira los motivos y pensamientos más profundos.

6 Ultima oportunidad para los líderes de Judá
Jeremías 21-25

Corazón del pasaje: Jeremías 21-22

 Resumen: El tiempo de Judá está expirando. Ya un creciente presagio de desastre sobrecoge a la nación. La popularidad del profeta de Dios ha llegado al punto más bajo. Pero ni aun eso puede hacer desistir a Jeremías de la tarea asignada a él: declarar a líderes y legos por igual el descontento de Dios con la conducta de ellos. Pasando de la nación en general a los líderes en particular, Jeremías pronuncia juicios contra tres reyes, y después fija su atención en el Rey Mesías, que restaurará la justicia en la tierra. Cuando al fin la ira de Dios se derrame sobre Su voluntarioso rebaño, el país estará desolado por 70 largos años.

Capítulos 21-22	Capítulo 23	Capítulo 24	Capítulo 25
Malas noticias para Jerusalén	Renuevo justo para Judá	Dos cestas de higos	Una copa de ira de Dios
Sermones		Señales	

Casi cada nación tiene el gobierno que merece.

Tu andar diario: Todos saben el nombre del presidente de la nación. Pero ¿puedes nombrar tres miembros de su gabinete? ¿Sabes quién es el gobernador de tu estado o provincia? —tu alcalde? —los senadores de tu estado? —el congresista de tu distrito?

Es difícil orar por alguien que uno no conoce por nombre. Y lo es orar fervientemente por alguien a quien no se conoce personalmente. Pero esas son tus responsabilidades específicas: ofrecer "rogativas, oraciones, peticiones y acciones de gracias ... por todos los que están en eminencia" (1 Timoteo 2:1-2).

La puerta de la alacena serviría de "buen recordatorio de oración" si fijaras allí los nombres (y mejor aun los rostros) de varios oficiales electos. Ora por uno o más cada vez que los recuerdes.

Si estás cansado de leer acerca de escándalos que implican a políticos (y tales escándalos son tan viejos como el tiempo de Jeremías; lee 22:11-30), ¡no hay mejor "medicina preventiva" que las fieles oraciones de ciudadanos piadosos!

Percepción: El secreto peor guardado en el pueblo
La duración de la cautividad babilónica fue asunto de conocimiento público. Jeremías profetizó su duración, no una, sino dos veces (25:11-12; 29:10). Más tarde cuando Daniel vivía en Babilonia, leería la profecía de Jeremías, observaría su calendario, y se enteraría de que Dios iba a restablecer a Su pueblo en su propia tierra después de 70 años de cautividad (Daniel 9:1-3).

Conflictos de Jeremías
Jeremías 26-29

7

📖 **Resumen:** Los mensajes de juicio de Jeremías levantan fuerte oposición, especialmente en el palacio. Durante el reinado de Joacim, Jeremías fue amenazado de muerte; en el de Sedequías, el profeta usó un yugo para demostrar la importancia de que Jerusalén se sometiera al yugo de Babilonia —y por ello provocó la denuncia del falso profeta Hananías—. Mientras esto ocurría, Jeremías envió una carta de estímulo a los exiliados en Babilonia instándoles a establecerse para el largo (y predicho) tiempo de cautiverio.

Corazón del pasaje: Jeremías 26-27

Capítulo 26	Capítulo 27	Capítulo 28	Capítulo 29
Plan para matar	Pantomima para advertir	Profeta para refutar	Pueblo que informar
Joacim	Sedequías	Jeremías	Exiliados

✒️ **Tu andar diario:** ¿Está tu yugo bien colocado? Lee acerca de este asunto en Mateo 11:28-30. ¿Cómo ello se compara con la experiencia de Jeremías?

El yugo de Jeremías era un implemento pesado hecho de ligaduras y madera, símbolo de la dura dominación de Babilonia. El yugo de Cristo representa su relación con sus discípulos, una comunión de gozo y descanso. El de Jeremías era pesado y solitario; Jesús prometió llevar la carga junto a sus seguidores.

El hombre que vive solo y para sí mismo, se expone a ser corrompido por la compañía que tiene.

Ambos yugos representan sumisión: uno a un conquistador extranjero, el otro al amor del Salvador. Jeremías habló a una nación rebelde acerca de la necesidad de someterse al enemigo a fin de sobrevivir. Jesús también habló de sumisión, no al enemigo, sino a un Amigo —Uno que provee todo lo necesario para la vida y la piedad.

En tus actividades hoy, imagínate enyugado con Jesucristo. Enumera las cosas que harías diferente si supieras que El está literalmente enyugado contigo y camina a tu lado. ¿Cuáles problemas echarías sobre El? ¿Qué preocupaciones te quitarías de encima? ¿Qué actitudes cambiarías? ¿Hablarías con El más a menudo? Deja que su presencia haga la diferencia en tu vida hoy.

📖 **Percepción:** ¿Oíste del yugo enviado al rey de Moab?
Jeremías usó un yugo como un recordatorio visual para la nación de Judá de la esclavitud que se avecinaba. Además Dios le ordenó que enviara yugos a los reyes de Edom, Moab, Amón, Tiro, y Sidón; pues todas estas naciones correrían una suerte semejante (27:2-7).

8

Consolación derivada de Jeremías
Jeremías 30-33

Corazón del pasaje: Jeremías 32

🔲 **Resumen:** La promesa de Dios de restauración comienza una sección que describe tanto el peor de los horrores (el tiempo de la angustia de Jacob) como la mejor de las bendiciones (el nuevo pacto de Dios con Israel). Dios promete restablecer la nación después que haya sido purificada mediante la disciplina del exilio. Como señal de Su promesa, ordena a Jeremías que compre un terreno que pronto pertenecería a los conquistadores babilonios. Tan cierto como el día sigue a la noche, esa tierra un día vendría a ser parte de la nación restaurada que ha de ser gobernada por el Renuevo justo, el descendiente mesiánico de David.

Capítulo 30	Capítulo 31	Capítulo 32	Capítulo 33
País regañado	Pacto renovado	Parcela comprada	Patrimonio prometido
Punición	Provisión	Promesa	Perspectiva

Como ningún lugar puede estar sin Dios, tampoco ningún lugar puede rodearle y limitarle.

✒️ **Tu andar diario:** Tu hijo de cinco años te dice: "Papá, mamá, ¿cómo es Dios?" Escribe las 10 primeras palabras que vengan a tu mente. (Aunque no tengas un hijo de cinco años, ¡el ejercicio te hará bien!) _____

Si te es difícil describir a Dios en términos que un niño entienda, el pasaje de hoy puede ayudarte. Pocos pasajes en la Escritura presentan un cuadro tan completo de Dios. Aquí puedes hallar al Dios que odia el pecado y lo juzga (30:12-15), pero ama y perdona al pecador (30:18-22); al Dios de ira (30:23-24) y de amor (31:1-9). Sobre todo, al Dios salvador que vuelve a juntar su rebaño esparcido (31:10-22) y establece con ellos un nuevo pacto (31:23-34)—una promesa que descansa en la garantía segura de su poder soberano (31:35-37; 33:19-22).

Ahora vuelve atrás y examina tu respuesta inicial a la pregunta "¿Cómo es Dios?" Valiéndote de los pensamientos de Jeremías, ¿puedes expresar tu respuesta en términos simples y a la vez escriturales? Mejor aún, comprueba tu respuesta con un niño de cinco años.

🔳 **Percepción:** Un conocido rey en un ámbito extranjero (30:9)
La referencia a que David reina sobre la nación restaurada de Israel se puede interpretar por lo menos de dos maneras: (1) Alegóricamente, puede referirse al Mesías venidero. (2) Literalmente, a David mismo una vez resucitado para gobernar como virrey del Mesías (compara Ezequiel 37:24-25 y Oseas 3:5).

Escrita en sus corazones

9

Da un paso atrás

En tu lectura de ayer, diste un vistazo al nuevo pacto, en Jeremías 31:31-34 —el clímax de las profecías de Jeremías—. En esos versículos Dios revela sus sentimientos hacia su pueblo Israel. Y hace tres declaraciones importantes acerca de su nuevo pacto con ellos:

Lectura bíblica: Mateo 26:17-30

1. *Pondrá su ley en la mente de su pueblo.* Su ley será interna antes que externa. Escribirá su ley en sus corazones, no en piedras, para que impacte cada vida desde adentro. El nuevo pacto de Dios capacitaría interiormente a su pueblo para obedecer Sus normas de justicia y así disfrutar de Sus bendiciones. El profeta Ezequiel explica que esto resultaría del don de Dios del Espíritu Santo en la vida de los creyentes (Ezequiel 36:24-32). De manera que, bajo el nuevo pacto, Dios el Espíritu Santo moraría dentro de cada creyente (lee Joel 2:28-32).

2. *El dijo: "Yo seré su Dios, y ellos serán mi pueblo".* Eso simplemente continúa la relación que El ya había establecido con ellos. En otras palabras, el nuevo pacto no era para reemplazar el viejo, sino para cumplirlo.

3. *Perdonará los pecados de Su pueblo.* Por Israel haber pecado, recibió la maldición de Dios. Pero como parte del nuevo pacto, Dios "perdonará y olvidará". ¿Cómo un Dios santo puede pasar por alto el pecado? No puede. Pero no es que el pecado sea pasado por alto, sino que es pagado por un Substituto... que nosotros sabemos que es Jesucristo.

Mira arriba

En la última cena con sus discípulos, Jesús tomó la copa y los invitó a beber de ella, diciendo: "Esta es mi sangre del nuevo pacto, que por vosotros es derramada para la remisión de pecados". La copa representa la sangre de Jesús, que es su don expiatorio, su vida derramada, su muerte substituidora.

Al leer en Mateo 26:17-30, da gracias a Dios por su compromiso contigo mediante el nuevo pacto, y por la muerte expiatoria de Cristo que te hizo posible gozar de vida eterna con El.

A Dios no le interesa nuestra habilidad o inhabilidad, sino nuestra disponibilidad.

Sigue adelante

Dios ha hecho un pacto inconmovible, inquebrantable con su pueblo. ¿Qué compromiso has hecho tú con El?

Haz una lista de metas que quieres lograr en la vida por el poder de Dios —disciplina espiritual, testificar, estudiar la Biblia, enseñar...

Recuerda, Dios merece que le des lo mejor de ti. Después de todo, eso fue lo que El hizo contigo.

10 Cuenta regresiva hasta la caída de Jerusalén
Jeremías 34-39

Corazón del pasaje: Jeremías 36; 39:1-10

📖 **Resumen:** Por muchas razones, el libro de Jeremías merece el título de "La vida y ministerio de un hombre de Dios". Los capítulos 1-33 giran alrededor de los sermones proféticos de Jeremías; 34-52 tratan principalmente con los traumas y pruebas personales de Jeremías. Ya sea en medio de pactos quebrantados, rollos quemados, o persecuciones brutales, Jeremías permanece fiel a su misión profética. Mientras ruega a sus paisanos que vayan al exilio voluntariamente, Jeremías "el traidor" observa que, en lugar de ello, luchan para impedir la caída de Jerusalén y la cautividad hasta el final.

Capítulos 34-36	Capítulos 37-38	Capítulo 39
Problemas en el palacio	Problemas en la prisión	Problemas en la guerra
Joacim enfurecido	Jeremías en aflicción	Jerusalén en desolación

Hacemos nuestras decisiones, y luego nuestras decisiones se vuelven y nos hacen a nosotros.

✍️ **Tu andar diario:** Al guiar el auto, lees al lado de la carretera un letrero que anuncia: "Curva peligrosa". Inmediatamente tienes que decidir: (1) Puedes obedecer la advertencia y disminuir la velocidad; (2) no hacerle caso y mantener la velocidad; (3) oponerte a ella y aumentar la velocidad. Cualquier decisión que tomes, no cambiará la verdad del letrero. La curva es peligrosa ya sea que lo reconozcas o no.

Las tres decisiones están ilustradas en la lectura de hoy. Jeremías *obedeció*, Judá *no hizo caso*, y Joacim *se opuso* a la Palabra de Dios. Cada uno esperaba "superar la curva". Pero dos de las tres "terminaron en las rocas". Esto da lugar a una dolorosa pregunta: Si la Palabra de Dios no cede una pulgada, entonces ¿cuál debe ser tu respuesta a mandamientos tan claros como estos: "No os unáis en yugo desigual... Huye también de las pasiones juveniles... No se ponga el sol sobre vuestro enojo" (2 Corintios 6:14; 2 Timoteo 2:22; Efesios 4:26)? Escoge uno y responde a él... ¡hoy!

🗝️ **Percepción:** Las Escrituras en construcción

El capítulo 36 es una vislumbre del proceso por el cual la revelación de Dios a Jeremías llegó a la forma escrita. Según el versículo 4, lo que Dios reveló a Jeremías fue dicho por Jeremías a Baruc, y escrito por Baruc en un rollo. La transferencia de las palabras de Dios de la mente del profeta al rollo fue exacta (v. 18), y una vez escritas, el Señor respaldó aquello como Su Palabra y voluntad reveladas (vv. 29-32).

Calamidad tras la caída de Jerusalén   *11*
Jeremías 40-45

Resumen: Aunque el pueblo de Dios había marchado al exilio, la Palabra de Dios continúa llegando por boca de Su profeta. Cuando Nabucodonosor establece un gobierno títere en la ciudad de Jerusalén, Jeremías decide permanecer en la ciudad —e insta a sus paisanos a hacer lo mismo—. Pero después del brutal asesinato de Gedalías, los judíos sobrevivientes no obedecen el claro mandamiento de Dios y huyen a Egipto en busca de seguridad, y llevan consigo al profeta en contra de su voluntad. Allí Jeremías predice la destrucción de Egipto y la disciplina de Judá de manos de Jehová, porque sabiendo lo que debía hacer, rehusó hacerlo.

Corazón del pasaje: Jeremías 42-43

Capítulo 40	Capítulo 41	Capítulos 42-43	Capítulos 44-45
Liberación de Jeremías	Rebelión de Ismael	Huida a Egipto	Predicción para Egipto
Seguridad	Masacre	Desobediencia	Desastre

Tu andar diario: Reflexiona acerca de los últimos cinco años de tu vida: alegrías, problemas, traumas, triunfos... Si hubieras sabido entonces lo que sabes ahora, ¿habrías estado tan ansioso de vivirlos?

Dios es tan sabio en lo que *oculta* como en lo que *revela* acerca del futuro. Nada hay que pueda agriar tu vida hoy como un amplio conocimiento (y preocupación morbosa) de lo que la vida traerá *mañana*. Esa es una de las razones por las que Jesús dijo a sus discípulos: "Así que, no os afanéis por el día de mañana, porque el día de mañana traerá su afán. Basta a cada día su propio mal" (Mateo 6:34).

Jeremías tuvo fortaleza divina para enfrentar el ridículo, encarcelamiento, asesinato, y aun deportación —día por día—. Haz un círculo alrededor de las palabras "Así dice Jehová" cada vez que las halles en los capítulos 40-45. ¡Deja que esa expresión, que se repite diez veces, te anime, sabiendo que Dios tiene una palabra para ti hoy y todos los días!

Preocuparse es malgastar el tiempo de hoy en enmarañar las oportunidades de mañana con los problemas de ayer.

Percepción: El día que los obeliscos resultaron obsoletos (43:13)

Parte de la predicción de Jeremías de la ruina de Egipto a manos de los babilonios incluyó la destrucción de los lugares de adoración de Egipto. Bet-semes ("casa del sol") es el nombre hebreo para la antigua Heliópolis (hoy día Tell Husn), que está cerca del Cairo. Ra, el dios del sol, era adorado allí con imágenes llamadas "obeliscos". Uno de los obeliscos de Heliópolis está ahora en el Parque Central en la ciudad de Nueva York.

12 La caída de los vecinos de Jerusalén
Jeremías 46-49

Corazón del pasaje: Jeremías 46

Resumen: Como una sinfonía majestuosa que se desarrolla en crescendo, Jeremías concluye su libro con una poderosa barrida de juicios proféticos. Moviéndose de oeste a este, Jeremías muestra que el Dios de Israel ríge los asuntos de los pueblos en todas partes: de Egipto a Elam; de Damasco a Edom. Por su impía idolatría y constante rechazo del único Dios verdadero, los vecinos de Judá caerían en manos de los ejércitos enemigos, lo que demostraría que ninguna nación es tan grande que pueda mofarse de la justicia de Dios y salirse con la suya.

Capítulo 46	Capítulo 47	Capítulo 48	Capítulo 49
La caída de los vecinos de Jerusalén			
Egipto	Filistea	Moab	Amón y Edom
Vergüenza	Espada	Sal	Cilicio

El ejemplo es un lenguaje que todos pueden leer.

Tu andar diario: Quizás nunca hayas visitado a Egipto. Y, ciertamente, nunca viajarás a Filistea, Moab, Amón, o a Edom. (¿Por qué? Lee 47:4; 48:2; 49:2,10. Luego inspecciona un mapamundi.)

¡Pero puedes sacar provecho de sus tristes ejemplos! Aquí hay, basado en tres naciones extintas, un sermón en una frase. ¿Qué nación representa un problema con el cual estás actualmente luchando? Haz un círculo alrededor del nombre de esa nación, junto con el versículo que constituye su epitafio. Tal vez quieras colocar el versículo en un lugar visible en tu hogar o taller. Que sea un recordatorio para ti de que el "Proyecto prevención" en la vida cristiana implica ser cada vez *más sabio,* no meramente *más viejo,* en tu relación con Dios.

Moab: *"Maldito el que hiciere indolentemente la obra de Jehová"* (48:10).

Amón: *"¿Por qué te glorías...? Tu valle se deshizo... la que confía en sus tesoros"* (49:4).

Edom: *"Tu arrogancia te engañó, y la soberbia de tu corazón"* (49:16).

¿Has aprendido una lección que ellas pasaron por alto?

Percepción: A fin de cuentas
Pregunta: ¿Cuál es la razón fundamental por la que Egipto, Filistea, Moab, Amón, Edom, Damasco, Cedar, Hazor, Elam, Babilonia, Israel, Judá, y muchas otras naciones en la historia del mundo fueron destruidas? *Respuesta:* Se engrandecieron contra el Señor (48:42).

La caída de Babilonia y de Jerusalén
Jeremías 50-52

13

Resumen: Babilonia, el último y mayor enemigo de Judá, sufrirá la misma suerte que el resto de los vecinos impíos de Judá. "Y Caldea será para botín.... será desolada toda ella; todo hombre que pasare por Babilonia se asombrará, y se burlará de sus calamidades" (50:10,13). Pero Jeremías concluye sus profecías con una nota de esperanza. Aunque Jerusalén ha caído como se predijo, a su rey, Joaquín, se le mostró inesperada bondad en Babilonia. En la restauración de este rey violador del pacto, Jeremías presenta un cuadro de la restauración de Judá, que quebrantó el pacto, por su Dios, que es fiel al pacto.

Corazón del pasaje: Jeremías 52

Capítulo 50	Capítulo 51	Capítulo 52
Endecha sobre Babilonia	Hija de Babilonia	Caída de Jerusalén
Enemiga de Judá		Caída de Judá

Tu andar diario: Las palabras trágicas del capítulo 52 son el tañido fúnebre por el pueblo de Dios. Ciertamente, su fin ha llegado; la nación está liquidada; el telón ha caído en cuanto a la accidentada historia de Judá. Después de todo, sólo un puñado sobrevive el holocausto.

Pero de repente, como cuando un fósforo se enciende en un cuarto oscuro, el lector ve un destello de esperanza. Joaquín —impío, corrupto, pero eslabón de suma importancia para el cumplimiento de la promesa de Dios de una dinastía perpetua para David— es hecho beneficiario de una "pensión gubernamental" en Babilonia (52:31-34). Dios no está muerto; Judá no está perdida; ¡la promesa de Dios sigue vigente! Y esas promesas constituyen lo que sostiene la fe de dos jóvenes deportados: Daniel y Ezequiel.

El tiempo no puede borrar las promesas de Dios; las circunstancias no las pueden opacar; reyes impíos no las pueden destruir. ¡Pero tú puedes anularlas si no las reclamas! Una buena promesa para comenzar es Hebreos 13:5. Y un buen tiempo para comenzar es ahora mismo.

Más personas aprenderían de sus errores si no estuvieran tan ocupados en negarlos.

Percepción: Un viento frío del norte (50:9)
En 539 A.C., Babilonia cayó en manos de Ciro el persa, sin combate. Pero Ciro no destruyó la ciudad. Más tarde, la ciudad se rebeló y Darío Histaspes la capturó y derribó sus murallas. Desde entonces la ciudad decayó hasta que, en el siglo tercero A.C., era poco más que un desierto. Sin embargo, ¡no fue hasta el siglo diecinueve A.D. que los arqueólogos finalmente descubrieron sus desoladas ruinas!

Lamentaciones

Fue el final —La advertencia de Dios había venido mediante el profeta Jeremías, pero el pueblo de Judá rehusó escuchar. En el 586 A. C. mientras el ejército de Babilonia atacaba, juicio fue derramado sobre la ciudad, y el pueblo fue llevado al exilio. Jerusalén estaba en ruinas y vacía. Por varios días Jeremías se lamentó por la ciudad y su futuro. Al llorar, en medio de oscuridad y destrucción, un rayo de esperanza le fue dado al profeta. Dios promete perdón y gracia. El período de juicio es limitado, y en Su misericordia Dios restaurará la ciudad y regresará sus cautivos.

Enfoque	La disciplina y control de Dios				El carácter de Dios
Divisiones	Ciudad destruida	Población aplastada	Lamento del profeta	Gloria perdida	Reino arrepentido
	1:1　　　1:22	2:1　　　2:22	3:1　　　3:66	4:1　　　4:22	5:1　　　5:22
Tópicos	La tristeza	La razón	La esperanza	El contraste	El fuego
Lugar	Jerusalén				
Tiempo	Aproximadamente 586 A.C.				

Llanto sobre un país desolado **14**
Lamentaciones 1-5

Resumen: En Lamentaciones el profeta Jeremías recurre a la poesía para expresar sus sentimientos y emociones más profundos sobre la trágica caída de Jerusalén. El libro consta de cinco poemas exquisitamente escritos, los primeros cuatro en forma acróstica o alfabética. Cada versículo comienza con una letra sucesiva del alfabeto hebreo, con la excepción del capítulo 3, donde tres versículos se asignan a cada letra. El profeta comienza llorando sobre Jerusalén en medio de su desolación y destrucción. Pero Jeremías vuelve su corazón para, entre lágrimas, ver al Dios soberano detrás de todo. Al considerar el control de Dios en los asuntos humanos, es capaz de gritar victoriosamente: "Grande es tu fidelidad" (3:23). Después del recuento final del sitio de Jerusalén, el profeta intercede por la restauración de la nación después que se consume su castigo.

Corazón del pasaje: Lamentaciones 3

Capítulos 1-2	Capítulo 3	Capítulo 4	Capítulo 5
Desolación de Jerusalén	Deliberación de Jeremías	Derrota de Jerusalén	Deseo de Jeremías
Corrección y control de Dios			El carácter de Dios

Tu andar diario: ¡Felicidades! Acabas de leer una de las secciones de las Escrituras más largas y menos leídas —Jeremías y su continuación, las Lamentaciones—. Aunque a menudo pasadas por alto, estas porciones contienen algunos principios cruciales para la vida. Medita en el material que en las pasadas dos semanas has estudiado. ¿Cuáles son algunas de las lecciones que has aprendido del "profeta llorón". Estas son algunas sugerencias para ayudarte a comenzar:

Lástima llora y se aleja; Compasión viene a ayudar y se queda.

1. El juicio de Dios es seguro, aunque no siempre inmediato.

2. Dios no promete que no habrá dificultades, pero sí dar fortaleza para pasar por ellas.

3. Dios mantiene sus promesas no importa lo que la gente haga.

Ahora es tu turno. Comunícate con alguien que también esté en el proceso de leer toda la Biblia este año y comparte con él un principio de los que has aprendido en tu estudio de los escritos de Jeremías. O si sabes de alguien que necesita estímulo, ¡entrégale una nota y comparte tu "joya"!

Percepción: Poemas que lloran

Además de estar en forma de acróstico, los capítulos 1-4 de Lamentaciones fueron compuestos empleando la llamada métrica alterna —una cadencia reservada para cantos elegíacos—. ¡Cuán apropiada para Jerusalén y Jeremías, el profeta llorón!

Ezequiel

Sacerdote de nacimiento, Ezequiel ministra como profeta durante los últimos días de decadencia y caída de Judá. Mientras Jeremías permanece en Jerusalén, Ezequiel predica a los exiliados en Babilonia. Igual que Jeremías, pronuncia juicios severos de Dios sobre la infiel nación, y también añade una nota bendita de esperanza: la promesa de Dios de una nación restaurada en el futuro. Enfatizando la gloria del Dios soberano, Ezequiel presenta el propósito de Dios mediante juicio y bendición "para que todos conozcan que yo soy Jehová".

Enfoque	Caída de Judá				Enemigos de Judá		Futuro de Judá	
Divisiones	Visión y llamamiento	Señales y sermones	Gloria que se aleja	Parábolas de juicio	Juicio sobre enemigos	Juicio sobre Egipto	Nueva vida para Israel	Nuevo templo para Israel
	1　　　3	4　　　6	7　　　11	12　　　24	25　　　28	29　　　32	33　　　39	40　　　48
Tópicos	Antes del sitio (592-587)				Durante el sitio (586)		Después del sitio (586-570)	
	Condenación					Consolación		
Lugar	Babilonia							
Tiempo	Unos 22 años (592-570 A.C.)							

Señales y sermones / Ezequiel 1-6

15

📖 **Resumen:** Mientras Jeremías está predicando acerca del juicio de Dios sobre Judá y esperando la caída de Jerusalén, su contemporáneo Ezequiel está a unos mil km de distancia en Babilonia ocupado en interpretar el juicio de Dios a aquellos judíos que ya están cautivos. Aunque la predicación de Ezequiel es similar a la de Jeremías —juicio para los desobedientes—, también contiene una gran dosis de esperanza e instrucción. Los 70 años de exilio le enseñarán al pueblo de Dios "que yo soy Jehová" (una frase repetida más de 50 veces en el libro), preparándolos así para su día de restauración.

Corazón del pasaje: Ezequiel 1

Capítulo 1	Capítulo 2	Capítulo 3	Capítulo 4	Capítulo 5	Capítulo 6
Ruedas en ruedas	Llamamiento y un libro	Centinela en el muro	Ladrillo y pan	Rapado y pelado	Rapado y esparcido
Preparación de Ezequiel			Condenación de Jerusalén		

✍️ **Tu andar diario:** Estabas lejos de casa y —cuando más lo necesitabas— recibiste una carta o llamada telefónica de los tuyos. ¿Recuerdas lo bien que te sentiste al oír voces familiares o leer acerca de la familia mientras te hallabas en un ambiente extraño? ¡Ese sentimiento "parecido a estar en casa" es el mejor remedio para la nostalgia!

El libro de Ezequiel comienza con la bien conocida visión de "rueda entre rueda" —llena de significado para cautivos lejos de su amada Jerusalén y acostumbrados a pensar que Dios reside en el templo "allá en mi tierra". En su visión Ezequiel ve a Dios sentado sobre un trono con ruedas —un asiento móvil de gloria y esplendor capaz de transportar a Dios a cualquier lugar que El deseara... aun al corazón de un país pagano. Así que, Dios ofrece un consuelo "hogareño" a su pueblo que está bien lejos en su nuevo ambiente en Babilonia.

Una cosa es estar a kilómetros de casa físicamente; otra es estar lejos de casa espiritualmente. Como el hijo pródigo en Lucas 15, uno puede sentirse solo, ansioso, desterrado —en un "exilio espiritual" resultante de desobediencia o negligencia—. Si ese es tu caso, ¿por qué no "llamar a casa" ahora mismo? La línea telefónica de tu Padre nunca está ocupada y El te espera con los brazos abiertos.

La soledad es más que una circunstancia; Su causa se halla dentro del ser, más que fuera del mismo.

🖊️ **Percepción:** Antes de servirle, asegúrate de que lo ves
La visión de la gloria de Dios que tuvo Ezequiel le preparó para su difícil asignación. ¿Puedes pensar de otros tres siervos de Dios que experimentaron períodos similares de larga e intensa preparación? (Clave: Lee Exodo 3:1-10; Isaías 6:1-10; Daniel 10:5-14.)

16 El Dios que será conocido

Lectura bíblica: 1 Corintios 13:12

Da un paso atrás

Ezequiel comienza con uno de los pasajes más intrigantes y emocionantes de la Escritura: una visión de Dios que comenzó con una tormenta y seres vivientes, seguido por sorprendentes ruedas y, finalmente, la gloria de Dios mismo en forma de una luz brillante.

Es de notarse que, después de siglos de estar asociada exclusivamente con el templo en Jerusalén, ahora la gloria de Dios estaba apareciendo a los exiliados en Babilonia. Hacia el final de su libro, Ezequiel vería la gloria de Dios restaurada a Jerusalén.

Las visiones de Ezequiel —y su libro como un todo— revelan a un Dios que desea ser conocido por su pueblo. Particularmente en este libro, la cláusula "Entonces conocerán que yo soy Jehová" aparece 65 veces —lo que demuestra claramente la intención de Dios.

En los primeros 24 capítulos, Dios es conocido por la caída de Jerusalén y la destrucción del templo; en 25-34, es conocido por sus juicios sobre las naciones; y en 35-48 es conocido por la restauración y renovación de Su nación, Israel.

Dios se revela a sí mismo y cada aspecto de su carácter porque El desea ser conocido. Y por ello es reconocido como el verdadero Dios.

Mira arriba

Estudia la Biblia para ser sabio, créela para ser salvo, practícala para ser santo.

"Ahora vemos por espejo, oscuramente; mas entonces veremos cara a cara. Ahora conozco en parte; pero entonces conoceré como fui conocido" (1 Corintios 13:12).

En los imperfectos espejos de metal bruñido del tiempo de Pablo, podía verse solamente una imagen borrosa. El apóstol hace notar que, en contraste con una visión clara de Dios en el cielo, podemos verlo sólo indirectamente mientras estemos en la tierra.

Pero tenemos la promesa de que un día conoceremos al Señor tan claramente como un humano finito pueda conocer a un Ser infinito. Al hablar con El en oración hoy, dale gracias por esta gloriosa promesa.

Sigue adelante

¿Cómo puedes conocer a Dios ahora? Principalmente mediante su Palabra. Estudiándola individualmente y con otros creyentes, puedes llegar a entender quién es El, cómo obra, qué desea.

¿Participas en estudio regular de la Biblia? Pídele a tu pastor que te recomiende algunos materiales de estudio bíblico. Y si participas ya en un grupo de estudio bíblico, ¿por qué no invitar a dos o tres amigos a unirse a ti en la gran aventura de conocer mejor a Dios? Es un glorioso anticipo del conocimiento perfecto que tendrás de El en el cielo.

La gloria se va / Ezequiel 7-11

17

📖 **Resumen:** En una serie de visiones pintorescas, lo próximo que Ezequiel prevé es el *qué*, el *porqué*, y el *cómo* concernientes al juicio de Dios sobre Judá. El *qué*: destrucción total de Jerusalén y la salida de la gloria de Dios del templo. El *porqué*: generaciones de idolatría, impiedad, e indiferencia espiritual. El *cómo*: a través de los crueles babilonios, los escogidos por Dios para ejecutar el juicio. Pero la severidad de la sentencia es atenuada por un tierno recuerdo: Un remanente sobrevivirá, recibirá santuario en un país extranjero, y regresará a la Tierra Prometida.

Corazón del pasaje: Ezequiel 7, 11

Capítulo 7	Capítulo 8	Capítulo 9	Capítulo 10	Capítulo 11
Sentencia pasada	Crímenes ratificados	Verdugos desatados	Juez alejado	Remanente librado
"El fin viene: se ha despertado contra ti". (7:6)				

✍️ **Tu andar diario:** Aun el más experto alpinista del mundo escala el más alto precipicio muy poco a poco: paso a paso, metro a metro. El progreso hasta la cima puede parecer lènto. El alpinista puede que ni siquiera note que está avanzando. Pero la emoción del ascenso viene cuando —erguido en la cima— se vuelve y descubre cuán alto ha llegado paso a paso.

Judá no había ascendido montaña alguna. En realidad, la nación había *descendido* por generaciones. Pero su descenso había sido lento y gradual: un pecado, un rey impío tras otro. El descenso continuó hasta que la nación llegó al fondo, y lo que contempló no era halagüeño.

La Palabra de Dios es descrita en Santiago 1:23-24 como un espejo, que refleja la verdadera condición espiritual de una persona. Al mirarte en la Palabra de Dios hoy, ¿qué ves? ¿A uno como Pablo, que hizo su meta "proseguir al blanco [la cima]... del supremo llamamiento de Dios en Cristo Jesús" (Filipenses 3:14)? ¿O a uno que está deslizándose cuesta abajo poco a poco por pecados no confesados y hábitos espirituales chapuceros? Ve a un cerro cercano a tu casa donde puedas dar una caminata vigorosa —y tener una conversación vigorosa con Dios acerca del rumbo de tu vida—. ¡Eso puede significar una montaña de diferencia!

El pecado puede presentarse claro como la mañana, pero terminará tan oscuro como la noche.

📝 **Percepción:** Revelación a Ezequiel que eriza los pelos.
En la visión del templo en el capítulo 8, el mensajero de Dios toma a Ezequiel por las guedejas de su cabello para llevarlo a la escena —¡una manera dolorosa pero efectiva de asegurarse de que Ezequiel no pasara por alto el punto!

18 La predicación del profeta

Lectura bíblica: Salmo 139

🔲 Da un paso atrás

Ezequiel, "el profeta de las visiones", comienza su libro con esta declaración: "Los cielos se abrieron y vi visiones de Dios".

Una visión, en términos proféticos, era una revelación visual que experimentaba un hombre de Dios. Valiéndose de visiones, Dios revelaba verdades mediante escenas y palabras. Las visiones de Ezequiel incluyen la visión de Dios (1:4-28); la visión del rollo (2:9-3:3); la visión en el campo (3:22-23); cuatro visiones de Jerusalén (8:1-18; 9:1-11; 10:1-22; 11:1-25); la visión de los huesos secos (37:1-1-10); y las visiones del Apocalipsis (40:1-48:35).

Pero aunque las visiones juegan un papel importante en la profecía de Ezequiel, él también usa otras formas para revelar la verdad de Dios al pueblo de Judá.

Valiéndose de *acciones simbólicas,* Ezequiel logra comunicar la verdad vívidamente —a menudo para burla y desprecio de parte de su auditorio—. Esto incluía modelar la ciudad de Jerusalén en una maqueta de barro, para indicar su inminente caída (4:1-3); acostarse, para sugerir las incomodidades de la cautividad (4:4-8); raparse el cabello, quemar una parte del mismo, cortar otra con una espada, y esparcir el resto, ilustrando así la destrucción de Jerusalén (5:1-17), y otras acciones simbólicas.

Ezequiel relató *alegorías* muy parecidas a las de Juan Bunyan en el *Progreso del peregrino.* Sus relatos —en los que mayormente se alude a la caída de Jerusalén— incluyen la vid (15:1-8); la esposa infiel (16:1-63); las dos mujeres (23:1-49); y la olla hirviente (24:1-14).

Empleando *lenguaje e imágenes apocalípticas,* Ezequiel revela mucho acerca de los tiempos del fin, en pasajes como 6:1-14; 7:5-12; 20:33-44; 39:1-29; y 47:1-12. En *poemas,* Ezequiel lamentó la destrucción que se avecinaba, en 19:1-14 y 27:1-36.

◪ Mira arriba

Haz una pausa ahora mismo y dale gracias a Dios por ser un Dios que se comunica creativa, diligente, y totalmente con su pueblo, de modo que ellos puedan conocer Su voluntad. Pregúntate si no estará El tratando de enviarte un mensaje contra el cual has estado endureciendo el corazón.

Es raro hallar una persona tan callada que pueda oír a Dios hablar.

◪ Sigue adelante

Cada profeta del Antiguo Testamento tenía una personalidad distinta, que Dios usó. Por ejemplo, Jeremías tendía a ser fuerte y severo en su denuncia, mientras que Ezequiel era más consolador.

¿Estás permitiendo a Dios usar tu personalidad —ya sea fuerte y dinámica, humilde y callada, o de otra índole— para comunicar Su Palabra a otros? Dios te creó —y desea usarte— como un instrumento especial de Su voluntad. Al leer el Salmo 139, decide dejarle hacer eso hoy.

Parábolas de juicio / 12-15

19

Resumen: Como hizo Jeremías antes, Ezequiel ilustra su mensaje con parábolas dramatizadas. En la lectura de hoy, Ezequiel "hace la maleta" y sale de la ciudad a través de un orificio en la pared para simbolizar el pronto exilio de Judá. Luego acomete contra los pecados que han llevado a Judá a este triste final: profetas que han excusado el mal en vez de predicar arrepentimiento, y ancianos que han guiado la nación a la idolatría. Como vid seca, Judá se ha vuelto infructuosa, apta sólo para el juicio.

Corazón del pasaje: Ezequiel 14

Capítulo 12	Capítulo 13	Capítulo 14	Capítulo 15
Equipaje de exiliados	Profetas de alquiler	Ancianos descarriados	Madera inservible
Dolor futuro...	...por los pecados del pasado y del presente		

Tu andar diario: ¿Recuerdas la última vez que una de tus oraciones no fue contestada?

¿Por qué crees que eso pasó? (a) No pediste lo correcto. (b) No oraste con la debida frecuencia. (c) A Dios no le importaba tu problema. (d) Estabas demasiado lejos de Dios para oír Su respuesta. (e) Necesitas esperar más tiempo.

El capítulo 14 arroja alguna luz sobre el asunto de la oración sin respuesta. Los ancianos idólatras de Israel enviaron representantes a Ezequiel para consultar al Señor mediante el profeta. Aunque no se declara lo que ellos querían saber, la respuesta de Dios es iluminadora: El no atendería a sus peticiones porque ellos no estaban honrándole a El.

Dios contestará sólo cuando te acerques hasta poder oír.

Un ídolo en tu vida no tiene que ser una estatua de piedra o de madera. Puede ser algo (o alguien) que ocupa tu corazón, de modo que estés más dedicado a algo o alguien que a Dios. Una oración sin respuesta será el resultado, porque Dios habla en una voz apacible que es difícil escuchar a distancia (1 Reyes 19:11-12). Recorta el pensamiento impreso al margen para que te recuerde que si tu vida de oración está "estancada", quizás se deba a que tu corazón está "idolatrando". Llena tu corazón de la clase de fe descrita en Ezequiel 11:19-20.

Percepción: Por aquí señal, por allá señal, dondequiera una señal

En todo el libro de Ezequiel encontrarás 10 actos dramáticos que él empleó para realzar el impacto de su mensaje. La sección de hoy contiene dos de esas señales, ambas en el capítulo 12. Las otras se hallan en los capítulos 4-5, 21, 24, y 37. Vuelve a la lectura de ayer para más información.

20

Más parábolas de juicio
Ezequiel 16-19

Corazón del pasaje: Ezequiel 18

 Resumen: Continuando su análisis de los pecados de Judá en palabras fuertes y sermones vívidamente ilustrados, Ezequiel presenta la nación como la esposa infiel del Señor que lascivamente ha ido en pos de otros dioses. Este adulterio espiritual la ha llevado a alianzas políticas insensatas (las águilas del capítulo 17), que sólo pueden terminar en desastre (los leones enjaulados del capítulo 19). Pero entre la imaginería de ruina y destrucción, el profeta presenta un "ramo de esperanza": La indigna vid seca será reemplazada por un cedro productivo de justicia futura, ¡y el pueblo de Dios será restaurado a una adecuada relación con El!

Capítulo 16	Capítulo 17	Capítulo 18	Capítulo 19
Muy lasciva para perdonarse	Dos águilas ominosas	Dos padres dos hijos	Dos leones en jaulas
Mala esposa	Mala política	Mal proverbio	Malas noticias

Somos moralmente responsables ante Dios porque somos hechos a la imagen de una Deidad moral.

Tu andar diario: Complete la oración: "La persona(s) más responsable(s) de mis errores y fracasos en la vida es/son _____".

¿Escribiste *mis padres? —mis compañeros? —mis maestros? —Dios? —el diablo? —el doctor Benjamin Spock?* Según la Biblia, la única respuesta correcta es *yo mismo.* Tú eres responsable de tus decisiones y acciones, sean buenas o malas.

Considera el testimonio del capítulo 18. "El alma que pecare, esa morirá" (18:4,20). "Mas el impío, si se apartare de todos sus pecados que hizo ... de cierto vivirá; no morirá" (18:21). "Porque no quiero la muerte del que muere, dice Jehová el Señor; convertíos, pues, y viviréis" (18:32).

Escribe la palabra YO en letras grandes en una tarjeta de 8 x 13 cm, y úsala como marcador de libro al leer el resto de Ezequiel. De ese modo no olvidarás quién es responsable de tus acciones —¡ni tampoco quién es amado y perdonado por Dios!

Percepción: ¿Quién es quién aquí?
Para desenmarañar el enigma del capítulo 17, usa esta guía: "gran águila" (v. 3) = Nabucodonosor; "cogollo del cedro" (v. 3) = casa de David; "principal de sus renuevos" (v. 4) = Joaquín; "tierra de mercadería" (v. 4) = Babilonia; "simiente de la tierra" (v. 5) = Sedequías; "otra gran águila" (v. 7) = rey de Egipto.

Cuadros del pecado
Ezequiel 20-23

21

📖 **Resumen:** Apartándose del estado presente de la descarriada Judá, Ezequiel ahora examina el pasado de la misma y enumera su pecaminosa historia. No ha quedado ningún mandamiento sin quebrantar: idolatría, deshonra a los padres, extorsión, mal trato a viudas y huérfanos, profanación del día de reposo, inmundicia, adulterio, incesto, tratos comerciales deshonestos, aun sacrificio de niños (22:4-12; 23:37-39). En todo esto, Dios ha contenido Su ira. Pero no más: "Yo saqué mi espada de su vaina", Dios declara; "[y] no la envainaré más" (21:5).

Corazón del pasaje: Ezequiel 21:1-17

Capítulo 20	Capítulo 21	Capítulo 22	Capítulo 23
Legado de pecado	Paga del pecado	Sumario del pecado	Hermanas de pecado
Espadas		Fundidor	Tristeza

✒️ **Tu andar diario:** Si alguna vez pisaste una abeja descalzo, aprendiste dos cosas: (1) a las abejas les disgusta que las pisen; y (2) tienen una manera efectiva de manifestarlo.

El dolor puede resultar un maestro maravilloso. Qué lástima que mientras aprendemos a evadir rápidamente a las abejas, tendemos a ser lentos en aprender acerca del pecado. Sin embargo, las verdades de la Biblia, el testimonio de los profetas, las enseñanzas de Cristo... todos señalan al mismo principio comprobado: el *pecado causa dolor*. Pero cuán a menudo tendemos a repetir los pecados que nos causan daño —o a los que amamos.

Al recordar la pecaminosa historia de Judá en el pasaje de hoy, ¿es de extrañarse que se agotara la paciencia de Dios con el pueblo que simplemente no aprendía, los que continuamente se hacían daño a sí mismos y unos a los otros por incurrir en las mismas prácticas pecaminosas?

¿Cuántas veces en lo que va del año has sido "picado" por el mismo pecado? Quizás sea un mal hábito que parece que no puedes dejar, una mala actitud con la cual no has tratado, o una relación tensa que todavía tienes que corregir. En tu tiempo de oración hoy, señala esa "abeja" para que la evites, y pide a Dios que guíe tus pasos.

Los pecados de otros, como las luces del auto que nos enfrenta, siempre parecen más deslumbrantes que los nuestros.

🔲 **Percepción:** Los planes son del hombre; los resultados, de Dios
Vuelve a leer en 21:18-23, y ve si notas algo raro. Al tirar una moneda, puedes esperar predecir acertadamente 50% de las veces. ¡Pero Dios predeterminó a la perfección la suerte que echó Nabucodonosor, de modo que éste hizo precisamente lo que Dios quería!

22 Juicio sobre los enemigos / Ezequiel 24-28

Corazón del pasaje: Ezequiel 28:1-19

🔲 **Resumen:** Aun la *tragedia personal* puede proveer una oportunidad para el *testimonio profético*. Cuando muere la esposa de Ezequiel, Dios no permite al profeta manifestación pública alguna de luto, lo cual representa el inexpresable dolor que pronto caería sobre Judá. Luego el profeta dirige los proyectiles verbales del juicio de Dios hacia los vecinos de Judá, lo que demuestra que ninguna nación está exenta de la disciplina de Dios. Amón, Moab, Edom, Filistea, Tiro —ninguna podrá escapar del filo de Su desenvainada espada.

Capítulo 24	Capítulo 25		Capítulos 26-28
Muerte en la familia	Muerte en las naciones		
	Amón, Moab, Edom, Filistea		Tiro
En casa	Este y Oeste		Norte

Los que piensan demasiado en sí mismos, no piensan lo suficiente.

🔳 **Tu andar diario:** El orgullo no es necesariamente una cosa mala. Tener algún orgullo por la habilidad y talento que Dios le haya dado a uno es necesario por razón de la estima propia y la confianza necesaria para la salud mental balanceada.

Pero el orgullo puede resultar el más serio de los pecados espirituales. Sin la influencia compensadora de una gran dosis de humildad, el orgullo tiende a convertirse en arrogancia, vanagloria, presunción, egoísmo —y un sinnúmero de rasgos nocivos aborrecibles a Dios (¡y detestables a todos los demás!)—. Como el escritor de Proverbios 16:5 señala: "Abominación es a Jehová todo altivo de corazón; ciertamente no quedará impune". ¡El trono de Dios tiene lugar sólo para uno!

El "yo" se sentó en el trono en Tiro. Y como resultado, aquella nación entera se atrajo la destrucción de parte de un Dios airado (28:17; 26:7-14). Al considerar el destino de ella hoy, mira hacia el "trono" de tu corazón.

¿Quién está sentado allí ahora mismo?

📇 **Percepción:** El gran precio de la altivez
Según Proverbios 6:16, "seis cosas aborrece Jehová, y aun siete abomina su alma". Y encabezando la lista está el orgullo. Para recalcar la gravedad de un corazón arrogante, mira el "epitafio" bíblico de estos cuatro hombres. ¿Qué causó la caída de...
— Ahitofel(2 Samuel 17:23)?_____
— Amán (Ester 3:5; 7:9)?_____
— Nabucodonosor (Daniel 4:30-33)?_____
— Herodes (Hechos 12:21-23)?_____

Juicio sobre Egipto / Ezequiel 29-32 **23**

Resumen: Ezequiel, recorriendo los cuatro puntos cardinales, finalmente señala a Egipto, el antiguo enemigo del pueblo de Dios. A diferencia de tantos otros enemigos de Judá, Egipto no sería totalmente destruido, pero sí reducido a la insignificancia. Tendría cautividad, y la gloria de Faraón se desvanecería. Pero Dios no terminaría con el pueblo de Egipto. Tras esparcirlos, los recogería de nuevo, "y sabrán que yo soy Jehová" (30:26).

Corazón del pasaje: Ezequiel 30-31

Capítulo 29	Capítulo 30	Capítulo 31	Capítulo 32
Cautividad de Egipto	Calamidad en Egipto	Gloria de Faraón	Gemido de Faraón
Juicio sobre Egipto		Juicio sobre el faraón de Egipto	

Tu andar diario: Aunque la lectura de hoy puede que no acreciente mucho tu amor por el libro de Ezequiel, hay, por lo menos, una lección persistente que enseña: *Como el liderazgo de la nación, así va la nación.* La mitad de los ayes de Ezequiel sobre Egipto son dirigidos, no a la nación, sino al liderazgo de la nación. El orgullo y la falsa confianza de Faraón en su ejército llevó a la desolación del una vez poderoso Egipto.

El curso que toma el gobierno de una nación, es la dirección que la nación sigue.

Eso debe alertarte de la importancia del liderazgo en tu propio país, comunidad, e iglesia. Cada contienda electoral es una oportunidad para que ejerzas tu derecho dado por Dios de elegir a los que tienen carácter probado, los que te guiarán por sendas que Dios aprueba.

Escribe hoy una breve nota de estímulo a algún líder civil, oficial de la iglesia, o congresista. Asegúrale que oras por él y le apoyas en sus luchas con asuntos difíciles que tiene que resolver. Quizás desees hablarle del principio que aprendiste hoy en Ezequiel 29-32: Como van los líderes, así va el pueblo.

Percepción: Trazando el futuro de Egipto

Visión	Comienza	Fecha (A.C.)	Profecía
1	29:1	Enero 586	Cuarenta años de desolación (29:12)
2	29:17	Abril 570	Ningún príncipe en Egipto (30:13)
3	30:20	Abril 586	Fuerza militar destruida (30:22)
4	31:1	Junio 586	Ninguna ayuda Asiria (31:3, 10-16)
5	32:1	Marzo 584	Derrota por Babilonia (32:11-12)
6	32:17	Marzo 584	Muerte por la espada (32:20-21)

24 *Nueva vida para Israel / Ezequiel 33-36*

Corazón del pasaje: Ezequiel 33

Resumen: El énfasis de Ezequiel se vuelve, de los fracasos del pasado de Judá, a las promesas del futuro de Judá. Jerusalén ha caído, y la lengua del profeta —silenciada por tres años— es desatada por fin para declarar que viene un nuevo Pastor. Como líder para los que están sin líder, cuidará tiernamente del rebaño de Israel, rescatará a Su pueblo esparcido en exilio, y los restaurará a su tierra del pacto.

Capítulo 33	Capítulo 34	Capítulo 35	Capítulo 36
Un nuevo atalaya	Un nuevo pastor	Un viejo enemigo	Un nuevo rebaño
Ezequiel	David	Edom	Israel

Una persona sabia creará más oportunidades que las que encuentra.

Tu andar diario: Imagínate que eres un atalaya al que han asignado "el turno de la noche" sobre los muros de Jerusalén, responsable de proteger a los habitantes que duermen tranquilamente debajo de ti. ¡De repente, divisas las antorchas de un ejército que se avecina! Echas mano de tu cuerno de carnero para tocar alarma, pero en eso, varios pensamientos inquietantes te sobrecogen:

"Tal vez yo esté equivocado... Mis amigos se enojarán si los despierto... Yo no toco bien la trompeta, después de todo..." Mientras las dudas llenan tu mente, transcurren momentos preciosos... *hasta que el enemigo ataca a la ciudad dormida —¡y es ya demasiado tarde!*

¿Absurdo? Entonces imagínate esto: En una conversación con un compañero de trabajo inconverso, dejas pasar muchas oportunidades de testificar porque te preocupa cómo se oirán las palabras. O permites a un hijo indisciplinado seguir su camino de rebeldía porque no quieres que se enoje. O no amonestas a un amigo cristiano por temor de que te juzguen mal. En cada caso, te llevaste la corneta del Señor a los labios —¡pero no la tocaste!

Lee otra vez las instrucciones de Dios al centinela Ezequiel (33:7-9) y compáralas con la amonestación que se halla en Gálatas 6:10. Luego enumera las oportunidades que puedas tener esta semana para tocar la alarma de Dios a un mundo dormido en grave peligro.

Percepción: Edom: Una bendición de pasada

Te asombrarás de hallar la destrucción de Edom (capítulo 35) en el pasaje de hoy. Después de todo, Edom estaba incluida en la "agenda de destrucción" de los capítulos 25-32. La respuesta es que la desaparición de Edom es parte de la bendición futura de Judá, que es el tema principal de los capítulos 33-36 (compara Lamentaciones 4:21-22).

Huesos revividos / Ezequiel 37-39

Resumen: En una visión relatada con detalles tan vívidos que casi se pueden ver y oír sonar los huesos en movimiento, Ezequiel anuncia el futuro renacimiento de Israel. Al ser reunidos de lejos y revividos con el mismo aliento de vida de Dios, los huesos emblanquecidos por el sol llegan a ser un nuevo Israel, más glorioso y poderoso que nunca antes. Luego, en una segunda visión, Ezequiel ve a la nación revivida destruir completamente a su último enemigo —el misterioso y no identificado Magog—, después de lo cual Dios es reconocido por todas las naciones como el conquistador poderoso y vencedor indisputable.

Corazón del pasaje: Ezequiel 39:25-29

Capítulo 37	Capítulos 38-39
El valle de los huesos secos	El valle de Hamón-gog
Pregunta	Respuesta

Tu andar diario: En todo el relato bíblico de la nación de Israel, hay un notable subir y bajar de su éxito en los asuntos del mundo.

Cuando el pueblo se aleja de Dios, sufre derrota en la batalla y finalmente es removido de su tierra. Pero cuando se adhieren a Dios y confían en El solamente, son invencibles: Los valles de su tierra se llenan de los huesos de sus enemigos. De manera que el éxito de la nación para Dios está vinculado a su dependencia de Dios.

Recapacita en tu propio andar con Dios de los pasados meses o años —las subidas y bajadas, las altas y bajas—. ¿Ves el mismo principio en operación? *Proximidad a Dios produce fuerza y victoria; distanciamiento de Dios, debilidad y derrota.* Copia el primer versículo del Salmo 46 y ponlo cerca del teléfono. Entonces la próxima vez que alguien llame para confiarte sus luchas, háblale de tu ¡"pronta" fuente de fortaleza!

Percepción: ¿Qué está pasando aquí?

Para el tiempo del apóstol Juan, la misteriosa batalla entre Gog y Dios había llegado a simbolizar la decisiva lucha cataclísmica del tiempo del fin. En Ezequiel, Gog es el príncipe de Mesec y Tubal, de las tierras norteñas de Magog. En Apocalipsis, Magog no está representado como un país, sino como cómplice de Gog en la batalla de Armagedón (Apocalipsis 20:8). Detrás de estos dos cuadros de palabras está una verdad concreta: *¡Al llegar la hora decisiva, el mal no podrá hacer frente al poder absoluto de Dios!*

Dios quiere que seamos victoriosos, no víctimas; que crezcamos no que nos consumamos; que nos remontemos, no que nos revolquemos; que venzamos, no que seamos vencidos.

26 Nuevo templo para Israel / Ezequiel 40-43

Corazón del pasaje: Ezequiel 40:1-4; 43:1-5

 Resumen: ¡El pasaje de hoy quizás contenga una de las lecturas menos inspiradoras en todo el Antiguo Testamento! Sin embargo, para los exiliados en Babilonia debe de haber sido una de las visiones más emocionantes de Ezequiel. Porque en ella se le da al profeta una visión anticipada del nuevo templo, construido en el lugar del anterior, que fue destruido 14 años antes. Los "planos" de Ezequiel del nuevo templo incluyen las medidas exactas —y a veces tediosas— de las paredes, puertas, cámaras, portales, columnas, arcos, y muebles. Pero en medio de todos los codos y atrios, Ezequiel ve la gloria del Señor (ausente del templo desde 11:23) que regresa al nuevo Lugar Santísimo, donde Dios va a habitar "en medio de los hijos de Israel para siempre" 43:7).

Capítulos 40-42	Capítulo 43
Modelo para un nuevo templo	Residencia para un Señor que regresa
Codos y atrios	Ordenanzas y gloria

Como el alma no está ociosa en el cuerpo, tampoco el Espíritu de Dios puede habitar en nosotros sin manifestar sus efectos externos.

Tu andar diario: Llena la siguiente gráfica con tus "estadísticas vitales":

Estatura _____   Tamaño de zapato_____

Peso _____   Tamaño de guante_____

Cintura _____   Tamaño de abrigo _____

Pecho _____   Tamaño de sombrero_____

Ahora, ¿qué tiene en común tu gráfica con la visión de Ezequiel en los capítulos 40-42?

Quizás estas palabras de Pablo te darán una clave: "¿No sabéis que sois templo de Dios, y que el Espíritu de Dios mora en vosotros?" (1 Corintios 3:16). ¡Tanto tu gráfica como los capítulos de Ezequiel contienen medidas del templo de Dios!

Tu cuerpo, en verdad toda tu vida, es reclamado por Dios como Su templo. Sabiendo eso, ¿hay algún área en tu vida que, como el templo arruinado de los días de Ezequiel, necesite renovación? Pide la ayuda de tu cónyuge, o amigos, para elaborar un proyecto de mejora propia que te ayude a "[glorificar], pues, a Dios en [tu] cuerpo y en [tu] espíritu, los cuales son de Dios" (1 Corintios 6:20). ¡El lo merece!

Percepción: La verdadera medida de un hombre (o mujer)
Un codo era la longitud del antebrazo desde el codo hasta el dedo mayor —unas 18 pulgadas—. ¿Cuánto mide tu codo?

Adoración revivida / Ezequiel 44-48 **27**

📖 **Resumen:** Ezequiel finaliza su poderosa profecía con la conclusión de la visión del templo. En ella bosqueja nuevas órdenes para la adoración, incluyendo procedimientos para los sacerdotes, sacrificios, ofrendas, y fiestas —muy semejantes a la adoración de los pasados días gloriosos de Israel—. Finalmente, Ezequiel describe los límites de la nación renovada, con secciones para las tribus, los sacerdotes, los príncipes y los pobladores de Jerusalén. Como un recordatorio de todo lo que ha ocurrido, la nueva ciudad será triunfalmente llamada: "El Señor está allí" (48:35).

Corazón del pasaje: Ezequiel 44:4-7

Capítulo 44	Capítulo 45	Capítulo 46	Capítulo 47	Capítulo 48
Ordenes sacerdotales para...			Ordenes de población para...	
Servicio	Provisión	Sacrificio	La nación	Las tribus
Reorganizando la adoración			Rezonificando la tierra	

 Tu andar diario: Para los judíos exiliados y nostálgicos, debe de haber sido a la vez consolador y acusador oír a Ezequiel hablar del nuevo templo.

Cuánto debe de haber disfrutado el pueblo de oír los detalles de la nueva adoración que gozaría en su tierra restaurada. Y cómo llorarían de vergüenza y remordimiento al considerar todo lo que habían perdido por su idolatría e indiferencia. Aunque habían dejado a Dios, Dios no los había dejado a ellos. La atención de Dios a los detalles muestra Su profundo interés en los asuntos diarios de su pueblo escogido.

Dios es lo suficiente poderoso para mover naciones y dirigir los eventos mundiales —pero a El también le interesa dónde los suyos comen (44:3), lo que visten (44:17-19), ¡y con quién se casan (44:22)! Ciertamente, tu Dios es un Dios de detalles —un Dios de *sus* detalles—. Toma uno de tus pesares o frustraciones y déjalo con El ahora mismo. ¡A El le interesa!

Quien vive en amor hacia Dios y el prójimo está en constante adoración.

📷 **Percepción:** La Jerusalén metropolitana en la visión de Ezequiel (45:1-8)

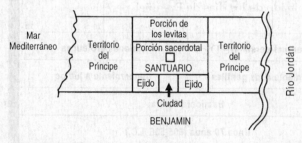

Daniel

Daniel presenta un majestuoso panorama de la historia profética. Los poderes mundiales vienen y se van, pero Dios establecerá a Su pueblo para siempre. En ningún lugar es este tema más manifiesto que en la vida de Daniel, un joven judío trasladado a Babilonia. Sus aventuras en el palacio y en el foso de los leones muestran que aun en el exilio Dios no se ha olvidado de su pueblo escogido. Los sueños de Daniel y su interpretación de otros convencen igualmente a judíos y gentiles de que la sabiduría y el poder pertenecen sólo a Dios. ¡Dios controla, no sólo el presente, sino también el futuro!

Enfoque	El sueño de Nabuconodosor		Los sueños de Daniel	
Divisiones	El sueño de la estatua de Nabuconodosor	La fe de Daniel en el foso de los leones	Visión de Daniel de las bestias	Visión de Daniel del hombre
	1 3	4 6	7 9	10 12
Tópicos	Aventura personal		Visiones proféticas	
	Concerniente a los gentiles		Concerniente a judíos	
Lugar	Babilonia/Persia			
Tiempo	Unos 70 años (605-536 A.C.)			

El sueño de la estatua / Daniel 1-3 **28**

Resumen: Daniel, contemporáneo de Ezequiel durante el período del exilio de Judá en Babilonia, profetiza concerniente al papel de los poderes gentiles en el programa de Dios para Su pueblo. Los primeros tres capítulos del libro describen la integridad espiritual de Daniel y sus tres amigos. Escogidos para servir en el gobierno, resisten la presión para que se conformen a su ambiente pagano y, en vez de eso, se mantienen decididamente fieles al Dios de Israel. Ya sea en asuntos de dieta, veracidad, o disciplina espiritual, los cuatro jóvenes viven de acuerdo con sus convicciones —aun a riesgo de sus vidas.

Corazón del pasaje: Daniel 1

Capítulo 1	Capítulo 2	Capítulo 3
Dedicación de Daniel	Sueño de Nabuconodosor	Liberación de los amigos de Daniel
Dieta deseable	Estatua espléndida	Horno de fuego

Tu andar diario: Hay personas tan indecisas, que su color favorito es ¡pinto! Les preguntas si les es difícil tomar decisiones, y responden: "Bueno, sí y no". ¿Conoces a alguien así?

Daniel y sus amigos definitivamente no eran de esa clase. Su determinación era clara. Una vez que "[proponían] en [sus corazones]" hacer algo, lo hacían —sin temor.

No sólo tomaron decisiones *decisivas*, también tomaron decisiones con *discernimiento*. Cuando tenían que tomar un curso de "bachillerato babilónico" de tres años, aceptaron sus nuevos nombres babilónicos, pero rechazaron su nueva (y muy atractiva) dieta. ¿Por qué? Porque era la única parte del programa de entrenamiento contraria a la ley de Dios.

Divide una hoja de papel por el centro. Pon a la izquierda: "Cosas de mi cultura que puedo aceptar"; y a la derecha: "Cosas de mi cultura que tengo que rechazar". Luego mira con discernimiento las cosas que tu cultura fomenta. Como Daniel y sus amigos, atrévete a permanecer firme en asuntos en los cuales tus convicciones y tu cultura chocan.

Es mejor morir por una convicción que vivir con una claudicación.

Percepción: ¿Qué hay en un nombre (babilónico)?
Nombre hebreo ... cambiado a ... nombre babilónico

Daniel ("Príncipe de Dios")	Belsasar ("Prícipe de Bel")
Ananías ("Protegido por Dios")	Sadrac ("Mandamiento de Aku")
Misael ("¿Quién es como Dios?")	Mesac ("¿Quién es como Aku?")
Azarías ("Jehová ayuda")	Abed-nego (Siervo de Nebo)

29 La fe de Daniel en el foso de los leones
Daniel 4-6

Corazón
del
pasaje:
Daniel 6

 Resumen: Quizás al pensar en Daniel, te imagines a un joven. Pero el libro de Daniel abarca por lo menos 70 años de la vida de este profeta de Dios. Antes de comenzar tu lectura hoy, anota al margen de tu Biblia que, según los mejores cálculos, Daniel tenía 76 años de edad en el capítulo 4... 86, en el capítulo 5... ¡y era un enérgico hombre de 93 años en el capítulo 6! En todos sus días, la fe de Daniel resplandece, ya sea al interpretar el sueño del rey, leer la "escritura en la pared", o decidir obedecer a su Dios.

Capítulo 4	Capítulo 5	Capítulo 6
Nabuconodosor en el pastizal	Belsasar en la balanza	Daniel en el foso de los leones
Caída del rey	Caída del reino	Caída de una conspiracoón

Fe es la
osadía
del alma
de ir más
allá de
lo que
puede
ver.

Tu andar diario: ¿Quién es el gobernante humano más poderoso en el mundo hoy? (Escribe tu respuesta al margen.) ¿Puedes pensar en tres cosas que una persona no puede hacer, a pesar de su poder?

Cada uno de los tres gobernantes que hallas en la lectura de hoy sintieron la mano de Dios en su vida. Para Belsasar, significó el fin de su reinado, Para Darío y Nabucodonosor, el fin de su autoadoración, en la que se igualaban a Dios. Cuando se enfrentaron con el Dios de Daniel, pronto los tres aprendieron cuán insignificantes eran al lado de El.

No hay quizás mayor poder en la tierra que un cristiano en medio de una crisis. Tanto Nabucodonosor (4:37) como Darío (6:25-27) dieron alabanza pública al Dios de Daniel cuando vieron la estabilidad de Daniel en medio de la adversidad. ¿Quieres tú honrar a Dios así también? ¡La clave es cómo reaccionas ante situaciones en las que es difícil ser cristiano! La promoción que mereces (pero que no te la dieron), la multa por exceso de velocidad que te pusieron (pero que no merecías), la vez que hiciste lo correcto (pero todo salió mal) —esas son las ocasiones en que tu fe se halla "al descubierto"—. Completa esta oración: "Si Dios ha de ser alabado en medio de mi problema, yo necesito reaccionar (¿cómo?) _____ ¡y con la ayuda de Dios, lo haré!"

Percepción: Así pudo haber sido la escritura en la pared:

מנא מנא תקל ופרסין

La vida de oración del profeta

30

← Da un paso atrás

Daniel es uno de los pocos individuos en la Escritura acerca del cual nada negativo se escribió. ¿Cómo vivió él una vida de tal convicción y valor? ¿Cuál fue el secreto que le capacitó para agradar y glorificar a Dios tan consecuentemente?

Puede haber varias respuestas, pero considera ésta: Una y otra vez, Daniel se destaca como un hombre que ora fielmente. Hallarás sus oraciones clave en 2:17-23; 6:10-11; y 9:1-3.

Sin importarle las circunstancias que enfrentara —y enfrentó algunas muy traicioneras—, sin importarle cuán ocupado estuviera su horario, él halló tiempo para comunicarse con Dios en oración. En efecto, las asombrosas revelaciones de los capítulos 10-12 le fueron dadas por Dios en respuesta directa a sus oraciones (lee 10:10-12).

Podemos aprender mucho para vivir victoriosamente como cristianos del ejemplo de los profetas de Dios. Ciertamente, ellos fueron escogidos especialmente por Dios para una tarea singular. Y sin embargo, sus vidas fueron separadas para ese propósito por su devoción genuina a Dios —devoción que era mantenida por ferviente oración.

Lectura bíblica: Efesios 6:18; un salmo

↑ Mira arriba

Busca entre los salmos hasta hallar uno que venga bien con el día de hoy. Deja que las palabras de ese salmo te lleven a la presencia de Dios, y pasa más tiempo con El en oración. Al terminar de orar, lee Efesios 6:18 —y ponlo en práctica.

→ Sigue adelante

Un bosquejo informal para tu tiempo de oración con Dios puede resultarte más definido y provechoso. Por ejemplo usa el acróstico de JUAN para equilibrar tus oraciones:

J = Jesús. Da gracias al Padre por Jesús y lo que El significa para ti.

U= Unidad. Medita en el versículo de Juan 17: 22 y ora por la unidad del Cuerpo de Cristo.

A = Adoración. Lee y medita en Juan 4:23 y pide al Señor que te muestre la importancia de adorar al Padre en Espíritu y en verdad.

N = Nutrición. En el capítulo 6 de Juan, Jesús nos dice que El es el pan de vida, el único capaz de satisfacer la necesidad del alma. Pídele que te fortalezca espiritualmente y que puedas invitar a otros a participar de ese Pan.

Mucho uso de tus rodillas te mantiene en buena relación con Dios.

La oración es un tiempo de sincera y renovadora comunicación con el Señor del universo, el Amado de tu alma. Nada podría ser más deleitoso, para ti o para El.

31 *Visiones del futuro de Israel / Daniel 7-12*

Corazón del pasaje: Daniel 9, 12

Resumen: La primera mitad del libro de Daniel nos habla de las aventuras personales del profeta; la segunda, de sus visiones proféticas. El pueblo de Dios, un poder político y militar importante entre los gentiles desde los días de Josué, ahora se halla bajo el dominio gentil. Pero aun los poderes mundiales no se levantan o caen sin el consentimiento del Dios todopoderoso. En una notable colección de visiones proféticas, Daniel presenta el futuro, cercano y distante, del pueblo escogido de Dios —un futuro lleno de juicios purificadores y de bendición.

Capítulos 7-8	Capítulo 9	Capítulos 10-11	Capítulo 12
Profecías que implican...			
Bestias	Semanas	Reyes	Angeles
Belsasar	Darío	Ciro	

Los que admiten que están mal generalmente van más allá en la vida que los que tratan de probar que están bien.

Tu andar diario: "He aquí que el temor del Señor es la sabiduría" (Job 28:28). Cuando Job pronunció esas palabras profundas, no se imaginaba que un día servirían para describir adecuadamente la vida de un profeta llamado Daniel. Admiración reverente ante Aquel que es el único que establece reyes y reinos es seguramente una sabia actitud al comenzar a planear tu vida. Y no está fuera de lugar que regreses para exámenes periódicos a fin de cerciorarte de que tu vida permanece en el rumbo previsto.

Daniel pronto se dio cuenta de que estar en la presencia de Dios le hacía profundamente consciente de su propia pecaminosidad. Nota su oración emocional de confesión e intercesión por su pueblo: "Oye, Señor, oh Señor, perdona; presta oído, Señor, y hazlo; no tardes, por amor de ti mismo, Dios mío; porque tu nombre es invocado sobre tu ciudad y sobre tu pueblo" (9:19).

¿Ves a Dios más claramente como resultado de tu lectura del libro de Daniel? Si es así, entonces también debes tener un cuadro más claro de ti mismo. Enumera las características tuyas de las cuales has llegado a estar más consciente. Ahora toma esa lista y llévala a las páginas de la Escritura y enfrenta una de tus áreas de debilidad hoy.

 Percepción: La cronología de Daniel en forma comprimida

Reino:	Babilonia		Persia	Babilonia	Persia	
Rey:	Nabucono-dosor	Belsasar	Darío	Belsasar	Darío	Ciro
Capítulo(s):	1-4	5	6	7-8	9	10-12

Profetas mayores
en repaso

Entre cinco libros que componen los "Profetas Mayores" (Isaías-Daniel) hay un lapso de cuatro siglos de tiempo y los eventos turbulentos de tres poderes mundiales (Asiria, Babilonia, Persia) que impactan la nación de Judá y al pueblo exilado de Dios.

Estos libros son en verdad "mayores" en tamaño (Isaías, Jeremías, y Ezequiel son tres de los libros más largos de la Biblia), y "mayores" en importancia. Docenas de profecías mesiánicas se encuentran en sus páginas. En verdad, leyendo los profetas mayores es como viendo un panorama profético desde aquí a la eternidad.

Aquí hay un una gráfica útil para recordarle de lo que usted ha leído.

PROFETAS MAYORES

ISAIAS	JEREMIAS	LAMENTACIONES	EZEQUIEL	DANIEL
Advertencias de exilio		Lágrimas en el exilio	Visiones en el exilio	
Una nación dividida			Una nación deportada	
La paciencia de Dios con su pueblo rebelde			Programa de Dios para la restauración de su pueblo	
Horror			Esperanza	
"Quejido y gloria"	"Cinto podrido"	"Lágrimas"	"Huesos secos"	"Sueños"

Oseas

O seas profetiza a un Israel corrupto e idólatra desde el púlpito de su propia experiencia. Instruido por Dios, se casa con la fornicaria Gomer, y ve reflejado en su vida doméstica un retrato preciso de la infidelidad del pueblo de Dios. Trazando un paralelo impresionante de su matrimonio y la defección de su esposa, Oseas lleva el poderoso mensaje de Dios a las calles: La impiedad de Israel traerá tragedia acelerada y calamidad segura. Pero aunque el amor de Dios debe disciplinar, ciertamente restaurará. Su amor desea lo mejor para Sus amados.

Enfoque	Vida doméstica de Oseas		Vida nacional de Israel		
Divisiones	Prostitución en la vida del profeta	Prostitución en la nación del profeta	Rebelión en Israel	Calamidad en Israel	Esperanza venidera para Israel
	1　　　　　3	4　　　　　6	7　　　　8	9　　　　11	12　　　　14
Tópicos	Amor leal		Pecado insolente		Castigo purificador
	La adúltera Gomer y el fiel Oseas		La nación adúltera y el fiel Jehová		
Lugar	Reino norteño de Israel				
Tiempo	Unos 45 años (755-710 A.C.)				

Prostitución en la familia del profeta Oseas 1-3

1

📖 **Resumen:** A la nación de Israel —un país colmado de idolatría— Dios envía al profeta Oseas, cuyo nombre significa "salvación". Habiéndosele ordenado que se casara con una mujer llamada Gomer, a Oseas se le advierte de antemano acerca del curso futuro de su vida familiar: Tendría una "esposa fornicaria e hijos de fornicación" (1:2). Tal como Dios lo predijo, Gomer dejó a su marido profeta por otros amantes —una dolorosa representación gráfica de la desleal Israel en respuesta al fiel amor de Dios—. Cuando Gomer desciende al nivel de una esclava, a Oseas se le ordena redimirla, porque todavía ella es su esposa. Del mismo modo, el Dios de Israel promete amor continuo hacia su pueblo, aunque su adulterio espiritual resultaría en cautividad y esclavitud a manos de los asirios.

Corazón del pasaje: Oseas 1, 3

Capítulo 1	Capítulo 2		Capítulo 3
Infidelidad de Gomer	Infidelidad de Israel	Restauración de Israel	Restauración de Gomer
Infidelidad desleal		Amor leal	

✍️ **Tu andar diario:** No es casualidad que el primer versículo de la Biblia que aprendiste fuera probablemente Juan 3:16: "Porque de tal manera amó Dios al mundo, que ha dado a su Hijo". O que el primer canto que aprendiste fuera "Cristo me ama, bien lo sé, su palabra me hace ver". ¿Por qué? Porque el amor de Dios es fundamental. Es una verdad tan sencilla que aun un niño puede entenderla, y a la vez tan profunda que un teólogo podría pasar toda su vida investigando sus implicaciones.

Amor es olvidarse de sí mismo para servir a otro.

Dirige una nueva mirada al amor de Dios hoy —esta vez a través de los ojos llenos de lágrimas de Oseas—. El amor de Dios es incondicional (no tienes que ganarlo), incesante (nada te puede separar de él, Romanos 8:35-39), y activo (Dios lo expresa de maneras tangibles en tu vida). Dios te ha dicho muchas veces en su Palabra: "Te amo". ¿Cuándo fue la última vez que tú le dijiste lo mismo a El? Lee el Salmo 116 en alta voz. Es una manera bella —y bíblica— de decirle a Dios: "¡Te amo!"

🔍 **Percepción:** Hay cosas que nunca cambian

Estadísticas recientes muestran que gran porcentaje de hombres y mujeres casados han tenido o tendrán relaciones fuera del matrimonio. Las estadísticas de divorcio indican que raras veces hay reconciliación. La relación de Oseas con su esposa infiel Gomer ilustra lo que el profeta Malaquías declara: "Porque Jehová Dios de Israel ha dicho que él aborrece el repudio [divorcio]" (Malaquías 2:16).

2 Prostitución en la nación del profeta
Oseas 4-6

Corazón del pasaje: Oseas 4

Resumen: Lo que Oseas representa con su vida en los capítulos 1-3, profetiza con sus labios en los capítulos 4-14. El pecado grosero de Israel no ha escapado de la vista de su Dios santo. Pero Dios promete: "Le castigaré por su conducta, y le pagaré conforme a sus obras" (4:9).

Capítulo 4	Capítulo 5	Capítulo 6
Debate divino	Descontento divino	Hechos desobedientes
Inculpación	Injusticia	Misericordia incomparables

Percepción: "... 8... 9... 10... ¡Estás eliminado!"

Lo que este país necesita es un hombre que conozca a Dios no meramente de oídas.

En los capítulos del 4-6 Oseas demuestra cómo la nación ha quebrantado cada uno de los Diez Mandamientos. ¿Puedes hallar una declaración correspondiente a cada mandamiento quebrantado?

Mandamiento de Dios (Exodo 20) La conducta de Israel (Oseas 4-6)

1. No tendrás dioses ajenos. _____
2. No te harás imagen. _____
3. No tomarás el nombre de Dios en vano _____
4. Acuérdate del día de reposo _____
5. Honra a tu padre y a tu madre _____
6. No matarás _____
7. No adulterarás _____
8. No hurtarás _____
9. No mentirás. _____
10. No codiciarás _____

Tu andar diario: Lee la lista de las ofensas de Israel que acabas de compilar. Ten en mente que éste era el pueblo escogido de Dios —recipientes de las Escrituras del Antiguo Testamento, los mensajes de los profetas, y una herencia de siglos de Sus bendiciones—. El juicio que Oseas proclama ahora nunca debió haber tenido que venir. Pero vino, lo que muestra que ninguna nación está exenta de la ira de Dios cuando el pecado se arraiga.

Al lado de la columna denominada "La conducta de Israel", comienza una nueva intitulada, "La conducta de mi nación". Ahora ponte el manto de Oseas y evalúa lo que encuentres. ¿Son las condiciones mejores? ¿Ha respondido tu patria a la predicación de la Palabra de Dios en forma diferente? Dios desea que tú y tu nación respondan con las palabras de Oseas 6:1,3. ¿Harás de eso tu oración sincera ahora mismo?

Rebelión en Israel / Oseas 7-8

3

Resumen: Ayudas visuales y metáforas interesantes abundan en la sección que leerás hoy. Oseas describe la nación como un hombre moribundo, un fuego flameante, una torta a medio cocer, una paloma incauta, un arco engañoso, una vasija despreciable, y un siervo olvidadizo. Con evidencia tan abrumadora sólo puede haber un veredicto: ¡Culpable! Por siglos la nación ha sembrado semillas de impiedad; ahora es tiempo de segar la terrible cosecha de juicio.

Corazón del pasaje: Oseas 7

Capítulo 7		Capítulo 8	
Dedicación a medio cocer	Confesión sin entusiasmo	Reyes sin entusiasmo	Conquista entusiasta
1 10	11 16	1 7	5 14
Problema de Israel		Castigo de Israel	

Tu andar diario: Prueba esta encuesta de preferencia personal:

¿Cómo te gusta que te cocinen los huevos?
¿Cómo te gusta que te cocinen la carne?
¿Cómo te gusta que te sirvan tu bebida favorita?

Ahora supón que alguien te invita a cenar y te sirve la comida medio quemada o a medio cocinar. ¿Cómo reaccionarías a su "hospitalidad"? ¿Desearías regresar?

En los primeros días de Israel como nación, el pueblo prometió seguir a Dios en obediencia de todo corazón (Exodo 19:8). Pero ahora, al Oseas analizar la escena, la nación se parece a una torta a medio cocer (7:8). Motivaciones impuras, obediencia incompleta, e indiferencia espiritual caracterizan al pueblo. Con razón el corazón de Dios está contristado por la condición de la nación de su pacto.

El fuego prueba al oro; la adversidad a los hombres fuertes.

Piensa de tu vida cristiana hoy como si fuera un bizcocho, y de las dificultades por que atraviesas como el calor que Dios está usando para prepararte. ¿En qué te ves tentado a "salir del horno" antes que la transformación se complete? ¿Por qué no preparas un bizcocho especial (y apto para comerse) hoy, o das una sorpresa a la familia por traer uno a casa esta noche. Al disfrutarlo juntos, confiénse los unos a los otros áreas de sus vida que todavía están "en el horno", en proceso de ser lo que El quiere que sean.

Percepción: El principio de siembra y siega
Oseas 8:7 es uno de los versículos más conocidos del libro, y contiene un principio que se encuentra por lo menos en otros dos lugares de la Biblia: 2 Corintios 9:6 y Gálatas 6:7-8. ¿Puedes decir cuál es?

4 El novio y la novia

*Lectura
Bíblica:
2 Cor.
11:1-2;
Apoca-
lipsis
19:6-10*

← Da un paso atrás

Dios llama a Oseas a ser su profeta a Israel durante los últimos días de esa nación. Dios usa la tragedia personal de Oseas como una ilustración intensa de la tragedia nacional de Israel.

Es la historia del amor unilateral y fidelidad del profeta hacia su esposa infiel (Oseas y Gomer). Y esa historia refleja la relación de Dios con Su infiel pueblo, Su "novia". Porque tal como Gomer está casada con Oseas, así la nación de Israel está casada con Dios.

En ambos casos la novia se torna ramera, y corre tras otros amantes. Aun así, tanto en lo que concierne a Oseas como en lo que respecta a Dios, el amor incondicional persiste en buscar a la infiel, aunque es rechazado.

Es interesante que el amor del profeta por su esposa le lleva a comprarla de nuevo en el mercado de esclavos. El amor de Dios por su pueblo le moverá en el futuro a comprarlo de nuevo mediante un acto de amor sacrificial, el pago de la muerte de Su Hijo en la cruz.

↑ Mira arriba:

*El amor
divino
no es teo-
ría abs-
tracta,
es una
Persona
viviente.*

La imaginería del matrimonio para representar la relación de Dios con su pueblo es rica en significado. Significa que Dios se compromete en amor y devoción eternos.

En nuestra era, la iglesia es llamada la esposa de Cristo. El apóstol Pablo ruega a los creyentes de Corinto que sean fieles al Esposo, Jesucristo (2 Corintios 11:1-2). Y uno de los conceptos más emocionantes que Juan comparte con nosotros en Apocalipsis son las bodas del Cordero (Apocalipsis 19:6-10).

Al leer esos dos pasajes, considera lo que significa ser parte de la esposa de Cristo. Entonces da gracias al Esposo en oración por su eterna devoción de amor.

→ Sigue adelante

Cuando la Biblia se refiere a la esposa de Cristo, usualmente se relaciona con el deseo de Dios de que ella sea pura, sin mancha, y reservada para su Esposo.

Dios no toma esas características a la ligera. En su perfección y santidad, Él no puede soportar el pecado. ¿Se parece tu vida a la de Gomer, o a la de la esposa sin mancha del Cordero?

El primer paso hacia una vida santa es volverse a Dios de todo corazón en humilde arrepentimiento. Es el primer paso hacia la vida victoriosa.

Calamidad en Israel / Oseas 9-11 5

Resumen: Después de repetidas posposiciones del día en que Israel debía rendir cuentas, ese momento al fin ha llegado. Desolación y cautividad reemplazarán a la prosperidad y la paz en la nación. Por causa de pecado incontrolado y adoración indigna, Israel será removida de la tierra en una trágica descarga de juicio y muerte. Destrucción, hambre, y trabajo forzado caerán sobre el pueblo de Dios en esos terribles "días de la retribución" (9:7). Y no obstante, aunque la nación merece ser totalmente destruida, Dios cumplirá Sus promesas. Bendiciones vendrán cuando el juicio de Dios haya concluido.

Corazón del pasaje: Oseas 9

Capítulo 9	Capítulo 10	Capítulo 11
Día de visitación	Día de vejación	Día de restauración
Recompensa	Remoción	Regreso

 Tu andar diario: ¿Cuáles de las situaciones siguientes has experimentado?

1. Pensabas que ibas en la dirección correcta por una calle de una sola vía, y descubriste que estabas equivocado.

2. Se te dijo que el contenido de la taza estaba caliente, y aun así te quemaste la boca.

3. Una luz en el tablero de instrumentos te indicaba que algo estaba mal en tu auto, y no le diste importancia.

En cada caso experimentaste una represión. El tránsito que venía de frente en la calle de una sola vía, la lengua quemada, la luz intermitente, cada cosa en su propio modo te decía que estabas haciendo algo malo, y que tendrías serias consecuencias si no hacías caso a la advertencia.

¿Cómo reaccionas a las represiones de Dios? ¿Sabes reprender a otro en tal forma que el efecto sea terapéutico, no meramente intimidante? Recuerda que, como cristiano, se te dice: "Redarguye, reprende, exhorta con toda paciencia y doctrina" (2 Timoteo 4:2). Cada vez que veas un letrero que indique una sola vía hoy, recuerda la importancia de reaccionar a la represión en la forma que Dios desea —y reprender del mismo modo.

Un hábito es la manera más fácil de volver a hacer lo malo.

Percepción: Puedes aprender mucho de la pluma de un profeta
El libro de Oseas es rico en verdad concerniente al amor de Dios... la justicia de Dios... la paciencia de Dios... la disciplina de Dios. Usa cada una de esas palabras en completar esta oración: "Esta semana yo he aprendido que el/la _____ de Dios es_____" ¡Pruébalo!

6 Esperanza venidera para Israel
Oseas 12-14

Corazón del pasaje: Oseas 14

Resumen: Dios es santo y justo, pero es también amable y misericordioso. Dios tiene que disciplinar, pero por su infinito amor finalmente salvará y restaurará a su pueblo extraviado. "Yo sanaré su rebelión, los amaré de pura gracia; porque mi ira se apartó de ellos" (14:4). Oseas, cuyo corazón ya se había quebrantado una vez por el comportamiento adúltero y desvergonzado de su esposa Gomer, ahora ruega por última vez a sus compatriotas que se arrepientan: "Vuelve, oh Israel, a Jehová tu Dios" (14:1)

Capítulo 12	Capítulo 13	Capítulo 14
Desobediencia pasada de Israel	Pueblo desolado de Israel	Ruego desesperado de Oseas
Mirando atrás	Mirando adelante	Mirando adentro

La vida es una siembra que rendirá su cosecha de acuerdo con la manera en que la vivamos.

Tu andar diario: Cuando se trata de plantar un huerto, suele haber dos clases de agricultores: los que tienen "buena mano" y cosechan de todo, y aquellos a los que nada se les da bien. ¿A qué grupo perteneces?

Nada es comparable a la vista de un árbol majestuoso que se destaca en el paisaje... a menos, por supuesto, que sea la de un bosque en una cuesta. Quizás nunca te dio por pensar que todos esos árboles comenzaron exactamente en la misma forma que las plantas en tu humilde huerto: con una semilla. Pequeña... de aspecto insignificante... virtualmente inadvertida por los que pasaban a su lado. Sin embargo esa semilla contenía el potencial maravilloso de crecimiento y reproducción que un día la transformaría en un árbol majestuoso.

No nos sorprende, por lo tanto, que cuando Oseas busca una ilustración apropiada para describir el potencial del pueblo de Dios restaurado, lo encuentra en un cuadro de la naturaleza: lirio... raíces... ramas... olivo... trigo... vino... haya... fruto...(14:5-8).

La naturaleza silenciosa pero elocuentemente da fe del hecho de que Dios transforma semillas en árboles si tan sólo se las confías a Sus manos amorosas. Un talentito... un dinerito... un tiempecito —todo esto puede convertirse en algo grande en la economía de Dios. Copia este lema en una tarjeta de 8 x 13 cm, ponla en un lugar visible, y hazla tu lema para el día: "Poco es mucho cuando Dios está en ello".

Percepción: En el camino de Señor, ¡mira como caminas! (14:9)
Es irónico pero cierto que en los mismos caminos en los que los justos avanzan, los impíos tropiezan... siempre.

Joel

Hablando a corazones que se han enfriado para las cosas de Dios, Joel confronta al pueblo de Judá. Les recuerda la destrucción reciente que trajo una plaga de langostas. Sin embargo, ese desastre, un juicio en sí mismo, parecerá pálido al lado de la catástrofe que ha de venir. A menos que la nación se arrepienta, será destruida por un ejército del norte. La única vía de escape es que el pueblo se arrepienta. Si lo hace, entonces Dios alejará el juicio y entregará una bendición sin paralelo: juicio sobre todos los enemigos de Judá ¡y el don inigualable de paz a Sion!

Enfoque	Juicio pasado del pueblo de Dios	Juicio futuro y restauración del pueblo de Dios	
Divisiones	Devastación de las langostas	Día de Jehová	Desplome de las naciones
	1:1 1:20	2:1 2:30	3:1 3:21
Tópicos	Examen de Israel	Futuro de Israel	Futuro del gentil
	Invasión histórica	Invasiones proféticas	
Lugar	Reino sureño de Judá		
Tiempo	Aproximadamente 835 A.C.		

7 *La lección del Señor basada en las langostas*
Joel 1-3

Corazón del pasaje: Joel 1; 2:12-29

📖 **Resumen:** Una plaga de langostas azotó a Judá con la furia de un ejército invasor, destruyendo la vegetación y transformando el verdor del campo en un desierto sin vida. Los trigales desaparecieron, las vides, los árboles frutales y los huertos quedaron pelados. El profeta Joel aprovecha la oportunidad para predicar el mensaje de Dios a Judá: La calamidad presente es sólo una advertencia. Una devastación aun mayor espera a los que continúan viviendo en pecado y rebelión. El día del juicio viene, y sólo aquellos que sinceramente se arrepientan y vuelvan a Dios serán protegidos de la terrible fuerza de Su justa ira.

Capítulo 1	Capítulo 2	Capítulo 3	
Día de la langosta	Día del Señor	Juicio de las naciones	Bendición de la nación de Dios
		1 17	18 21
Plagas	Punición		Prosperidad

Un enjambre de langostas, como los "pecadillos", pueden hacer más daño a un campo que una vaca.

🖊 **Tu andar diario: Pregunta:** ¿Qué tienen en común estos tres actos: lanzarse sin paracaídas, cruzar una autopista con los ojos vendados, y no hacer caso a las leyes de Dios?

Respuesta: Todos son actos que, aunque emocionante en el momento, llevan a consecuencias inescapables —y a la muerte.

Aunque no conocía nada de paracaídas ni de autopistas, Joel sabía muy bien el peligro de no hacer caso a los mandamientos de Dios. El terrible azote de las langostas vino a ser la ilustración perfecta del justo juicio venidero —y la ocasión perfecta para que Joel amonestara a sus compatriotas—. Aunque era demasiado tarde para librarse de la mordida de la langosta, todavía había tiempo para escapar de la "mordida" de la mano castigadora de Dios.

¡Aprende una lección de las langostas! ¿Pasan tus días sin contacto de oración con Dios? ¿Han dejado de molestarte los "pecadillos"? ¿No has tenido tiempo para tu estudio diario y servicio de adoración semanal? (¿Puedes oír el zumbido de las langostas?) El peligro es real, pero el refugio está tan cercano como las "brazos eternos" de tu Padre (Deuteronomio 33:27). ¿No sería ese un buen lugar para descansar... ahora mismo?

🖋 **Percepción:** Un día como ningún otro
Para una investigación útil acerca del "día del Jehová" (mencionado 9 veces en Joel y otras 25 en la Escritura), busca Isaías 2:12; 13:6-9; Sofonías 1:14; y 2 Pedro 3:10-14. Entonces comparte con otra persona lo que hayas aprendido.

Amós

Exteriormente, el reino del norte se caracterizaba por negocio floreciente, economía sólida, gobierno estable. Pero interiormente el diagnóstico de la condición de la nación era deplorable. Idolatría, injusticia, egoísmo, hipocresía, opresión, y arrogancia indicaban un mal progresivo de pecado profundamente arraigado. Amós, un agricultor de oficio, viste el manto de profeta para presentar claramente el mensaje de Dios a aquellos que se habían acomodado y relajado en una vida fastuosa: "Arrepentíos, o pereceréis". Las nubes tormentosas del juicio están a punto de derramarse sobre el pueblo de Dios.

Enfoque	"Prepárate para venir al encuentro de tu Dios, oh Israel" (4:12)			
Divisiones	Pronunciamientos de juicio sobre Israel	Proyecciones de juicio por Dios	Panoramas de juicio para Amós	Promesas después de juicio para el pueblo de Dios
	1 2	3 5	6 7	8 9
Tópicos	Sermones		Señales	
	Incriminación		Incentivo	
Lugar	Naciones vecinas	Nación norteña de Israel		
Tiempo	Unos 10 años (760-750 A.C.)			

8 *Pronunciamientos de juicio / Amós 1-2*

Corazón del pasaje: Amós 2:6-16

Resumen: Amós, boyero y agricultor de las regiones rurales de Judá, emerge como portavoz profético de Dios para Israel. En un período de prosperidad y paz, las 10 tribus del norte se habían vuelto indiferentes a su Dios. Su autocomplacencia, inmoralidad, e idolatría no serán más toleradas. Primero a los vecinos de Israel, luego a la nación de Israel misma, Amós, vigorosamente, da la severa advertencia de Dios: "Prenderé fuego..." (1:4,7,10,12,14; 2:2,5).

Capítulo 1					Capítulo 2		
Juicios pronunciados sobre...							
Damasco	Gaza	Tiro	Edom	Amón	Moab	Judá	Israel
1 5	6 8	9 10	11 12	13 15	1 3	4 5	6 16
Gentiles					Judíos		

Cansaría las manos de un ángel escribir todos los perdones que Dios otorga a creyentes genuinamente arrepentidos.

Tu andar diario: En *Las crónicas de Narnia*, C. S. Lewis presenta al Hijo de Dios como Aslan, un grande y poderoso león. Más de 2.000 años antes, el profeta Amós usó la misma imaginería, al describir a Dios como un león rugiente listo para saltar sobre su presa, en juicio (1-2).

Si tuvieras que escoger otro animal con el cual comparar a Dios en la sección de hoy, quizás sería el elefante, el proverbial "animal que nunca olvida". Nación por nación, Dios cuidadosamente recuenta las transgresiones que se han acumulado, y muestra que cada nación está madura para juicio. Dios nunca pasa por alto el pecado.

Pero para sus hijos, Dios ha hecho una provisión especial —un "lapsus de memoria"—. Tanto Isaías (43:25) como Jeremías (31:34) prometen al pecador arrepentido que Dios borra de Su memoria todo vestigio de pecados pasados. Tristemente, muchos cristianos todavía viven bajo la sombra de pecados pasados que Dios hace mucho tiempo perdonó y olvidó. ¿Es ese tu caso? Entonces prueba este ejercicio: Con tinta roja, escribe los pecados de tu pasado que te parece que Dios nunca podría olvidar. Entonces mira lo escrito a través de celofán o cristal rojo (como Dios ve tus pecados a través de la sangre de Jesucristo). ¡Lo que ves es lo que Dios recuerda!

Percepción: Siete, el doloroso número perfecto
Ocho veces en dos capítulos Amós usa la expresión, "Por tres pecados ... y por cuatro". [Así se lee en el idioma del escritor.] Súmelos y tendrá siete —la forma en que el profeta expresa una multiplicación total del pecado—, lo que los hace merecedores de la plenitud de la ira de Dios.

Avisos de juicio / Amós 3-5

9

📖 **Resumen:** Amós ahora se vuelve de lo general a lo específico en su descripción de la injusticia de Israel y la acusación de Dios. Violencia, opresión, rebelión, y borrachera caracterizan el estilo de vida de la nación. Mediante hambre, pestilencia, sequía, añublo, muerte, y derrota, Dios pacientemente ha llamado la nación a volverse a El. "Mas no os volvísteis a mí, dice Jehová". Como resultado, no queda más que un recurso para la nación: "Prepárate para venir al encuentro de tu Dios" (4:12).

Corazón del pasaje: Amós 4

Capítulo 3	Capítulo 4	Capítulo 5
Pecado de presunción de Israel	Llamada de Dios a regresar	Llamada de Amós a arrepentimiento
Ningún temor de Dios	Ningún amor para Dios	Ninguna esperanza sino Dios

✒️ **Tu andar diario:** En el margen, enumera las actividades que se llevan a cabo regularmente en tu iglesia (probablemente podrás recordar por lo menos 20). Luego lee en Amós 5:21-25 y subraya cada artículo de los que hay en tu lista que Amós menciona. ¿Te asombras del resultado?

A menudo oyes mensajes acerca del amor de Dios. Pero ¿cuándo fue la última vez que oíste uno titulado "Las cosas que Dios odia"? Sin embargo, en sólo cinco versículos, Amós bosqueja por lo menos siete actividades que Dios aborrece. Los israelitas estaban dando ofrendas, observando festividades, haciendo oraciones, cantando cantos... pero todo no era más que actividad religiosa vacía. Aunque las actos del pueblo eran correctas, sus actitudes eran corruptas —una condición que para Dios es detestable.

Hay una manera de evitar los errores de Israel: Toma tu enumeración de actividades religiosas y conviértela en una lista de oración hoy: "Padre, haz que mi adoración sea aceptable a ti; que al cantar en el coro rinda alabanza a tu nombre; que mis ofrendas sean una expresión de gratitud por todo lo que me has dado; que mi servicio a otros sea genuino y sincero".

Aunque la lengua de Amós era un azote para el opresor, su palabra brotaba de un corazón lleno de amor para el oprimido.

🛠️ **Percepción:** ¿De dónde sacas tus sermones, Amós?

Amós muestra un conocimiento asombroso del Pentateuco, los primeros cinco libros del Antiguo Testamento. Por ejemplo, compara...

Amós	Pentateuco	Amós	Pentateuco
4:1	Deuteronomio 15:7-9	4:6-7	Deuteronomio 28:23, 48
4:4	Deuteronomio 14:28; 26:12	5:7, 10	Exodo 23:6-8
4:5	Levíticos 2:11; 7:13	5:21	Números 29:35

10 Cuadros de juicio / Amós 6-7

Corazón del pasaje: Amós 7

Resumen: Continuando su reprensión de Israel, Amós reta a los que tienen una falsa seguridad en su dinero, casas, camas de marfil, y vida cómoda. Pero las posesiones en sí nunca pueden dar seguridad. Para ilustrarlo, el profeta visualiza un enjambre de langostas, un fuego devastador, y una plomada. Aunque los primeros dos juicios son detenidos por Dios, es ineludible el hecho de que la nación se ha alejado de las normas justas de Dios. El castigo de Dios, pospuesto por mucho tiempo, no puede dilatarse más.

Capítulo 6	Capítulo 7		
Profecías del castigo de Israel	Cuadros del castigo de Israel		
	Langostas	Fuego	Plomada
1	3 | 4	6 | 7	17
Juicio cercano	Juicio claro		

El verdadero valor de una cosa es el que tendrá en la eternidad.

Tu andar diario: *Pensamiento para el día:* Antes de poner tu corazón en algo, observa cómo les ha ido a cuantos lo han puesto en eso mismo.

Si deseas una medición rápida de tu relación con Dios, observa tu actitud hacia las cosas. ¿Las posees a ellas, o ellas a ti? ¿Te hallas contento con lo que tienes, o codicias lo que otros tienen? ¿Amas a las personas y usas las cosas, o viceversa?

Los israelitas gozaban de muchas bendiciones materiales concedidas por Dios. Pero en vez de poner su confianza en el Dueño de ellas, confiaban para su seguridad en las cosas que poseían. Debido a que los Suyos habían colocado sus afectos en el lugar equivocado, Dios declaró que los removería a ellos y a sus posesiones.

¿Qué tres posesiones materiales valoras por encima de todas las demás? 1._____2. _____ 3. _____ ¿Cuál de las tres está más próxima a poseerte? (Marca una.) Da gracias a Dios por las bendiciones que te ha confiado. Luego, en un acto de dedicación, transfiere cada una de nuevo a El. Estarás diciendo con tu vivir, al igual que con tus labios, que tu seguridad está en El solamente.

Percepción: Jugando a "seguir al líder"
La tragedia de esos líderes que estaban "reposados en Sion" (6:1) era que ellos continuaban en su estilo de vida egocéntrico, extravagante, y totalmente aislados de las calamidades que sufría el país. Amós advierte que esos mismos líderes más tarde irían en cautividad a la cabeza de las lastimosas columnas de exiliados (6:7).

Profetas menores
en perspectiva

L os doce libros cortos que componen los "Profetas Menores" (llamados así por el tamaño, no por su importancia), originalmente fueron agrupados un rollo en la Biblia hebrea, y simplemente llamados "Los Doce." Juntos cubren un período de cerca de 400 años (ca.800-400 B. C.). Teológicamente, los Profetas Menores enfocan las advertencias de juicios pendientes, enseñanzas en vivir correctamente, estímulo a los fieles y oprimidos, y predicciones de los planes futuros de Dios.

Profetas anteriores		Profetas posteriores				
Profetas que no escribieron	Profetas mayores	**Profetas menores**				
SAMUEL NATAN ELIAS	MICAIAS ELISEO	ISAIAS JEREMIAS EZEQUIEL DANIEL	OSEAS AMOS JOEL	MIQUEAS HABACUC ZOFONIAS ABDIAS	JONAS NAUM	HAGEO ZACARIAS MALAQUIAS
Reino unido	Reino dividido	Babilonia	Israel	Judá	Nínive	Judá
Monarquía		Exilio		Preexilio		Postexilio

11 Promesas después del juicio / Amós 8-9

Corazón del pasaje: Amós 9

📖 **Resumen:** Si "una ilustración vale por mil palabras", entonces la sección de hoy contiene una de las descripciones de juicio más elocuentes de Amós. El representa a la nación como una cesta de frutas de verano —totalmente madura y lista para la destrucción—. Luego, el profeta muestra a Dios de pie junto al altar en una predicción ominosa de calamidad venidera a causa de la adoración indigna de la nación. La disciplina divina tiene que venir, pero será seguida de restauración y renovación. Dios hará revivir al pueblo, lo restaurará como nación y lo establecerá en su tierra.

Capítulo 8	Capítulo 9	
Israel maduro para el juicio	Razones de Dios para el juicio	Restauración de Israel tras el juicio
1	10 / 11	15
En la cesta	En el altar	En la tierra

Es imposible para Dios hacer lo que es contrario a su naturaleza.

✍️ **Tu andar diario:** Quizás hayas leído el popular lema: "Con Dios todo es posible". Pero sería más exacto decir que aun con Dios algunas cosas son imposibles. Después de leer el último capítulo de Amós, ve de cuantas formas puedes completar esta oración: "Es imposible_____".

Algo que hallarás en la sección de hoy es la verdad de que es imposible esconderse de Dios. El capítulo 9 de Amós es muy similar al Salmo 139 en su descripción del conocimiento y del juicio inescapables de Dios. Como la lectura de hoy es corta, ¿por qué no lees el Salmo 139 también, particularmente los versículos 7-12. ¿Qué lugares el salmista considera para el propósito de esconderse de Dios y luego los descarta? (Hallarás por lo menos cinco.) ¿Y a qué conclusión llega en cuanto a la posibilidad de esconderse de Dios en las tinieblas (v. 12)?

La presencia de Dios te consuela (si estás andando con El en obediencia) o te convence de culpa (si andas en desobediencia). ¿Cuál de esas dos palabras (*consuelo, convicción*) caracteriza mejor tu relación con Dios hoy? Si tu respuesta te inquieta, no demores en ir a estar a solas con Dios y examinar tu vida. Recuerda, los que juegan al escondite con Dios siempre pierden.

🔍 **Percepción:** El plan para hacerse rico pronto que fracasó
Amós 6:4-7 tiene que ver con el qué y el quién del vivir suntuoso de Israel; 8:5 describe el cómo: largas horas, ética relajada, y abuso de los pobres y necesitados. Es un recordatorio de que el dinero sólo puede comprar las cosas que están a la venta —y la felicidad no es una de ellas.

Abdías

U na de las peores cosas que puede pasar es que tus enemigos se hallen listos para destruirte. Sin embargo, la derrota toma un significado diferente cuando amistades íntimas y hermanos se unen también a la defensa. Cuando Judá llamó a sus primos idumeos para que le ayudaran contra las tropas babilónicas que avanzaban, Edom se mantuvo alejado y procedió como enemigo de Judá. El disgusto de Dios con Edom, como lo expresa por el profeta, es claro: "Como tú hiciste se hará contigo" Edom será destruido. Judá vivirá en paz.

Enfoque	Destrucción de Edom		Exito de Israel	
Divisiones	Destrucción predicha	Destrucción explicada	Juicio sobre naciones	Restauración de Israel
	1:1 1:9	1:10 1:14	1:15 1:16	1:17 1:21
Tópicos	Arrogancia de Edom	Antagonismo de Edom	Aniquilación de Edom	
	Derrota de Israel		Victoria de Israel	
Lugar	Edom e Israel			
Tiempo	Aproximadamente 840 A.C.			

12 *Destino de Edom / Abdías*

Corazón del pasaje: Abdías 8:14

📖 **Resumen:** A Abdías se le da la tarea desagradable de intervenir en la disputa tradicional de dos miembros de una familia. Los judíos en Judá (descendientes de Jacob) y los edomitas en Edom (descendientes de Esaú) eran hermanos de sangre pero con poco amor evidente entre ellos. Cuando los enemigos de Judá atacaron la ciudad capital de Jerusalén, ¡los edomitas se apresuraron a ayudar al enemigo! Como resultado, Dios envía a Abdías a predecir la caída de la nación por rehusar ser "guarda de su hermano".

Versículos 1-9	Versículos 10-14	Versículos 15-21
Certeza de la caída de Edom	Causas de la caída de Edom	Consecuencias de la caída de Edom
"Como tú hiciste, se hará contigo" (v.15).		

La humildad aprendida hoy, evitará la humillación mañana.

🖎 **Percepción:** Enemistad de siglos entre hermanos

Traza la animosidad entre los linajes de Esaú y de Jacob como se describe en los siguientes versículos:

Referencia	Historia de una enemistad tradicional
Génesis 25:20-23	La lucha comienza en la matriz.
Génesis 25:24-26	Caracteres revelados al nacer.
Génesis 25:27-34	"Guisado" respecto a una primogenitura
Génesis 36:1-9	Esaú se muda a la tierra de Edom
Números 20:14-21	Edom niega el paso a Israel
1 Samuel 14:47	Saúl pelea contra Edom.
2 Samuel 8:14	David hace siervos a los edomitas
2 Crónicas 20:1-23	Edom se une a Amón y Moab
2 Crónicas 28:17	Edom pelea contra Judá.
(Fuentes seculares)	Edomitas destruidos en 70 A. D.

📝 **Tu andar diario:** El orgullo era la raíz del problema de Edom.

Los edomitas habían estado edificándose a sí mismos hasta que al fin Dios los derribó, porque "Dios resiste a los soberbios, y da gracia a los humildes" (1 Pedro 5:5).

¿En cuáles "programas de construcción" te hayas enfrascado hoy en tu propia vida? —tu familia? —tu iglesia? ¿Son de aquellos que Dios resistirá?, ¿o los recompensará?

Lleva hoy un clavo envuelto en una toallita de papel en tu bolsillo o cartera para que recuerdes que edificar para Dios (el clavo) demanda humildad (la toalla del siervo), si lo que edificas ha de durar para la eternidad. ¡Comparte la lección objetiva de Abdías con otra persona hoy!

Jonás

Dios llama a Jonás a advertir a la ciudad asiria de Nínive de una inminente destrucción. Sin embargo, los crueles asirios son enemigos implacables de Israel, a quienes Jonás teme y desprecia. En vez de ir a Nínive, Jonás navega en dirección opuesta. Surge una tormenta, Jonás es echado al agua y tragado por un gran pez. Tres días después, el pez vomita a Jonás en la orilla. Entonces Jonás va a Nínive y predica en obediencia a Dios. Cuando el pueblo se arrepiente, crece el resentimiento de Jonás, y Dios tiene que enseñarle una lección acerca de la compasión.

Enfoque	Avivamiento para un profeta				Avivamiento para una ciudad pagana			
Divisiones	Desobediencia del profeta	Peligro del profeta	Oración del profeta	Salvamento del profeta	Obediencia del profeta	Arrepentimiento de los paganos	Queja del profeta	Reprensión al profeta
	1:1 1:3	1:4 1:17	2:1 2:9	2:10	3:1 3:4	3:5 3:10	4:1 4:5	4:6 4:11
Tópicos	Misericordia sobre Jonás				Misericordia sobre Nínive			
	Jonás en el barco		Jonás en el pez		Jonás en la ciudad		Jonás en los suburbios	
Lugar	El mar				La ciudad			
Tiempo	Aproximadamente 760 A.C.							

13 La más grande historia acerca de peces
Jonás 1-4

Corazón del pasaje:
Jonás 3-4

Resumen: Huir de Dios no es algo peculiar de ladrones y asesinos. ¡A veces predicadores lo hacen también! Considera la historia de Jonás, un profeta comisionado por Dios para dar un ultimátum ("¡Arrepiéntanse o perezcan!") a Asiria, el gran enemigo de Israel. Jonás rápidamente, tomándose unas "vacaciones sin permiso", va y halla un barco que partía en dirección opuesta. Destino: Tarsis. Dios envía primero una tormenta y luego un pez hambriento para hacer volver a Jonás hacia Nínive. Después de predicar su sermón de una sola sentencia, Jonás observa sin poder hacer nada cómo toda la ciudad de Nínive —hasta el ganado— se arrepiente en cilicio y ceniza. Cuando Dios libra a los enemigos de Israel, un viento cálido, una vid, y un gusano hambriento son necesarios para enseñar a Jonás una lección acerca de la misericordia de Dios hacia la pecaminosa humanidad.

Capítulo 1	Capítulo 2	Capítulo 3	Capítulo 4
Jonás en el barco	Jonás en la ciudad	Jonás en la ciudad	Jonás en los suburbios
Protestando	Orando	Predicando	Refunfuñando

En el ajedrez de la vida; nunca olvides que el primer movimiento es de Dios; y también el último.

Tu andar diario: ¡Uno de los descubrimientos más interesantes en cuanto al libro de Jonás es que todo obedeció a Dios excepto el predicador! La tormenta... los dados... los marineros.... el pez... los ninivitas... el viento oriental... la calabacera... el gusano... todos, personas y cosas, obedecieron el mandamiento de Dios excepto el que decía que era un seguidor de Dios.

Examínate a ti mismo. ¿Apoyan o niegan tus acciones tu afirmación de que eres cristiano? A menudo Dios da una segunda oportunidad para obedecer (como hizo con Jonás), ¿pero no sería más simple y menos doloroso obedecerle la primera vez?

Ponte en el lugar de Jonás y escribe un breve relato en primera persona de cómo habrías reaccionado en una de estas situaciones: en el barco, en el pez, en la ciudad, en los suburbios. ¿Puedes identificar la "asignación de Nínive" que Dios te está pidiendo que emprendas hoy?

Percepción: La historia del pez. ¿Podría ocurrir? ¿Ocurrió?
En respuesta a la pregunta "¿Podría ocurrir?", lee el libro de Baxter *Explore el libro* (Explore the Book [iv, 151-154]) y hallarás dos casos documentados de hombres que fueron tragados por tiburones o ballenas —y vivieron para contarlo—. Para contestar la pregunta "¿Ocurrió?", lee en Mateo 12:39-40 para confirmación de la historia, ¡de fuente irrefutable!

Miqueas

E l pecado había permeado cada segmento de la sociedad. Falsos profetas predicaban por dinero, príncipes inmorales oprimían a los pobres, jueces corruptos permitían que la injusticia imperara en la tierra. Tales eran los días de Miqueas, predicador rural convertido en profeta de Dios. Miqueas suplica a sus paisanos que dejen de pecar y se vuelvan a Dios. Pero el mensaje cae en oídos sordos —oídos que pronto oirán el clamor de los ejércitos invasores. Pero en la inclemencia hay esperanza. Cuando la justicia haya sido consumada, Dios restaurará a Su pueblo a su tierra del pacto.

Enfoque	Retribución	Restauración	Arrepentimiento
Divisiones	Calamidad y sus causas	Condenación y consolación	Controversia y convenio
	1 2	3 5	6 7
Tópicos	Día de calamidad	Día de consuelo	Día ante el tribunal
	Castigo	Promesa	Perdón
Lugar	Judá e Israel		
Tiempo	Unos 25 años (735-710 A.C.)		

14 *Calamidad y sus causas / Miqueas 1-2*

Corazón del pasaje: Miqueas 1:1-2:2

Resumen: La nación es inmoral y corrupta; el tiempo de arrepentimiento ha venido y se ha ido; a los primeros profetas no se les hizo caso. Tal es el estado de Judá durante los reinados de Jotam, Acaz, y Ezequías, cuando aparece Miqueas. Su tarea: denunciar al pueblo de Dios no arrepentido y anunciar el edicto irreversible de Dios: "Porque he aquí, Jehová sale de su lugar.... Y se derretirán los montes debajo de él.... por la rebelión de Jacob y por los pecados de la casa de Israel" (1:3-5).

Capítulo 1	Capítulo 2	
Reprobación del pecado de Judá	Ira por los rebeldes de Judá	Recompenza para el remanente de Judá
1 11	12 13	
Castigo de Judá	Promesa de Dios	

Ocuparse en los negocios del Rey no es excusa para desatender al Rey.

Tu andar diario: Es tarde en la noche. Manejas tu auto de regreso a casa —agotado— después de un largo día de trabajo, compras, y diligencias. Al enumerar mentalmente las actividades que has completado, te queda ese vago sentimiento de haber olvidado algo. De repente, el motor se detiene —y te das cuenta de lo que habías pasado por alto: ¡llenar el tanque de la gasolina!

¿Cuán a menudo te apuras en hacer las cosas y olvidas lo que es realmente importante? ¿Cuántas veces en tus oraciones diarias hablas todo el tiempo y luego "cuelgas" con un brusco "amén", antes que Dios tenga una oportunidad de hablarte? ¿Con cuánta frecuencia regresas de la iglesia agotado de enseñar, dirigir, cantar —habiendo estado en la "gasolinera", te olvidaste de "llenar el tanque"?

Miqueas comienza su profecía con la amonestación: "Oíd, pueblos todos; está atenta, tierra, y cuanto hay en ti" (1:2). A todo el mundo se le ordena detener sus actividades y poner atención a la Palabra de Dios. "Estad quietos", dice el Señor, "y conoced que yo soy Dios" (Salmo 46:10).

Hoy, al orar, ¡no te apresures! Haz una pausa y mantente quieto por un momento antes de decir "amén"; dale oportunidad a Dios para que te hable y se comunique contigo. Recuerda, eres una persona que El creó para que amara y gozara eternamente, ¡así que relájate y descansa en Su presencia!

Percepción: Prioridades de Miqueas en las páginas de Mateo
¿Qué cosas para hacer hoy tienes en tu agenda? Lee Mateo 6:33 para que veas ¡qué debe estar primero!

Condenación y consolación
Miqueas 3-5

15

📖 **Resumen:** Miqueas podría haber resumido su profecía de esta manera: "¡Yo tengo buenas noticias y malas noticias!" ¿Las malas noticias? La destrucción de los príncipes opresores de Judá y los sacerdotes avaros será rápida y terrible; Jerusalén por su iniquidad, será "arada como campo, y ... vendrá a ser montones de ruinas" (3:12). ¿Y las buenas noticias? Aunque la destrucción será fiera, un remanente será librado para heredar bendiciones de paz y seguridad nuevamente. De una oscura aldea llamada Belén se levantará un Mesías que será "Señor en Israel" (5:2) ¡y traerá un nuevo día de vida justa y gloria sin par!

Corazón del pasaje: Miqueas 3, 5

Capítulo 3	Capítulo 4	Capítulo 5
Reprendiendo a falsos profetas	Restaurando la religión verdadera	Gobernando al remanente de Jacob
Falsa paz	Reino de paz	Príncipe de paz

✍️ **Tu andar diario:** *"El lo hizo, ¿por qué no yo?"*
Sin duda que has oído esa declaración muchas veces —y quizás aun la usaste varias veces al referirte al comportamiento público de una figura—. El juez acusado de soborno, el político citado por evasión de impuestos, el predicador sorprendido en adulterio; casi cualquier edición del periódico local presentará amplia evidencia de líderes que "guían" en dirección incorrecta, lo que hace más fácil para otros cometer los mismos pecados, argumentando: "*El* lo hizo, ¿por qué no yo?

El hombre es una criatura guiada más por ejemplos que por preceptos.

Pero mire el ejemplo de Cristo, y esas mismas palabras forman una pregunta apropiada: "El lo hizo, ¿por qué yo no he de visitar a los enfermos? —cuidar de los pobres? —anteponer las necesidades de otros a las mías propias?" Al tú hacer la pregunta anterior referente a Cristo, otros la harán también referente a ti, porque "el que dice que permanece en él [Cristo], debe andar como él anduvo" (1 Juan 2:6, ve el versículo para memorizar, debajo).

Escribe la primera línea de "Tu andar diario" de hoy en una tarjeta de 8 x 13 cm. Colócala en un lugar visible o llévala en tu bolsillo o cartera. Te recordará frecuentemente que debes seguir a un buen líder —¡y tratar de serlo!

📓 **Percepción:** Anda como tu Salvador anduvo
Al dorso de tu tarjeta, copia este versículo para que te recuerde con Quién andas: "El que dice que permanece en él, debe andar como él anduvo" (1 Juan 2:6).

16 Controversia en el tribunal
Miqueas 6-7

Corazón del pasaje: Miqueas 7:18

📖 **Resumen:** Surge controversia en el tribunal al Miqueas describir al pueblo de Dios en juicio. El cielo y la tierra componen el jurado al presentarse los cargos contra Israel: adoración fría, vano ritual, rebelión persistente, engaño, hipocresía, avaricia, idolatría. El veredicto sólo puede ser: "Culpable". La sentencia: una generación de exilio en Babilonia. Sin embargo, el mensaje de Miqueas no está completo hasta que él predique las riquezas del perdón y la gracia de Dios. "¿Qué Dios como tú, que perdona la maldad, y olvida el pecado del remanente de su heredad? No retuvo para siempre su enojo, porque se deleita en misericordia" (7:18). Miqueas sabe que la disciplina de Dios viene sólo dentro del contexto de Su amor eterno. Lo que viene después de Sù ira es misericordia y perdón.

Capítulo 6	Capítulo 7	
Acusaciones contra Israel	Veredicto de culpa	Un final de gracia
1	6 7	20
La justicia de Dios	La misericordia de Dios	

La única parte de la Biblia que realmente crees es la que obedeces.

✍️ **Tu andar diario:** En un versículo (6:8), Miqueas concisamente presenta tres "requisitos mínimos diarios" de Dios para Su pueblo: "¿Qué pide Jehová de ti, solamente *hacer justicia, y amar misericordia, y humillarte ante* tu Dios". ¿Puedes pensar en una forma en que puedas cumplir cada uno de estos requisitos en tu andar con Dios hoy?

Aquí hay algunas oraciones para ayudarte a empezar. ¡No te contentes hasta haber hecho de las palabras de Miqueas tus órdenes de marcha!:

"Para hacer *justicia* con mi empleador/empleados hoy, tendré cuidado ————————————————————————".

"Porque el amor de Dios se refleja cuando *amo misericordia*, hoy en las relaciones de mi familia yo ————————————————".

"Porque Dios es exaltado cuando *ando humildemente* con El, la próxima vez que vaya a la iglesia yo————————————————".

📖 **Percepción:** Balanzas impías, básculas inestables
Los comerciantes en el tiempo de Miqueas eran tan deshonestos que muchos de ellos, cuando iban a realizar sus transacciones, llevaban dos juegos de pesas para su balanza: un juego más pesado para recibir más de lo que habían pagado, y un juego más liviano para que sus clientes recibieran menos de lo que esperaban. Lee lo que dice Dios acerca de la "doble norma" en 6:10-16.

El peso del pecado

17

⬅ Da un paso atrás

Pecado. Es una simple palabra, sin embargo, lleva el peso de la humanidad con ella. Esas seis letras llevan el concepto de iniquidad, maldad, impiedad, transgresión, vagancia, desobediencia, apostasía. Es errar el blanco que Dios ha puesto delante de nosotros. Es rechazar las normas justas de Dios.

Lectura bíblica: Mateo 18:21-35; 20:28; 26:28

Puede considerarse pecado cualquier cosa que no expresa el carácter de Dios o es contrario al mismo. Todo pecado, ya sea contra uno mismo o contra otros, es en definitiva contra Dios.

Los profetas continuamente denunciaron el pecado del pueblo de Dios. Dios había establecido un pacto con ellos: ellos vivirían conforme a Sus leyes de santidad, y El les protegería, guiaría, y bendeciría. El se mantuvo fiel a su parte del pacto; su pueblo se rebeló contra la de ellos.

En sus enseñanzas, Cristo señaló pecados específicos, incluyendo el sacrilegio (falta de respeto a las cosas santas, Marcos 11:15-18); la hipocresía (no practicar lo que uno predica, Mateo 23:1-36); la avaricia (Lucas 12:15); la blasfemia (Mateo 12:22-37); la transgresión de la Ley (Mateo 15:3-6); el orgullo (Mateo 20:20-28); la falta de fruto (Juan 15:1-6); y el no orar (Lucas 18:1-8).

Pero la Biblia no solamente denuncia el pecado; también ofrece el remedio para el mismo.

⬆ Mira arriba

Perdón es una de las palabras más bellas del lenguaje humano. Todos los pecados que cometemos pueden ser perdonados.

Sólo una petición en el Padre Nuestro está condicionada: la súplica por perdón.

¿Cómo? En virtud de la muerte de Cristo. Cuando Juan el Bautista anunció la venida de Cristo, llamó a Jesús el "Cordero de Dios" que quita el pecado del mundo (Juan 1:29). Y Cristo mismo explicó que Su muerte proveyó la base para que Dios pudiera perdonar todos nuestros pecados. (Mateo 20:28; 26-28).

Es fácil leer los profetas y abrumarse por la humanidad pecadora. Y cada uno de nosotros debe luchar a brazo partido contra el pecado que nos separa de Dios. Pero no te quedes aprisionado bajo su peso. Como hijo de Dios, has sido perdonado en Cristo.

➡ Sigue adelante

El perdonado debe ser perdonador. Cristo enseñó esa verdad en la parábola del siervo inclemente. Lee la historia cuidadosamente, en Mateo 18:21-35. Luego examina tu corazón no sea que haya en ti indisposición a perdonar a alguien que conoces. Pon las palabras de Cristo en acción hoy por buscar a esa persona, y sinceramente ofrecerle tu perdón.

Nahúm

Por el tiempo en que Nahúm entra en escena Nínive es aun más impía que lo que había sido durante el tiempo de Jonás, unos 100 años antes. El arrepentimiento del pueblo y el avivamiento que resultó de la visita de Jonás han desaparecido. Ahora un terror para el mundo entero, la ciudad fortificada de Nínive parece impenetrable. Pero Dios no tolerará por más tiempo sus horribles pecados, y envía a Nahúm a darle el mensaje de la inminente destrucción. Todo el imperio asirio será destruido y la poderosa ciudad de Nínive consumida por un voraz incendio.

Enfoque	El disgusto de Dios proclamado		La destrucción de Nínive predicha		El desplome de Nínive proyectado	
Divisiones	Alabanzas por la justicia de Dios	Gozo por la destrucción de Nínive	Destrucción de Nínive	Contraste con su gloria pasada	Pecados de Nínive	Destrucción inevitable
	1:1 1:7	1:8 1:15	2:1 2:10	2:11 2:13	3:1 3:4	3:5 3:19
Tópicos	Sentencia del juicio		Visión del juicio		Justificación del juicio	
	Salmo de justicia		Descripción de justicia		Razón de la justicia	
Lugar	En Judá contra Nínive, capital de Asiria					
Tiempo	Aproximadamente 660 A.C.					

No más tiempo para Nínive / Nahúm 1-3 *18*

Resumen: "A quien se haya dado mucho, mucho se le demandará".

A Nínive se le había dado el privilegio de conocer al único Dios verdadero. A la predicación de Jonás esta gran ciudad gentil se había arrepentido, y Dios misericordiosamente detuvo Su juicio. Pero ahora, unos 150 años después, Nahúm proclama la caída de la una vez poderosa Nínive. Los asirios habían olvidado su avivamiento y habían regresado a sus hábitos de violencia, idolatría, y arrogancia. Como resultado, Babilonia destruiría de tal forma su ciudad que no quedaría vestiogio de ella —profecía dolorosamente cumplida al pie de la letra.

Corazón del pasaje: Nahúm 1

Capítulo 1	Capítulo 2	Capítulo 3
Disgusto de Dios proclamado	Caída de Nínive predicha	Destrucción de Nínive descrita
Dignidad de Dios	Indignidad y orgullo de la humanidad	

Tu andar diario: Una Nínive, y en realidad dos —ambas paganas e idólatras, ambas bajo la sentencia del juicio de Dios—. Una se arrepintió a la predicación de Jonás y recibió la "suspensión de la ejecución". La otra sintió la punzante condena de Nahúm. A una se le permitió vivir; la otra fue aniquilada. ¿Qué hizo la diferencia?

Una verdad espiritual importante puede hallarse en el triste final de Nínive: el principio de la comunicación a la generación siguiente. El avivamiento de Nínive duró poco, no porque su gente fuera insincera en su arrepentimiento, sino porque no transmitieron el conocimiento de Dios a la próxima generación. Al pasar los años, Jonás, el "profeta procedente del mar", y el gran Dios que él representaba, fueron olvidados. El avivamiento se debilitó y murió, y ocuparon su lugar las antiguas prácticas paganas.

¿Ves la importancia de enseñar las verdades de Dios a tus hijos? Sin ese conocimiento es probable que ellos caigan cuando enfrenten las situaciones críticas que tú, en la fortaleza de Dios, has aprendido a vencer. Comparte con tus hijos una verdad espiritual que Dios te está enseñando. Recuerda, su conocimiento de Dios dependerá en parte de tu fidelidad en transmitirles la verdad.

El mensaje de Nahúm ruge y rueda, salta y relampaguea, como los jinetes y las carrozas que él describe.

Percepción: ¿Cuán escondido está lo escondido (3:11)?

Cuando Nahúm le proclamó a Nínive: "Serás encerrada", ¡quiso decir lo que dijo! Después de la destrucción de Nínive en 612 A.C., el sitio quedó borrado, ¡sus ruinas enterradas por cerca de 2.500 años!

Habacuc

Habacuc profetizó en Judá antes de su destrucción final por Babilonia. Sinceramente intrigado de que Dios intentara castigar a Judá mediante una nación mucho más impía que ella misma, Habacuc cavila sobre algunas cuestiones desconcertantes: ¿Por qué un Dios justo permanece callado? ¿Por qué el clamor de los fieles parece no oírse? La respuesta viene en la declaración de un principio eterno de la soberanía de Dios: Dios ajustará cuentas a los impíos a Su manera y en Su tiempo. Mientras tanto los justos deben continuar confiando en Dios (2:4).

Enfoque	Perplejidad de Habacuc				Oración de Habacuc
Divisiones	Primera pregunta: el pecado de Israel	Primera respuesta: Invasión de babilonia	Segunda pregunta: El pecado de babilonia	Segunda respuesta: destrucción de babilonia	Oración y alabanza
	1:1 1:4	1:5 1:11	1:12 2:1	2:2 2:20	3:1 3:19
Tópicos	Barriendo una nación sucia...		...Usando una escoba aun más sucia...		...¡Como sólo Dios puede hacerlo!
	Preguntas y respuestas				Asombro y adoración
Lugar	Judá				
Tiempo	Aproximadamente 607 A.C.				

Detrás de las escenas / Habacuc 1-3 **19**

Resumen: El libro de Habacuc, más que los sermones de un profeta, es la saga de un profeta agobiado con un problema. Examinando su Judá natal, Habacuc observa violencia e injusticia por doquier. Lo que él ve le deja perplejo, y profiere a Dios una serie de preguntas: "¿Por qué el impío prospera en tu nación, Señor? ¿Por qué los justos son abatidos? ¿Por qué no haces algo para corregir los males de la sociedad?" La respuesta es aun más sorprendente que las condiciones de Judá. "Yo estoy haciendo algo, Habacuc. Yo voy a usar una nación aun más corrupta que Judá —los caldeos— para limpiar mi pueblo de sus malos caminos". En incredulidad, Habacuc responde: "¿Cómo, en el nombre de la santidad, puedes hacer esto, Dios?" Y cuando Dios pacientemente contesta las preguntas del profeta, Habacuc reacciona en oración y alabanza con una fe que ha resonado a través de los siglos.

Corazón del pasaje: Habacuc 1, 3

Capítulo 1	Capítulo 2	Capítulo 3
Barriendo una nación sucia...	...usando una escoba aun más sucia...	...¡como sólo Dios lo puede hacer
"El justo por su fe vivirá" (2:4).		

Tu andar diario: No temas traer tus preguntas difíciles a Dios. Pero prepárate para el impacto cuando El las conteste... y para la probabilidad de que El no conteste ninguna.

Desde el punto de vista humano, los caminos celestiales de Dios no siempre parecen tener sentido terrenal. Si hubiera sucedido como Habacuc quería, el juicio habría pasado sobre Judá como una tormenta eléctrica ¡al momento! Pero en el programa de Dios las condiciones injustas continuarían (y empeorarían) antes que finalmente Babilonia conquistara a Jerusalén. Dios no le estaba pidiendo a Habacuc que entendiera todos los "porqués" que había detrás de Su programa; simplemente deseaba que su siervo confiara en que El tenía control de todo y anduviera por fe.

Selecciona una situación parecida a la de Habacuc por la que estás atravesando y enumera todos los "porqués" que te gustaría que Dios contestara. Ahora, al final de la página, escribe las palabras de 2:4b y 3:19 como expresiones renovadas de tu confianza ¡en el Dios que tiene todas las respuestas!

Habacuc comienza con un sollozo, y termina con una canción.

Percepción: Una cita citable de Habacuc
La última mitad de 2:4 es tan significativa que está citada tres veces en el Nuevo Testamento (Romanos 1:17; Gálatas 3:11; Hebreos 10:38). ¿No te parece que es un pensamiento digno de repetirse?

20 Su historia

Lectura bíblica: Hechos 15:18; Efesios 1:11,14; Salmo 135

Da un paso atrás

Si hay una verdad que los profetas predicaron continuamente, es que Dios soberanamente controla la historia humana. Vez tras vez ellos revelan detalles acerca de la historia de la nación de Israel, la venida del Mesías, el tiempo del fin. Y los profetas pueden revelar esos detalles de antemano porque son los mensajeros del Dios que los ordena y los lleva a cabo.

Concerniente a la historia, Frederick Buechner escribe:

A diferencia del budismo o el hinduismo, la fe bíblica toma la historia muy en serio porque Dios la toma muy en serio. El la tomó lo suficiente en serio como para comenzarla, entrar en ella, y prometer que un día la llevaría a un serio final. El punto de vista bíblico es que la historia no es una absurdidad que hay que soportar, una ilusión que tiene que ser disipada o un ciclo recurrente interminable del que hay que escapar. En vez de eso, es para cada uno de nosotros una serie de momentos cruciales, preciosos e irrepetibles que están tratando de llevarnos a algún lugar (de Wishful Thinking: A theological ABC, p. 38).

Dios sabe todas las cosas desde el principio del mundo —es Su plan (Hechos 15:18)—. Ese plan abarca todo lo que pasa (Efesios 1:11)—. Pero más que sólo conocer el plan, Dios lo controla (Salmo 135:6). Y el propósito final es para Su gloria (Efesios 1:14).

El es nuestro Dios soberano, que obra a través de la historia humana para cumplir Sus propósitos; que se revela a sí mismo en amor, misericordia, y gracia.

Mira arriba

El plan de Dios continuará en el programa de Dios.

Nuestro Dios soberano, señor de la historia, es digno de tu adoración hoy. Haz que el salmo 135 te guíe en alabanza a Dios por Su gobierno en la historia... y en tu vida.

Sigue adelante

A veces es difícil concebir que los tiempos en que vivimos estén en las manos de Dios. Obviamente, mucho de lo que pasa en nuestro mundo es el resultado de la depravación del hombre y de la obra de las fuerzas de Satanás. Aun así, Dios está al tanto de todo eso, y se las arreglará para hacer que todas las cosas al fin compaginen en Su plan glorioso.

Hoy, al enterarte de las noticias por el periódico o la televisión, trata de verlas a través del lente de la Palabra de Dios. Deja que los relatos noticiosos te muevan a orar por que se haga la voluntad de Dios en cada circunstancia. Y dale gracias por que un día su gloria será completamente revelada, y su voluntad totalmente cumplida.

Sofonías

Y dejaré en medio de ti un pueblo humilde y pobre, el cual confiará en el nombre de Jehová" (3:12). Escribiendo en uno de los puntos más bajos en la vida espiritual de Judá, el interés principal de Sofonías está en el inminente día del Señor. Ese día significa el juicio final de Dios sobre la tierra y el tiempo de bendición y paz. Sin embargo, Sofonías sabe que cuando el juicio haya concluido, Dios de nuevo mirará con favor a Su pueblo, restaurará su bienaventuranza, se regocijará sobre ellos, y morará entre ellos (3:14-18).

Enfoque	El día de juicio del Señor			El día de salvación del Señor		
Divisiones	Juicio de toda la tierra	Juicio de Judá	Juicio de las naciones	Necesidad de salvación	Promesa de salvación	Promesa de restauración
	1:1　　　1:3	1:4　　　2:3	2:4　　　2:15	3:1　　　3:8	3:9　　　3:13	3:14　　　3:20
Tópicos	Ira de Dios sobre Judá	Ayes de Dios sobre las naciones		Voluntad de Dios para el remanente		
	Retribución y juicio			Restauración y júbilo		
Lugar	Judá y las naciones					
Tiempo	Aproximadamente 630 A.C.					

21 Los días de la ira del Señor
Sofonías 1-3

Corazón del pasaje: Sofonías 1

📖 **Resumen:** La pungente pluma de Sofonías sólo escribe 53 versículos, pero en el proceso emite algunas de las declaraciones más fuertes de juicio que hay en el Antiguo Testamento. Observando la nación de Judá, en particular, y el mundo, en general, Sofonías ejecuta sus ardientes asaltos verbales. El día del Señor vendrá con furia, ferocidad, y determinación, y Dios tendrá la última palabra. La retribución y el juicio darán paso a la restauración y el gozo "en aquel día".

Capítulo 1	Capítulo 2	Capítulo 3
Retribución para Judá	Retribución para los vecinos de Judá	Restauración para Judá
Cuadro de juicio		Cuadro de gozo

La verdad es violada por la falsedad, y ultrajada por el silencio.

✏️ **Tu andar diario:** La autocomplacencia ha sido llamada "la maldición de la cristiandad". La autocomplacencia paraliza (1:12) y produce tibieza. En efecto, para Dios es peor que la rebelión (Apocalipsis 3:14-16).

Demuestre sus conocimientos del asunto con una investigación personal:

1. Para mí, autocomplacencia significa _____
2. Yo veo autocomplacencia en la iglesia cristiana hoy en las áreas de _____
3. En mi opinión, la autocomplacencia entre los cristianos hoy contribuye a que _____
4. La autocomplacencia asoma su fea cabeza en mi vida más a menudo en el área de _____
5. Para combatir esta enfermedad, comenzaré hoy con la ayuda de Dios a _____

La autocomplacencia es como un cáncer. Cuando no se atiende a tiempo, puede ser mortal; cuando se le hace frente, puede curarse. Con la ayuda de Dios puedes evitar que se aplique a tu vida cristiana el trágico epitafio: "No era frío ni caliente". Sorbe un vaso de agua tibia al hablar con Dios de lo que intentas hacer en cuanto a la tibieza en tu vida espiritual. Quizás desees valerte de una amistad cristiana cuyo corazón en nada sea tibio hacia el Señor, para obtener ayuda.

📷 **Percepción:** "Ahora oye esto, ahora oye esto..."

En tres cortos capítulos Sofonías emplea expresiones como "el día del Señor", "el gran día", "aquel día", "el día de la ira del Señor", "el día", más de 20 veces. ¿Cuántas de estas frases puedes hallar?

Hageo

Meditad bien sobre vuestros caminos" y "terminad lo que habéis comenzado" son los llamados resonantes del profeta Hageo al tratar de despertar al pueblo espiritualmente. Ellos acaban de regresar del exilio en Babilonia y están desanimados por la destrucción que ven en su ciudad. Pero el mensaje de Hageo trae estímulo, particularmente al gobernador Zorobabel, quien tiene que inspirar al pueblo. "Yo estoy con vosotros", declara el Señor al llamar al pueblo a reconstruir y a repeler futura opresión. ¡Hay esperanza y bendición futura por la obediencia de ellos!

Enfoque	Acabando la casa de Dios		Alcanzando la bendición de Dios	
Divisiones	Persuación a edificar	Promesa de gloria	Problema de contaminación	Promesa a un siervo
	1:1 1:15	2:1 2:9	2:10 2:19	2:20 2:23
Tópicos	Prioridades equivocadas	Perspectivas equivocadas	Pureza incompleta	Promesas inspiradoras
	"Reedificaré mi casa y pondré en ella mi voluntad" (1:8).			
Lugar	Jerusalén			
Tiempo	Septiembre 1, 520 A.C.	Octubre 21, 520 A.C.	Diciembre 24, 520 A.C.	

22 *Una casa a medio construir / Hageo 1-2*

Corazón del pasaje: Hageo 2:1-11

Resumen: Los últimos tres libros del Antiguo Testamento (Hageo, Zacarías, y Malaquías) son los llamados "profetas posexílicos" porque fueron dirigidos a los que regresaron del exilio babilónico. Bajo el liderazgo de Zorobabel, el pueblo comenzó la tarea de reconstruir el templo (Esdras 1-6). Pero 14 años después, los cimientos del templo estaban cubiertos de malezas en vez de paredes. En lugar de terminar la casa de Dios, el pueblo se ocupaba en construir sus propias casas y atender sus negocios. Dentro de esta escena triste de prioridades mal orientadas irrumpe Hageo para exhortar al pueblo a que ponga primero lo que debe ir primero. Hageo les recuerda que la obediencia imperfecta, ¡jamás resultará en bendiciones perfectas de Dios!

Capítulo 1	Capítulo 2		
Un llamado a edificar	Una promesa de gloria	Un problema de contaminación	Una promesa a un siervo
1	9	10 19	20 23
Acabando la casa de Dios	Alcanzando la bendición de Dios		

No tengas tu concierto primero para luego afinar tus instrumentos. Comienza el día con Dios.

Tu andar diario: Piensa por un momento en la siguiente oración, luego escribe tus respuestas: "Los cinco problemas más difíciles con los cuales lucho en mi vida cristiana son:_____"

Lo más probable es que hayas incluido el problema de las prioridades... mantener equilibrio en tu andar con Dios. ¿Cuánto oras, y cuándo? ¿Cuánto das, y a quién? ¿Cuándo estudias la Palabra de Dios? ¿Cuándo te reúnes con el pueblo de Dios? ¿Y cómo ajustas todo eso con tus responsabilidades en el trabajo, el hogar, el dormitorio, la comunidad?

Los que regresaron del exilio permitieron que lo *bueno* reemplazara lo *mejor* de Dios en sus vidas. No sucedió de la noche a la mañana. Gradualmente su tiempo y energías fueron desviados a edificar algo bueno (sus propios hogares) en vez de edificar lo mejor de Dios (el templo). Lee las desafiantes palabras de Mateo 6:33. Luego examina las buenas, las mejores, y las superlativas prioridades de tu propia vida. ¿Qué necesita cambiar respecto a las cinco prioridades que escribiste en el margen?

Percepción: Poniendo primero lo que debe ir primero

Hageo evaluó la condición estancada de la nación y la resumió en 1:7-11: "Buscáis mucho, y halláis poco.... ¿Por qué? Por cuanto mi casa está desierta, y cada uno de vosotros corre a su propia casa". Este principio eterno de hacer al Señor y su obra tu prioridad lo expresa Jesús en Mateo 6:33: "Mas buscad primeramente el reino de Dios y su justicia, y todas estas cosas os serán añadidas".

Zacarías

Usando visiones pintorescas y sermones consoladores para presentar los futuros planes gloriosos de Dios para el pueblo de su pacto, Zacarías anima a los obreros ocupados en la reedificación del templo. Aunque el entusiasmo inicial se ha desvanecido, la tarea es importante, porque el templo va a ser el punto focal del ministerio del Mesías venidero de Israel. Dios cumplirá sus promesas a su pueblo, y el ayuno se tornará en fiesta cuando llegue el Mesías. Así que, desechen el pecado, terminen el templo, y esperen al Mesías con gozosa expectación.

Enfoque	Correcciones			Direcciones	
Divisiones	Visión de caballos y cuernos	Visiones de rollos y carrozas	Ayunar o no ayunar	Rey y Pastor venidero de Israel	Consolación venidera de Israel
	1 2	3 6	7 8	9 11	12 14
Tópicos	Ocho visiones		Cuatro sermones	Dos cargas	
	Problemas presentes			Promesas futuras	
Lugar	Jerusalén				
Tiempo	Mientras se construía el templo (520-518 A.C.)			Después de reconstruido el templo (480-410 A.C.)	

23 Visiones de caballos y cuernos
Zacarías 1-2

Corazón del pasaje: Zacarías 1:1-17

Resumen: Zacarías es el más extenso de los Profetas Menores (los libros de Oseas a Malaquías) y contiene más profecías mesiánicas que quizás cualquier otro libro del Antiguo Testamento. Zacarías y Hageo ministraron al mismo público, pero sus vidas y libros tienen muchos contrastes notables. Hageo era viejo; Zacarías, joven. Hageo exhortaba; Zacarías animaba. Hageo predicaba sermones; Zacarías compartía señales. Hageo era un activista; Zacarías, un visionario.

Capítulo 1		Capítulo 2	
Una llamada al arrepentimiento	Un hombre entre los mirtos	Un hombre con una medida	El Señor de toda la humanidad
1 6	7 21	1 5	6 13
Destino de Israel		Futuro de Israel	

El mundo no oye lo que un padre les dice a sus hijos, pero lo oirá la posteridad.

Tu andar diario: ¿Cómo calificarías la contribución que tu padre hizo a tu vida espiritual? (a) insignificante; (b) regular; (c) enorme.

Cuatro veces en sus primeros versículos, Zacarías menciona el triste estado de los padres de Judá (1:2,4-6), quienes por menospreciar a Dios y buscar el mal trajeron juicio divino sobre sí mismos y sobre sus hijos.

Padres, vuestra asignación es tremenda: ayudar a vuestros hijos a llegar a ser hombres y mujeres de Dios. Y el elocuente y doloroso testimonio de la Escritura es este: Los hijos raras veces ascenderán a un plano espiritual más alto que el de sus padres. Lee los primeros seis versículos de Zacarías como si fuera un manual intitulado *Cómo triunfar como padre*, ¡porque eso es lo que esos versículos te ayudarán a lograr!

Percepción: Ocho visiones de consuelo y ayes

Durante los próximos tres días, leerás las ocho visiones nocturnas de Zacarías —cinco llenas de consuelo y tres llenas de condenación—. ¿Puedes darle a cada una un breve título después de leerlas?

Visión de Zacarías	Mi título
1:7-17	"El jinete entre los mirtos"
1:18-21	
2:1-13	
3:1-10	
4:1-14	
5:1-4	
5:5-11	
6:1-8	

Visiones de ropa y candelabros
Zacarías 3-4

24

Corazón del pasaje: Zacarías 3

Resumen: Los primeros seis versículos del libro de Zacarías dan al lector ideas valiosas de cómo deben interpretarse las visiones que Zacarías relata. Dios está llamando a Su pueblo a una nueva dedicación a El —una dedicación que ha de demostrarse por reorganizar las prioridades y renovar la adoración—. Dios desea limpiar y usar su nación. Como los candeleros y las lámparas, Israel puede llevar luz a un mundo en tinieblas "no con ejército, ni con fuerza, sino con mi Espíritu, ha dicho Jehová de los ejércitos" (4:6).

Capítulo 3	Capítulo 4	
Ropa limpia para Josué	Siete lámparas de oro	Dos olivos ungidos
1	7 8	14
Visiones de juicio sobre Israel		

Tu andar diario: *Pregunta:* ¿Qué tienen en común una bombilla cubierta de lodo, una ventana de cristal tiznada, y una vida manchada con pecado?

Respuesta: No pueden transmitir la luz para beneficio de los demás. No importa cuán pura sea la luz, habrá oscuridad hasta que lo sucio sea eliminado. El problema no está en la fuente de luz, sino en el vehículo portador de la luz.

Jesús dijo a sus discípulos: "Vosotros sois la luz del mundo", y añadió: "Así alumbre vuestra luz delante de los hombres, para que vean vuestras buenas obras, y glorifiquen a vuestro Padre que está en los cielos" (Mateo 5:14,16). Pero El también les advirtió del peligro de la impureza: "Así que, si la luz que en ti hay es tinieblas, ¿cuántas no serán las mismas tinieblas?" (Mateo 6:23). Una vida nublada por pecado no confesado es tan frustrante como una bombilla enlodada. Haz un "examen" de tu vida ahora mismo. ¿Tienes la Luz en tu interior (Juan 1:1-12)? Si es así, ¿hay "manchas" que están oscureciendo ese hecho a los ojos de otros? Hallarás el "limpiador de cristales" del perdón de Dios en 1 Juan 1:9.

Se es joven sólo una vez, pero la inmadurez puede durar toda una vida.

Percepción: El profeta del recinto del templo
Zacarías, descendiente de Iddo (1:1-7), era profeta y, además, sacerdote (compare Nehemías 12:1-16, notando especialmente los versículos 4 y 16). Esto explica sus frecuentes referencias al templo en sus visiones y sermones. Observe dos de esas "reminiscencias del templo" en la sección de hoy, y otras en el resto del libro.

25 Visiones de rollos y carros
Zacarías 5-6

Corazón del pasaje: Zacarías 5

Resumen: Hasta aquí las visiones nocturnas de Zacarías han girado alrededor de la nación de Israel: su templo, su futuro, su Mesías. Pero ahora Zacarías enfoca al mundo como un todo, pues el programa de Dios no se limita a su pueblo escogido. El es el Soberano de todas las naciones. Así como la maldad de la humanidad es mundial, la justicia y la misericordia de Dios se extenderán a los cuatro vientos.

Capítulo 5		Capítulo 6	
Visión del rollo que vuela	Visión del efa lleno de plomo	Visión de los cuatro carros	Parábola de las coronas
1 4	5 11	1 8	9 15
Visiones de juicio sobre toda la tierra			

Antes de hablar, escucha. Antes de escribir, piensa. Antes de orar, perdona. Antes de desistir, haz el intento.

Percepción: Repaso de ocho visiones

Ahora que has luchado con las pintorescas (y a veces misteriosas) visiones de Zacarías, aquí tienes una interpretación sugerida de cada cuadro: (1) el hombre que cabalga entre los mirtos (Dios restaurará a Su pueblo, 1:7-17). (2) Los cuatro cuernos y carpinteros (los opresores de Israel serán juzgados, 1:18-21). (3) El hombre con el cordel de medir (Dios protegerá y glorificará a Jerusalén, 2:1-13).(4) Ropa limpia de Josué (Israel será limpiado por el Renuevo venidero, 3:1-10). (5) El candelero de oro (el Espíritu de Dios está fortaleciendo a los líderes designados por Dios, 4:1-14). (6) El rollo que vuela (el pecado individual será juzgado, 5:1-4). (7) La mujer dentro del efa (el pecado nacional será removido, 5:5-11). (8) Los cuatro carros (el juicio de Dios descenderá sobre las naciones, 6:1-8).

Tu andar diario: A Dios le interesa el obrero tanto como la obra. En efecto, a menudo El invierte más tiempo en preparar al obrero que en usarle para llevar a cabo Su obra. Moisés pasó 80 años preparándose para una asignación de 40 años; Jesús pasó tres décadas preparándose para el ministerio que duró sólo tres años. Para Dios, un siervo suyo es tan importante como Su servicio.

Las visiones nocturnas de Zacarías tuvieron el propósito de estimular al pueblo de Dios, que estaba decayendo en su fervor por la obra de Dios. Antes de emprender su próxima lección de escuela dominical u otra preparación ministerial, renueva tu amor a Dios. Lee algunos de tus pasajes favoritos de su Palabra; descarga tu corazón ante El en oración; canta algunos de tus himnos y coros favoritos. Entonces, como los paisanos de Zacarías, no tendrás problema en servirle con devoción.

El ayuno se torna en fiesta
Zacarías 7-8

26

📖 **Resumen:** Dos años después de sus visiones nocturnas, Zacarías dirige una pregunta que había surgido durante su ministerio: "¿Debe el remanente que regresó continuar observando días de ayuno para conmemorar los eventos de la deportación a Babilonia?" Respuesta de Dios: La justicia, la misericordia, y la compasión son más importantes que el ayuno hipócrita. Con ese principio en vista, Zacarías presenta un cuadro glorioso de las bendiciones futuras de Dios para la nación en el que habrá fiesta en vez de ayuno —una promesa que tiene el propósito de estimular al remanente a vivir justamente en el día presente también.

Corazón del pasaje: Zacarías 7

Capítulo 7		Capítulo 8	
Ritual vacío	Patria vacía	Restauración para el remanente	Regocijo del remanente
1 7	8 14	1 17	18 23
Ayuno		Fiesta	

👟 **Tu andar diario:** Una reciente llamada a contribuir para una obra de caridad comenzaba con este reto: "Haga algo especial para Dios". ¿Pero es eso realmente posible?

Los judíos en el tiempo de Zacarías habían establecido toda una serie de ayunos para conmemorar el evento trágico del exilio. Sin duda que al oír sonar sus estómagos en tales ocasiones, se sentían muy religiosos. Seguramente Dios estaba notando su negación propia. Pero mira la respuesta de Dios a través de Su profeta: "Cuando ayunasteis y llorasteis ... ¿habéis ayunado para mí? (7:5). La respuesta implicada es "¡No!" Realmente estaban ayunando (y más tarde banqueteándose) para sí mismos.

Pablo continúa este mismo pensamiento en Colosenses 3:17 cuando dice: "Y todo lo que hacéis, sea de palabra o de hecho, hacedlo todo en el nombre del Señor Jesús". Cualquier cosa que hagas —el domingo o el viernes, ya sea ayunar o festejar— debe ser para la gloria de Dios. En un pedazo de papel, escribe estas palabras: "Haced todo en el nombre del Señor Jesús". Ponlo donde lo veas a menudo hoy. Entonces deja que su mensaje te ayude a hacer de cuanto hagas algo especial para Dios.

El hombre ve tus acciones, pero Dios ve tus motivos.

🖊 **Percepción:** Una ciudad con una historia vil

La pregunta referente al ayuno surgió de la gente de Betel ("casa de Dios", 7:2), donde el rey Jeroboam guió al pueblo a adorar un becerro antes del exilio (1 Reyes 12:26-30). La cautelosa respuesta de Zacarías contribuyó a impedir que una forma idólatra de adoración surgiera allí otra vez.

27 Una mirada al futuro militar de Israel
Zacarías 9-11

Corazón del pasaje: Zacarías 9

Resumen: Aunque juicio horrible caería sobre los vecinos de Israel, Israel sería preservado para el día de la llegada de su Mesías, por mucho tiempo esperado. El Rey de Sion vendría cabalgando en un pollino de asno para defender a su pueblo y derrotar a sus enemigos, tal como lo prometió. Sin embargo, a pesar de su oferta de redención, el Rey sería rechazado, y traicionado por 30 piezas de plata.

Capítulo 9		Capítulo 10	Capítulo 11
Vecinos de Sion caídos	Rey futuro de Sion	Reinado del Mesías	Rechazo del Mesías
1 8	9 17		
Juicio y justicia		Salvación y sufrimiento	

Un día sin oración es una jactancia contra Dios.

Tu andar diario: Recuerda tus tiempos de oración de esta semana pasada y enumera las cosas por las que oraste. Puede que quieras clasificarlas: oración por ti mismo, por otros, por tu nación, etc. Ahora haz un inventario mental de todas las preocupaciones y ansiedades que actualmente tienes: tensión por fechas tope en el trabajo, una enfermedad persistente, una relación rota, un auto que no funciona bien, insuficiente dinero para lo que queda del mes, un problema de disciplina en el hogar, una larga sequía, el alto costo de casi todo.

Al catalogar tus ansiedades, haz una marca junto a las cosas por las cuales ya pensaste orar. ¿Las pocas marcas te asombran? Santiago 4:2 diagnostica el problema así: "No tenéis lo que deseáis, porque no pedís". Esto era cierto en los días de Zacarías. El Dios de la creación, el Dios de toda bondad, el Dios que hizo las nubes y la lluvia, no obstante mandó a su pueblo: "Pedid a Jehová lluvia ... y os dará lluvia abundante" (10:1). Aunque Dios es el dador de toda buena dádiva y de todo don perfecto, se deleita en que sus hijos lleven a El sus peticiones.

Habla hoy con Dios acerca de tus "peticiones no hechas". Recuerda, Dios no puede contestar peticiones que no hayas hecho, aunque El sabe lo que necesitas antes de pedirlo.

Percepción: Tiro profético certero a cinco siglos de distancia
La puntería profética de Zacarías era asombrosa. Compara 11:12-13 con Mateo 27:1-9 y nota que tanto la compra (campo del alfarero) como el precio pagado (30 piezas de plata) fueron profetizados con 500 años de anticipación.

Una mirada al futuro espiritual de Israel
Zacarías 12-14

28

📖 **Resumen:** Zacarías concluye su profecía con un panorama asombroso de eventos guardados para Israel "en aquel día". Topográficamente, el monte de los Olivos se partirá en dos (14:4). Espiritualmente, los ídolos y los falsos profetas serán quitados de la tierra (13:2-3) y Jerusalén será el centro de adoración, con ollas tan sagradas como los tazones del altar (14:20. Militarmente, Dios destruirá a todas las naciones que vengan contra Jerusalén (12:9). Políticamente, el Señor será Rey sobre toda la tierra (14:9). En fin, todo aspecto de la vida nacional de Israel reflejará la autoridad de Dios —¡un futuro realmente emocionante!

Corazón del pasaje: Zacarías 14

Capítulo 12	Capítulo 13	Capítulo 14
Venciendo a los enemigos de Israel	Limpiando de impurezas a Israel	Viviendo como soberano de Israel
"Y Jehová será rey sobre toda la tierra" (14:9)		

✏️ **Tu andar diario:** Una cosa es prever un evento futuro; y otra es actuar en respuesta a lo que se prevé. Al leer los últimos capítulos de Zacarías, considera esto: Las predicciones del profeta concernientes a la primera venida de Jesús fueron exactas. ¿Qué sugiere eso acerca de su predicción acerca de los eventos que acompañarán la segunda venida de Jesús?

La previsión dice que viene un día de gran lamento para los que vieron al Salvador crucificado y no le recibieron (12:10-11). La acción dice: "No seas contado con ellos".

La previsión dice que viene un día cuando toda rodilla se doblará ante el Señor (14:9). La acción pregunta: "¿Te has humillado ante El voluntariamente, o solamente le adoras cuando te ves obligado a hacerlo?"

La previsión dice que viene un día cuando la santidad caracterizará al pueblo de Dios (14:20-21). La acción demanda: "¿Te estás moviendo hacia esa meta en aspectos públicos y privados de tu vida?" ¿Qué estás previendo acerca del futuro por ser cristiano? ¿Y qué acción te mueve eso a tomar... hoy?

El que no piensa en lo que está distante, hallará tristeza cerca.

✏️ **Percepción:** Muchos retratos del Mesías
Zacarías prevé la primera y la segunda venidas de Jesucristo presentándole en más de una docena de cuadros y funciones proféticos. ¿Cuántos puedes descubrir en los siguientes versículos? 3:1,8-9; 6:12-13; 9:9; 10:3-4; 11:4-13; 12:10; 13:1,7; 14:3,9.

29 El día del Señor

Lectura
bíblica:
Salmo
24;
Isaías
33:14-16

← Da un paso atrás

El día del Señor es un tema común de los profetas. Aun así, es un concepto que es tan grande, tan contundente, tan poderoso, que puede ser difícil para nosotros entenderlo.

Aquel día significa el juicio final de Dios sobre la tierra y el consiguiente tiempo de bendición y paz. No es un día literal de 24 horas, sino un período de culminación del plan de Dios —que incluye el regreso de Cristo, los juicios finales, y el fin de la historia como la conocemos.

Ambos aspectos —juicio y salvación, castigo y paz— están implicados en el día del Señor.

Las vislumbres que los profetas nos dan de ese tiempo son a la vez inquietantes y esperanzadoras. Para Judá, el mensaje era de condena pendiente; la nación, ciertamente, sería castigada.

Pero más allá de esa nube, resplandece la luz. Dios purificará a su pueblo, anunciaron los profetas. Restaurará su dicha. Se regocijará sobre ellos con gozo. Los engrandecerá. Estará en medio de ellos. En fin, después del juicio, habrá gozo.

↑ Mira arriba

Nada de
lo que
Dios ha
hecho por
nosotros
puede
compa-
rarse con
todo lo
que está
escrito
en la
palabra
segura
de la
profecía.

La Biblia dice que los que desean la venida del Señor deben saber que El requiere manos limpias y corazón puro (ver Salmo 24:3-4; Isaías 33:14-16).

Puede ser aterrador pensar en el día del Señor, pero para el hijo sincero de Dios que busca Su gloria, trae consuelo.

Las profecías de Dios se cumplirán. ¿Estás listo para el día del Señor? Examina tu corazón delante de El; busca su limpieza y toque purificador.

→ Sigue adelante

Dios reveló una amplia colección de verdades mediante los profetas. Mucho de su revelación se ha cumplido; mucho queda por cumplirse. pero puedes estar seguro, de que se cumplirá.

Si deseas entender mejor lo referente al día del Señor y cómo se manifestará en relación con lo que está pasando en el mundo hoy, pide a tu pastor o maestro de la Biblia materiales que te puedan ayudar en tu estudio. Cuanto mejor conozcas tu Biblia, mejor entenderás los eventos actuales.

Mientras tanto, regocíjate en estas promesas: "No harán mal ni dañarán en todo mi santo monte; porque la tierra será llena del conocimiento de Jehová, como las aguas cubren el mar" (Isaías 11:9); "Y el que estaba sentado en el trono dijo: He aquí yo hago nuevas todas las cosas" (Apocalipsis 21:5). Ven, Señor Jesús.

Malaquías

Años después de la restauración del exilio, la condición espiritual del pueblo de Dios se ha deteriorado. Han vuelto a caer en los mismos pecados que causaron la cautividad. Diezman esporádicamente, no hacen caso del día de reposo, y se casan con personas incrédulas. Sus corazones están endurecidos y su amor por Dios se ha enfriado, pero Malaquías les recuerda el amor que Dios tiene por ellos. La advertencia final de Malaquías sobre el día purificador del Señor señala el fin del período del Antiguo Testamento, que es seguido por 400 años de silencio en el registro bíblico.

Enfoque	Amor de Dios		Reprensión de Dios			Promesa de Dios		
Divisiones	Amor de Dios por el pueblo	Reprensión a los sacerdotes		Reprensión al pueblo		Justicia recordada	Impíos destruidos	Venida de Elías
	1:1 1:5	1:6 2:9		2:10 3:15		3:16 3:18	4:1 4:3	4:4 4:6
Tópicos	Pasado		Presente			Futuro		
			Preguntas y respuestas			Invitación y advertencia		
Lugar	Jerusalén							
Tiempo	Aproximadamente 432-425 A.C.							

30 *Corazones de Piedra / Malaquías 1-4*

*Corazón
del
pasaje:
Mala-
quías 1-4*

📖 **Resumen:** Malaquías baja el telón de la profecía del Antiguo Testamento. Malaquías el profeta y Nehemías el constructor fueron contemporáneos, y los problemas que enfrentó Nehemías fueron la base de los sermones que Malaquías predicó. Sacerdotes corruptos, matrimonios mixtos, conciencias endurecidas —estas eran las condiciones cuando Malaquías escribió—. Empleando un estilo de preguntas y respuestas, Malaquías señala la arrogancia e insensibilidad del pueblo de Dios. Sus penetrantes palabras de juicio son seguidas por 400 años de silencio, durante los cuales la voz profética de Dios no se oye más. Pero el último libro del Antiguo Testamento sirve de enlace al primer libro del Nuevo, donde Juan el Bautista rompe el silencio al declarar: "Preparad el camino del Señor" (Mateo 3:3).

Capítulo 1	Capítulo 2	Capítulo 3	Capítulo 4
Pecados de los sacerdotes	Pecados del pueblo	Día de retribución para el pueblo	Día del Señor
Corazones endurecidos			Corazones tiernos

*El evan-
gelio no
es discu-
sión ni
debate;
es un
anuncio.*

🗲 **Tu andar diario:** Hoy leerás los últimos de los 929 capítulos, 23.214 versículos, y aproximadamente 592.439 palabras con 2.728.100 letras del Antiguo Testamento (KJV, versión inglesa). ¡Felicidades! Has llegado a un punto importante en tu meta de dominar la Palabra de Dios... y dejar que ella te domine a ti.

Malaquías concluye el Antiguo Testamento con un recordatorio final de que el problema del pecado debe ser resuelto. Mañana, al comenzar a leer el Nuevo Testamento, descubrirás la provisión de Dios para la enfermedad del pecado de la humanidad —Cristo el Mesías—. Quizás ya hayas oído y respondido a esas buenas nuevas para ti. Si no, ¿qué mejor tiempo que ahora mismo para poner tu confianza en el Salvador? Luego invita a un amigo no creyente a unirse a ti en tu andar diario a través del Nuevo Testamento. Es también una manera maravillosa de guiar a otros a tu Salvador.

📝 **Percepción:** Y ahora una palabra de nuestro Creador
De los 55 versículos de Malaquías, 47 son dichos por Dios —la proporción más alta de cualquier libro profético—. Malaquías es también el único profeta que termina su libro con una nota de juicio más bien que esperanza (nota la palabra final del libro) una conclusión apropiada para el Antiguo Testamento porque enfatiza la condición pecaminosa de la humanidad y prepara el escenario para la solución de Dios en la persona del Mesías.

Mateo

Mateo narra la preparación y proclamación de Jesús como el Mesías de Dios (el Ungido) al pueblo de Israel. La oposición a su ministerio crece cuando los líderes religiosos niegan Sus atribuciones y repudian Sus milagros, lo que hace que Jesús se vuelva hacia Sus discípulos. Mediante milagros, parábolas, y sermones, los prepara para el clímax de Su ministerio terrenal —Su muerte sacrificial, sepultura y resurrección—. Previo a su ascensión, Jesús comisiona a sus discípulos para continuar la obra que El había comenzado.

Enfoque	Preparación				Proclamación			
Divisiones	LLegada del Mesías	Enseñanzas del Mesías	Sanidades del Mesías	Reacciones hacia el Mesías.	Sermones del Mesías	Parábolas del Mesías	Profecías del Mesías	Obra terminada del Mesías
	1 4	5 7	8 11	12 15	16 19	20 23	24 25	26 28
Tópicos	Enseñando a todos los hombres				Enseñando a 12 hombres			
	Aceptación creciente				Antagonismo creciente			
Lugar	Belén/Nazaret			Galilea			Jerusalén	
Tiempo	4 A.C.-33 A.D.							

1 *Llegada del Mesías / Mateo 1-4*

Corazón del pasaje: Mateo 1:18-25; 3:13-4:11

Resumen: Mateo comienza su evangelio con un registro genealógico de Jesucristo. Pero este comienzo es más que meramente una tabulación de nombres, pues la palabra *genealogía* puede significar también "génesis". El libro de Génesis, en el Antiguo Testamento, traza la creación del universo y del hombre; ahora Mateo muestra que el advenimiento de Jesús inaugura una "nueva creación". Desde el llamamiento de Abraham, Dios ha estado preparando Su gran plan de redención. Jesús, el Mesías profetizado, cumple las promesas del Antiguo Testamento en cada faceta de Su vida: anunciación, nacimiento, niñez, bautismo, y crianza.

Capítulo 1	Capítulo 2	Capítulo 3	Capítulo 4
Ascendencia de Jesús	Nacimiento de Jesús	Enseñanza de Juan	Tentación de Jesús
Venida del Mesías		Carácter del Mesías	

Fe es el punto de partida de la obediencia.

Tu andar diario: ¿Cuán obediente eres a la dirección divina?

En una escala de obediencia del 1 al 10 (siendo 1 "consecuentemente desobediente, y 10 "consecuentemente obediente"), ¿cómo te evaluarías?

La lectura de hoy abunda en ejemplos de la importancia de la obediencia. La genealogía del capítulo 1 relumbra con los nombres de aquellos que obedecieron a Dios en tiempos de decadencia espiritual: Abraham, Rut, David, Ezequías, Josías, José. El capítulo 3 describe el ministerio de Juan el Bautista al predicar el mensaje de arrepentimiento y de dar fruto —un mensaje que demanda obediencia inclaudicable. En el capítulo 4, Jesús fue obediente a la voluntad y Palabra de Dios, antes que acceder a la sutileza de las tentaciones de Satanás.

¿En qué área de tu vida está Dios hablándote de la obediencia? Una cosa es *saber* lo que Dios quiere que hagas; y otra es hacer de la *obediencia* un imperativo en tu programa diario. En el margen, o en un pedazo de papel, escribe los actos de obediencia realizados por tres personas diferentes en la genealogía (por ejemplo, Abraham obedeció a Dios al salir de Ur). Ahora añade tu nombre a la lista, junto con un hecho de obediencia que harás por fe hoy.

Percepción: El impacto mundial de la aparición del Mesías

La venida de Cristo tuvo importancia, no sólo para los judíos, sino también para los gentiles. Nota las cuatro mujeres extranjeras en la genealogía en el capítulo 1, los sabios de oriente, y los gentiles seguidores de Cristo en 4:25.

Libros históricos del Nuevo Testamento

Epístolas paulinas: individuales			
1 Timoteo	2 Timoteo	Tito	Filemón

Epístolas paulinas: iglesia	*Me ha parecido también a mí ... escribírtelas.... Para que conozcas la verdad de las cosas. (Lucas 1:3-4)*	Epístolas no paulinas y Apocalipsis
2 Tesalonicenses		Hebreos
1 Tesalonicenses		Santiago
Colosenses		1 Pedro
Filipenses		2 Pedro
Efesios		1 Juan
Gálatas		2 Juan
2 Corintios		3 Juan
1 Corintios		Judas
Romanos		Apocalipsis

Hechos			
Mateo	Marcos	Lucas	Juan.

Libros Históricos

Cinco libros históricos comprenden el fundamento del Nuevo Testamento. Los primeros cuatro, colectivamente conocidos como los Evangelios, presentan una vislumbre en cuatro dimensiones de Jesucristo.

Mateo, un judío, dirige sus palabras a un público judío, mostrándole por las profecías del Antiguo Testamento que Jesús es su prometido Rey y Mesías. Marcos procura alcanzar a un auditorio romano con las buenas nuevas de Jesús, el Siervo Perfecto que ha venido a ministrar a las necesidades espirituales y físicas de la humanidad. Lucas el médico presenta a Jesús como el Hombre Perfecto, que busca y salva a los perdidos. Juan proyecta su mensaje a toda la humanidad, mostrando por los milagros y mensajes de Jesús que El es claramente el Hijo de Dios.

El quinto libro histórico es Los Hechos de los Apóstoles, que muestra lo que ocurre cuando hombres y mujeres fortalecidos por el Espíritu toman en serio su encomienda de ser testigos del Salvador resucitado.

2 Enseñanzas por el Mesías / Mateo 5-7

Corazón del pasaje: Mateo 5:1-20; 7:1-20

Resumen: Todos los candidatos para cargos públicos deben presentar una plataforma ideológica sobre la cual fundamentan su campaña. Jesús reclamaba ser el Mesías, el Rey de los judíos. La sección que leerás hoy, tradicionalmente llamada el Sermón del Monte, presenta Su "plataforma" —Su declaración del cielo (5:3, 10).

La relación con Dios (no simplemente adherencia a un ritual) y la actitud interior (no meramente acción externa), constituyen el centro del mensaje de Cristo. Sólo si construimos sobre el fundamento verdadero que Dios ha provisto (7:24-27) podemos vivir un estilo de vida de justicia que exceda la de los escribas y fariseos (5:20).

Capítulo 5	Capítulo 6	Capítulo 7
Requisitos justos	Asegurando relaciones	Respuestas correctas
Cómo caminar	Cómo adorar	Cómo hacer la voluntad de Dios

Por mucho que hayan alcanzado los filósofos, sólo Jesús practicó absolutamente lo que predicó.

Tu andar diario: *"No juzguéis, para que no seáis juzgados"* (7:1). *"Así que, por sus frutos los conoceréis"* (7:20). ¿Cómo puedes conciliar estas declaraciones que parecen contradictorias? ¿Cuál es el criterio que Jesús está tratando de establecer?

Juzgar (7:1) tiene en mente el vincular motivos a las acciones de otra persona. Puedes concluir que tu vecino es vulgar, amigable o entremetido, atento a detalles o quisquilloso... dependiendo de los motivos que tú le atribuyes. Juicios rápidos y motivos mal entendidos sólo conducen a la misma clase de tratamiento como respuesta a esa actitud.

En contraste, tú tienes la responsabilidad cristiana de ser un *"inspector de fruto,"* para evaluar tus acciones (y las acciones de otros) a la luz de las normas objetivas de la Palabra inspirada de Dios (7:20), y de ajustar a ellas tu comportamiento. Busca un fruto para morder al leer Mateo 7:1-5, 15-20; y al hacerlo, si hallas evidencia de fruto que no pertenece a tu vida, pide a Dios que te ayude a podar tus actitudes y acciones.

Percepción: Los "ojos" lo tienen.

En la Biblia el ojo es a menudo un símbolo de cualidades morales. El ojo no sólo es el órgano de la vista, sino que también es "abundante" o generoso (Proverbios 22:9); orgulloso (Isaías 5:15); "lleno de adulterio" o codicioso (2 Pedro 2:14); capaz de experimentar compasión (Deuteronomio 7:16). El ojo bueno de Mateo 6:22 está puesto en Dios, mientras que la persona con ojos malos trata de mirar a Dios y al mundo simultáneamente lo cual le impide ver con claridad.

El Sermón del Salvador 3

🔙 Da un paso atrás

En el Evangelio de Mateo encontramos seis secciones de enseñanzas de Jesucristo: el Sermón del Monte (capítulos 5-7); la comisión
de los Doce (capítulo 10); las parábolas del reino (capítulo 13); la
enseñanza acerca de la grandeza (capítulo 18); los ayes de los fariseos
(capítulo 23); y el discurso en el monte de los Olivos (capítulos 24-25).

Lectura
bíblica:
Mateo
6:9-13

Cada uno brinda ideas ricas del mensaje de vida que El dio. Más
aun, el mensaje que más extensamente describe la vida auténtica del
reino es el primero —el que llamamos Sermón del Monte.

Este sermón —que tú leíste ayer, es un cuadro del estilo de vida
de un verdadero súbdito del Rey, un estilo de vida que demuestra
mediante palabra y hechos los caminos del Señor en la vida de Sus
discípulos.

En esta sección, Cristo muestra la senda de la verdadera felicidad que debemos seguir y la senda de destrucción que debemos evitar.
El describe la manera correcta e incorrecta de orar, ayunar, dar, y vivir.

Aunque este sermón de Cristo se extiende por tres capítulos
en Mateo, no obstante son sólo 107 versículos. En él, Jesús plantea
verdades poderosas acerca de la felicidad, adulterio, asesinato, perdón,
divorcio, juramento, retribución, hipocresía, oración, ayuno, y mucho
más.

En efecto, si el Sermón del Monte fuera la única porción de la
Escritura disponible para ti, podrías pasar el resto del año —si no el
resto de tu vida aplicándola en tu vida diaria.

⬆️ Mira Arriba

Toma el tiempo hoy para leer otra vez Mateo 6:9-13 —la Oración
del Señor. Pero en esta ocasión, no la leas rápido como parte de tu
lectura diaria y no permitas que su familiaridad drene el significado
de las palabras.

Antes de
juzgar
un ser-
món, ase-
gúrese de
probarlo
y poner-
lo en
práctica.

Presta atención a cada aspecto y cada palabra, y considera de
nuevo lo que Cristo está diciendo a través de esa oración. Entonces
déjala que te impulse a un tiempo de comunión personal con tu
Maestro.

➡️ Sigue adelante

En una tarjeta, escribe el versículo del Sermón del Monte que
realmente tocó tu corazón cuando lo leíste.

En el otro lado de la tarjeta, completa esta oración: "Sobre la
base de este versículo, Cristo me está llamando hoy [¿a qué?], y con Su
ayuda, lo haré". Esa es una buena manera de traducir un sermón
hablado en un sermón vivo.

4

Sanidades por el Mesías / Mateo 8-11

Corazón del pasaje: Mateo 8, 10

Resumen: Mateo concentra 10 milagros en los capítulos 8 y 9 que demuestran el poder de Jesús sobre enfermedades, las fuerzas de la naturaleza, y el mundo espiritual. Cristo entonces da el mismo poder y autoridad a sus apóstoles y los envía como mensajeros del reino. Primero los instruye cómo actuar, luego les advierte de los peligros que enfrentarán al aceptar el llamado al discipulado. Cuando las nuevas del encarcelamiento de Juan llegan a Jesús, El, públicamente honra a Juan como mensajero y profeta de Dios. Aquel a quien Juan había señalado, ahora invita a todos los que están cargados a encontrar descanso en El.

Capítulos 8-9	Capítulo 10	Capítulo 11
Poder divino demostrado	Autoridad divina delegada	Autoridad divina rechazada
Milagros	Mensajeros	Miserias venideras

Cuesta seguir a Jesucristo, pero cuesta más no hacerlo.

Tu andar diario: Piensa en los días de tu niñez y trata de recordar a algún personaje del mundo de los deportes o del espectáculo a quien deseabas parecerte cuando crecieras. Escribe ese nombre en el margen. Luego debajo, escribe alguna de las cosas que hiciste para que tu vida fuera como ese "ídolo de la infancia"; su manera de vestir, caminar, y hablar.

Sin saberlo, llegaste a ser "discípulo" de esa gran personalidad, un seguidor y un aprendiz de todo lo que él o ella hizo y dijo. Cada presentación en la TV, cada palabra, cada manerismo vino a ser un objeto de interés intenso para ti en tu afán de ser como aquella persona... para modelar tu vida de acuerdo a ese patrón.

¿Ayuda eso a clarificar lo que significa ser un discípulo de Jesucristo? Busca los siguientes versículos para ver qué otras cosas dice Mateo sobre el compromiso y devoción que Cristo demanda de todos los que lo seguirían y aprenderían de El hoy: 8:19-22; 10:35-38. Entonces completa esta descripción de trabajo de tu responsabilidad como un discípulo: "Mi papel como discípulo de Jesús es..."

Percepción: El "mover" que todo cristiano debe hacer

Repetidamente Mateo menciona que Jesús "fue movido a misericordia" (9:36; 14:14; 15:32; 20:34). Misericordia bíblica es ver la necesidad de alguien a tu alrededor, y luego hacer algo al respecto. Es darse cuenta que, aunque tú no puedes hacerlo todo, sí puedes hacer algo —y con la ayuda de Dios harás lo que puedas—. ¿Qué *harás*?

Reacciones hacia el Mesías / Mateo 12-15   5

🔺 **Resumen:** El momento crucial en el Evangelio de Mateo ocurre en el capítulo 12. El antagonismo cada vez más creciente de los líderes religiosos judíos explota en denuncia abierta contra Jesús. Atribuyendo Sus milagros al poder de Satanás, demandaron aun otra señal que justificara los reclamos mesiánicos de Jesús. Por su rechazo, por la dureza de su corazón, Jesús comienza a hablarles en parábolas —historias de la vida diaria cuyo profundo significado espiritual es explicado únicamente a sus discípulos—. Después de una ruda recepción en Su propio pueblo, Nazaret, Jesús cruza el mar de Galilea a las regiones de Tiro y Sidón para escapar de la creciente oposición.

Corazón del pasaje: Mateo 12, 14

Capítulo 12	Capítulo 13	Capítulos 14-15
Rechazo por los líderes	Instrucción a los discípulos	Panes multiplicados para la multitud
Fariseos	Parábolas	Provisiones

📝 **Tu andar diario:** Cuando alguien se siente particularmente emocionado por una actividad o logro, a menudo tú oyes la expresión, "¡Perdió la cabeza con eso!" ¿Te has preguntado dónde se originó esa frase?

Una conciencia remordida debe llorar con dolor.

¡Una sugerencia es Mateo 14! Allí leerás el final trágico de la vida de Juan el Bautista, que "perdió su cabeza" por denunciar la conducta inmoral del rey en el palacio. Juan, el inflexible declarador de la justicia de Dios, se paró sin temor ante Herodes Antipas, con su dedo acusador señaló al adúltero tetrarca y declaró: "No te es lícito tener [bajo la ley romana o divina] la mujer de tu hermano (14:4). Herodes estaba horrorizado (14:5); su mujer estaba enfurecida; y por la acusación de Juan, el profeta de Dios fue decapitado.

Todo lo que se necesita para que el mal prospere es que los hombres buenos no hagan nada. Asuntos morales están en primera plana: aborto, pornografía, homosexualidad. La Biblia no está callada acerca de estas cosas; ¿está usted?

Primero, haz tu tarea en las páginas de la Palabra de Dios. (¡Una concordancia será de ayuda!) Luego deja oír tu voz a favor del bien y por Dios esta semana.

📷 **Percepción:** Mateo —Mucho del Antiguo en el Nuevo
Repetidamente en Mateo encontrarás la frase, "para que se cumpliese lo que fue dicho por el profeta" o su equivalente. ¿Puedes encontrar esas declaraciones en la sección de hoy?

6 *Sermones del Mesías / Mateo 16-19*

Corazón del pasaje: Mateo 16

 Resumen: Mateo describe muchos incidentes cruciales de la vida de Jesús en estos cuatro capítulos. Aunque Cristo toma tiempo para sanar a un muchacho epiléptico, pagar Sus contribuciones al templo, y confrontar la creciente hostilidad de los fariseos, es evidente que su interés principal se vuelca hacia Sus discípulos —aquellos que pronto continuarían el trabajo que El había comenzado—. Sanidades y discursos, milagros y parábolas, todo enfocado hacia los seguidores de Jesús a fin de prepararlos para los días difíciles que se avecinaban.

Capítulo 16	Capítulo 17	Capítulo 18	Capítulo 19
Predicación del Rey concerniente a...			
Su iglesia	Su muerte	Su gloria	Los perdidos	La familia
1 20	21 28		
Descubriendo la identidad de Cristo		Descubriendo las prioridades de Cristo	

Por un Carpintero la humanidad fue hecha, y sólo por el Carpintero puede la humanidad ser rehecha.

Tu andar diario: Imagínate por un momento que eres Jesús de Nazaret. En el término de un año tu vida y ministerio terrenal terminará. Tus seguidores —un grupo desigual de pescadores, políticos, y profesionales— será todo lo que dejas para continuar el trabajo que comenzaste. Personas como Pedro (quien generalmente necesitaba tres recordatorios antes de aprender su lección), Santiago, y Juan (los de temperamento fuerte "hijos del trueno") Tomás (el incrédulo del grupo).

Pregunta: ¿Cuán optimistas serían tus espectativas de que la tarea de llevar las buenas nuevas a un mundo necesitado sería alacanzada? Más aún, hoy leerás algunas de las palabras más significativas jamás dichas por nuestro Señor: *" Edificaré mi iglesia; y las puertas del Hades no prevalecerán contra ella" (16:18).* A través de los siglos, a pesar de la persecución y dispersión, del ataque satánico y fracaso humano, la iglesia de Jesucristo ha continuado. ¿Por qué? Porque es el vehículo de Dios para llevar el mensaje de vida a un mundo moribundo.

Ahora, ¿cuán optimista estás *tú* de que lo que Dios comenzó, El intenta completarlo? Dios tiene todos los recursos que tú necesitas para hacer la labor por la cual El te ha dejado aquí en el planeta tierra. Una sola cosa falta: tu disposición, y solamente tú puedes proveer eso.

Percepción: El camino de la Cruz —gemido y gloria
Siguiendo la confesión de Pedro que Jesús es el Cristo (16:16), note cómo Jesús cuidadosamente une las experiencias de sufrimiento y gloria en la sección que sigue. Reales en la vida del Señor, también lo serían en la vida de Sus seguidores.

Parábolas del Mesías / Mateo 20-23

7

Resumen: La confesión dramática de Pedro en que reconoce a Jesús como "el Cristo, el Hijo del Dios viviente" (16:16) es seguida por una declaración con alusiones siniestras: "Desde entonces comenzó Jesús a declarar a sus discípulos que le era necesario ir a Jerusalén y padecer mucho de los ancianos, de los principales sacerdotes y de los escribas, y ser muerto y resucitar al tercer día" (16:21). Después de preparar a Sus discípulos para los eventos inesperados que se avecinaban, Jesús comienza su viaje final a Jerusalén. Recibiendo la bienvenida de un héroe, es saludado como Rey al entrar humildemente en la ciudad. Es la última semana de Cristo en la tierra —la semana que el mundo nunca olvidaría.

Corazón del pasaje: Mateo 20:17-28; 21:1-17

Capítulo 20	Capítulo 21	Capítulo 22	Capítulo 23
Posición ante el Rey	Presentación del Rey	Parábolas del Rey	Pronunciamientos del Rey
Discípulos presuntuosos	Señor humilde	Fariseos inútiles	

Tu andar diario: Al leer a través de la sección de hoy, observa las tres reacciones diferentes a las palabras de Cristo: desatención, irritación, y obediencia al instante. (¿Cuál te caracteriza a ti?)

Los discípulos no estaban *atentos*. Tres veces Cristo les describió lo que le iba a suceder al llegar a Jerusalén (16:21; 17:22-23; 20:17-19); sin embargo, ellos fallaron en escuchar Sus palabras.

Los fariseos estaban *irritados*. Ser el blanco del sermón de alguien nunca es muy cómodo (21:45-46), especialmente cuando el predicador los llama "guías ciegos," "hipócritas," "sepulcros blanqueados" (23:24, 27). Más bien que cambiar sus formas, ellos trataron de callar al predicador.

Los ciegos fueron *obedientes* al instante. Ellos escucharon a Cristo, reconocieron Su autoridad, admitieron su necesidad, y respondieron a Su llamado. Como resultado, recibieron la visión.

Escoge un versículo de la sección de hoy que hayas ignorado, o que encuentras irritante. ¿Cómo hubieran respondido los dos ciegos? ¿Cómo responderás *tú*? ¿*Cuándo* responderás?

Un hombre puede ir al cielo sin salud, riquezas, honor, instrucción, o amistades; pero nunca podrá ir sin Cristo.

Percepción: Verdaderamente citas citables

La sección de hoy contiene por lo menos nueve citas del Antiguo Testamento (¿cuántas puedes encontrar tú?). En total, el Evangelio de Mateo contiene alrededor de 130 alusiones y citas de pasajes del Antiguo Testamento —más que ningún otro libro del Nuevo Testamento.

8 Profecías del Mesías / Mateo 24-25

Corazón del pasaje: Mateo 24:36-51; 25:14-30

Resumen: El magnífico templo de Herodes captó la atención de todos los que pasaban. Comentando sobre su belleza y esplendor, los discípulos prepararon el escenario para el discurso de Jesús en el monte de los Olivos —una visión profética de eventos futuros—. El insta a Sus seguidores a esperar con expectación paralela a un servicio fiel; porque, a pesar de las señales de Su venida, el retorno de Cristo será sin anunciar. Su venida traerá venganza sobre Sus enemigos, juicio sobre las naciones, y recompensas para Sus seguidores.

Capítulo 24		Capítulo 25	
Ayes venideros	Advertencias venideras	Parábolas de juicio	Preparación para escapar del juicio
1 31	32 51	1 30	31 36
Eventos	Expectaciones	Ejemplos	Exhortaciones

El regreso del Señor, es el argumento más grande de la Biblia para una vida dedicada al servicio.

Tu andar diario: ¿Has observado alguna vez a un niñito en un aeropuerto esperando la llegada de sus abuelos, o el regreso de su padre de un viaje de negocios? ¿Cómo expresaba ese niño su ansiosa expectación? Tal vez se paraba en puntillas... alzaba la cabeza para mirar mejor... empujaba a las otras personas tratando de situarse en una mejor posición. Cada fibra de su ser gritaba el mensaje, "¡Alguien muy especial viene; y quiero estar preparado para cuando llegue!"

Los cristianos deben ser gente caminando en puntillas, anticipando el regreso del Señor (2 Timoteo 4:8). Además de expectación vigilante, se te ha mandado a "Negociad entre tanto que vengo" (Lucas 19:13). Anticipar Su venida no es excusa para descuidar las necesidades físicas o espirituales del mundo que te rodea. Tu labor mientras tanto es ser "sal de la tierra" y la "luz del mundo" —haciendo que otros tengan sed por Dios (sal) y luego guiándolos a El (luz)—. Piensa en una persona cuya vida puedes "salar y alumbrar" para la gloria de Dios hoy. Recuerda, un poquito de sal hace mucho, ¡pero solamente cuando la riegas alrededor!

Percepción: La piedras que quedaron solas
La predicción de Cristo que "no será dejada piedras sobre piedra" del magnífico templo de Herodes (24:2) se cumplió al pie de la letra. En el año 70 A. D., los soldados romanos, en su ansiedad por recobrar el oro derretido que se hallaba entre las piedras del templo, lo quemaron y el templo fue derribado literalmente piedra por piedra, y después lo tiraron al valle... exactamente como Jesús lo había predicho.

La obra consumada del Mesías
Mate8 26-28

9

📖 **Resumen:** Los eventos ocurridos durante los últimos dos días de la vida terrenal de Jesús reflejan la sombra de la cruz. Todo lo que El dice y hace anuncia ese símbolo de vergüenza, sacrificio, y salvación. La unción en Betania, la observación de la Pascua, la Cena del Señor y la oración en Getsemaní. Jesús es arrestado y juzgado, primero por los judíos, luego por los romanos; El es condenado, ejecutado, y puesto en una tumba. Pero la historia no termina ahí. Triunfante y glorioso, Jesús sale de esa tumba en el poder de la resurrección. En verdad, el Rey de los judíos vive de nuevo, un mensaje de Buenas Nuevas que Sus seguidores están comisionados a compartir.

Corazón del pasaje: Mateo 27:15-28:20

Capítulo 26	Capítulo 27	Capítulo 28
Cristo arrestado	Cristo ejecutado	Cristo resucitado
Cordero sacrificial		Señor glorificado

✍️ **Tu andar diario:** La cruz de Jesucristo ha sido llamada "el punto de apoyo de la historia cósmica". El destino eterno de cada ser humano gira en la relación personal con Jesús y Su obra en la cruz.

Al leer la sección de hoy, piensa profundamente acerca de la crucifixión de Jesús y su significado. ¿Puedes decir con Pablo, "Pero lejos esté de mí gloriarme, sino en la cruz de nuestro Señor Jesucristo, por quien el mundo me es crucificado a mí, y yo al mundo" (Gálatas 6:14)?

Luego piensa en lo que la cruz significa para tus vecinos, amigos, miembros de la familia, compañeros de trabajo. ¿Estás seguro de que cada uno de ellos ha venido al pie de la cruz en fe y recibido la salvación que sólo Jesús puede proveer? Si no, ¿cómo puedes ser el instrumento que conduce a cada persona al Calvario hoy?

Puede ser a través de una llamada por teléfono, una carta, una invitación a almorzar, una reunión en la noche. Pide a Dios que prepare el corazón, la puerta para la oportunidad, y que te dé el denuedo para compartir el mensaje del evangelio que cambia la vida. ¡Este es tu privilegio!

De la muerte de Cristo fluyen todas nuestras esperanzas.

📖 **Percepción:** La fragancia de gratitud

A través de las tierras bíblicas, era común el aceite y suavizador de la piel para todos los niveles de la sociedad. Sin embargo, las personas adineradas tenían perfumes y ungüentos caros. La mujer de Mateo 26:7 ungió a Jesús con un perfume de aceite preciado que costaba casi el salario de un año —espléndido gesto de amor por las normas de cualquiera.

Marcos

E l Evangelio de Marcos capta el propósito doble de la venida de Cristo a la tierra: "para servir, y para dar su vida en rescate por muchos" (10:45). Marcos describe a Jesús como el Siervo Perfecto, enfatizando más las acciones de Jesús (nota cómo se repiten términos como luego, en seguida, etcétera.), y da atención más breve a Sus enseñanzas. Marcos es un libro de acción, no palabras, dirigido a un auditorio romano. Se explican las costumbres judías mientras la narración se desarrolla rápidamente hasta la culminación de la vida y ministerio terrenales de Jesús.

Enfoque	Siervo			Sacrificio	
Divisiones	Siervos del Siervo	Servicio del Siervo	Dichos del Siervo	Sermones del Siervo	Sufrimientos del Siervo
	1 3	4 7	8 10	11 13	14 16
Tópicos	El Hijo del Hombre en acción			El Hijo del Hombre en la cruz	
	Un ejemplo vivo			Un Salvador que muere	
Lugar	Galilea y Perea			Judea y Jerusalén	
Tiempo	29-33 A.D.				

La veniaa del Siervo / Marcos 1-3

10

📖 **Resumen:** Marcos comienza su evangelio sin genealogía, narración de nacimiento, o prólogo. Yendo directo al corazón de su mensaje, comienza con el ministerio de Juan el Bautista, el precursor que prepararía el camino para el ministerio de servicio de Jesús. Todo el énfasis de Marcos es en las *obras* de Cristo, en vez de en Sus *palabras*, como conviene a un Siervo. Numerosos milagros de sanidad y exorcismo preceden al llamamiento personal de cinco discípulos —Andrés, Pedro, Jacobo, Juan, y Mateo— y a Su elección de los otros siete discípulos.

Corazón del pasaje: Marcos 1:1-2:17

Capítulo 1	Capítulo 2	Capítulo 3
El Siervo anunciado	El Siervo activo	El Siervo asistido
"¡Seguidme!"	"¡Creed en mí!"	"¡Estad conmigo!"

✒️ **Tu andar diario:** A través de los siglos artistas han tratado de captar en papel o lienzo la posible apariencia de Jesucristo cuando Él caminó sobre la faz de la tierra. ¿Tienes alguna representación artística favorita? ¿Por qué te gusta esa? ¿Puedes pensar en un versículo de la Escritura que te dé una clave acerca de la apariencia de Jesucristo?

En la lectura de hoy, en el Evangelio de Marcos, se indica algo al respecto. Jesús era un hombre de fortaleza y energía extraordinarias. El mantuvo un programa activo de servicio a Dios. Y sin embargo, estaba sujeto a todas las limitaciones humanas con las cuales tú luchas: hambre (Mateo 4:2), sed (Juan 19:28), fatiga (Juan 4:6). ¿Cómo podía El mantener tal ritmo de actividad? ¿Cuál era Su "secreto de éxito en el servicio"?

Primero, *El estaba investido del poder del Espíritu Santo* (Marcos 1:10,12) —el mismo Espíritu Santo que te fortalece a ti como hijo de Dios hoy (1 Corintios 6:19-20; Hechos 1:8)—. Segundo, *El se fortalecía diariamente por la oración* (Marcos 1:35). El sabía que mientras más actividades hubiera en Su programa en el servicio de Dios, mayor era la necesidad de oración. Mira tu agenda de actividades de hoy. ¿Está demasiado cargada para dar lugar a la oración? Entonces está más cargada de lo que Dios desea. Comienza hoy y cada día de rodillas.

Intentar alguna obra para Dios sin oración es tan inútil como tratar de lanzar una sonda espacial con una cerbatana.

✒️ **Percepción:** El lenguaje de la urgencia

El relato de Marcos ha sido llamado "el evangelio de la acción" por su continuo empleo del lenguaje de la inmediatez. En los tres capítulos que leíste hoy, Marcos usa expresiones como *luego, inmediatamente, en seguida* un total de 15 veces. ¿Las puedes localizar todas?

11 La misión del Siervo / Marcos 4-7

Corazón del pasaje:
Marcos 4:1-5:20

Resumen: Una cosa es atribuirse grandes facultades a sí mismo; y otra cosa es respaldar esas atribuciones con pruebas convincentes. Tanto por sus palabras (parábolas) como por sus obras (milagros), Cristo proclama su verdadera identidad a sus discípulos y a las multitudes. Al principio sus seguidores más allegados están asombrados de Su poder y autoridad, y se preguntan: "¿Quién es éste, que aun el viento y el mar le obedecen?" (4:41). Pero pacientemente —mediante los milagros de exorcismo, sanidad, y aun resurrección de muertos— el Siervo Maestro obra para convencer a sus seguidores de la naturaleza de Su persona y misión.

Capítulo 4	Capítulo 5	Capítulo 6	Capítulo 7
Calmando la tempestad	Expulsando demonios	Enviando a los discípulos	Extendiéndose a los gentiles
"Calla"	"Vete a tu casa"	"Salid"	"Ve"

Si Cristo está en tu casa, tus vecinos pronto lo sabrán.

Percepción: El milagro que transformó diez ciudades
El endemoniado gadareno estaba desnudo y furioso antes de su encuentro con Cristo. Pero después, estaba "sentado, vestido y en su juicio cabal" (5:15) —una transformación que no pasó inadvertida para sus paisanos (5:10-20).

Tu andar diario: La semana pasada leíste acerca del joven rico (Mateo 19:16-22), un rico que buscaba a Dios que vino a Jesús y solicitó ser uno de Sus discípulos. Jesús le dijo que primero considerara el costo. El joven lo hizo... y no estuvo dispuesto a pagar el precio. Su oro había llegado a ser su Dios.

Hoy conocerás a otro que quería ser uno de los compañeros de viaje de Jesús. El estaba dispuesto a dejar todo para seguirle, ¡pero esta vez Jesús le dijo que no (5:18-20)! El caso no fue: "¿Llenas los requisitos para ser mi discípulo?" (¡él los llenaba!), sino más bien: ¿Estás dispuesto a ir adonde te envíe?" (¡él lo estaba!) Para el que había estado poseído por demonios, el llamado de Dios fue de *ir* a su casa y *quedarse* —para publicar en Decápolis "cuán grandes cosas había hecho Jesús con él" (5:20)—. Y por estar dispuesto a ser un testigo en el lugar donde vivía, 10 ciudades fueron impactadas con el evangelio de Jesucristo.

¿Ha sido tu vida transformada por el milagroso Jesús? Si es así, ¿estás dispuesto a ir a tu hogar... y decirles a tus familiares y amigos "cuán grandes cosas el Señor ha hecho contigo" (5:19)? ¿Dónde y en qué situaciones puedes ser un testigo hoy?

Vislumbres de Cristo de los cuatro Evangelios

	MATEO	MARCOS	LUCAS	JUAN
Cristo presentado como	Rey profetizado	Siervo obediente	Hombre perfecto	Hijo de Dios
Audiencia original	Judíos	Romanos	Griegos	Todos los pueblos
Palabra clave	"Cumplido"	"Derecho"	"Hijo de Hombre"	"Creer"
Verso clave	21:5	10:45	19:10	20:31
Rasgo principal	Sermones	Milagros	Parábolas	Enseñanzas
Orden del material	Tópico	Cronológico	Cronológico	Tópico
Tono	Profético	Práctico	Histórico	Espiritual
Porcentaje hablado por Cristo	60%	42%	50%	50%
Citas del Ant. Testamento	53	36	25	20
Alusiones al Ant. Testamento	76	27	42	105
Material único	42%	59%	7%	93%
División amplia	Evangelios sinópticos (humanidad de Cristo)			Evangelio suplementario (deidad de Cristo)

12 *Magnificencia del Siervo / Marcos 8-10*

Corazón del pasaje: Marcos 9

Resumen: Al aumentar la oposición al ministerio de Cristo, ya no hay seguridad para que él se mueva libremente en Galilea: Así que Jesús atraviesa las regiones de Decápolis, Cesarea de Filipo, y Perea, evitando tanto a las multitudes, como los complots contra su vida maquinados por los líderes religiosos. En los últimos días de Su ministerio, Jesús comienza a preparar a Sus discípulos para el trágico viaje a Jerusalén que marcaría el final de Su vida terrenal —y el comienzo del papel de los discípulos como portadores de las buenas nuevas.

Capítulo 8	Capítulo 9	Capítulo 10
Lección de los panes	Presentación de poder	Predicando en Perea
"Tú eres el Cristo"	"Este es mi hijo"	"Jesús, Hijo de David"

El servicio es un don de amor a la gente que se comparte como gratitud por la dádiva del amor de Dios por ti.

Tu andar diario: *"Ahora vean —!Tengo mis derechos!"*

¡Correcto! Porque ser un siervo no quiere decir que tu no *tienes* derechos, sino que has dado gratuitamente lo que tienes en beneficio de otro. El verdadero servicio se fundamenta en el amor, no en la coerción.

Piensa en los derechos que Jesús poseía: El era el Hijo de Dios, Creador del mundo; "igual a Dios" (Filipenses 2:6); "en el principio con Dios" (Juan 1:2). No obstante, El escogió nacer en un establo —transcurrió Su vida, no enseñoreándose sobre reyes, sino alcanzando los pobres rechazados por la sociedad.

Aunque por derecho El podía haber gozado de los privilegios que le confería su realeza, El "no estimó ser igual a Dios, sino que se despojó tomando forma de siervo ... se humilló a sí mismo, haciéndose obediente hasta la muerte, y muerte de cruz" (Filipenses 2:7-8). Y haciendo eso, El estaba transfiriendo a sus discípulos el modelo de Sus propias instrucciones: "Si alguno quiere ser el primero, será el postrero de todos, y el servidor de todos" (Marcos 9:35).

¿Hay algún trabajo en tu hogar u oficina, iglesia o comunidad por el cual dejarías que alguien más tomara la responsabilidad —un trabajo que quizás piensas que no es para ti? En vez de esperar ser servido por otro, toma la iniciativa en servir como al Señor. Después de todo, el servicio es un don de amor hacia la *gente* que se comparte como gratitud por la dádiva del amor de Dios por *ti!*

Percepción: ¡Yo digo ... y yo digo ... y yo digo otra vez!

Si una declaración es importante, probablemente será repetida. Con eso en mente, observa los pasajes siguientes: 8:31; 9:31; 10:33. ¿Cuál supones que es el objetivo de la vida de Jesús revelado en esos versículos?

Ultima semana del Siervo / Marcos 11-13   *13*

 Resumen: La semana final de la vida terrenal de Jesús se vislumbra —ese período de tiempo que ocupa más espacio en los Evangelios que ninguna otra etapa del ministerio de Jesús.— Su llegada a Jerusalén coincide con la preparación de la Fiesta de la Pascua. Aunque los eventos suceden rápidamente, Jesús nunca está de prisa. Hay tiempo para limpiar el templo, observar a la viuda dar su contribución de dos blancas, y dar instrucciones finales a sus discípulos.

Corazón del pasaje: Marcos 11

Capítulo 11	Capítulo 12	Capítulo 13
Entrada triunfal	Encuentros problemáticos	Tribulación prevista
"Hosanna"	Herodianos	Horror

Percepción: Ocho días bajo el microscopio
Rasgos de la Semana de Pasión incluyen:
Domingo: Entrada triunfal; Jesús llora sobre Jerusalén
Lunes: Maldición de la higuera; limpieza del templo
Martes: La higuera seca; reto a la autoridad de Jesús
Miércoles: (no hay registro bíblico)
Jueves: Ultima Cena; oración en Getsemaní; traición de Judas
Viernes: Juzgado; negado; crucificado; enterrado
Sábado: La tumba vigilada
Domingo: Resurrección; aparece a los discípulos

Todos los gigantes de Dios han sido personas débiles quienes hicieron grandes cosas para Dios porque ellos sabían que El estaba con ellos.

Tu andar diario: ¿Eres un asistente a la iglesia sólo en "Navidad y Resurrección" -notable por tu *presencia* en Navidad y Resurrección y por tu *ausencia* el resto del año?

La multitud que seguía a Jesús en su entrada triunfal impresionaba - ¡a todos menos a Jesús! El sabía que era fácil coger una rama de un árbol, pero difícil tomar la cruz. Piensa en los siervos que te han sido fieles en su servicio. ¿Por qué no ministrar por lo menos a uno de ellos hoy tomando tiempo para escribir una nota de gratitud y estímulo?

Finalmente, solidifica tu propio compromiso para ministrar y servir memorizando esta enseñanza de la vida de Jesús. Se encuentra en forma de cápsula:

> "Y amarás al Señor tu Dios con todo tu corazón, y con toda tu alma, y con toda tu mente y con todas tus fuerzas. Este es el principal mandamiento. Y el segundo es semejante: Amarás a tu prójimo como a ti mismo. No hay otro mandamiento mayor que éstos" (Marcos 12:30-31).

341

14 Obra terminada del Siervo
Marcos 14-16

Corazón del pasaje: Marcos 15:24-16:20

Resumen: El tiempo ha llegado para Jesús demostrar la extensión completa de Su servicio. Pues el Cordero Pascual de Dios, por largo tiempo esperado ha llegado. Sus enemigos conspiraron contra El —traicionado por uno de sus seguidores más íntimos y negado por otro— juzgado y finalmente ejecutado, la vida de servicio de Jesús parece haber terminado. Pero en el más grande de los milagros, domingo de resurrección revela la tumba vacía, preparando el escenario para Jesús comisionar a Sus seguidores para llevar las buenas nuevas a todo el mundo.

Capítulo 14	Capítulo 15	Capítulo 16
Enseñando en el huerto	Tragedia en la cruz	Triunfo en la tumba
Arresto	Agonía	Ascención

La labor de los cristianos es hacer al Señor visible, inteligente, y deseable.

Tu andar diario: Judas el traidor, Pedro el negador. Y 10 otros hombres que "dejándole, huyeron" (14:50). Juntos componían los Doce —no exactamente un equipo "todo estrella" para llevar el mensaje a un mundo moribundo. ¿O lo eran?

Una leyenda antigua sugiere que Jesús, después de la resurrección y ascensión, fue recibido en las puertas del cielo por una hueste angelical que le preguntó: "Señor, dónde está Tu ejército?"

Señalando abajo al Monte de los Olivos de donde había ascendido, Jesús contestó: "Allá —¿los ven? *Ese* es mi ejército".

Sorprendidos y algo escépticos, los ángeles preguntaron: "¿Ese es tu ejército? Pero Señor, ¿y qué si te fallan?"

Jesús les respondió: "Si me fallan entonces todo lo que Yo he hecho —Mis milagros, Mi mensaje, Mi vida terrenal, Mi muerte sacrificial— será todo en vano. Pero ellos no me fallarán, porque Yo estoy con ellos".

El Señor que mandó a Sus seguidores, "Id por todo el mundo y predicad el evangelio a toda criatura" (16:15) es el mismo que dijo, "He aquí yo estoy con vosotros todos los días, hasta el fin del mundo" (Mateo 28:20). ¿Está alguno de ustedes sin trabajo? El Carpintero todavía está buscando colaboradores.

¡Solicite en oración ahora mismo!

Percepción: Vida de un Siervo, muerte de un Siervo

Cristo fue vendido por 30 piezas de plata —el precio de un esclavo común—. El fue ejecutado mediante crucifixión, como solamente los esclavos y criminales comunes lo eran. Aun en la muerte El fue modelo de siervo para todos los que le seguirían en la vida.

Lucas

L ucas presenta a Jesús como el Hombre perfecto que vino para salvar pecadores. Médico de profesión, basa su relato en una presentación cronológica de la vida de Jesús, trazando los dos temas gemelos de fe creciente y oposición creciente. Mientras los seguidores de Jesús son retados a contar el costo del discipulado, los que se oponen a El están tramando su muerte inmerecida. Pero su muerte y resurrección validan sus atribuciones, frustra a sus enemigos, y da poder a sus discípulos para continuar Su ministerio a un mundo perdido.

Enfoque	Adviento	Actividades		Antagonismo			Autenticación
Divisiones	Arribo del Hijo del Hombre	Autoridad del Hijo del Hombre	Ministerio del Hijo del Hombre	Admoniciones del Hijo del Hombre	Ilustraciones del Hijo del Hombre	Enseñanzas del Hijo del Hombre	Exitos del Hijo del Hombre
	1　　　　2	3　　6	7　　9	10　　12	13　　18	19　　21	22　　　24
Tópicos	Buscando al Señor					Salvando a los perdidos	
	Presentación		Predicación			Pasión	
Lugar	Nazaret y Galilea			Jerusalén			
Tiempo	5 A.C. - 33 A.D.						

15 *Llegada del Hijo del Hombre*
Lucas 1-2

Corazón del pasaje: Lucas 1:26-56; 2:1-20

Resumen: El doctor Lucas —médico, historiador, y escritor del relato del evangelio más largo (1.151 versículos)— declara su propósito al escribir en el principio de su libro: "Para que conozcas bien la verdad de las cosas en las cuales has sido instruido" (1:4). El comienza con los detalles que rodearon los nacimientos milagrosos de dos niños extraordinarios: Juan el precursor, y Jesús el Mesías.

Capítulo 1			Capítulo 2
Anunciación de Juan	Anunciación de Jesús	Nacimiento de Juan	Nacimiento de Jesús
1 25	26 56	57 80	
Juan el precursor			Jesús el Mesías

"El objeto de toda música debe ser la gloria de Dios, y agradable recreación".

Bach

Tu andar diario: ¿Has notado alguna vez cómo santos y cantos parecen ir juntos? Es difícil para el pueblo de Dios congregarse sin gozar espontáneamente la atmósfera de alabanza, gratitud, y adoración que trae consigo la música. Una característica de un creyente lleno del Espíritu es: "Hablando... con salmos, con himnos y cánticos espirituales, cantando y alabando al Señor en vuestros corazones" (Efesios 5:19). Aun si no puedes cantar, ¡todavía puedes proclamar las majestuosas alabanzas de Dios que están en tu corazón!

Cuando María dio a Elisabet las buenas nuevas acerca del Salvador que le iba a nacer, el resultado fue un cántico (1:46-55). Cuando Zacarías recuperó el habla tras declarar, inspirado por fe, el nombre de su hijo, no pudo menos que cantar (1:67-79). Cuando Jesús nació en Belén, las huestes celestiales proclamaron la noticia en un cántico (2:13-14).

¿Deseas cantar (o proclamar) las alabanzas de tu Señor en este momento? Entonces lee en alta voz los cánticos de María, de Zacarías, y de los ángeles, que se hallan en la lectura de hoy. Mejor aun, compón uno tú mismo. Alabar al Señor con cántico nunca está fuera de tiempo —¡aun si no tienes buen oído para la música!

Percepción: Los primeros capítulos de una pluma prolífica
¿Quién escribió más libros en el Nuevo Testamento? ¿Quién escribió más material en el Nuevo Testamento? Si crees que Pablo es la respuesta a la segunda pregunta, ¡te equivocas! ¡Los dos libros de Lucas —el evangelio que lleva su nombre y los Hechos de los Apóstoles— contienen más versículos que los 13 libros atribuidos a Pablo!

El Hijo del Hombre

16

Da un paso atrás

El título que Jesús usó más a menudo acerca de sí mismo fue "Hijo del Hombre", y esto lo vincula a algunos conceptos cruciales con los cuales los judíos estaban familiarizados:

1. Identifica a Jesús con un concepto de majestad asociado con el término desde que fue usado por primera vez en Daniel 7:13.

2. Lo vincula con la tierra y Su misión en la tierra.

3. Señala su humildad y humanidad (Mateo 8:20); su sufrimiento y muerte (Lucas 19:10); y su oficio futuro de Rey (Mateo 24:27).

4. Indicaba su transcendencia como figura celestial, El que será entronizado como Rey de toda la tierra; su reino uno que no será destruido (Daniel 7:14).

Lectura bíblica: Hebreos 2:14-18

Por lo tanto, en ese solo término puede hallarse la plenitud tanto de la deidad de Cristo como de su humanidad.

El título "Hijo del Hombre" también alude a Adán, el primer hombre. En realidad, el apóstol Pablo usa el título de "el postrer Adán" en 1 Corintios 15:45 en contraste con el primer Adán. Tanto Adán como Cristo vinieron al mundo mediante un acto especial de Dios. Ambos entraron en el mundo libres de pecado; ambos actuaron en representación de otros. Pero el pecado de Adán contrasta marcadamente con la obediencia de Cristo.

Mira arriba

El concepto de Cristo como perfectamente divino y completamente humano en una persona es uno de los más difíciles de entender. Después de todo, ninguno de nosotros ha visto a Dios, excepto como las Escrituras nos lo revelan. Ni tampoco ha visto un ser humano perfecto, excepto como las Escrituras revelan a Adán antes de la caída, y a Jesús mismo. Así que, ¿cómo podemos comprender la naturaleza de Cristo?

Sin duda, nunca lo entenderemos completamente en este lado del cielo. Aun así, el concepto es verdadero. Como humano, Cristo enfrentó todo lo que nosotros enfrentamos, y venció. Como Dios, El fue capaz de ser nuestro representante en la cruz, de modo que su muerte pagara por nuestros pecados.

Al tú leer a Hebreos 2:14-18 y meditar en esas verdades hoy, da gracias a Dios en oración por la provisión que El hizo por ti al enviar a su Hijo a caminar sobre la tierra en forma humana.

Jesús fue como un rey que temporalmente se vistió de campesino mientras seguía siendo rey.

Sigue adelante

El evangelio de Jesucristo es tan complejo que miles de eruditos podrían escribir miles de libros cada uno, y nunca agotar sus riquezas. Sin embargo es tan simple, que aun un niño lo puede entender. Hoy, déjate usar por Dios en comunicar una palabra de testimonio acerca de Jesucristo, el Hijo del Hombre, el postrer Adán, tu amante Salvador.

17 La autoridad del Hijo del Hombre
Lucas 3-6

Corazón del pasaje: Lucas 3:1-22; 4:1-30

📖 **Resumen:** Lucas inicia su presentación del ministerio de Jesús con tres eventos preparatorios: (1) el ministerio de Su precursor, Juan el Bautista; (2) Su bautismo por Juan; y (3) Su tentación por Satanás. La genealogía de Cristo lo une inequívocamente a David el rey, Abraham el patriarca, y Adán el primer hombre. Al ser rechazado en su pueblo natal de Nazaret, tiene que cambiar su centro de operaciones a Capernaum, donde El ministra por dos años completos. Allí llama 12 hombres para que sean Sus compañeros de viaje. Y allí, a orillas del lago, comienza a prepararlos para el ministerio que pronto les confiará.

Capítulo 3	Capítulo 4	Capítulos 5-6
Precursor del Hijo del Hombre	Hijo del Hombre lleno del Espíritu	Primeros discípulos del Hijo del Hombre
Juan	Jesús	Pedro, Santiago, y Juan

Doctrinas débiles no prevalecerán ante tentaciones poderosas.

✒️ **Tu andar diario:** ¿Puedes nombrar el quinto libro del Antiguo Testamento? _____
¿Puedes citar un texto de ese libro? _____

Los ataques de Satanás son infinitamente sutiles. Unas veces su ataque es frontal, con una invitación a pecar en un momento de debilidad (como con David y Betsabé, 2 Samuel 11:2). Otras, él usa maquinaciones engañosas para hacerte caer en un acto pecaminoso (como con Eva en el huerto, Génesis 3:1-6). Pero para cada tentación contamos con una defensa: la Palabra de Dios (Salmo 119:11). Cristo lo sabía. Tres veces El respondió a los *ataques* de Satanás con un pasaje de Deuteronomio. ¿Conoces tu Biblia lo suficiente como para hacer lo mismo? ¿Tienes, como Cristo, un versículo en tu "arsenal" para usarlo contra cada tentación de Satanás?

Piensa en qué áreas de tu vida eres más vulnerable a la tentación: pensamientos lascivos, arranques de ira, preocupaciones, chisme, irresponsabilidad. Luego localiza y memoriza un versículo que especialmente hable a esa necesidad. Cuando Satanás ataque, ¡que te halle preparado!

🔍 **Percepción:** El Rey sin la maldición
Jesús en verdad era el Hijo de David y heredero legal del trono de Israel, como se ve en la genealogía del capítulo 3. Sin embargo, para evitar "la maldición de Conías" (Jeremías 22:28:30), el derecho de Jesús de gobernar no podía venir mediante Salomón el hijo de David. ¡Vea Lucas 3:31 para ver cómo Cristo evitó esa maldición!

El ministerio del Hijo del Hombre
Lucas 7-9

18

📖 **Resumen:** Predicar; sanar; instruir discípulos. Eso resume las actividades diarias del Hijo del Hombre. Lucas describe las sanidades tomando en cuenta hasta los detalles, como corresponde a un médico. Y esos milagros documentados resultaron pruebas convincentes de las atribuciones de Jesús, para disipar las dudas de Juan el Bautista (7:18-35) y de una "generación incrédula y perversa" (9:41). Al predicar y sanar, Jesús pacientemente prepara a sus discípulos para continuar la obra en Su ausencia. Las implicaciones son altas; el costo elevado. ¡Pero el objetivo de salvar vidas eternamente bien vale el costo!

Corazón del pasaje: Lucas 7:36-50; 8:41-56

Capítulo 7	Capítulo 8	Capítulo 9
Un ministerio de misericordia	Un ministerio de predicación	Un ministerio de multiplicación
Centurión	Ilustración	Transfiguración

✒️ **Tu andar diario:** ¿Cuál ha sido el período mayor de tiempo que has dedicado a orar por un asunto? Tal vez estabas pidiendo sanidad física, o la salvación de seres queridos, o la venta de una casa. ¿Oraste por esa necesidad cada día por un mes... seis meses... un año... dos años... cinco años... diez años? ¿Estás todavía orando por eso?

En la lectura de hoy encontrarás una mujer que llevó la misma carga por 12 largos años (8:43-48). Ella había consultado médicos y había gastado todos sus recursos buscando en vano la cura de su mal. Quizás como un último recurso, llevó esa carga al Salvador. Y allí, después de 12 años de búsqueda, su necesidad fue suplida. Pero si no hubiera buscado, tal vez nunca habría hallado la solución.

Orar es simplemente tomar *una necesidad que no puedes suplir* y entregarla por fe al Dios que es poderoso para *"suplir todo lo que os falta* conforme a sus riquezas en gloria en Cristo Jesús" (Filipenses 4:19), y luego confiar en Él para los resultados.

Haz de estas palabras tu lema para el día: "Confiaré mientras espero, porque mi Dios nunca llega tarde".

Oración es entregar una necesidad que no puedes suplir al Dios que "suplirá todo lo que os falta".

🔍 **Percepción:** Toneladas de alimento y cestas de sobra

Incluyendo las mujeres y los niños, la multitud alimentada por Jesús probablemente era de unos 15.000. Si cada uno consumió sólo 150 gramos de alimento, el total de lo comido habría sido más de dos toneladas. Y después, los discípulos recogieron 12 cestas llenas de lo que quedó. Del mismo modo, ¡El es poderoso para suplir tu gran necesidad!

19 *Admoniciones del Hijo del Hombre* *Lucas 10 -12*

Corazón del pasaje: Lucas 10:1-37

Resumen: Setenta discípulos son enviados de dos en dos con instrucciones de "sanad a los enfermos... y decidles: Se ha acercado a vosotros el reino de Dios" (10:9). Su regreso entusiasta mueve a Jesús a regocijarse en alabanza espontánea a Dios (10:21). Pero las nubes de confrontación ya se están amontonando. Algunos atribuyen Sus milagros a Satanás antes que a Dios. Otros claman por más señales milagrosas. Los fariseos atacan Su aparente descuido de sus tradiciones. Jesús responde denunciando a los líderes religiosos por su hipocresía, y exhortando a los discípulos a estar vigilantes mientras trabajan.

Capítulo 10	Capítulo 11	Capítulo 12
Aceptación del Hijo del Hombre	Antagonismo hacia el Hijo del Hombre	Admonición del Hijo del Hombre
Enviando a los setenta		Entrenando a los doce

La evangelización es la tarea perpetua de toda la iglesia y no el pasatiempo peculiar de algunos de sus miembros.

Tu andar diario: Supón por unos minutos que la población del mundo es de casi cinco mil millones (lo es) y que tú eres el único cristiano en la tierra (no es así). Si guías a otra persona al Señor durante los próximos 12 meses, y ambos llevan otras dos al Señor el año siguiente, etc., ¿cuántos años se requerirían (estadísticamente , por lo menos) para que todos en el mundo fueran cristianos?

El asombroso hecho de multiplicación es este: Si cada uno abraza la Gran Comisión con la actitud de "Cada uno gana uno", ¡la labor puede completarse en unos 32 años!

Jesús envió a sus discípulos de dos en dos, pero la tarea de difundir el evangelio ocurrió de uno a uno: un individuo con Cristo que comunica las buenas nuevas a un individuo sin Cristo. ¿Te ayuda esto a ver cuán importante es un testimonio —tu testimonio— puede ser para el logro de la meta? Escribe el nombre de un conocido no salvo en el margen, y haz de esa persona el blanco de tu oración... y de tu comunicación. ¡Es así como las Buenas Nuevas se propagan!

Percepción: Algo de peces en esta señal (11:29-30)

Lucas registra el incidente en el cual Jesús se compara a sí mismo con el profeta Jonás y habla de la "señal de Jonás". ¿Pero cuál es la señal de Jonás?" Lucas no lo dice. Lee a Mateo 12:38-41. ¿Podrías explicarlo a un amigo no cristiano? Inténtalo.

Ilustraciones del Hijo del Hombre (Parte 1) Lucas 13-15

20

🏛 **Resumen:** La enseñanza clara y al punto provoca una respuesta —a veces positiva, ¡pero más a menudo negativa!—. Los sermones de Cristo no son la excepción. Jesús, quien nunca intenta hacer la verdad de Dios meramente agradable a sus oyentes, no teme llamar al arrepentimiento (13:3,5), ¡o llamar a una zorra "zorra" (13:32)! Pero hay un lado tierno en sus enseñanzas también. El capítulo 15 está impregnado del amor del Salvador por los pecadores perdidos, y allí tres veces El declara que los cielos se regocijan por un pecador que se arrepiente (15:7,10,32).

Corazón del pasaje: Lucas 15

Capítulo 13	Capítulo 14	Capítulo 15
Parábolas del peligro	Parábolas del precio	Parábolas de los perdidos
"¡Arrepentíos!"	"¡Considerad!"	"¡Buscad!"

📝 **Percepción:** La sección de objetos "perdidos y hallados" de la Biblia (Lucas 15)

La palabra *pecadores* (15:1) designa a los individuos de la calle, desdeñados por los fariseos por desconocer la Ley (Juan 7:49) o no guardar las tradiciones de los ancianos. Los fariseos murmuraban porque, aunque muy religiosos, no tenían la compasión de Jesús para reclamar a los perdidos. En respuesta, Jesús les refiere tres parábolas acerca de una *oveja* perdida, una moneda de *plata* perdida, y un *hijo* perdido para mostrar que Dios se regocija al rescatar a un *pecador* perdido.

Dios ama a cada uno de nosotros como si hubiera uno solo de nosotros para amar.

✍ **Tu andar diario:** No hay lugar más triste que el departamento de objetos *perdidos y hallados*. Triste por tantos artículos de valor que han sido separados de sus dueños. Triste porque artículos útiles están sin uso en el estante. Triste porque tantos dueños han olvidado que perdieron algo. Es muy doloroso ser un objeto que no se reclama; peor aun no ser deseado ni echado de menos.

Lucas 15 nos recuerda tres veces que Dios no es un dueño olvidadizo, cuya posesión perdida es indeseada; sino que El es un Padre celestial que busca y escudriña. Como un pastor tierno... una ama de casa meticulosa... un padre ansioso, El busca en lo alto y en lo bajo a pecadores perdidos como los objetos perdidos de Su amor e interés. Como dice un viejo himno: *"¡Cuán tiernamente nos está llamando Cristo a ti y a mí! El nos espera con brazos abiertos; llama a ti y a mí"*.

¿Cuál es tu respuesta a la invitación de tu Salvador? ¡Los ángeles del cielo están esperando otra razón para regocijarse!

21 Ilustraciones del Hijo del Hombre (Parte 2) Lucas 16-18

 Resumen: Con la mirada fija en Jerusalén, pensando en los eventos que indican la consumación de su ministerio terrenal, Jesús intensifica su entrenamiento final a los discípulos. La lectura de hoy consta de material que se halla sólo en el evangelio de Lucas. La mayordomía es el tema central, pues a los discípulos pronto se les confiaría el precioso mensaje del evangelio. Jesús bosqueja los deberes del siervo, luego ilustra Su enseñanza valiéndose de la vida de diez leprosos. Finalmente, enfatiza la importancia de la oración persistente y humilde, como se ve en la parábola de la viuda agraviada (18:1-8), y en el publicano arrepentido (18:9-14).

Corazón del pasaje: Lucas 16:1-17

Capítulo 16	Capítulo 17	Capítulo 18
Exhortaciones a mayordomos	Exhortaciones a siervos	Exhortaciones a quienes se creen justos
Fidelidad	Perdón	Mansedumbre

Tu andar diario: Si es cierto que la "oración es el barómetro de la condición espiritual del cristiano", ¿qué indica tu barómetro hoy?

La oración es el gimnasio del alma.

En la lectura de hoy se halla este versículo significativo: "También les refirió una parábola sobre la necesidad de orar siempre, y no desmayar" (18:1). Lo que sigue es la parábola de la viuda persistente, ¡una parábola para los discípulos que desmayan! ¿Te incluye a ti? ¿Desmayas en tus oraciones? ¿O estás orando sin desmayar?

Orar es una tarea difícil, sin duda. Esa es una de las razones por las que mantener una vida efectiva de oración es tan difícil. Se necesita esfuerzo diario constante. La oración es también difícil porque una de las actividades de Satanás es procurar que la evadas. Mediante la oración recibes dirección y provisión de Dios; mediante la oración Dios te hace un canal de Su poder. Si *Jesús* necesitó orar, y si El dijo a Sus discípulos que *ellos* debían orar siempre, ¿qué en cuanto a *ti*? Llama ahora mismo a un amigo que acostumbre orar y pídele que ore por ti para que seas más dedicado y constante en tu vida de oración.

Percepción: Pesada, pesada atada a tu cuello (17:2)

La piedra de molino de la cual habla aquí Jesús pesaba varios cientos de kilogramos y se hacía girar sólo utilizando un asno —¡un verdadero impedimento si fueras echado al mar con una atada al cuello!

Enseñanza del Hijo del Hombre **22**
Lucas 19-21

📖 **Resumen:** Es la semana final de la vida terrenal de Cristo. En la ciudad de Jerusalén —agitada con el entusiasmo de los días de fiesta— algunos están preparados para recibir al Rey, mientras que otros se preparan para una ejecución. Jesús mismo traza la línea de batalla al expulsar a los mercaderes del templo. Desde entonces, los líderes religiosos redoblan sus esfuerzos para sorprenderlo en una declaración que implique traición. Aunque Su hora de agonía se acerca, Jesús continúa las actividades características de su ministerio terrenal: enseñanza, sanidad, confrontación, consolación.

Corazón del pasaje: Lucas 19

Capítulo 19	Capítulo 20	Capítulo 21
El templo limpiado	Los líderes del templo reprendidos	El fin del templo predicho
Triunfo	Prueba	Tribulación

✍️ **Tu andar diario:** Una "cosa pequeña" es grande o pequeña, según de quien sea la vara que la mide.

Cuán a menudo lo que parece insignificante para nosotros tiene gran importancia para Dios. Zaqueo era un hombre pequeño que había escalado una posición de prominencia pisando sobre las cabezas de otros. El era un pecador notorio (19:7) y un colector de impuestos despreciable, pero su curiosidad le llevó a subir a un árbol para ver a Jesús. Al pasar Jesús por allí, llamó a Zaqueo a rendirse y éste correspondió.

Una viuda cuyo nombre se omite vino al templo a dar una ofrenda a Dios que parecería insignificante —una miseria comparada con las grandes sumas que otros aportaban—. Sin embargo, Jesús declaró que ella dio más que todos los demás juntos.

¿Cúal aspecto de tu vida parece insignificante? ¿Tus ingresos? ¿Tu estatura? ¿Tu personalidad? ¿Tu ascendencia familiar? Usalo para completar esta oración: "Señor me doy cuenta de que a los ojos del mundo mi_____ significa muy poco. Pero la fidelidad en las cosas pequeñas es grande para Ti, así que de nuevo lo doy a Ti ahora mismo, pidiéndote que uses mis 'dos blancas' ¡en una forma poderosa para tu gloria!"

Demos por lo menos conforme a nuestro ingreso, no sea que Dios haga nuestros ingresos conforme a nuestras dádivas.

🖋️ **Percepción:** El pollino de quinientos años (19:30)

No fue casualidad que Jesús cabalgara a Jerusalén sobre un pollino. Aunque el pollino había sido atado por el dueño solamente horas antes (19:29-35), proféticamente el animal había sido preparado por más de 500 años —¡desde los días de Zacarías (9:9)!

23 *El triunfo del Hijo del Hombre*
Lucas 22-24

Corazón del pasaje: Lucas 24

Resumen: Con su característica atención a los detalles, Lucas da un relato completo del arresto, juicio, y crucifixión del Hijo del Hombre. En un cuadro gráfico de palabras, describe el complot diabólico de Judas, la afectuosa comunión de la Ultima Cena, la angustia mental en Getsemaní, la negación trágica de Pedro, la ausencia de justicia en el juicio, y la agonía brutal de la ejecución romana. Pero los días negros en Jerusalén dieron paso a la radiante mañana de aquel día de resurrección, cuando ángeles anunciaron: "No está aquí, sino que ha resucitado" (24:6).

Capítulo 22	Capítulo 23	Capítulo 24
Cordero pascual	Rey de los judíos	Redentor resucitado
Aflicción	Ejecución	Exaltación

Alaba a Dios aun cuando no entiendas lo que El está haciendo.

Tu andar diario: Si te es difícil alabar al Señor cada día, quizás no se deba a que no tengas razón para alabarle, ¡sino simplemente a que tu memoria es muy mala!

Considera la escena de Lucas 24. Es la mañana de resurrección. De pie junto a la tumba vacía hay un grupo de mujeres que están "perplejas" y con "temor" (24:4-5). Pronto se les unió Pedro, quien se "maravilló" también (24:12). La escena cambia, a dos que caminan hacia Emaús. Mientras discuten eventos recientes ocurridos en Jerusalén, están "tristes" (24:17). *Pregunta:* ¿Cuál pudiera ser la causa de tanta tristeza y perplejidad?

Respuesta: El mismo evento que Jesús había predicho *por lo menos cinco veces:* ¡Su resurrección! Y sin embargo, en vez de traer gozo y alegría a Sus seguidores, trajo problemas y lamento —no porque la noticia era mala, sino porque la memoria de los discípulos ¡era muy mala!

¿Una mala memoria te está robando el gozo que Dios quiere para ti hoy? Haz una lista de los tratos misericordiosos de Dios en tu vida en este mes. ¿Los recuerdas? ¡Por supuesto! Ahora sonríe.

Percepción: Una tarea terminada inconclusa (24:44-49)
En un sentido, la misión de Jesús fue terminada, porque está basada en un hecho consumado (su muerte y resurrección). Pero en otro sentido estaba apenas comenzando, pues el mundo todavía tenía que oír las Buenas Nuevas que sólo un puñado de personas conocían de primera mano. El segundo volumen de Lucas, los Hechos de los Apóstoles, continuará la emocionante historia.

Juan

El Evangelio de Juan es un evangelio distinto. Mateo, Marcos, y Lucas, a pesar de sus diferentes puntos de vista, describen muchos de los mismos eventos en la vida de Jesús. Pero Juan presenta un material único para probar a sus lectores que Jesús es el Dios encarnado, nacido para morir como sacrificio por el pecado humano. Siete señales milagrosas y siete declaraciones "Yo soy" son citadas para mostrar que "Jesús es el Cristo, el Hijo de Dios" (20:31). No se ha escrito ninguna obra evangelística que supere al evangelio de Juan.

Enfoque	Presentación			Rechazo		Resurrección
Divisiones	Venida del Hijo de Dios	Compasión del Hijo de Dios	Reclamos por el Hijo de Dios	Conflictos con el Hijo de Dios	Consuelo del Hijo de Dios	Crucifixión del hijo de Dios
	1　　　2	3　　　5	6　　　8	9　　　12	13　　　17	18　　　21
Tópicos	Siete milagros			Aposento Alto		Milagro supremo
	Demostración			Instrucción		Glorificación
Lugar	Palestina			Judea y Galilea		
Tiempo	Pocos años			Pocas horas		Pocas semanas

24 La venida del Hijo del hombre / Juan 1-2

Corazón del pasaje: Juan 1:1-18; 2:1-11

Resumen: Mateo, Marcos y Lucas son llamados los *evangelios sinópticos* (de la palabra griega "para ver juntos") porque contienen mucho del mismo material. Por el contario, Juan, el evangelio sobrenatural, presenta una cuarta dimensión de la vida y ministerio de Jesús. Noventa y dos por ciento del material de Juan no se encuentra en ninguna otra narración del evangelio. Juan escribe para convencer a sus lectores quién es Jesús (el Hijo de Dios) y cómo se puede encontrar vida nueva en El (20:30-31). El (Jesús), comienza en la eternidad mostrando cómo el Verbo, quien era uno con Dios (1:1), se hizo carne para llevar Su mensaje de vida a la humanidad.

Capítulo 1		Capítulo 2	
Identidad del Hijo de Dios		Autoridad del Hijo de Dios	
La Palabra	El Cordero	Sobre la naturaleza	Sobre el templo
1 18	19 51	1 11	12 25
El Verbo se hizo carne		Agua en vino	

No es lo que recibimos sino lo que damos, lo que nos hace ricos.

Tu andar diario: Los capítulos de hoy presentan a Jesús en diferentes contextos: siendo bautizado en el Jordán, llamando a sus discípulos, haciendo Su primer milagro. Estos eventos fueron privados, no públicos. Jesús vino al río Jordán sin fanfarria o atención de noticieros, solamente sus amigos íntimos sabían lo que El estaba haciendo.

En estos días de la "iglesia electrónica" en que el mensaje del evangelio es transmitido por radio y televisión alrededor del mundo, es fácil concentrarse en las noticias y perder el mensaje; de tal manera que la proclamación pública tiene poco impacto personal.

Pero Jesús no nos ve como miembros de una gran audiencia sin rostro; El es amoroso y está particularmente interesado en cada uno de nosotros como individuos. Lee Juan 1:43 cuidadosamente, sustituyendo tu propio pueblo por *Galilea* y tu nombre por *Felipe*. El mensaje de nuestro Señor permanece el mismo. Su orientación no es hacia las masas sino hacia cada individuo.

Lleva un espejito contigo hoy, y (cuando nadie esté mirando) mírate a cada rato. Estarás viendo a la persona a quien Jesús le está diciendo "Sígueme". ¿Cuál será tu respuesta hoy?

Percepción: Buscando siete señales en el Evangelio de Juan

Juan construye su evangelio alrededor de siete milagros convincentes que establecen sólidos argumentos sobre la deidad de Jesús que son difíciles de refutar. Encontrará el primero en el capítulo 2 (vea 2:11) y los otros en los capítulos 4-6, 9, y 11. ¿Puedes descubrir los siete?

Las riquezas de la salvación

25

← **Da un paso atrás**

Mañana leerás un versículo que probablemente conoces de memoria: "Porque de tal manera amó Dios al mundo, que ha dado a su Hijo unigénito, para que todo aquel que en él cree, no se pierda, mas tenga vida eterna" Juan 3:16).

Ese versículo, en pocas palabras, capta la esencia de la salvación. La verdadera salvación es provista solamente por Dios mediante la muerte sacrificial de Su Hijo Jesucristo. Al poner nuestra fe en Cristo y aceptar Su muerte por nosotros, "nacemos de nuevo" como dice Juan (Juan 3:3).

Los beneficios de la salvación son innumerables, pero aquí presentamos algunos de los principales:

1. *Somos justificados.* Cuando aceptamos la obra de Cristo por nosotros, somos aceptados ante Dios. En una palabra, somos "justificados". Ese es un término legal que se refiere a un veredicto de "no culpable". Pero más que eso, quiere decir que toda posibilidad de condenación es removida (ver Romanos 5:16; 8:33-34). Porque estamos "en Cristo", todas las demandas de Dios sobre nosotros son cumplidas.

2. *Somos adoptados.* Venimos a ser hijos de Dios mediante el nuevo nacimiento, y por lo tanto, somos adoptados en la familia de Dios también. Cuando un niño es adoptado, es tomado por la familia y reconocido como un verdadero hijo o hija, con todos los privilegios y responsabilidades que implica ser miembro de la familia. La adopción produce un nuevo estado en aquel que recibe a Cristo (vea Gálatas 4:1-5).

3. *Somos santificados.* La palabra santificado significa separar. Para el creyente, eso se refiere a estar separado para ser miembro de la familia de Dios —posicionalmente—. Esto implica que debemos luchar por vivir una vida que agrade a Dios.

También se refiere a ser perfectamente santo cuando llegamos a ser tal como Cristo es —finalmente (vea Hebreos 10:10).

Lectura bíblica: Romanos 5:16; 8:33-34; Gálatas 4:1-5; Hebreos 10:10

↑ **Mira arriba**

Toma unos momentos hoy para considerar las riquezas de Cristo que son tuyas ahora que eres Suyo. Vida eterna, oración, redención, reconciliación, perdón, liberación, glorificación en el futuro... la lista es interminable. Escribe tantos como puedas, luego convierte ese inventario en una lista de alabanza, y adoración al Señor por Su benevolencia hacia ti.

→ **Sigue adelante**

Usando una concordancia o Biblia de estudio, mira si puedes encontrar versículos bíblicos que se relacionen con cada una de las cosas que has escrito. ¡Puedes descubrir una riqueza incalculable de beneficios que nunca te habías dado cuenta que poseías!

La salvación se mueve de muerte viviente a vida sin muerte.

26 *Compasión del Hijo de Dios / Juan 3-5*

Corazón del pasaje: Juan 3:1-21; 5:31-40

📖 **Resumen:** El ministerio de Jesús no está reservado para el templo o la sinagoga. En cualquier tiempo y en cualquier lugar El está listo con una palabra y un toque de sanidad. Nicodemo viene de noche buscando respuestas... y encuentra el milagro del nuevo nacimiento. La samaritana viene buscando agua al pozo... y sale a hablar a la gente de su pueblo acerca de la fuente de agua viva que nunca se secará. El paralítico en el estanque encuentra que 38 años de parálisis no son obstáculo para la intervención del hacedor de milagros, el Hijo de Dios. Judío o samaritano, líder religioso o despreciados religiosos... la compasión de Jesús no conoce límites.

Capítulo 3	Capítulo 4	Capítulo 5
Nicodemo por la noche	La mujer en el pozo	Paralítico en el estanque
Segundo nacimiento	Sed satisfecha	Extremidades fortalecidas

El reconocimiento del pecado es el principio de la salvación.

🔑 **Tu andar diario:** Cuando fueron seleccionados los primeros siete astronautas para el programa espacial norteamericano, una parte importante de la evaluación para la selección fue determinada por su respuesta a la simple declaración, "Yo soy". A cada uno se le pidió completar la oración de 50 maneras diferentes —"Yo soy un hombre. Yo soy un piloto probado. Yo soy de Florida"— y pronto todos descubrieron cuán penetrante es esa pregunta.

En Juan 5:31-40, Jesús destaca cinco testimonios que confirman Su verdadera identidad: Juan el Bautista (v. 33), los milagros de Jesús (v. 36), el Padre (v. 37), las Escrituras (v. 39), y El testimonio de Jesús acerca de Sí mismo (v. 31). Ese testimonio es introducido comenzando con el capítulo 6, en la forma de siete declaraciones "Yo soy" (los encontrará en los capítulos 6, 8, 10-11, y 14-15). Pero antes que descubras las siete formas en que Jesús concluyó cada presentación, analiza cuántas puedes completar por El. ¿Puedes finalizar la declaración "Jesús es..." en siete maneras diferentes? ¿Qué sobre 50 maneras diferentes? (Clave: Comienza con el nombre de Jesús. ¡De acuerdo a *la lista del libro de la Biblia de Meredith*, hay 39 de esas! Cuando termines, te gozarás por quién es El y por lo que El desea hacer en tu vida cada día.

📷 **Percepción:** Hallando el evangelio en el Evangelio de Juan
No hay lugar donde el evangelio (Buenas Nuevas) de Jesucristo se encuentre mejor sintetizado que en Juan 3:16. Si no sabes este versículo de memoria, apréndelo hoy.

Reclamos del Hijo de Dios / Juan 6-8   **27**

📖 **Resumen:** Al principio de Su ministerio Cristo dio un reto: "Escudriñad las Escrituras; porque a vosotros os parece que en ellas tenéis la vida eterna; y ellas son las que dan testimonio de mí" (5:39). Ahora Sus declaraciones públicas y demostraciones milagrosas sirven para confirmar lo que el Antiguo Testamento había expresado acerca de El. Usando los días de fiesta judíos como foro público, Jesús se declaró a sí mismo como el pan de vida (6:35), El enviado de Dios (7:28), el perdonador de pecados (*:11), y la luz del mundo (8:12).

Corazón del pasaje: Juan 6:1-40; 8:1-12

Capítulo 6	Capítulo 7	Capítulo 8
Alimentación de los cinco mil	Jesús el Cristo	La adúltera perdonada
"Yo soy el pan"	"Yo soy el Mesías"	"Antes de Abraham Yo soy"

✍️ **Tu andar diario:** Cuando Dios quiere hacer algo bueno, El comienza con una dificultad. Cuando está a punto de hacer algo grande, comienza con una imposibilidad. Esto quiere decir, que a pesar de tus circunstancias, ¡eres un candidato para un milagro hoy!

Los discípulos fueron enfrentados con una imposibilidad. En una forma inesperada se les pidió que dieran de comer a 5.000 hombres hambrientos y a sus familiares... ¡con solamente el equivalente de cinco emparedados de atún! Para probar a sus hombres, Jesús hizo la pregunta obvia: ¿De dónde compraremos pan para que coman éstos? (6:5), y los discípulos dieron la respuesta lógica: "¡En ninguna parte!" Pero una vez que ellos admitieron eso, desde el punto de vista humano, la situación era desalentadora, Cristo probó Su capacidad una vez más.

¿Estás enfrentando una situación sin esperanza en tu hogar, tu matrimonio, tu trabajo, tus amistades? El primer paso para apropiarte de la fortaleza de Dios es admitir tu propia incapacidad. Prepara un emparedado de atún para tu almuerzo de hoy, y al comerlo, habla con Dios acerca de tus "cinco panes y tus dos pescaditos" (6:9). Eso es más que suficiente para que El produzca un banquete de bendiciones... ¡si tan sólo se los dieras a El! Como aprendió el niñito, ¡poco es mucho cuando Dios está presente!

Otros sólo ven el final desesperante, pero los cristianos se regocijan en una esperanza interminable.

📝 **Percepción:** El increíblemente creíble evangelio

El propósito de Juan en la descripción de los milagros de Jesús en su evangelio es "para que creáis..". (20:31), y él te recordará a menudo ese propósito. Encontrarás la palabra "cree" usada 18 veces en la sección de hoy, y más de 90 veces en el libro completo.

28   "Yo soy"

Lectura bíblica: Exodo 3:14; versículos seleccionados en Juan

← Da un paso atrás

Cuando Dios dijo a Moisés, "Yo soy el que soy" (Exodo 3:14), El estaba anunciando el nombre por el cual El deseaba ser conocido y adorado en Israel. Era un nombre que expresaba totalmente quién El era —el Dios confiable y fiel que merece y desea la adoración y la confianza total de Su pueblo.

Es por eso que cuando Jesús aplicó esta expresión a sí mismo, los judíos se sorprendieron. Diciendo, "De cierto, de cierto os digo; antes que Abraham fuese, yo soy" (Juan 8:58), El se estaba identificando con el Dios de Israel.

Los judíos lo consideraron blasfemo, nosotros sabemos que es simplemente honestidad. Los judíos buscaron apedrearlo por atreverse a decir que El era Dios, nosotros tenemos que adorarlo por ser Dios.

Por decir, "Yo soy" en vez de "Yo era", Jesús expresa la eternidad de Su existencia y su igualdad con el Padre.

Pero Jesús explicó aun más quién era El a través de todo el evangelio de Juan:

- Yo soy el pan de vida (6:35).
- Yo soy la luz del mundo (8:12).
- Yo soy la puerta de las ovejas (10:7).
- Yo soy el buen pastor (10:11, 14).
- Yo soy la resurrección y la vida (11:25).
- Yo soy el camino y la verdad y la vida (14:6).
- Yo soy la vid verdadera)15:1).

↑ Mira arriba

Jesucristo estaba lo suficiente claro acerca de Su identidad. Unos podrían considerarlo mentiroso o loco, otros podrían tomarle la palabra. Pero tú sabes que Jesús es verdaderamente el Hijo de Dios, y que Su palabra es verdadera y confiable.

Jesucristo es el todo de Dios para la necesidad total del hombre.

A la luz de esto, deja que la descripción que Cristo dio de sí mismo te lleve a un tiempo de alabanza agradeciéndole por lo que cada descripción significa para ti.

Comienza de esta manera: "Señor, te alabo por ser el pan de vida, porque eso significa que..."

"Jesús, gracias por ser la luz del mundo, porque eso significa que yo puedo..."

→ Sigue adelante

Dedica unos momentos más en este día para leer cada uno de los versículos arriba mencionados y presta atención a los versículos que le preceden y los que le siguen para tener la idea del contexto. Luego estudia lo que cada descripción significa usando una Biblia de estudio o un comentario.

Conflicto con el Hijo de Dios / Juan 9-12   **29**

Resumen: Los reclamos de Cristo no se limitaron a atraer la atención de los hambrientos y enfermos. También llegaron a los oídos de los escribas y fariseos, líderes religiosos preocupados en mantener el statu quo, que a su vez respondieron y resistieron airadamente. ¿Pero cómo usted refuta a un hombre que predica que El es la luz del mundo y luego lo prueba dando visión a un hombre ciego?... que reclama ser "la resurrección, y la vida" (11:25), y luego valida ese reclamo levantando a un hombre de la muerte? La decisión es clara. O le creen o tratan de silenciarlo de una vez y para siempre.

Corazón del pasaje: Juan 9; 10:1-21; 11:1-44

Capítulo 9	Capítulo 10	Capítulo 11	Capítulo 12
Vista al ciego	Pastor de las ovejas	Nueva vida para Lázaro	Coronación para el Cristo
"Yo soy la luz"	"Yo soy la puerta"	"Yo soy la resurrección"	

Tu andar diario: Supón que eres un reportero caminando por las calles de tu ciudad y preguntando a la gente, ¿Quién cree usted que es Jesucristo?" ¿Qué clase de respuesta esperas recibir?

En Juan 9 al hombre ciego de nacimiento se le hizo esa misma pregunta ... no una vez sino varias veces. Y cada vez que respondió, el hombre tenía un cuadro más claro de quién era Jesús. En el versículo 17 "él es un profeta"; en el versículo 33 "hombre de Dios"; y en el versículo 38 el hombre cayó a los pies de Jesús y lo adoró como Señor.

Quizás, la primera vez que conociste a Jesús, pensaste de El como un gran maestro... predicador... o modelo. Pero no es así como Juan lo presenta. El quiere convencerte de que Jesús es nada menos que el Hijo de Dios, y que sólo mediante El puedes descubrir lo que es la vida verdadera (20:30-31).

¿Eres como el hombre ciego de nacimiento, listo para cambiar tu opinión concerniente a Cristo? El pacientemente espera que tú lo adores como Señor... nada menos que eso es válido. ¿Lo reconoces a El como tu Soberano ahora mismo?

Jesucristo no es una muleta; El es la base donde caminar.

Percepción: Pensando en la misma longitud de onda

Muchas de las metáforas y temas de Juan fueron usados primero por el profeta Isaías en el Antiguo Testamento. Aquí hay una lista de algunas de ellas:

	Isaías	Juan
Libertad de ataduras	61:1	8:36
Vista para el ciego	35:5; 42:7	9:39
El pastor y las ovejas	40:11	10:1-21
Salvación mundial	43:19; 45:22; 49:12: 60:3	10:16

30 Consuelo del Hijo de Dios / Juan 13-17

Corazón del pasaje: Juan 14:1-6; 15:1-8; 17

📖 **Resumen:** El discurso del aposento alto contiene las palabras de instrucción y estímulo final de Jesús a sus discípulos antes de su muerte. Solamente Juan narra estos momentos íntimos entre Jesús y Sus hombres al constituirse El mismo en el ejemplo de la verdadera humildad (capítulo 13), describe la venida del Espíritu Santo que los consolaría y les daría autoridad (capítulos 14-16), e intercede por la unidad y protección de Sus discípulos en todo el mundo (capítulo 17).

Capítulo 13	Capítulo 14	Capítulo 15	Capítulo 16	Capítulo 17
Ultimas palabras a los discípulos				Ultima oración por los discípulos
Servir	Confiar	Permanecer	Vencer	
Instrucción				Intercesión

Un día sin oración es un día sin bendición, y una vida sin oración es una vida sin poder.

🖋 **Tu andar diario:** Cinco minutos. Ese es todo el tiempo que tomará leer los 26 versículos de la oración de Jesús en el capítulo 17. Pero esos cinco minutos pueden revolucionar tu vida de oración.

En esos pocos versículos Jesús ora por sí mismo (que Dios sea glorificado en la muerte de su Hijo como lo ha sido en Su vida, 17:1-5), por los 11 discípulos (que estén unidos, protegidos, y separados en su servicio para El, 17:6-19), y porque sus futuros seguidores conozcan a Dios y lo manifiesten en sus vidas diarias, 17:20-26). Como tres círculos concéntricos, Jesús se mueve de sus necesidades "personales" a sus necesidades "familiares", y finalmente hacia las necesidades "mundiales" de su iglesia.

Qué mejor modelo para una vida poderosa de oración que la de Jesucristo mismo. Oraciones cortas, oraciones personales, oraciones específicas, por ti mismo, por tu familia, por el plan de Dios para el mundo. Al terminar tu tiempo devocional hoy, "toma cinco" para orar. Descarga tu corazón delante de tu Padre célestial, e intercede a favor de otros que conoces. (Dicho sea de paso, ¡sólo cinco minutos de oración diaria añaden más de 30 horas de conversación con Dios cada año!)

📝 **Percepción:** Respuestas consoladoras a preguntas complicadas
Jesús comienza Su discurso final respondiendo a las preguntas de tres de sus discípulos. ¿Puedes descubrir las tres preguntas en el capítulo 14? (Cuando las encuentres, nota cómo preparan el escenario para lo que Cristo comparte en los capítulos 15-17.)

Tomás: _____

Felipe: _____

Judas: _____

Crucifixión del Hijo de Dios Juan 18-21

31

🔲 **Resumen:** En la narración del juicio de Jesús, Juan enfoca la presencia del Señor ante Pilato y los esfuerzos inútiles del gobernador por libertar a Jesús. Cediendo al final a la conveniencia y presión del populacho, Pilato sentenció a Jesús a ser crucificado. Muchos de los detalles que Juan incluye son exclusivos de su narración: los soldados romanos echando suertes por la túnica de Jesús; la designación de Juan para tomar a María bajo su cuidado; la lanza que hirió el costado de Jesús; las apariciones después de la resurrección a María Magdalena, Tomás, y a los siete discípulos en el Mar de Tiberias. A través de todo el libro, el propósito de Juan brilla claramente: presentar a Jesús como "el Cristo, el Hijo de Dios" en Su vida, muerte, y resurrección.

Corazón del pasaje: Juan 20-21

Capítulo 18	Capítulo 19	Capítulo 20		
		Apariciones a los discípulos		
Traición y arresto	Juicio y muerte	en la tumba	en el aposento	en el lago
		1 18	19 31	
Antes de la cruz	En la cruz	Después de la cruz		

✍ **Tu andar diario:** A un hombre se le preguntó: "¿Cuál es su ocupación?", a lo cual él respondió: "Yo soy un cristiano".

"No, usted no entiende", continuó el interrogador. "Quiero decir, ¿cuál es su línea de trabajo?" "Yo soy cristiano", respondió él.

"No, no, yo estoy tratando de saber qué hace usted para vivir". "Bueno, yo vendo seguros para pagar las cuentas, pero mi vocación permanente, las 24 horas del día ¡es ser un cristiano!"

En el capítulo 21 Pedro (que pescaba para "pagar cuentas") aprendió que su vocación de todo el tiempo era ser un cristiano, un discípulo, un pastor del rebaño. Observando los instrumentos que Pedro utilizaba en su oficio (el bote, la red, el pescar), Jesús le preguntó: "Simón, hijo de Jonás, me amas más que éstos?" Esta penetrante pregunta fue hecha tres veces (21:15-17) como diciendo: "Cristiano, para quién trabajas... estás seguro?" Una vez que ese asunto está establecido en tu mente, no tendrás problema con el mandamiento: "¡Apacienta mis ovejas!"

La obra de Dios hecha a Su manera y para Su gloria nunca carecerá de la provisión de Dios.

✍ **Percepción:** El autor no nombrado del Evangelio de Juan
En ningún lugar de este evangelio de 21 capítulos se menciona el nombre del autor, aunque él se llama a sí mismo "el discípulo a quien amaba Jesús" (21:20, 23-24). Nota otra referencia (y tal vez velada intencionalmente) a este mismo autor anónimo (que tradicionalmente ha sido identificado como Juan, el hijo de Zebedeo) en 1:35-37, 40; 21:2.

Hechos

C omenzando con un grupo de discípulos muy asustados en el aposento alto, Hechos narra el derramamiento del Espíritu Santo en Jerusalén después de la ascensión de Cristo, y la expansión y crecimiento del cristianismo a través del Imperio Romano. Escrito por Lucas, Hechos narra el cumplimiento de la Gran Comisión de Jesús a través de sus discípulos que transformados por el Espíritu Santo llevan el evangelio a "Jerusalén, Judea, y Samaria, y hasta lo último de la tierra"3 (1:8). El mensaje ininterrumpido está sólo comenzando.

Enfoque	Fundamento de la Iglesia				Fundador de la Iglesia					
Divisiones	Espíritu de la Iglesia	Crecimiento de la Iglesia	Persecución de la Iglesia	Expansión de la Iglesia	Primer viaje de Pablo	Segundo viaje de Pablo	Tercer viaje de Pablo	Arresto de Pablo	Juicios de Pablo	Encarcelamiento de Pablo
	1 4	5 7	8 9	10 12	13 15	16 18	19 20	21 23	24 26	27 28
Tópicos	Pedro		Felipe		Pablo					
	A los judíos		A los samaritanos		A los gentiles					
Lugar	Jerusalén		Judea y Samaria		Lo último de la tierra					
Tiempo	2 años (33-35 A.D)		13 años (35-48 A.D)		14 años (48-62 A.D)					

La iglesia autorizada / Hechos 1-4

1

🔲 **Resumen:** El capítulo 24 de Lucas presenta sólo un breve vislumbre de la ascensión de Cristo. Ahora en el libro de los Hechos, Lucas continúa su narración con los detalles que omitió en los escritos del evangelio. Con las últimas palabras de instrucción de Jesús todavía resonando en sus oídos, los discípulos salen hablando palabras de vida eterna, primero a los judíos y luego a los oficiales judíos. Visitados por su Señor resucitado y dotados por el Consolador prometido, sin temor ellos siguen sus "órdenes de marcha" a pesar de la burla, amenazas, y abuso físico.

Corazón del pasaje: Hechos 1:8-2:47

Capítulo 1	Capítulo 2	Capítulo 3	Capítulo 4
Un ministerio de paciencia	Un ministerio de predicación	Un ministerio de poder	Un ministerio de perseverancia
Jesús asciende	El Espíritu desciende		

📓 **Tu andar diario:** Imagínate que estás para sentarte a cenar cuando la cocinera te informa que ésta será tu última comida en la semana. ¿Cambiaría eso tus hábitos alimenticios? ¿Cómo te sentirías después de la cena?

No se espera que debido a esta circunstancia, intencionalmente la persona coma de manera excesiva. La sensación de llenura de la noche del martes, el dolor de cabeza el miércoles y el hambre que sigue el jueves (y que se prolongará hasta el lunes siguiente), haría esa llenura de comida casi intolerable; además, no es necesario.

¿Has pensado alguna vez que lo que tú nunca tolerarías en la esfera física es a menudo "lo normal" en la esfera espiritual? Una "fiesta" de estudio bíblico en domingo, oración, y adoración seguido por seis días de "hambre".

La iglesia en Jerusalén sabía que la dieta espiritual apropiada era esencial. Es por eso que ellos "perseveraron en la doctrina de los apóstoles, en la comunión unos con otros en el partimiento del pan, y en las oraciones" (2:42).

Examina tu propia dieta espiritual. ¿Está bien balanceada con la cantidad apropiada de estudio bíblico, comunión, adoración, y oración? Toma unos momentos ahora para planear tu dieta espiritual por el resto de la semana.

El cristiano es criado por la Palabra y tiene que ser alimentado por ella.

📓 **Percepción:** Una caminata corta en día sábado
Cuando los discípulos llegaron a Jerusalén después de la ascensión de Cristo, Lucas lo describe como "camino de un día de reposo" (1:12). Eso puede oírse largo, pero en realidad no lo era —aproximadamente un 1 kilómetro, la distancia que estaba permitido caminar fuera de los límites de la ciudad en día de reposo.

2 *La iglesia esparcida / Hechos 5-7*

Resumen: El avance del evangelio tuvo inmediata oposición de parte de sus adversarios. Ataques de fuera y amenazas de dentro para fraccionar el cuerpo de creyentes en Jerusalén. Mentiras egoístas (capítulo 5), disputas étnicas (capítulo 6), y martirio brutal (capítulo 7) —cada una cae como un golpe de martillo sobre la joven y luchadora congregación. Pero la disciplina rápida, el liderazgo sabio, y un compromiso resuelto contribuyeron para agrandar la iglesia mientras "el número de los discípulos se multiplicaba grandemente en Jerusalén" (6:7).

Corazón del pasaje: Hechos 5:1-16; 6; 7:54-60

Capítulo 5		Capítulo 6	Capítulo 7
Limpiando desde dentro	Persecución desde fuera	Designación de diáconos	Un modelo de mártir
1 11	12 42		
Disciplinando la iglesia		Esteban apedreado	

Tu andar diario: Completa esta oración —si puedes: "La última vez que fui perseguido por mi fe fue cuando yo _____".

Perseguir la iglesia es como aplastar el átomo; la energía divina es liberada en gran cantidad y con efectos milagrosos.

La tolerancia religiosa es un tesoro raramente preciado hasta que se pierde. Para más de una tercera parte de la población del mundo, la libertad de religión es sólo un sueño, no una realidad.

En América, Australia, Canadá, Inglaterra, y otras partes del mundo, raramente oyes de personas siendo encarceladas por su fe (como fueron los apóstoles), o siendo asesinados por su fe (como le ocurrió a Esteban). Pero aún hay países y áreas en el mundo donde estar del lado de Jesucristo puede costarle la vida a una persona.

Puede que no vivas donde la persecución es la norma para los cristianos, pero *puedes* involucrarte intercediendo por países donde el evangelio es suprimido y los cristianos maltratados. Un mapa del mundo en un lugar visible sería tu "guía a la oración" es decir, una forma ideal para ayudarte a orar por hermanos perseguidos. Tu pastor o maestro de escuela dominical puede darte el nombre de la junta de misiones que tiene información acerca de las naciones necesitadas del mundo. Es una forma de dejar "que el amor de hermanos continúe" (Hebreos 13:1) —aunque haya medio mundo de distancia.

Percepción: Cuatro nombramientos de Esteban
1. Fue nombrado por *Dios* (6:1-7).
2. Tenía un nombramiento con la *gente* (6:8-15).
3. Tenía un nombramiento ante el *Sanedrín* (7:1-53).
4. Tenía un nombramiento en el *cielo* (7:54-60).

Oposición a la Iglesia / Hechos 8-9   **3**

Resumen: Jesús dijo claramente antes de Su ascensión, que el evangelio era tanto para judíos como para gentiles (1:8). Pero dos años después de dar aquella comisión, sólo en Jerusalén se habían oído las buenas nuevas. En el capítulo 8, golpea la persecución esparciendo a todos los cristianos —menos a los apóstoles— por Judea y Samaria. Felipe —uno de los diáconos escogidos en el capítulo 6— extiende su testimonio hasta Africa mediante la conversión de un dignatario visitante. Saulo de Tarso — principal enemigo de la naciente fe— experimenta una confrontación con el Señor resucitado en el camino de Damasco que lo transforma de "Saulo el antagonista" a "Pablo, misionero de los gentiles".

Corazón del pasaje: Hechos 8:26-9:31

Capítulo 8		Capítulo 9		
Evangelización masiva	Evangelización individual	La conversión de un hombre	Convertidos de un hombre	Ministerio de un hombre
1 25	26 40	1 19	20 31	32 43
Felipe		Saulo		Pedro

Tu andar diario: Puede parear los apodos a la derecha con los nombres dados a la izquierda? ¡No mire hasta que no haya tratado!

1. José
2. Simón. Niger
3. Santiago
4. Simeón

a. Cefas (Juan 1:42)
b. Niger (Hechos 13:1)
c. Bernabé (Hechos 4:36)
d. El Menor (Marcos 15:40)

Los apodos son como espejos que reflejan la manera en que otros ven tu vida. En la lectura de hoy encontrarás un hombre llamado José. Pero es posible que no lo reconozcas por ese nombre. ¿Por qué? Porque su vida se caracterizó por un espíritu consolador, por lo cual fue conocido como *Bernabé* —"hijo de consolación". ¡Y por muy buenas razones (9:26-27; 11:25; 15:37-39)!

¿Qué es lo que caracteriza *tu* vida y cuál sería *tu* apodo apropiado? "Hijo de queja", Hija de crítica", "Hijo de fe", "Hija de compasión"? Escoge uno y hazlo la base del "proyecto Bernabé" personal hoy. ¡Ese es el nombre del juego!

Bondad es un lenguaje que los sordos pueden oír y los ciegos ver.

Percepción: Por qué "abajo" es "arriba" en Palestina
Leemos en 8:5 que "Felipe descendiendo a la ciudad de Samaria", aun cuando Samaria está al norte de Jerusalén. Esto tiene sentido cuando nos damos cuenta de que la capital de Israel está localizada sobre un cerro, y Samaria descansa en una planicie. Más aún, trazamos nuestros mapas con la parte superior de frente al norte, pero los palestinos los trazan con la parte superior de frente al este, mirando el interior del país desde el Mediterráneo.

4 La Iglesia en transición / Hechos 10-12

Corazón
del
pasaje:
Hechos
12

Resumen: "Jerusalén ... Judea ... Samaria" (1:8). Ahora Dios prepara el escenario para el avance del evangelio hasta "lo último de la tierra" —con la conversión de Cornelio, el alcance de la iglesia se extiende e incluye también a los gentiles—. Para esto utiliza una visión especial, una vasija testaruda (Pedro), y una visita a tiempo para romper siglos de prejuicios profundamente arraigados. Los enemigos del evangelio también están en marcha, como se ve en el martirio de Santiago y el encarcelamiento de Pedro —un intento inútil de impedir el crecimiento de la iglesia.

Capítulo 10		Capítulo 11	Capítulo 12
Corrección de Pedro	Convicción de Pedro	Confrontación de Pedro	Encarcelamiento de Pedro
1 22	23 48		
Liberación de prejuicios			Libertad de prisión

El
mundo
puede
dudar
del poder
de la
oración;
los san-
tos sa-
ben que
no debe
ser así.

Tu andar diario: El capítulo 12 bien se puede intitular: "La oración contestada y el toque de la puerta sin respuesta". ¿Qué aprendieron los discípulos? Que sin lo último no hay gozo de lo primero.

Pedro estaba en la prisión, en peligro de experimentar la misma suerte cruel del apóstol Santiago. Ante esta situación, los *discípulos* respondieron, como tú habrías esperado, con oración ferviente por la seguridad de Pedro (12:5). *Dios* respondió, como podías esperar, ¡la oración contestada! ¡Pero nota cómo los *discípulos* reaccionaron a la respuesta de *Dios!*

• Ellos explicaron el anuncio de Rode, dudando primero de su sinceridad, y luego de su cordura (12:15).

• Ellos explicaron la presencia de Pedro a la puerta diciendo que era su ángel (12:15).

• ¡Ellos fallaron en disfrutar la respuesta de Dios a sus oraciones porque no creyeron que Dios haría lo que ellos pidieron!

¿Por qué *estás* orando hoy? ¿La sanidad de una relación, un nuevo trabajo, victoria sobre un mal hábito? ¿Te sorprenderías si Dios contestara tu oración? Levántate ahora mismo, camina a través de la habitación y abre la puerta. Deja que sea una expresión de tu fe que diga, "¡Cuando la respuesta de Dios toque, no me sorprenderé!"

Percepción: Posdata respecto a Pedro

Hasta aquí has encontrado el nombre de Pedro 56 veces en Hechos. Pero ahora el énfasis de Lucas cambia —como se ve en el hecho que el nombre de Pedro aparece en 15:7 y después de esto *¡en ninguna otra parte del resto del libro de Hechos!*

Primer viaje de Pablo / Hechos 13-15

5

Resumen: Tal como Jerusalén había sido el centro de la evangelización en Judea, así Antioquía de Siria viene a ser el centro de la evangelización gentil. Pedro —quien había tenido el papel de liderazgo en los primeros 12 capítulos— ahora le da la notoriedad a Pablo, cuyos viajes y juicios dominarán los últimos 16 capítulos del libro. El capítulo 13 también marca el comienzo de la carrera misionera de Pablo —carrera no iniciada por decisión personal sino por llamamiento divino—. Regresando a Antioquía al final de su primer viaje misionero, Pablo y su compañero de viaje Bernabé se reportan a su iglesia local y buscan resolver el asunto de la inclusión de los gentiles en la iglesia que hasta ese momento sólo contaba con miembros judíos.

Corazón del pasaje: Hechos 15

Capítulo 13	Capítulo 14	Capítulo 15
Llamamiento de dos misioneros	Comienzo de la misión	Convocación de un concilio
Pablo y Bernabé		Apóstoles y ancianos

Tu andar diario: ¿Estás de acuerdo o no con el pensamiento de este autor?

"Estar de acuerdo nos hace tolerantes y pasivos; el desacuerdo drena nuestra fortaleza. Nuestros verdaderos enemigos son aquellos que nos hacen sentir tan bien, que lenta, pero inexorablemente, somos arrastrados a la arena de la presunción y la autosatisfacción".

Dios haz mis palabras compasivas y tiernas, ¡porque mañana puede que tenga que comérmelas!

El capítulo 15 describe dos desacuerdos claros en la iglesia. En realidad, el capítulo comienza y termina con un desacuerdo.

El primero fue teológico; el segundo fue personal. El primero fue entre conocidos; el segundo entre amigos íntimos y colegas. El primero fue sobre asuntos esenciales; el segundo sobre asuntos no esenciales. el primero no se podía resolver, "estar de acuerdo en desacuerdos"; el segundo sí podía resolverse de esa manera; y Dios fue honrado en la manera que los asuntos fueron resueltos.

Hay una manera acordable —y desacordable— de establecer los desacuerdos. ¿Hay un hermano o hermana en Cristo a quien necesitas acercarte para resolver una disputa? ¿Hay una relación en tu familia inmediata que necesita ser restaurada? Usa Hechos 15 como tu guía; haz de hoy el "algún día" que has estado posponiendo.

Percepción: El retroceso de la consolación

La misma cosa que unió a Bernabé y a Pablo fue lo que más tarde los separó; el don de Bernabé de la consolación. El estaba dispuesto a darle a Juan Marcos otra oportunidad (15:36-41) —un riesgo que Pablo, por el bien de la obra, no estaba dispuesto a correr.

6 Nuestra misión

Lectura
bíblica
Salmo
96

 Da un paso atrás

Hechos 1:8 capta el fluir de la obra de Dios en la iglesia primitiva mientras los creyentes testifican del Señor resucitado en *Jerusalén* (capítulos 1-7), en *Judea, en Samaria* (capítulos 8-12), y hasta *lo último de la tierra* (capítulos 13-28).

En su guía de estudio, *Hechos vol. 1*, Chuck Swindoll ha intitulado estos segmentos: establecimiento, dispersión, y ampliación, y los aplica a nuestra vida:

1. *La etapa de establecimiento.* Esta comienza con nuestro nuevo nacimiento —un tiempo de gran emoción, de recibir gran cantidad de nutrición y cuidado, mientras Cristo nos trae más cerca de El. Este tiempo en nuestra vida es como la fase del crecimiento inicial de la iglesia del Nuevo Testamento.

2. *La etapa de la dispersión.* Aquí dolor, prueba, desengaño y aun persecución pueden comenzar a afectarnos. Dios usa circunstancias y eventos para alargar y profundizar nuestras raíces. Nuestra relación con Dios toma una profundidad nueva al nosotros comenzar a crecer, madurar, y a enfocar las necesidades de otros.

3. *La etapa de expansión.* En esta etapa final, la vida es sazonada, madura. El santo probado se extiende y se expande, abarcando un círculo más amplio de personas. Los dolores y cicatrices del pasado han hecho al creyente aun más útil y efectivo en la ministración a otros.

Muchos de nosotros no podemos alcanzar el campo misionero con nuestros pies, pero podemos alcanzarlos sobre nuestras rodillas.

Mira arriba

Al pensar en esas tres etapas, pregúntate en cuál etapa estás como individuo. Si todavía estás en la primera, ¿cómo te sientes al enfrentar la perspectiva de las etapas dos y tres? Si estás en la etapa final, ¿qué pensamientos vienen a tu mente al mirar atrás en tu vida con el Señor?

Sigue adelante

Las tres etapas de Hechos se pueden aplicar también a las misiones. Tu Jerusalén, por ejemplo, se refiere a tu propio vecindario o pueblo. Tu *Judea y Samaria* es tu propia nación. Y lo "último de la tierra" se refiere a la escena internacional.

¿Cuán activamente involucrado estás en actividades misioneras? ¿Es a través de tu testimonio personal que alcanzas a otros? ¿Activas evangelizando mediante programas de tu iglesia u organizaciones cristianas? ¿Eres generoso al dar a misioneros que dependen del apoyo de los demás creyentes? Recuerda, cada creyente debe estar involucrado en misiones —tanto local como globalmente, personal como corporalmente. No es sólo una responsabilidad, es un privilegio.

Considera estas verdades al leer y meditar en el Salmo 96.

Segundo viaje de Pablo / Hechos 16-18

7

📖 **Resumen:** El segundo viaje misionero de Pablo comienza con un nuevo compañero, Silas. Pero pronto el equipo aumentó y se duplicó cuando Timoteo se les unió en Listra y Lucas en Troas. Inicialmente, Pablo y Silas recibieron una recepción afectuosa en Filipos; pero pronto experimentaron azotes y encarcelamiento por interrumpir un fructífero negocio de adivinación. No obstante, Dios usó esto para salvar al carcelero y su familia.

Corazón del pasaje: Hechos 16

Capítulo 16	Capítulo 17	Capítulo 18
Predicación en Filipos	Problema en Tesalónica	Continuación en Corinto
Hospitalidad pagana	Celo judío	

✍️ **Tu andar diario:** ¿Tienes un Timoteo? ¿Conoces a alguien que sea relativamente nuevo en la fe cristiana; alguien a quien puedas animar, instruir, ayudar, y *discipular*?

Pablo tenía a Timoteo —un estudiante espiritual, un hijo en la fe—. Pablo sabía que no era suficiente llevar hombres y mujeres al conocimiento salvador de Cristo. Ellos necesitaban ser nutridos y auxiliados en su crecimiento espiritual.

Lee Hechos 15:36; 16:4-5; y 2 Timoteo 2:2. Estos versículos reflejan el énfasis de Pablo en discipular nuevos cristianos y establecerlos en la fe. En esta forma ellos podían continuar y diseminar el impacto del evangelio aún después que Pablo saliera de la escena.

Si la cadena de testigos y discípulos hubiera parado con aquellos primeros creyentes, ¿dónde estarías hoy? ¿Qué estás haciendo para forjar nuevos eslabones en esa cadena? Toma unos minutos para pensar en dos personas que conoces —no cristianos o creyentes nuevos que necesitan guianza madura en la fe—. Escribe sus nombres en el margen o en una tarjeta para ponerla en tu Biblia; comienza a orar por ellos diariamente; y haz una cita para encontrarte con ellos regularmente. ¡Hallarás que crecerás en fe!

Discipulado es más que aprender lo que el maestro sabe; es llegar a ser lo que él es.

📋 **Percepción:** Pablo y Silas —practicando lo que predicaban
Si alguien tuviera suficientes razones para quejarse de las circunstancias, ¡ciertamentre Pablo y Silas estarían cerca del tope de la lista! Ellos fueron azotados y echados en la prisión injustamente. Aunque eran ciudadanos romanos, le fueron negados sus "derechos civiles". Sin embargo, a pesar del trato abusivo, tú no encuentras rasgos de ira en su actitud hacia sus victimarios. ¡Más bien, en vez de *resentirse*, ellos pasaron esa crisis *cantando* himnos!

8 *Tercer viaje de Pablo / Hechos 19-20*

Corazón del pasaje: Hechos 20:13-38

Resumen: Poco después que Pablo regresó de su segundo viaje, ¡era tiempo de salir al tercero! (Vuelve atrás a 18:22-23 para ver la conclusión de su viaje, el breve período que le tomó dar sus reportes en Antioquía, y el comienzo del próximo viaje.) En Efeso el mensaje del evangelio de Pablo produce algunas de las respuestas más grandes —y fuerte oposición— que en ningún otro lugar que él visitó. Dejando la ciudad conmocinada, más tarde Pablo regresa para recibir una despedida triste en Miletus. Desde este punto en adelante, él está determinado a visitar a Jerusalén... sabiendo muy bien la recepción que lo esperaba allá.

Capítulo 19		Capítulo 20	
Complot en Efeso	Resurrección de Eutico		Despedida de Efeso
1		16	17
Tumulto	**Viaje**		**Testimonio**

Caridad se da rica; codicia acumula para ella misma pobreza.

Tu andar diario: ¿Cuándo fue la última vez que le diste a alguien un regalo especial en una ocasión inesperada? Y cuándo lo hiciste, ¿qué efecto produjo este gesto en la persona? ¿Quién estaba más feliz: el dador (tú) o el recibidor?

En la lectura de hoy Pablo cita las palabras de su Maestro, "Más bienaventurado es dar que recibir" (20:35). ¡No hay mejor manera de gozar una bendición instantánea que tomando ese versículo de corazón!

No necesitas tener dinero en tu bolsillo para hacerlo. Dar de ti mismo significa compartir un talento que Dios te ha dado (como por ejemplo, coser un dobladillo, encen der un auto, cuidar un niño, sustituir a alguien que cuida de un pariente anciano). O tal vez sólo envuelve estar presente —pasar tiempo con alguien que necesita oír una voz amistosa o sentir un abrazo de seguridad.

Por supuesto, si Dios te ha bendecido materialmente, hay muchas maneras de compartir con otros también. Una compra extra de mandados entregados a una familia sin trabajo... una tarjeta de felicitación con un chequecito y una nota que diga "Tienen un amigo que está pensando en ustedes"... una salida recreacional para una madre o un padre soltero que están luchando con un presupuesto limitado —¡las posibilidades creativas son interminables!

Percepción: Artemisa, la diosa universal

El templo magno de Artemisa, diosa de la fertilidad, era una de las maravillas del mundo antiguo, verdaderamente apropiado para la diosa adorada por "toda Asia y el mundo entero" (19:27). Arqueólogos han descubierto más de 30 lugares alrededor del mundo donde Artemisa era adorada.

Arresto de Pablo en Jerusalén / 21-23   9

🔲 **Resumen:** Aunque Pablo había realizado su último viaje misionero, a su carrera misionera le faltaba mucho para que concluyera. Dios ahora lo promueve de ser un misionero al *pueblo,* a ser un misionero al *palacio.* Pablo viaja a Jerusalén; preparado para ser encarcelado y aun para ser martirizado. Una vez delante de la multitud y de nuevo ante el concilio, Pablo intenta defenderse relatando su testimonio personal. Apenas evitando el complot de asesinato, él espera la oportunidad de ser juzgado "acerca de la esperanza y de la resurrección de los muertos" (23:6).

Corazón del pasaje: Hechos 21

Capítulo 21	Capítulo 22	Capítulo 23	
Arresto de Pablo	Apología de Pablo	Argumento de Pablo	Emboscada de Pablo
	1	11 12	35
Jerusalén	Judíos	Riesgo	

🖎 **Tu andar diario:** Un pistolero, silenciosamente se para detrás de la desapercibida víctima y grita, "¡Mejor que se prepare para *vivir!"*

¡Oh! algo anda mal aquí —¿no se supone que la víctima se prepare para *morir?* Pero deténgase y piense: ¿Qué será más difícil hacer en lo que resta de este último cuarto de siglo?

El apóstol Pablo estaba listo para ambas cosas. El creía que una fe digna de vivir era digna también para morir. Al descender a Jerusalén desde Cesarea, Pablo estaba consciente de los peligros que enfrentaba. Pero aun las profecías de muerte no lo hacían desistir. Sus palabras de despedida fueron una declaración radical que él estaba listo para vivir o morir (21:13).

Para ti, la decisión más difícil que jamás enfrentarás puede que no venga a punta de pistola. Puede que nunca seas amenazado por una sentencia de prisión. Más probable, enfrentarás situaciones donde desees morir" pero no puedes. Situaciones que hieren tus emociones tan profundamente que crees imposible tu recuperación. Situaciones que implican confrontación, disciplina; arrepentimiento, y perdón. ¡Pero es ahí donde tu fe viva en Cristo puede brillar más que nunca! Cuando seas tentado hoy a huir de tu problema, corre mejor hacia tu Padre celestial y pídele una victoria real —¡la clase que El se especializa en dar!

Si usted no tiene problemas, tal vez debiera arrodillarse y preguntar, "Señor, ¿no confías en mí?"

🖎 **Percepción:** Cuando estés en Jerusalén haz como hicieron los romanos...

La respuesta afirmativa de Pablo a la pregunta del tribuno principal, "Dime, ¿eres tú romano?" (22:27) lo libró de azotes, y asustó al tribuno, quien pudo haber sido azotado o ejecutado por azotar a un ciudadano romano (en este caso Pablo) —¡violación directa de la ley romana!

10 Los tres juicios de Pablo en Cesarea
Hechos 24-26

Corazón del pasaje: Hechos 26

Resumen: Aunque ya Pablo no estaba libre para llevar el evangelio a otros, Dios usa su encarcelamiento para llevar el evangelio a los gobernadores romanos: Félix, Festo, y Agripa. Félix demoró el veredicto en el caso de Pablo por dos años enteros con la esperanza de recibir soborno. Su sucesor, Festo, trata de poner la responsabilidad en el Sanedrín para ganar gracia con los judíos. Por fin, Pablo ejercita su derecho como ciudadano romano apelando su caso a César. De nuevo, antes de la visita del rey Agripa; se hace claro que la corrupción e indecisión alrededor del caso de Pablo sólo se puede resolver en Roma.

Capítulo 24	Capítulo 25	Capítulo 26
Oportuno Félix	Festo errado	Agripa en aprietos
Buscando soborno	Buscando un favor	Buscando una excusa

Todo el mundo está ordenado y arreglado para parear y llenar las necesidades del pueblo de Dios.

Tu andar diario: A través de una hoja de papel, escribe las palabras "Si solamente". Luego completa esa oración con las 10 primeras cosas que te vengan a la mente. *(Si solamente se removieran las pecas. Si solamente yo no hubiera fallado en mis cálculos. Si solamente no dijera 'si solamente' tan a menudo".)*

Más de una vez, Pablo pudo encontrarse a sí mismo tentado a jugar el juego de "si solamente". "Si solamente yo no hubiera apelado a César. Si solamente Agripa hubiera venido unos días antes. Si solamente Festo no hubiera andado con dilaciones. Si solamente yo no hubiera agitado la multitud". Pero fortalecido por la promesa de Dios en 23:11 ("Ten ánimo, Pablo, pues como has testificado de mí en Jerusalén, así es necesario que testifiques en Roma"), Pablo vio cada *desilusión* como una *cita* divina para compartir el evangelio. Más bien que lamentarse sobre injusticia, Pablo vio sus cadenas como el recurso de Dios para penetrar los puestos más altos de la tierra con las buenas nuevas.

Escribe las palabras "Mis desilusiones = Sus compromisos" a través de tus 10 "si solamente" dichos. Como explicó Pablo a los romanos (en el versículo de memoria de esta semana), ¡esa es la clave para ver el control de Dios en cada circunstancia (aparentemente fuera de control) de tu día!

Percepción: "El poder de un rey con la mente de un esclavo"

El historiador Tacitus dijo la declaración anteriormente citada refiriéndose a Félix, y el trato de Félix a Pablo parece llevar el carácter de este análisis (24:24-27). A menudo él se reunió con Pablo, no para pelear con el asunto que Pablo levantaba, sino para darle a Pablo la oportunidad de sobornarlo. Pablo no se comprometió y por lo tanto tuvo que sentarse en la prisión por dos años.

Viaje de Pablo a Roma / Hechos 27-28 **11**

📖 **Resumen:** La gran ambición de Pablo de alcanzar a Roma con el evangelio por fin se realizó —¡pero no sin tormenta, naufragio, y mordida de serpiente! Típico de Pablo, empieza su ministerio en Roma predicando a judíos (28:17-29). Y (tristemente) típico de los oyentes de Pablo, ellos rechazaron su mensaje de salvación, haciendo que él se volviera a los gentiles. Lucas termina sus dos volúmenes de historia de la iglesia del Nuevo Testamento describiendo los dos años de ministerio de Pablo en Roma —el apóstol en cadenas, ¡pero el evangelio "en libertad"!

Corazón del pasaje: Hechos 27:9-28:10

Capítulo 27		Capítulo 28	
Pablo en el barco	Pablo en la tormenta	Pablo en Malta	Pablo en Roma
1 13	14 44	1 15	16 31
Ligado a Roma		Ligado en Roma	

✍️ **Tu andar diario:** ¿Tienes el hábito de soñar grandes sueños para Dios?

Ezequías tuvo un sueño (2 Crónicas 29). Soñó con tornar a su nación espiritualmente necesitada, de nuevo a Dios; de desarraigar influencias paganas y guiar los corazones de su pueblo a la adoración ferviente de Jehová. Y aunque joven, él vio su sueño cumplirse.

David tuvo un sueño (2 Samuel 7). Soñó construir una casa magnífica para Dios. Y aunque él no vio su sueño cumplido durante su vida, pudo preparar el camino para que su hijo Salomón hiciera realidad su sueño.

Pablo tuvo un sueño. Soñó declarar la historia del Salvador delante de emperadores en Roma y este sueño también se hizo realidad.

¿Cuál es *tu* sueño? ¿Qué impacto quieres hacer para Dios durante tu vida? ¿Qué herencia deseas dejar a tus hijos?

Algunos hombres sueñan con logros dignos, mientras otros se quedan despiertos y los hacen.

Emplea varios minutos ahora mismo soñando un sueño grande para Dios. Si te sientes libre para hacer eso, compártelo con tu cónyuge o una amistad íntima. Entrégalo a Dios; ora por eso; trabaja para eso, y en la fuerza y tiempo de Dios, ¡llévalo a cabo para Su gloria!

🔨 **Percepción:** El inconcluso libro de Hechos

Cada uno de los cuatro evangelios tienen una conclusión, porque la obra de Cristo en la tierra terminó (*"Consumado* es", Juan 19:30). Pero el libro de Hechos no, porque la obra autorizada por el Espíritu de compartir el evangelio no se ha terminado (todo lo que Jesús *comenzó* a hacer y a enseñar", Hechos 1:1).

Romanos

Aunque Pablo no fundó la iglesia en Roma, sí había oído de la fe y el servicio ejemplar de los creyentes romanos, y se propuso visitarlos. Por lo tanto, la carta a los Romanos sirve para introducir tanto a Pablo como a su mensaje. Como tal, ha sido llamada "el evangelio según San Pablo". Escribiendo tal vez desde Corinto en su tercer viaje misionero, Pablo establece algunas de las doctrinas centrales de la fe cristiana: justificación por la fe, vida en el Espíritu, unidad en el cuerpo, y el programa de redención de Dios para judíos y gentiles igualmente.

Enfoque	Doctrinal				Práctico
Divisiones	Problema de injusticia	Provisión de justicia	Búsqueda de justicia	Programa de justicia	Práctica de justicia
	1 3	4 5	6 8	9 11	12 16
Tópicos	Pecado	Salvación	Santificación	Selección	Servicio
	Comprendiendo el evangelio				Viviendo el evangelio
Lugar	Probablemente en Corinto				
Tiempo	Alrededor del 57 A.D.				

Problema de injusticia
Romanos 1-3

12

Resumen: En su saludo introductorio a los creyentes en Roma, el apóstol Pablo establece el tema de su carta: el evangelio de Dios en Jesucristo (1:1,3,9,16). Escribiendo como un abogado, Pablo comienza su narración legal describiendo la condición caída de la humanidad. Una naturaleza rebelde ha llevado al rechazo del Creador y a la adoración de la creación. Dios ha permitido que la naturaleza pecadora de los seres humanos exprese la plenitud de su corrupción. Civilizados o salvajes, judíos o gentiles, toda la raza humana está incapacitada ante Dios. Verdaderamente, "Por cuanto todos pecaron, y están destituidos de la gloria de Dios" (3:23).

Corazón del pasaje: Romanos 1; 3:21-31

Capítulo 1	Capítulo 2	Capítulo 3
El rechazo de Dios por la humanidad	Juicio de Dios a la humanidad	Incapacidad de la humanidad ante Dios
"No hay justo, ni aun uno" (3:10).		

Tu andar diario: Dos cristianos estaban hablando del presidente de una corporación quien había muerto recientemente. El ejecutivo había sido un hombre moral y un filántropo, pero un devoto ateo que jamás se interesó en creer en Jesucristo como su Salvador. Un amigo dijo, "Es difícil creer que él no esté en el cielo. El era un hombre tan bueno, tan considerado con sus empleados, tan generoso con toda la gente". A lo que el otro respondió con las palabras de Juan 3:18, "El que en él cree, no es condenado; pero el que no cree, ya ha sido condenado, porque no ha creído en el nombre del unigénito Hijo de Dios".

Nosotros nunca quebrantamos las leyes de Dios; sólo nos quebrantamos nosotros mismos sobre ellas.

Quizás tú también, tienes dificultad en entender la condición de los perdidos... o tu propia perdición fuera de Cristo. Lee Romanos 3 otra vez, hasta que entiendas la cruda verdad de la *depravación* humana. La única esperanza de la humanidad —y la tuya— es la fe en la obra terminada de Cristo. Es tan simple como aceptar la oferta de Dios de "salvación a todo aquel que cree" (1:16). ¿Quieres venir a Jesucristo creyendo ahora mismo?

Percepción: Dios no tiene favoritos (2:11)
Judíos y gentiles están en la misma condición ante Dios. Pablo señala que si la antigua prioridad de los judíos de privilegio contaba para algo, significaba prioridad de responsabilidad. Jesús recordó a sus seguidores que a los que se les da mucho, mucho se les demanda (Lucas 12:48).

Epístolas Paulinas

Epístolas paulinas: individuales			
1 Timoteo	2 Timoteo	Tito	Filemón
2 Tesalonicenses			Hebreos
1 Tesalonicenses			Santiago
Colosenses	*"Gracia y paz a vosotros, de Dios nuestro Padre y del Señor Jesucristo" —Pablo*		1 Pedro
Filipenses			2 Pedro
Efesios			1 Juan
Gálatas			2 Juan
2 Corintios			3 Juan
1 Corintios			Judas
Romanos			Apocalipsis
Hechos			
Mateo	Marcos	Lucas	Juan,
Libros Históricos			

Epístolas paulinas: iglesia — columna izquierda
Epístolas no paulinas y Apocalipsis — columna derecha

L as 13 cartas, comenzando con los Romanos y terminando con Filemón, todas salen de la pluma de Pablo y son dirigidas a varias iglesias y pastores del Nuevo Testamento. Las primeras nueve fueron enviadas a iglesias que Pablo había fundado o por las cuales había tomado interés personal durante sus viajes misioneros. Las últimas cuatro fueron escritas para estimular a líderes en sus difíciles y exigentes tareas como pastores del rebaño de Dios.

Romanos es fundamental por su tema de la justificación solamente por la fe. Desafortunadamente, los corintios no estaban viviendo en esa forma, y los gálatas estaban añadiendo obras como fundamento para su relación ante Dios. Todos los creyentes justificados forman un cuerpo (Efesios) que es llamado a la unidad (Filipenses) y pureza doctrinal (Colosenses). Y aun cuando ese cuerpo vive y sirve hoy, mira hacia el futuro (Tesalonicenses).

Provisión y justificación
Romanos 4-5

13

📖 **Resumen:** Después de ver la triste condición de la humanidad, el apóstol Pablo se vuelve a la solución misericordiosa de Dios. La muerte de Jesucristo en la cruz ha pagado el precio por el pecado y ha satisfecho las demandas justas de Dios. Para aquel que en fe acepta el pago completo de Jesús, Dios pone sobre la deuda del pecado el sello de, "Pagado completo". Eso es justificación. Su base es la obra de Cristo; significa que es la gracia de Dios; su requisito es fe en Dios y Su promesa. Abraham y David son ilustraciones del pasado como ejemplos para el presente, mostrando cómo la justificación trae paz y acceso, esperanza y perdón, al que tiene fe en Dios.

Corazón del pasaje: Romanos 5

Capítulo 4	Capítulo 5	
Cómo viene la justificación	Qué logra la justificación	Por qué la justificación es necesaria
1	11	12 21
Gracia de Dios	Paz con Dios	Separación de Dios

✒️ **Tu andar diario:** Es natural ser amigo de aquellos que son amistosos, agradar a aquellos que son agradables, amar a los que son amables. Personas dispuestas, atractivas, y afables tienen una cualidad magnética que atrae la atención y el afecto de otros.

Sin embargo, ¡no ocurre así con el amor de Dios! El expresó Su amor por la humanidad pecadora mientras éramos "débiles" (5:6), "impíos" (5:6), "pecadores" (5:8), y "enemigos" (5:10). El amor de Dios no es un impulso, sino un acto decisivo de Su voluntad hacia el objeto de Su afecto. ¡Dios te ama, *no por razón de* ... sino *a pesar de* lo que tú eres!

Los que menos merecen el amor son los que más lo necesitan.

¿Amas tú como Dios ama? ¿Alcanzas con interés y compasión a los necesitados, a los marginados y aun a los repulsivos? Si no, admite tu falta de amor a Dios (El ya lo sabe); medita sobre Su incondicional amor por ti; entonces, con la ayuda de Dios, permite que "el amor de Dios sea derramado" (5:5) de tu corazón al corazón de otra persona que necesita desesperadamente experimentarlo hoy.

🔍 **Percepción:** Una palabra grande para una verdad grande
Justificación significa que, sobre la base de la fe de un individuo en la obra terminada de Jesucristo, Dios pone en su cuenta los méritos inmaculados de Cristo, y declara al pecador "justo". O como un comentarista lo ha descrito, justificación significa que, en Cristo, Dios me ve "como si yo nunca hubiera pecado".

14 Poniendo la Palabra a trabajar

Lectura bíblica: 2 Timoteo 3:16-17

← Da un paso atrás

Uno de los patrones interesantes que notarás en tu lectura a través de las epístolas será el de contenido y aplicación.

Observa, Dios nos dio la Biblia no sólo para nuestra información, sino para nuestra transformación. Como el Nuevo Testamento claramente nos enseña, conocer y no practicar es realmente no *conocer después de todo*. Es por eso que Jesús frecuentemente terminó Sus enseñanzas con las palabras, "El que tiene oídos para oír, oiga".

Este movimiento crucial de contenido a práctica se enfatiza en todas las epístolas del Nuevo Testamento. Por ejemplo, en Romanos, el apóstol Pablo bosqueja las verdades básicas de la fe cristiana en los capítulos 1-11, luego los aplica en los capítulo 12-15. Efesios 1-3 revela doctrina, y enfatiza la parte práctica en los capítulos 4-6.

Pablo no es el único autor que por norma toma las verdades profundas de la fe y su consecuente aplicación en la esfera de la vida diaria. Juan y Santiago lo hacen, y Jesús en sus sermones invierte por lo menos la mitad del tiempo en la aplicación del contenido de lo que ha enseñado.

La lección aquí es obvia: El conocimiento siempre tiene que guiar a algo aun más importante —obediencia.

Puede que eso no sea fácil, pero Dios nos manda a hacerlo. Mark Twain dijo en cierta ocasión: "La mayoría de la gente se preocupa por los pasajes de la Escritura que no entienden; pero los pasajes que me preocupan a mí son esos que yo entiendo".

↑ Mira arriba

El conocimiento es el ojo que debe dirigir el pie de la obediencia.

¿Estás convirtiendo la lectura de la Biblia solamente en un ejercicio intelectual, o en un medio de obtener más información? ¿O estás permitiendo que esta verdad se filtre a través de tu vida, de manera que luchas con la voluntad de Dios en tu propia vida cada día?

El patrón bíblico es claro: A los ojos de Dios, conocimiento requiere obediencia. Toma tiempo para examinar tu vida a la luz de ese patrón, y habla con Dios.

→ Sigue adelante

En 2 Timoteo 3:16-17, Pablo escribe los propósitos principales por los cuales las Escrituras nos fueron dadas por Dios. Al leer esos dos versículos, nota las cuatro metas principales de la Escritura. Pregúntate cuál de esas metas puedes realizar en tu vida.

Si eres maestro en tu iglesia, escuela, o aun en tu familia, evalúa tu propio estilo de enseñanza. ¿Estás enfatizando demasiado el contenido y descuidando su aplicación? Aplicar la verdad de Dios con integridad total y transparencia en tu propia vida primero y luego en la de tus estudiantes, es experimentar el gozo del maestro que cumple su supremo llamado.

Busqueda de justicia / Romanos 6-8 **15**

Resumen: Pablo anticipa las preguntas que naturalmente surgirán como resultado de oír el evangelio de la gracia. "Si la gracia de Dios es gratuita, entonces ¿soy libre para pecar?" "Si soy libre de esa ley, ¿entonces puedo ignorar las demandas éticas de la ley?" ¿Cuál es la relación del creyente con la ley?" "¿Cómo puedo gozar de la libertad de la ley y la carne en mi vida diaria?" ¡Pablo es tremendamente realista en la sección de hoy! El no tiene la ilusión que ser cristiano signifique el fin de sus problemas. ¡Más bien, sólo puede ser el principio! Pero el Espíritu que da vida provee confianza, liderazgo, e intercesión para la vida cristiana victoriosa en las tormentas y complejidades de la vida diaria.

Corazón del pasaje: Romanos 7:13-8:39.

Capítulo 6		Capítulo 7		Capítulo 8
Exhortaciones de libertad	Exhortaciones de desorden	La ley señala el pecado	La ley condena el pecado	El Espíritu conquista al pecado
1 14	15 23	1 12	13 25	
Problemas con la gracia		Problemas con la ley		

Tu andar diario: Uno que hacía las cosas por sí mismo fue a una ferretería y preguntó por un serrucho. El vendedor sacó una sierra de cadena y comentó: "Esta es nuestra mejor herramienta, garantizada para cortar diez cuerdas de madera por día".

"¡La compro!", respondió gozoso el cliente.

Al otro día regresó, demacrado y agotado, para devolver la sierra. "Algo tiene que andar mal", dijo él. "Sólo pude cortar tres cuerdas de madera en todo el día con esta cosa".

"Permítame probar", dijo el vendedor, tirando del cordón para prenderla ... y "vvrrroomm", empezó a funcionar la sierra.

"¿Qué es ese ruido?", preguntó el cliente.

Los capítulos 7 y 8 te pueden recordar el aprieto de aquel cliente al pretender hacer la tarea por sí mismo; queriendo hacer lo correcto (capítulo 7), pero fallando en aplicar el poder para una vida victoriosa que Dios ha provisto por medio del Espíritu Santo (capítulo 8). Trata de buscar cinco promesas en el capítulo 8 concernientes a la acción del Espíritu Santo en tu vida diaria. Luego selecciona una y úsala hoy. ¿Por eso están ahí!

Si la carga que Dios te ha dado parece ser muy pesada de llevar, debes estar seguro que Dios nunca espera que la lleves solo.

Percepción: Obstáculos formidables, Amor fiel

Toma los 17 asuntos mencionados en 8:35, 38-39 y parafraséalos en términos modernos. Por ejemplo, "desnudez" pudiera significar "un clóset vacío"; "angustia" puede ser "mes demasiado largo y sin dinero suficiente". ¡Ahora lee el pasaje con vehemencia!

16 *Programa de justicia / Romanos 9-11*

Corazón
del
pasaje:
Roma-
nos 11

Resumen: Si la gracia de Dios es provista gratuitamente, tanto para judíos como para gentiles, entonces surgen varias preguntas: "¿Por qué Dios parece haber rechazado Su nación? ¿Y por qué tan pocos judíos están respondiendo a la invitación del evangelio?" La clave está en la historia del trato de Dios con Israel. El pasado de Israel ha sido marcado por la elección soberana de Dios —de Isaac (no de Ismael), de Jacob (no de Esaú), de Moisés (no de Faraón)— para sus propósitos misericordiosos. El presente de Israel envuelve rechazo de Dios por el rechazo de responder a Su invitación. "Todo el día extendí mis manos a un pueblo rebelde y contradictor" (10:21). Pero el futuro de Israel tiene la promesa de consolación. El rechazo de Dios ni es completo ni final, como se ve en el caso de Pablo.

Capítulo 9	Capítulo 10	Capítulo 11
Consideración del rechazo de Israel	Clarificación del rechazo de Israel	Consolación tocante al rechazo de Israel
La justicia de Dios en Su relación con Israel		

El mejor
maestro
es aquel
cuya
vida es
el libro
de texto.

Tu andar diario: ¿Te *paraliza* la historia o te *entusiasma*? Después de investigar las páginas de la historia de Israel y ver las huellas de Dios en cada página, Pablo irrumpe en una expresión espontánea de alabanza y adoración: ¡Oh profundidad de las riquezas de la sabiduría y de la ciencia de Dios! ¡Cuán insondables son sus juicios, e inescrutables sus caminos!" (11:33).

Para Pablo es como hojear un libro viejo de la historia de su pueblo y recordar la fidelidad de Dios en medio de tanta incredulidad. ¿Quién vacilaría en confiar el futuro a un Dios como ese?

Saca algunas fotos viejas o un álbum y pasa algunos minutos revisando la fidelidad de Dios hacia ti y tu familia. ¿Suplió El para la necesidad? ¿Proveyó seguridad? ¿Sanó enfermedades? ¿Dio bendiciones que nunca habías soñado? Ahora expresa tu confianza en El para necesidades futuras y cierra tu tiempo de oración leyendo en alta voz 11:36.

Percepción: Dios nunca está sin remanente (11:1-5)
Elías se preocupó porque creía ser el "único que estaba luchando" por el Señor. Sin embargo, otros 7.000 no habían doblado sus rodillas delante de Baal. ¿Puedes encontrar evidencias de remanentes similares durante la cautividad babilónica (Daniel 3:14)? ¿Durante el retorno del exilio (Esdras 3:8; 7:10? ¿En el tiempo de Jesús (Lucas 2:25, 36-37)? ¿En tu tiempo?

Práctica de la justicia / Romanos 12-16   *17*

📖 **Resumen:** La doctrina es dinámica. Lo que usted cree siempre afectará su comportamiento. En 11 capítulos Pablo establece los fundamentos de la fe cristiana. Ahora el balance de su carta se mueve a la práctica de esa fe en la vida de los creyentes. Para cada asignación en la vida cristiana, hay un emblema correspondiente de Dios; servir el uno al otro usando los dones que Dios le ha dado; sométase a las autoridades superiores usando las actitudes de amor y sumisión del Salvador; ser sensible a las necesidades de los hermanos más débiles en materia de conciencia; estar unidos en propósito, teniendo la mente de Cristo.

Corazón del pasaje: Romanos 12-13

Capítulo 12	Capítulo 13	Capítulos 14-15	Capítulo 16
Amarse los unos a los otros	Estar sujetos unos a otros	Aceptarse unos a otros	Saludarse unos a otros
Guías prácticas			Saludos persoanles

✒️ **Tu andar diario:** Cuando alguien te golpea la mejilla y respondes de la misma manera, eso es lo que se espera —la reacción natural —. Pero si alguien te golpea una mejilla y después la otra y cuando ya no te queda otra mejilla tú no respondes, eso es asombroso —¡la reacción *sobrenatural!*

Los capítulos finales de Romanos tratan con las reacciones *sobrenaturales* a cada situación —únicamente posible cuando Cristo está en control—. ¿Puedes pensar en un ejemplo del siglo veinte que ilustre esa clase de reacción que Pablo expresa en cada una de las exhortaciones siguientes?

No estamos meramente para servir a Cristo, tenemos que ser como El.

Prefiriéndoos los unos a los otros (12:12) _____

Sufridos en la tribulación (12:12)_____

No paguéis a nadie mal por mal (12:17)_____

No os venguéis vosotros mismos (12:19)_____

Recuerde, cualquiera puede *actuar* como cristiano, ¡pero se necesita un verdadero cristiano para *reaccionar* como tal!

📓 **Percepción:** La Epístola de acuerdo con... ¿quién?
Puede sorprenderte saber que Pablo no escribió el libro de Romanos. Aparentemente un secretario personal escribió mientras el apóstol dictaba. En el caso de Romanos, ¿quién "escribió" esta epístola? _____(16:22).

1 Corintios

En el tiempo del Nuevo Testamento, Corinto era famosa como ciudad comercial al sur de Grecia. Pero también era reconocida como centro de inmoralidad. A pesar de eso, Pablo estableció una iglesia allí casi al final de su segundo viaje misionero (Hechos 18:1-17). Aunque la iglesia estaba en Corinto, Corinto estaba también en la iglesia, contaminando su comunidad y testimonio. Pablo reconoce los dones y poderes de la iglesia, pero también él trata decididamente con los problemas que la plagaban. Su meta es: "Hágase todo decentemente y con orden" (14:40).

Enfoque	Cuatro problemas	Cuatro perspectivas		
Divisiones	Problemas de parcialidad y demandas legales 1 — 6	Perspectivas acerca del matrimonio y la libertad 7 — 10	Perspectivas acerca de la adoración 11 — 14	Perspectivas acerca de la resurrección 15 — 16
Tópicos	División	Discusión	Desorden	Incredulidad
	Social	Privada	Pública	
Lugar	Escrita en Efeso			
Tiempo	56 A.D.			

Problemas de facciones y demandas legales **18**
1 Corintios 1-6

Resumen: Las iglesias no son perfectas porque están llenas de gente imperfecta. Pablo le escribe a los creyentes en Corinto para corregir aquellos errores en su comportamiento público y privado que los están distrayendo de su testimonio del evangelio. En una forma ordenada, Pablo va punto por punto, estableciendo normas de conducta acordes a "la gracia de Dios que os fue dada en Cristo Jesús" (1:4). Divisiones, inmoralidad, demandas entre creyentes —la lista de ofensas es larga—. Pero Pablo no desperdicia palabras síno que todos sus comentarios son ¡poderosos y prácticos!

Corazón del pasaje: 1 Cor. 2-3

Capítulo 1	Capítulo 2	Capítulos 3-4	Capítulo 5	Capítulo 6
Hechos de divisiones	Causas de divisiones	Cura para divisiones	Abusos morales	Abusos legales
Facciones celosas			Facciones impropias	

Tu andar diario: Dos pastores estaban discutiendo la crítica cada vez más creciente que se hace a la iglesia de Jesucristo. La conversación terminó con una carcajada cuando uno le dijo al otro: "Si todos los críticos de la iglesia fueran tendidos y ligados por las extremidades ... ¡tal vez sería buena idea dejarlos allí!"

Siempre ha sido más fácil criticar que confrontar, comentar desde afuera en lugar de involucrarse y contribuir a implementar un cambio creativo. La carta firme de Pablo a los Corintios no la constituían 16 capítulos de una lista de críticas y quejas. Más bien, él se preocupó lo suficiente para enfrentar los problemas, sugerir nuevos cursos de acción, y aun visitar personalmente la iglesia para motivar e impulsar la disciplina necesaria.

La crítica del sabio es más deseada que la aprobación del necio.

Piensa en individuos por quienes has tenido cierta preocupación. Quizás han estado bregando con lo oculto o con situaciones moralmente comprometedoras. Y si se les da la oportunidad, pueden continuar en su curso de muerte —a menos que alguien se preocupe lo suficiente para confrontarlos ... alguien como tú—. Pero antes de acercarte a ellos, asegúrate de haber orado y mantener un buen testimonio. El enfrentamiento nunca es fácil, pero Dios ha prometido proveer la fuerza para hacer lo que lo honra a El.

Percepción: Las Vegas del Nuevo Testamento
Comerciantes y marinos de todo el Mediterráneo iban a Corinto a jugar, a buscar prostitutas, y a gozar de varias aventuras. El templo de Afrodita (diosa del amor) estaba por encima de la ciudad en un cerro llamado Acrocorinto y con sus 1.000 prostitutas, simbolizaba el ambiente de Corinto.

19 *Perspectivas sobre matrimonio y libertad*
1 Corintios 7-10

Corazón del pasaje: 1 Cor. 7-8

Resumen: Comenzando con el capítulo 7, Pablo contesta una serie de preguntas hechas por los creyentes en Corinto: ¿Es mejor el celibato que el matrimonio?
- ¿Es permitido a los cristianos comer carne ofrecida a ídolos?
- ¿Es propio para un ministro del evangelio vivir de ese ministerio?
- ¿Si una acción es legal, es por lo tanto permisible?

Basándose en citas del Antiguo Testamento y en las enseñanzas de Cristo, Pablo establece la perspectiva de Dios sobre el matrimonio y la libertad cristiana.

Capítulo 7	Capítulo 8	Capítulo 9	Capítulo 10
Problemas con el matrimonio	Problemas con alimentos	Consejo a a ministros	Advertencia sobre la murmuración
Ser cuidadoso	Ser considerado	Ser consecuente	Estar contento

El mundo está mucho más preparado para recibir el evangelio que los cristianos de darlo.

Percepción: Hechos clave sobre la corrupta Corinto

Por su posición estratégica y el angosto istmo entre los mares Egeo y Adriático, Corinto atraía el comercio mundial —y con eso, influencia mundial religiosa—. La ciudad estaba llena de altares y templos, siendo el más prominente el templo de Afrodita a 1.800 pies de altura frente a la ciudad. Este centro cosmopolita era rico en entretenimiento, vicio, y corrupción. Finalmente, la ciudad vino a ser tan conocida por su inmoralidad que el término "actuar como un corintio" se volvió sinónimo de corrupción.

Tu andar diario: ¿Te hubiera gustado ser un miembro fundador de la "Iglesia de Corinto" del primer siglo? ¿Por qué sí, o por qué no?

No fue por accidente que Pablo se dirigió a la ciudad de Corinto en su segundo viaje misionero. Las implicaciones eran muchas; la localidad era estratégica; las presiones eran enormes. Pero Pablo sabía que el testimonio de un evangelio claro y convincente en aquella ciudad cosmopolita podía potencialmente cambiar la ciudad, la provincia, ¡y en verdad el mundo!

Dios está todavía en el negocio de colocar a Sus hijos en lugares estratégicos —lugares donde la pureza de tu matrimonio y el celo de tu caminar con Dios puede hacer la diferencia—. Tu pueblo, como el Corinto de la antigüedad, puede ser notable por su impiedad. Comienza a orar hoy que se vuelva "notorio" más bien por su testimonio del evangelio. ¡Pide a Dios que permita que ese testimonio comience contigo!

UNA INTEGRACION DEL ANTIGUO TESTAMENTO

| Libros históricos | | | | Hechos | | | | | | Libertad de Pablo | Pablo, prisionero por segunda vez en Roma | Expansión de la iglesia |

20 *Perspectivas sobre adoración*
1 Corintios 11-14

Corazón del pasaje: 1 Cor. 12-13

📖 **Resumen:** Hasta aquí la carta de Pablo ha tratado sólo con problemas de naturaleza personal. Pero ahora él habla de asuntos públicos en la iglesia de Corinto: el velo de las mujeres, la importancia de la Cena del Señor, y el uso y abuso de los dones espirituales. La adoración tiene que caracterizarse por el decoro y el orden. Los dones espirituales tienen que ejercitarse en amor, para la edificación de todo el cuerpo de Cristo. Sólo entonces está la iglesia de Dios propiamente adorando al Dios de la iglesia.

Capítulo 11	Capítulo 12	Capítulo 13	Capítulo 14
	Corrigiendo desórdenes referentes a...		
Cena del Señor	Falta de unidad	Falta de amor	Adoración descuidada
Moderación	Manifestación	Examen	Edificación

Ministerio es nuestro amor por Cristo vestido en ropa de trabajo.

🔑 **Tu andar diario:** ¿Has tomado alguna vez un examen de aptitud o interés vocacional? Si lo has hecho, sabes que estos exámenes a menudo prueban la destreza, vocabulario, y habilidad de solucionar problemas. El propósito es para identificar habilidades que tú tienes como guía para educación y entrenamiento futuros. De esa manera evitas volverte una clavija cuadrada en un hueco redondo.

Aquí hay una "prueba de aptitud" de tres preguntas para ayudarte a descubrir tu don o dones espirituales para usarlos en tu iglesia local:

1. Mientras examinas el ministerio de tu iglesia, ¿dónde crees que se puede mejorar? (Esta es probablemente un área en la cual pondrías a la disposición tu don, como muestra de tu sensibilidad a la necesidad en esa área.)

2. ¿Qué clase de ministerio esperas ansiosamente realizar?

3. ¿Qué tipo de ministerio reconocen en ti otras personas?

Ahora lleva tus respuestas al ministro o líder de tu iglesia y discute cómo puedes involucrarte más activamente en la vida de tu congregación.

📖 **Percepción:** Anatomía de una iglesia

Usando cada una de las siguientes declaraciones formadas del mundo físico, analiza si puedes declarar un principio correspondiente concerniente a la iglesia:

1. Ningún miembro del cuerpo puede realizar por sí solo todas las funciones que el cuerpo necesita para sobrevivir.

2. Las partes escondidas del cuerpo, (tales como el hígado y pulmones) son tan esenciales como las partes visibles.

3. El ojo, aunque físicamente localizado "arriba" de la mano o el pie, tiene gran dificultad en funcionar sin cualquiera de estos dos.

Perspectivas sobre la resurrección **21**
1 Corintios 15-16

Resumen: Falsos maestros habían estado confundiendo a los corintios negando la doctrina de la resurrección física. Su ataque golpeó al mismo centro de la fe cristiana, pues sin la resurrección, las buenas nuevas no tendrían valor alguno. Pablo defiende la resurrección como un hecho histórico confirmado por más de 500 testigos oculares (15:6). La Resurrección provee esperanza para el cuerpo del creyente como también para su alma, motivándolo a estar firme, constante, creciendo en la obra del Señor siempre, "sabiendo que vuestro trabajo en el Señor no es en vano" (15:58).

Corazón del pasaje: 1Cor. 15:1-22, 51-58

Capítulo 15		Capítulo 16	
Prueba de la resurrrección de Cristo	Plan para la futura resurrección	Provisión para los pobres	Planes personales para Pablo
Instrucción en la fe		Instrucción para el futuro	

Tu andar diario: El cuerpo humano es una máquina maravillosa. Los fabricantes de carros se complacen si su producto dura "5 años, o 50.000 millas." ¡Pero tu cuerpo puede durar 5, 10, 15, y aun 20 veces más!

No estamos diciendo que no requiere "mantenimiento periódico" y tampoco dejamos de reconocer que algunas partes de él se pueden gastar primero que otras. Algunas cosas que no te agradan se adquieren (como arrugas, unas libras extras); y otras que sí te agradan se perderán (como el cabello y los dientes).

Para el cristiano, sin embargo, hay perspectivas más emocionantes que el pensar que su cuerpo pueda durar 70... 80... 90 años. ¡Un día él tendrá un cuerpo que durará por toda la eternidad! Un cuerpo que no se arrugará con la edad o se desintegrará con el uso. Un cuerpo que será incorruptible, inmortal, sin pecado. Al ministrar para Cristo hoy bajo las limitaciones e impedimentos, salud precaria, artritis, o simplemente fatiga, medita a menudo y anhela estas verdades de 1 Corintios 15:35-44: "Tengo a alguien esperándome!"

Alzad vuestras voces en las alturas en son de triunfo, porque Jesús resucitó y el hombre ya no morirá.

Percepción: El mejor hecho probado en la historia antigua

Supón durante los próximos minutos que se te ha dado la asignación de confirmar (o negar) el rumor que Jesús resucitó de los muertos. En los capítulos siguientes, Mateo 28, Marcos 16, Lucas 24, Juan 20-21, Hechos 1, y 1 Corintios 15, analiza si puedes reunir 10 evidencias para probar que la reclamación de la resurrección corporal de Jesús es un hecho histórico y no el producto de la imaginación de alguien.

2 Corintios

Los problemas de Pablo con los corintios continuaron. Después de su primera carta, la enseñanza, carácter, y motivos de Pablo fueron atacados por algunos. Pablo escribe para establecer sus credenciales y validar su conducta, agradeciéndoles a los que lo apoyaban y apelando a la minoría rebelde. El libro está fuertemente autobiografiado, ofreciendo rasgos de la vida de Pablo que no están en ningún otro lugar de la Escritura: su trasfondo antes de su conversión, sus visiones de Dios, su aguijón en la carne, y su persecución por la causa de Cristo.

Enfoque	Consolación	Exhortación	Vindicación
Divisiones	Pablo, ministro del evangelio	Motivación de Pablo en el evangelio	Autoridad de Pablo como ministro del evangelio
	1 5	6 9	10 13
Tópicos	Carácter	Compilación	Credenciales
	La mayoría arrepentida		La minoría rebelde
Lugar	Escrita en Macedonia		
Tiempo	Alrededor del 56 A.D.		

Pablo, ministro del evangelio
2 Corintios 1-5

22

Resumen: Pablo abre su segunda epístola a los corintios de la misma manera que comenzó la primera: estableciendo su autoridad y documentando la fuente de su revelación. Considerando que su carta expresaba gratitud por lo que Dios había hecho entre los corintios, la segunda alabanza de Pablo a Dios es por lo que El ha hecho por Pablo mismo y Timoteo. En contraste con la gloria inferior del antiguo pacto (ley de Moisés) que mataba y condenaba, el glorioso y nuevo pacto, sellado con la sangre misma de Jesús, hace a los ministros de Dios firmes y efectivos en el llamado al arrepentimiento.

Corazón del pasaje: 2 Cor. 1-2

Capítulo 1	Capítulo 2	Capítulo 3	Capítulo 4	Capítulo 5
Pablo el consolador	Pablo el ministro	Pablo el apóstol	Pablo el sufriente	Pablo el reconciliador
Apostolado definido		Apostolado defendido		

Tu andar diario: ¿Cuál es tu olor favorito: la fragancia de las rosas?, ¿el aroma de las galletas de chocolate cuando se hornean?, ¿algún perfume en particular?, ¿un corral lleno de animales?

El olor es un asunto individual. ¡El perfume de una persona puede ser la contaminación de otra! En 2 Corintios 2:14-16 Pablo dice que los cristianos deben ser una fragancia grata para quienes los rodean, y esto es mucho más que higiene personal o el uso de colonia, pues Pablo está hablando de la calidad de vida. El perfume atrae; la contaminación repele. ¿Sentirán otros la fragancia de Cristo irradiando de tu vida? ¿O es tu vida tan insípida que otros tienen problemas en encontrar algo atractivo en tu conversación o conducta? O aun peor, ¿hay algún olor desagradable que está alejando a las personas?

¡Examina tu "Cociente de Incienso" ahora mismo! Luego, ¿por qué no comprar una botellita de colonia o perfume —fragancia que normalmente no compras— ¡para que recuerdes cada vez que la uses la importancia de dejar que la fragancia de Cristo emane de tu vida hacia aquellos que te rodean!

Debemos usar cada momento de hoy como si nuestra eternidad dependiera de sus palabras y hechos.

Percepción: ¡A ellos aun no les gustaba Su mirada!

La necesidad de Pablo de escribir a 2 Corintios se hace clara cuando al notar la severidad de cargos contra él: indulgente (1:17-23), orgullo (3:1), debilidad (10:10), tosco en palabras (11:6), contristar (7:8-10), engaño (12:16-19), e inestabilidad mental (5:13).

23 Motivación de Pablo en el evangelio
2 Corintios 6-9

Corazón del pasaje: 2 Cor. 6, 9

Resumen: Pablo ha defendido su ministerio como un embajador para Cristo mostrando cómo los seres humanos pueden reconciliarse con un Dios amoroso. Esto lleva a Pablo a rogar a los corintios que se reconcilien con *él* como su padre espiritual (6:13), y que lo amen en la misma manera que él los ama a ellos. En los capítulos 8 y 9 Pablo da el tratamiento más comprensivo de la mayordomía cristiana en el único lugar en el Nuevo Testamento. El apela a los corintios a seguir el ejemplo de las iglesias de Macedonia en dar generosamente con sacrificio —una respuesta razonable al don indescriptible de Dios en la persona de Su Hijo.

Capítulo 6	Capítulo 7	Capítulo 8	Capítulo 9
Un ministerio de pureza	Un mensaje de alabanza	Un ministerio de dar	Un método de dar
Separación		Mayordomía	

Percepción: ¿Qué hay en un nombre? (6:15)?

Si usted está "dentro" con Dios, usted está "fuera" del mundo incrédulo.

De todos los nombre de Satanás (y hay alrededor de 20 en las páginas de la Escritura), quizás *Belial* es el más apropiado, ¡pues viene de la derivación hebrea que significa "indigno"!

Tu andar diario: Busca un frasco con una tapa que cierre bien, pon aceite de cocinar hasta la mitad y la otra mitad de agua, aprieta la tapa, agita vigorosamente el frasco por unos segundos, y ponlo a un lado mientras continúas leyendo.

Para mostrar a los corintios cuán insensible es entrar en compromisos con incrédulos, Pablo da cinco pares de contraste que se mezclan como el aceite y el agua.

"No os unáis en yugos desiguales" (6:14-16)	
Justicia	Desorden
Luz	Tinieblas
Cristo	Belial (Satanás)
Fe	Incredulidad
Templo de Dios	Idolos

Observa que hay dos líneas extras para que escribas un pacto "enyugado" que tú estés considerando. ¿Es tan opuesto como los cinco mencionados anteriormente? Entonces coge el consejo del apóstol: ¡*No te metas!* Si lo haces, el yugo está sobre ti —y eso no es juego.

La autoridad de Pablo como ministro del **24**
evangelio / 2 Corintios 10-13

 Resumen: Las palabras finales de Pablo a los corintios están salpicadas del pronombre personal "yo" mientras él habla sobre sus distinguidos antepasados y servicio dedicado. El habla repetidamente sobre su autoridad como apóstol para bregar efectivamente con los problemas en Corinto. Con expresiones fuertes, Pablo exhorta a los rebeldes a que se arrepientan para que su visita ya cercana sea un tiempo de *regocijo* más bien que de *reprensión*. La carta termina con la bendición típica paulina y saludos.

Corazón del pasaje: 2 Cor. 10, 12

Capítulo 10	Capítulo 11	Capítulo 12	Capítulo 13
Defensa de Pablo	Sufrimientos de Pablo	Visión de Pablo	Planes de Pablo
Autoridad	Apostolado		Amonestación

Tu andar diario:
Se dice que un elefante y una pulga,
Un día cruzaron sobre un puente.
El elefante le dijo a la pulga:
"¡Sacudimos a ese, no!"
¿Ridículo? Por supuesto. Pero no es más ridículo que cuando usted se gloría de cosas que ha hecho —y deja a Dios fuera.

La Biblia abunda en ilustraciones de la dependencia del creyente en la fuerza y fidelidad de Dios.

Tú nunca necesitas más de lo que Dios puede suplir.

• Tú eres barro en las manos del Alfarero (Jeremías 18:6).
• Tú eres un pámpano en la Vid (Juan 15:5).
• Tú eres un miembro del cuerpo de Cristo, del cual El es la Cabeza (Romanos 12:4-5; Efesios 1:22-23).

No decimos que gloriarse es inapropiado en la vida cristiana. En 2 Corintios, quizás la carta más personal de Pablo, él usa la palabra *gloriarse* 13 veces en total. ¡Pero nota de *quién* y de *qué* Pablo se gloría! "Mas el que se gloría, gloríese *en el Señor*" (10:17).

¡Acepta el consejo de Pablo ahora mismo! En una nota, llamada telefónica, o visita, comparte con otra persona hoy la grandeza de tu Dios. ¡Puede que sea el estímulo que esa persona necesita para confiar en El también!

Percepción: La ironía de la misión de la iglesia
Pregunta: ¿Es la función de la iglesia edificar o derribar? *Respuesta:* ¡Ambas! Edificar a los cristianos (Efesios 4:16), y derribar las fortalezas espirituales de Satanás (2 Corintios 10:4-5).

Gálatas

La carta de Pablo a los Gálatas no comienza con su acostumbrado saludo de alabanza y oración por los santos. ¡Hay una emergencia a la vista! Los gálatas habían escuchado a maestros falsos que habían venido a la iglesia enseñando que la salvación es una mezcla de obras y gracia. Pablo advierte a los creyentes sobre la atadura que trae esta clase de engaño y los exhorta a volver a la libertad que es en Jesucristo. El continúa diciendo que es en el Espíritu, no en la carne, que la vida cristiana se vive con éxito.

Enfoque	Defensa del ministro del evangelio		Defensa del mensaje del evangelio		Demostración del poder del evangelio	
Divisiones	Renuncia de los pervertidos	Apostolado de Pablo	La ley no puede libertar	La gracia liberta	Peligros de la libertad	Práctica de la libertad
	1:1　　1:10	1:11　　2:21	3:1　　4:20	4:21　　4:31	5:1　　5:12	5:13　　6:18
Tópicos	Autobiografía		Argumento		Aplicación	
	Autoridad, no opinión		Libertad, no esclavitud		Espíritu, no carne	
Lugar	Teoría, sur de Galacia: Antioquía de Siria Teoría, norte de Galacia: Efeso o Macedonia					
Tiempo	Teoría sur de Galacia: 49 A.D. Teoría norte de Galacia: 53-56 A.D.					

Libres en Cristo / Gálatas 1-6

Resumen: La epístola a los Gálatas ha sido llamada "la carta de la libertad cristiana". Es el manifiesto de Pablo de la justificación por fe y la libertad que produce. Pablo dirige esta maravillosa carta de libertad cristiana a personas que están a punto de dejar la libertad incomparable que disfrutan en Cristo. Ciertos judíos legalistas están influenciando a los creyentes en Galacia a cambiar su libertad en Cristo y optar por la esclavitud de la ley. Pablo escribe para refutar ese evangelio falso de obras y para demostrar la superioridad de la justificación por la fe.

Corazón del pasaje: Gálatas 3, 5

Capítulos 1-2	Capítulos 3-4	Capítulo 5-6
Autoridad no opinión	Libertad no esclavitud	Espíritu no carne
Trabajo	Libertad	Vida

Percepción: ¿Cuántos frutos del Espíritu hay(5:22-23)?

Respuesta: ¡Uno! No es por accidente que Pablo escoge la palabra singular "fruto" sobre el plural "frutos" para mostrar la unidad de esas nueve virtudes cristianas como un racimo de características originadas en Cristo y manifestada en el poder del Espíritu.

Tu andar diario: Busca una fruta (una manzana estará bien) y una hoja de papel. Luego en los próximos cinco minutos, observa si puedes hacer 25 anotaciones sobre ese objeto "fructífero". Descríbelo en términos de su forma, tamaño, color, peso, textura, olor, y sabor.

Vidas que permanecen, siempre llevan el fruto más abundante.

Supón ahora que alguien te pregunta, "¿A qué se parece un cristiano? Descríbeme uno". ¿Qué dirías? Una buena manera de comenzar es con el fruto del Espíritu presentado en 5:22-23, y son cualidades que solamente un cristiano muestra fehacientemente. ¿Por qué? Porque solamente un cristiano que tiene el poder sobrenatural del Espíritu Santo dentro, puede manifestar una vida sobrenatural afuera —¡una vida caracterizada por gozo, paz, paciencia, y mucho más!

Escoge uno de los nueve "sabores del fruto" dado por el Espíritu en 5:22-23. Escríbelo en una tarjeta de 3 x 5 y colócalo en un lugar visible. Luego pide a Dios que muestre esa cualidad en tu vida hoy. Algunas son actitudes internas (amor, gozo, paz); otras son acciones externas (paciencia, benignidad bondad); y aun otras son respuestas hacia Dios (fe, mansedumbre, templanza). ¡Pero todas son marcas del cristiano!

Efesios

L os efesios tenían riquezas sin límites a su disposición, sin embargo, vivían como mendigos espirituales. Así que Pablo escribió para animarlos a entender y reclamar sus recursos celestiales. Sólo entonces ellos podrían extraer estos beneficios para su caminar terrenal. En la primera mitad de su carta, el apóstol bosqueja la riqueza celestial —adopción, redención, herencia, y poder—. En la segunda mitad él muestra las aplicaciones prácticas de esas doctrinas. Pablo fue claro —los creyentes no pueden tener sólo una visión terrenal—. Dios nos ha dado Sus riquezas.

Enfoque	La riqueza del cristiano				El caminar del cristiano			
Divisiones	Gratitud por las riquezas	Riquezas de la salvación		Riquezas de la Iglesia	Caminar de la Iglesia	Caminar en santidad	Caminar en el hogar y trabajo	Caminar en la lucha
	1:1 1:23	2:1 2:22	2:23 3:21		4:1 4:16	4:17 5:21	5:22 6:9	6:10 6:24
Tópicos	Llamamiento				Conducta			
	Privilegios				Prácticas			
Lugar	Roma							
Tiempo	60-61 A.D.							

Edificando el Cuerpo de Cristo
Efesios 1-6

Resumen: Resumir el mensaje de Efesios es simple: Lo que tú crees afecta tu comportamiento.... Caminar digno del llamamiento ... eres rico en Cristo, ¡así que vive de esa manera! Pero toma toda la vida para vivir la realidad de esas declaraciones. La conducta del cristiano debe ser acorde con su llamamiento. El es indescriptiblemente rico en Jesucristo, dotado con toda bendición espiritual. Pero tienes que aprender a caminar en la luz de esa riqueza. Una guerra espiritual ruge, y sólo aquellos que aprenden a apropiarse y a usar toda la armadura de Dios podrán resistir los ataques fieros de Satanás.

Corazón del pasaje: Efesios 1, 4

Capítulo 1	Capítulo 2	Capítulo 3	Capítulos 4-5	Capítulo 6
Aceptos en Cristo	Unión en Cristo	Acceso en Cristo	Caminar en Cristo	Pelear en Cristo
Llamamiento			Conducta	

Tu andar diario: Un niñito en la escuela dominical citó mal Efesios 4:1 "... andéis digno de la vacación con que fuisteis llamados". ¡Pero el apóstol Pablo lo hace bien claro en los capítulo 4-6 que la vocación del cristiano no es vacación! Efesios también aclara que tu vocación cristiana no es simplemente ser un doctor, obrero, ama de casa, o estudiante. Sino más bien trasladar las realidades gloriosas de tu posición "en los lugares celestiales en Cristo" (1:3) a acciones visibles (y actitudes invisibles) diariamente.

Cuando ores, asegúrate de que tu voluntad está neutral de manera que Dios pueda cambiarla.

Da una breve descripción del trabajo que desempeñas regularmente (dentro o fuera del hogar). Incluye una explicación de tu posición y las acciones que llevas a cabo para realizar tu trabajo. Entonces a medida que leas a través de Efesios, piensa en esta epístola como tu "descripción de tu trabajo", con los capítulos 1-3 describiendo tu posición y 4-6 explicando el trabajo necesario para cumplir tus responsabilidades.

Percepción: Un caminar diario digno
En 4:1 Pablo comienza la segunda mitad de su libro con la orden, "...andéis como es digno de la vocación con que fuisteis llamados". ¿Puede usted encontrar otras cuatro órdenes a "caminar" en los capítulo 4 y 5?

Caminar digno (4:1).
Caminar_____( ).
Caminar_____( ).
Caminar_____( ).
Caminar_____( ).
¿En cuáles de esas cinco áreas necesitas ejercitarte más hoy?

27 Los unos a los otros

Lectura bíblica: versículos selectos

← **Da un paso atrás**
Las epístolas del Nuevo Testamento están llenas de mandamientos sobre la relación que Dios desea que tengamos "los unos a los otros". Aquí hay sólo 12 de muchos tantos "los unos a los otros" en las Epístolas:

- "... Amaos los unos a los otros con amor fraternal" (Romanos 12:10).
- "... en honra, prefiriéndoos los unos a los otros" (Romanos 12:10).
- "...podéis amonestaros los unos a los otros" (Romanos 15:14).
- "... todos se preocupen los unos por los otros" (1 Corintios 12:25)
- "... servíos en amor los unos a los otros" (Gálatas 5:13)
- "Sobrellevad los unos las cargas de los otros" (Gálatas 6:2).
- "Sed benignos unos con otros" Efesios 4:32).
- "... perdonándoos unos a otros, como Dios también os perdonó a vosotros en Cristo" (Efesios 4:32).
- "Someteos unos a otros en el temor de Dios" (Efesios 5:21).
- "Enseñándoos y exhortándoos unos a otros..". (Colosenses 3:16).
- "...amaos los unos a los otros" (1 Tesalonicenses 4:9).
- "... alentaos los unos a los otros con estas palabras" (1 Tesalonicenses 4:18)

Dios nos llama no a una santidad solitaria sino a confraternizar en una compañía de individuos comprometidos.

⬆ **Mira arriba**
Como puedes ver, nuestras relaciones con nuestros hermanos y hermanas en el Señor han sido intencionadas para tener un impacto positivo y duradero en nuestra vida. La iglesia es la forma que Dios ha dispuesto donde todas las personas —sin importar raza, riqueza, posición social, profesión, educación, etc.— son iguales ante El, y están al mismo nivel al pie de la cruz.

Pasa algunos momentos en oración dando gracias a Dios por establecer la iglesia como refugio de apoyo, crecimiento, y estímulo. Ora particularmente por tus amistades íntimas con quienes regularmente cumples los mandamientos "uno por el otro".

➡ **Sigue adelante**
¿Has estado obedeciendo esos mandamientos "uno con otro" de la Escritura? Como un proyecto especial, escoge dos o tres de los versículos mencionados anteriormente, y haz un esfuerzo especial de ponerlos en práctica hoy. Es el corazón de la vida del Nuevo Testamento poner las necesidades de otros antes que las nuestras, y tener tus necesidades suplidas por ellos.

Filipenses

Ahora Pablo es un prisionero en Roma. A pesar de estar en circunstancias difíciles, él permanece gozoso y escribe para felicitar a los filipenses por su fidelidad y para retarlos a hacer de Cristo el centro de su experiencia. La vida y ministerio de Jesús, descrito en 2:6-11, es el patrón de vida que todos los creyentes deben seguir de manera que su fe pueda ser evidente a otros. Pablo reconoce que a veces existen divisiones entre creyentes pero está confiado de que la unidad será restaurada cuando ellos imiten a Cristo como siervo.

Enfoque	Regocijo en la voluntad de Dios				Descanso en la paz de Dios		
Divisiones	Pablo y los filipenses	Pablo y la prisión	Cristo y la vida	Timoteo y Epafrodito	Filipenses y los errores	Filipenses y la santidad	Pablo y un don
	1:1　　1:11	1:12　1:26	1:27　　2:18	2:19　　2:30	3:1　　4:1	4:2　　4:9	4:10　　4:21
Tópicos	Información	Apelación	Planes		Adverten-cias	Exhorta-ciones	Gracias
	Regocijo en aflicción	Regocijo en ministerio			Regocijo en Jesús	Regocijo en bendiciones	
Lugar	Roma						
Tiempo	Aproximadamente 62 A.D.						

28 *Gozo y paz en Cristo / Filipenses 1-4*

Corazón del pasaje: Filipenses 1, 4

 Resumen: Filipenses es una carta alegre, escrita por Pablo desde su celda en la prisión en Roma a una de las iglesias que él fundó en su segundo viaje misionero (Hechos 16). A pesar de las circunstancias adversas de Pablo, Filipenses es una carta de estímulo en medio de la persecución. Hay muchas razones para que Pablo se regocije: las dádivas de los filipenses, la esperanza de visitar a los filipenses pronto, el testimonio firme de la iglesia por el evangelio. Aunque ese testimonio está amenazado por divisiones en la iglesia, Pablo está confiado en que su unidad será restaurada al ellos imitar la humildad de Cristo como siervo. En verdad, Pablo puede instar con confianza, "Regocijaos en el Señor siempre" (4:4).

Capítulo 1	Capítulo 2	Capítulo 3	Capítulo 4
Regocijo en la aflicción	Regocijo en el ministerio	Regocijo en Jesús	Regocijo en bendiciones
"Regocijaos en el Señor siempre" (4:4)			

Gozo es el secreto gigante del cristiano.

Tu andar diario: ¿Cuántas áreas en tu vida considerarías ejemplares —áreas que no te avergonzaría que otros imitaran?

Cuando Pablo deseaba ilustrar sus enseñanzas, a menudo él usaba ejemplos de carne y hueso. El no vacilaba en poner a Timoteo como modelo de cuidado (2:19-20), Epafrodito como modelo de lucha (2:25), y Cristo como modelo de humildad (2:5-8).

¿Puedes verte como una ilustración personal? "Oh", dices, "¡yo no! Pero es verdad, lo creas o no, que personas a tu alrededor evalúan el cristianismo al ver la manera en que tú vives.

¿*Te* "regocijas siempre" (4:4)? ¿*Estás* ansioso negando así la realidad y poder de la oración (4:6)? ¿Das evidencia diaria de la "paz de Dios" obrando en tu vida (4:7)?

Tus hijos, padres, vecinos, compañeros de trabajo, parientes, y aun extraños notarán si la calidad de tu vida es diferente. Selecciona hoy un área donde, con la ayuda de Dios, buscarás ser un ejemplo en todo lo que hagas y digas.

Percepción: Cristo, mi todo en todo
Comenzando con el pensamiento de Pablo en 1:21 ("Porque para mí el vivir es Cristo") mira de cuántas formas puedes completar esta oración basada en lo que has leído en Filipenses: "Para mí, Cristo es mi..." ¡Comparta sus respuestas con un amigo!

Colosenses

Pablo está prisionero en Roma cuando recibe la noticia de que doctrinas heréticas están amenazando la iglesia de Colosas. Para refutar la letal combinación espiritual del misticismo oriental y el legalismo judío, Pablo restablece la verdad del evangelio y demuestra la supremacía de Cristo. Como Señor de todo, Jesucristo es el dador de la salvación y es suficiente para toda necesidad. No se necesita ningún ritual o práctica legalista. Como Cristo es todo en todo, Pablo anima a los colosenses a buscar un estilo de vida piadoso, propio de aquellos que están "resucitados con Cristo" (3:1).

Enfoque	Cristo, el Señor del universo			Cristo, el Señor de la vida			
Divisiones	Oración al Padre de Jesucristo	Supremacía de Cristo	Suficiencia de Cristo	Nueva vida	Vida en el hogar	Vida cristiana	Conclusión
	1:1 1:12	1:13 2:3	2:4 2:23	3:1 3:17	3:18 4:1	4:2 4:6	4:7 4:18
Tópicos	Transformando relaciones			Relaciones transformadas			
	Doctrina consecuente			Vida consecuente			
Lugar	Roma						
Tiempo	60-61 A.D.						

29 Vida en el Cristo preeminente
Colosenses 1-4

Corazón
del
pasaje:
Colosen-
ses 1:1-
2:7

Resumen: No todo está bien en Colosas. Una herejía peligrosa, —que Jesucristo ni es central ni supremo— está minando la iglesia. La respuesta de Pablo a estas enseñanzas falsas es doble. Primero, él levanta a Cristo como la Cabeza preeminente de la iglesia. Luego, habla contra los ritos y regulaciones inventados por el hombre que tipifican la adoración de los Colosenses. En lugar de sus prácticas presentes, Pablo los anima a buscar una vida piadosa digna de los que han "resucitado con Cristo" (3:1)

Capítulo 1	Capítulo 2	Capítulos 3-4
Cristo nuestra cabeza espiritual	Cristo nuestro salvador sufriente	Cristo nuestro Señor soberano
"Cristo es todo, y en todo" (3:11).		

El
nombre
de Jesús
no está
tanto
escrito
como
arado en
las
huellas
de la
historia.

Percepción: "Haz dos copias de esto, Tíquico..."
Es posible que Pablo escribió los libros de Efeso y Colosenses alrededor del mismo tiempo bajo la inspiración del Espíritu. Nota las sorprendentes similitudes: Ambas cartas fueron escritas desde la prisión; los saludos son similares; las estructuras de los libros extraordinariamente iguales; y hay una correspondencia obvia entre los versículos de ambas:

Efesios	Colosenses
1:7	1:14
1:10	1:20
1:15-17	1:3-4
1:18	1:27
1:19-20	2:12
1:21-23	1:16-19, etc.

Tu andar diario: Colosenses 1:27 es uno de los versículos más sorprendentes en la Biblia, porque hace este reclamo: "Cristo en vosotros, la esperanza de gloria". Esta declaración no es meramente hipotética, psicológica o potencial. Para el cristiano, ¡es un hecho! Cristo como Señor de todo da la salvación completa, libertándonos del poder y pena del pecado, El es suficiente para cada necesidad, y El es la garantía que seremos como El y estaremos con El para siempre.

Escribe las actividades principales que has planeado para hoy, incluyendo las personas con quienes esperas estar. Ahora anota una diferencia que resultará en cada una de esas actividades y encuentros de este día a medida que te esfuerzas por estar consciente de la presencia de Cristo en ti. ¡Por qué no compartir "las riquezas de la gloria de este misterio" con otra persona hoy también!

Nuestra defensa contra el diablo

30

← Da un paso atrás

Cada escritor del Nuevo Testamento enseña de la existencia de Satanás, quien aun manda legiones de ángeles que lo siguen en su rebelión contra Dios (Mateo 12:24).

Cuando Jesucristo murió en la cruz, Satanás fue juzgado (Juan 12:31). Cuando uno pone su confianza en Jesucristo como su Salvador, termina el control de Satanás sobre él.

Lectura bíblica: Efesios 6:11-18

Pero eso no detiene a Satanás de tratar de descarrilar la vida del cristiano. Las Escrituras indican que Satanás acusa, calumnia, estorba, y tienta a los hijos de Dios para evitar que sean lo más efectivos posibles en el mundo. "Porque no tenemos lucha contra sangre y carne, sino contra principados, contra potestades contra los gobernadores de las tinieblas de este siglo, contra huestes espirituales de maldad en las regiones celestes" (Efesios 6:12).

Aun así, los creyentes tienen una defensa triple para emplearla contra Satanás:

1. *Cristo está intercediendo por nosotros* (Juan 17:15). Aun ahora, Cristo está orando por los creyentes en el cielo para que el maligno sea restringido.

2. *El creyente debe permanecer en guardia* (1 Pedro 5:8). "Sed sobrios, y velad", dijo Pedro. No tome a Satanás ligeramente. El es real, él está airado, y busca mantenerte lejos de la voluntad de Dios.

3. *El creyente debe ponerse la armadura de Dios* (Efesios 6:11-18). El apóstol Pablo bosqueja la armadura espiritual de Dios, "con que podáis estar firmes contra las asechanzas del diablo".

⬆ Mira arriba

En actitud de meditación lee a través de Efesios 6:11-18, y por fe ponte cada pieza de la armadura de Dios. Da gracias a El por Su provisión y por Su protección para tu vida.

Sobre todo, dale gracias porque tu destino ha sido establecido eternamente, y que finalmente Satanás será juzgado y destruido para siempre (Apocalipsis 20).

Satanás estorba la oración, pero la oración también estorba a Satanás.

➡ Sigue adelante

Mientras más sepas sobre la forma cómo Satanás trabaja, mejor defendido estarás contra sus artimañas malignas. Usando una Biblia de estudio, concordancia, o libro cristiano sobre el tema, haz un estudio sobre la naturaleza de Satanás.

Pero más importante, continúa orando por ti y por otros. Se sobrio y vigilante. Permanece firme en la armadura de Dios. Como C. S. Lewis escribió, "Como un buen jugador de ajedrez, él siempre está tratando de maniobrarte en una posición donde puedas salvar tu castillo "sólo" perdiendo tu alfil".

1 Tesalonicenses

Próspera, prominente, y completamente pagana, la ciudad puerto de Tesalónica oyó el evangelio durante el segundo viaje misionero de Pablo. Una comunidad dinámica se desarrolló allá, provocando un gozo continuo para Pablo. El escribe Tesalonicenses para animarlos, puesto que estaban siendo perseguidos y los insta a perseverar. Ellos habían oído calumnias acerca de Pablo; él las refuta. Su ciudad está llena de tentaciones sensuales, les dice, y los exhorta a que mantengan sus normas cristianas. Finalmente, Pablo corrige algunos mal entendidos acerca de la venida de Cristo.

Enfoque	Relación personal con los tesalonicenses		Instrucciones prácticas a los tesalonicenses		
Divisiones	Memorias de Pablo	Métodos de Pablo	Direcciones de Pablo	Regreso de Cristo	Recordatorios de Pablo
	1:11 — 1:10	2:1 — 3:13	4:1 — 4:12	4:13 — 5:11	5:12 — 5:28
Tópicos	Personal	Paternal		Profético	Práctico
	Una esperanza salvadora	Una esperanza purificadora		Una esperanza consoladora	
Lugar	Corinto				
Tiempo	51 A.D. aproximadamente				

La esperanza del regreso de Cristo
1 Tesalonicenses 1-5

1

📖 **Resumen:** Pablo tenía muchos recuerdos agradables del tiempo que pasó con la recién nacida iglesia de Tesalónica. Su fe, esperanza, amor, y perseverancia frente a la persecución era ejemplar, y la labor de Pablo como padre espiritual de la iglesia novata había sido ricamente recompensada. Su tierno afecto se ve en cada línea de su carta al estimular a los tesalonicenses a aumentar su fe, enriquecer su amor, y a regocijarse siempre mientras esperan el regreso del Señor —un evento que provee esperanza y consuelo para los creyentes, tanto a los vivos como a los que han muerto.

Corazón del pasaje: 1 Ts. 1, 4

Capítulo 1	Capítulo 2	Capítulo 3	Capítulo 4	Capítulo 5
El regreso de Cristo: la esperanza que...				
Salva	Recompensa	Purifica	Consuela	Calma
Pasado	Presente		Futuro	

✒️ **Tu andar diario:** "Son las diez; ¿sabes dónde están tus hijos?" Este es un recordatorio saludable para los padres. El deber de la disciplina y supervisión de tus hijos es una labor de 24 horas. Y eludir esa responsabilidad sólo puede traer serios problemas en la vida de los niños.

Si Pablo te estuviera escribiendo una carta hoy, podría comenzar de esta manera: "estamos en diciembre; ¿sabes dónde están tus hijos espirituales?" Aunque los convertidos de Pablo estaban esparcidos en más de 20 ciudades diferentes, él nunca los "abandonó" sino más bien los llevaba a todos en su corazón y se comunicaba con ellos regularmente.

Lee Filipenses 1:3-4, Colosenses 1:3, y Filemón 4, y encontrarás la misma clase de declaración con la que comienza la primera carta a los Tesalonicenses: "Damos gracias a Dios por todos vosotros, haciendo memoria de vosotros en nuestras oraciones" (1:2). ¿Oras diariamente por tus hijos espirituales? ¿Te comunicas con ellos periódicamente mediante llamadas, visitas, o cartas? Si no, ¡comienza hoy! Pablo descubrió, que el crecimiento espiritual se nutre mejor en el terreno de la oración y el aliento.

Muchas personas oran como si Dios fuera una aspirina grande. Solamente vienen cuando sienten dolor.

🔍 **Percepción:** Desempleo en Tesalónica
Cuando Pablo comenzó a plantar la iglesia en Tesalónica, él predicó vigorozamente sobre el regreso inminente de Cristo. El repite su mensaje en el pasaje famoso sobre la segunda venida de Cristo (4:16-17). Algunos de los creyentes de Tesalónica, sin embargo, habían llevado esta primera predicación demasiado lejos dejando sus trabajos (4:11-12; 5:14).

2 Tesalonicenses

Cuando la persecución de los creyentes en Tesalónica adquirió proporciones alarmantes, Pablo les escribió para animarlos afirmando que el juicio de Dios finalmente traería justicia. El disipó el rumor de que el Día del Señor ya había venido —como muchos pensaban—. Ellos habían concluido que estaban viviendo en la tribulación y habían dejado sus trabajos. Pablo los exhorta a volver al trabajo y dejar de ser una carga para el cuerpo de Cristo. En lugar de esta actitud, ellos debían aprovechar el tiempo que tenían y "no os canséis de hacer bien" (3:13) antes del regreso de Cristo.

Enfoque	Recomendación	Instrucción	Corrección
Divisiones	Regreso de Cristo	Aparición del anticristo	Regreso al trabajo
	1:1 1:12	2:1 2:17	3:1 3:18
Tópicos	Fortaleciendo a los inquietos	Confirmando a los confundidos	Disciplinando a los desordenados
	Animo	Explicación	Exhortación
Lugar	Corinto		
Tiempo	Aproximadamente 51 A.D.		

La Venida del Señor
2 Tesalonicenses 1-3

2

📖 **Resumen:** Pablo comienza su segunda carta a los Tesalonicenses reconociendo su fidelidad en medio de la persecución y estimulándolos con la verdad de que el sufrimiento presente será recompensado con gloria futura. Por lo tanto, a pesar de la persecución, la esperanza anhelada debe ser superior. Pero Pablo también tiene que tratar con la falta de entendimiento concerniente al Día del Señor. A pesar de algunos informes contrarios, ese día todavía no había llegado, y Pablo recuenta los eventos que tienen que suceder primero. Trabajar por el evangelio —más bien que resignación ociosa— puede ser la respuesta única de tal verdad.

Corazón del pasaje: 2 Ts. 3

Capítulo 1	Capítulo 2	Capítulo 3
Regreso de Cristo	Aparición del anticristo	Regreso al trabajo
Ánimo	Explicación	Exhortación

✍️ **Tu andar diario:** ¿Cómo la promesa del regreso de Cristo afecta tu vida diaria? ¿Detectaría un observador inesperado que algo es diferente en ti por las palabras de Cristo, "vendré otra vez" (Juan 14:3)?

Las coronas que tendremos en el cielo tienen que usarse en la tierra.

El regreso de Cristo es una doctrina equilibrada. Proporciona tanto el sentido de perspectiva presente como futura y nos ayuda a establecer prioridades que honran a Dios.

Algunos miembros de la iglesia de Tesalónica veían el regreso de Cristo como una razón para descansar —alejamiento de la sociedad, cerrar sus negocios, y esperar—. ¡Pero Pablo respondió firmemente a tales haraganerías mal fundadas (3:10-14)!

¿Has caído en el mismo error por descuidar tu familia, negocios, o deberes espirituales? ¡Qué mejor tiempo que hoy para tomar tu lugar! Convoca un consejo familiar esta noche para discutir cualquier tarea descuidada que Dios quiere que hagas hasta que Su Hijo regrese. ¡Puede que quieras hacer del 3:13 el lema de tu familia esta semana!

 Percepción: Dos epístolas juntas

1 Tesalonicenses:	**2 Tesalonicenses:**
• enfatiza fe, esperanza, amor	• enfatiza fe, esperanza, amor
• interés por el día de Cristo	• interés por el Día del Señor
• ofrece consuelo derivado de regreso de Cristo	• corrige mala interpretación sobre el regreso de Cristo
• recomienda a santos trabajadores	• condena santos haraganes

3   Cartas a dos líderes

Lectura bíblica: Salmo 23

← Da un paso atrás

En los próximos días estarás leyendo las tres cartas que el apóstol Pablo escribió a pastores que él había entrenado y unido —Timoteo en Efeso y Tito en Creta—. Primera y Segunda de Timoteo y Tito son llamadas Epístolas Pastorales porque les ofrecen instrucciones a estos líderes sobre el cuidado pastoral a las iglesias que están bajo su cuidado.

Las tres tocan estos tópicos y temas similares:

1. *Reconocer a Dios como tu Salvador* (Tito 1:3; 2:10; 3:4; 1 Timoteo 1:1; 2:3; 4:10). Este es un tema del cual, sin duda, Pablo sacó gran fortaleza personal de sí mismo en el ocaso de su robusto ministerio.

2. *Mantener sana doctrina en su enseñanza* (Tito 1:9; 1 Timoteo 1:10; 6:3; 2 Timoteo 1:13; 4:3). La sana doctrina no sólo nos edifica en la fe, sino también nos protege contra la corrupción de maestros falsos. La palabra *sana* se halla ocho veces en las tres cartas de Pablo a Timoteo y a Tito y en ningún otro lugar en sus escritos.

3. *Mantener un caminar piadoso en el mundo* (1 Timoteo 2:2; 3:16; 4:7-8; 6:3, 5-6, 11; 2 Timoteo 3:5; Tito 1:1) De nuevo aquí Pablo amonesta a los líderes a ser piadosos en su estilo de vida, pero en ningún otro lugar en sus escritos se halla la palabra "piedad". Piedad quiere decir vivir una vida buena y santa, especialmente enfatizando una reverencia profunda a Dios, la Fuente de vida.

4. *Lidiar con controversia fuertemente* (1 Timoteo 1:4; 6:4; 2 Timoteo 2:23; Tito 3:9). Como pastores, Timoteo y Tito se les requería que pastorearan el rebaño bajo su cuidado, que incluía protegerlos de enseñanzas erróneas y manejar otras controversias con sabiduría.

Aunque las cartas de Pablo fueron dirigidas a pastores, la fortaleza de éstas puede sernos compartida para vivir vidas santas que hacen la diferencia en el mundo.

⬆ Mira arriba

El fuerte de un sermón no es su duración.

En la preparación para la lectura de las Epístolas Pastorales, pasa algún tiempo en oración hoy intercediendo por tu pastor y los otros miembros del personal de tu iglesia. Pide a Dios que establezca en sus vidas los cuatro temas que Pablo discutió en sus cartas. Y al leer el Salmo 23, pide que Dios pastoree al que es tu pastor terrenal.

→ Sigue adelante

Descubrirás al leer estas tres cartas que tanto Timoteo como Tito, enfrentaron innumerables dificultades en sus difíciles funciones pastorales. El estímulo de Pablo sin duda significó mucho para ellos. Hoy, escribe una nota de aliento a tu pastor. Comparte con él lo que estás aprendiendo.

1 Timoteo

Timoteo, un discípulo joven descubierto por Pablo en su segundo viaje misionero (Hechos 16:1), gozó de una relación única con el apóstol. Referido como su "hijo en la fe", Timoteo ministró junto con Pablo como misionero, y más tarde recibió el reto de pastorear la iglesia en Efeso. La primera carta de Pablo a Timoteo, presenta un manual para establecer el liderazgo de la iglesia. Más ampliamente, es una mina rica en principios para cualquiera que desea tener un impacto espiritual en la vida de otros.

Enfoque	Organización en la iglesia			Operación de la iglesia		
Divisiones	Ley y gracia	Adoración y mujeres	Obispos y diáconos	Apostasía en la iglesia	Edades de grupos en la iglesia	Areas de conflicto en la iglesia
	1:1 1:20	2:1 2:15	3:1 3:16	4:1 4:16	5:1 5:25	6:1 6:21
Tópicos	Vida de la iglesia		Líderes de la iglesia	Apostasía de la iglesia	Grupos en la iglesia	Ejemplo a la iglesia
	Planes			Problemas		
Lugar	Macedonia					
Tiempo	Aproximadamente 62-63 A.D.					

4 Protegiendo la fe / 1 Timoteo 1-6

Corazón del pasaje: 1 Timoteo 2-3

Resumen: Timoteo, un joven discípulo descubierto por Pablo en su segundo viaje misionero (Hechos 16:1), gozó de una relación única con el apóstol. Referido por Pablo como su "amado hijo" (2 Timoteo 1:2), Timoteo ministró junto con Pablo como misionero y más tarde recibió el desafío de pastorear la iglesia en Efeso. La primera carta de Pablo representa un manual para establecer líderes en la iglesia. Pero más ampliamente, es una rica mina de principios para cualquiera que desee tener un impacto espiritual en la vida de otros.

Capítulo 1	Capítulo 2	Capítulo 3	Capítulo 4	Capítulo 5	Capítulo 6
Instrucciones para...			Problemas con...		
Líderes	Mujeres	Laicos	Doctrinas.	Dependientes	Deuda
Organización en la iglesia			Operación de la iglesia		

Tormentas hechas para los árboles fuertes; pruebas hechas para cristianos fuertes.

 Tu andar diario: Hay una enfermedad peligrosa extendiéndose entre los cristianos hoy.

Se llama: "pareditis".

Su síntomas: Preocupación con logros personales; ignorancia (e indiferencia) acerca de cómo Dios está obrando alrededor del mundo.

Su resultado: Una vida atrofiada de oración.

Nota el antídoto de Pablo en 2:1-2 "Exhorto ante todo, a que se hagan rogativas, oraciones, peticiones y acciones de gracias, por todos los hombres [no solamente por aquellos en tu iglesia, ciudad, estado, o país]; por los reyes y por todos los que están en eminencia".

¿Cuándo fue la última vez que oraste por tu presidente... por los líderes del congreso... por las cortes supremas... por oficiales locales? ¿Qué sobre los líderes de otros países del mundo? ¿Conoces una familia misionera en Africa? ¿Australia? ¿Asia? ¿Sur América? ¿Europa? Hoy, al terminar tu caminar diario, trata de obtener una clara visión de todo lo que te es familiar. Al mirar, pídele a Dios que te permita ver más allá de tus "cuatro paredes" para darte cuenta de todo lo que no te es familiar por estar lejos —pero que es cercano y querido para El—. Vuélvete un cristiano consciente en tu visión y oraciones.

Percepción: "Timoteo, toma una carta..".
Además de sus deberes como compañero de viaje y misionero con Pablo, Timoteo es llamado también coautor de seis de las cartas de Pablo. Sin mirar, ¿cuántas puedes nombrar?

2 Timoteo

La vida de Pablo está llegando a su fin. Solitario en una prisión romana escribe animando a Timoteo, a quien él se refiere como su "propio hijo en la fe". Timoteo ha ministrado hombro a hombro con el apóstol en la misión evangelística, pero ahora él enfrenta nuevos retos como pastor de la iglesia en Efeso. La primera carta de Pablo ofrece instrucciones y consejos para establecer un liderazgo fuerte en la congregación y sienta principios para los que desean un ministerio de discipulado. En cada ocasión, Pablo exalta la importancia de la Palabra de Dios como el fundamento para la vida.

Enfoque	Ser constante en su ministerio			Ser constante en su doctrina		
Divisiones	Gracias por Timoteo	Exhortación a Timoteo	Deberes de Timoteo	La apostasía y Timoteo	Cargo a Timoteo	Muerte del amigo de Timoteo
	1:1 1:5	1:6 1:18	2:1 2:13	2:14 3:17	4:1 4:5	4:6 4:22
Tópicos	Afirma el evangelio		Comparte el evangelio	Protege el evangelio	Predica el evangelio	
	Fundamento		Fidelidad	Enemigos	Valentía	
Lugar	Prisión romana					
Tiempo	Aproximadamente 67 A.D.					

5   El pastor y la apostasía venidera
2 Timoteo 1-4

Corazón del pasaje: 2 Timoteo 2

Resumen: Pablo escribe su segunda carta a Timoteo desde una prisión romana (1:8, 17). La muerte es inminente (4:6); Pablo tiene frío (4:13) y nostalgia (4:9, 11, 21); y hay poco que hacer en las largas horas de su encarcelamiento (4:13). Sin embargo, el enfoque de la carta de Pablo no se centra en sus propias dificultades y necesidades sino en los problemas y necesidades del joven Timoteo.

Pablo, quien había sido fiel al Señor a través de su vida, ahora pasa ese mismo reto a Timoteo. No hay porqué temer a la persecución o al dolor, prisión o muerte, cuando se sirve al Señor del universo y se sufren tribulaciones por El.

Capítulo 1	Capítulo 2	Capítulo 3	Capítulo 4
Llamado a ser valiente	Llamado al compromiso	Prepararse para los días malos	Predicar la Palabra viva
"Sufre penalidades como buen soldado de Jesucristo" (2:3).			

El tesoro más grande que un hombre le puede dejar a sus hijos es un conocimiento íntimo de Dios.

Tu andar diario: ¿Hasta dónde puedes trazar tus antepasados físicos? ¡inténtalo! En una hoja grande de papel, traza tu árbol familiar por tantas generaciones como tengas información. Ahora usando un lápiz de color, transforma ese diagrama en un árbol de familia espiritual y anota a cada miembro de la familia que ha dado testimonio de su fe en Cristo Jesús.

Timoteo gozaba de una rica herencia de fe familiar. Tanto su mamá como su abuela caminaron con Dios (1:5). Desde su temprana edad, él fue instruido en las Escrituras (3:14-15), y esa herencia bíblica equipó a Timoteo para un servicio fructífero más tarde.

No existe mejor recurso que tú puedas emplear para influenciar a tus hijos con respecto a las cosas de Dios, que instruirlos diariamente en la realidad de la Palabra de Dios. Si todavía no has hecho eso, comienza un programa regular para memorizar la Escritura con toda la familia. Establece una meta de dos versículos para cada miembro este mes, ¡y planea un viaje familiar cuando logres tu propósito!

Percepción: Pablo, el estudiante persistente de la Escritura

Hasta el mismo final de su vida, Pablo permaneció como un estudiante y un aprendiz. En 4:13 él le pidió a Timoteo que le trajeras "los libros, [y] especialmente los pergaminos". Los "libros" tal vez era su biblioteca personal, y los "pergaminos" eran sin duda rollos de papiro de las Escrituras del Antiguo Testamento. ¿Has leído un buen libro cristiano últimamente? ¡Descubre otra vez las riquezas de la lectura!

Tito

Tito vivía en Creta, la isla más grande del Mediterráneo, y trabajó entre gente cuya reputación se contaba entre las peores del mundo. Pablo había dejado a Tito para supervisar el crecimiento de la iglesia local y ahora le escribe para animarlo en esa difícil tarea. Para poder promover sana enseñanza y eliminar las falsas doctrinas que estaban surgiendo, se le dice a Tito que nombre y entrene líderes espirituales como ancianos. Esta corta carta de Pablo es un resumen de doctrina cristiana que enfatiza la vida santa y anima a todos a vivir dignos del evangelio.

Enfoque	Deberes de los líderes de la iglesia		Deberes de los miembros de la iglesia	
Divisiones	Ancianos designados	Herejía descrita	Buenas obras demandadas	Herejías denunciadas
	1:1 1:9	1:10 1:16	2:1 2:15	3:1 3:15
Tópicos	Siervos		Servicio	Salvación
	Preservación de la verdad		Uso de la verdad	
Lugar	Probablemente escrita en Corinto			
Tiempo	Aproximadamente 63 A.D.			

6 *Manual de conducta de Pablo / Tito 1-3*

Corazón del pasaje: Tito 2

Resumen: Tito, un ministro joven, fue dejado en la isla de Creta por Pablo para comenzar la desafiante labor de organizar a los nuevos convertidos en una congregación local. Esta breve epístola de Pablo es por lo tanto, una guía práctica para aquellos que están involucrados en la administración y organización de la iglesia. Los líderes tienen que ser escogidos a base de un carácter y conducta probados; los falsos maestros tienen que detectarse rápidamente y ser removidos; miembros de la iglesia de todas las edades tienen que ser estimulados a vivir vidas dignas del evangelio que ellos proclaman creer. Pablo comparte pautas para jóvenes y viejos, hombres y mujeres, líderes y laicos. Todos deben demostrar la realidad de su fe para los que creen "procuren ocuparse en buenas obras" (3:8).

Capítulo 1	Capítulo 2	Capítulo 3
La persona que Dios escoge	La manera que Dios usa	Las maravillas que Dios hace
Siervos	Servicio	Salvación

Amor no es sólo senti-miento; es servicio.

Tu andar diario: "P. D. Te amo".

¿Has escrito alguna vez esas palabras al final de una carta? Quizás las páginas previas de tu correspondencia estaban tan llenas con los eventos actuales o asuntos de importancia que no tuviste oportunidad de compartir los sentimientos profundos que tenías para el lector. Pero ahora la sustancia de tu carta está completa; las noticias urgentes se han compartido. ¡Ahora te puedes concentrar en las expresiones pequeñas de afecto que hacen de una carta algo más que un recordatorio!

Pablo tenía el hábito de añadir posdatas a sus epístolas que muestran el sentimiento profundo que él tenía por sus hijos espirituales. Los últimos cuatro versículos de Tito son así. Y nota cuántos nombres personales y pasos prácticos de acción incluye Pablo. ¡Así es el amor! Demanda un dador y un recibidor. Sigue la guianza de Pablo y escribe una epístola corta "tú mismo" hoy —una nota a un miembro de la familia o a un amigo que tal vez debiste enviar hace mucho tiempo—. ¡Oh sí —y no olvides la posdata—! Podría ser la parte más importante de la carta.

Percepción: El reto de Tito en la isla de Creta

Lee el comentario de Pablo sobre los cretenses en 1:12, ¡tomado de uno de los profetas de los cretenses! Los clásicos abundan con alusiones a sus mentiras —tanto que "actuar como un cretense" se había vuelto sinónimo de "ser un mentiroso".

Filemón

F ugitivo, después de cometer una falta contra su amo, Onésimo el esclavo buscó refugio entre las masas en la ciudad de Roma. Allí se cruzó en el camino de Pablo y se convirtió a la fe en Jesucristo. Aunque él mostró su gratitud sirviendo a Pablo, aún tenía que reconciliarse con su amo Filemón. Pablo escribe esta carta a Filemón pidiendo que perdonara a Onésimo —es el mismo prófugo quien lleva la carta—, y que lo aceptara como un hermano en Cristo. Esta corta epístola recuerda a los creyentes el amor y perdón de nuestro Padre celestial.

Enfoque	Alabanza para Filemón		Ruego por Onésimo		Preparación para Pablo
Divisiones	Prefacio de Pablo	Recomendación de Pablo	Intercesión de Pablo	Promesa de Pablo	Mensaje de Pablo
	1:1 1:3	1:4 1:7	1:8 1:16	1:17 1:21	1:22 1:25
Tópicos	Saludos	Gratitud	Cracia		Buenas palabras
	Cortesía	Cumplimiento	Consejo		Conclusión
Lugar	Roma				
Tiempo	Aproximadamente 60-61 A.D.				

7 De esclavitud a hermandad / Filemón

Corazón del pasaje: Filemón 10-12, 15-18

Resumen: La "postal" de Pablo a Filemón es la más corta y quizás la más íntima de todas sus cartas. Es una obra de arte de diplomacia y tacto en el trato de la propagación de la pudrición social en el Imperio Romano: la esclavitud humana. Onésimo, esclavo de Filemón, le había robado a su amo y había huido a Roma. Allí entró en contacto con Pablo (que estaba preso en una casa, Hechos 28:16, 30) y con el mensaje de Jesucristo. Después de su conversión, Onésimo enfrentaba un verdadero problema, la confrontación con su amo Filemón. Pablo lo envió de vuelta con esta carta en sus manos, instando a Filemón a perdonarlo. Onésimo había salido como un esclavo. Ahora regresaba como un hermano en el Señor.

Versículos 1-7	Versículos 8-17	Versículos 18-21	Versículos 22-25
Saludos y recomendaciones	Ruego por Onésimo	Promesa a Filemón	Saludos y bendición
"Así que, si me tienes por compañero, recíbele como a mí mismo" (17).			

Las almas no son salvadas en montones.

Tu andar diario: Aquí se plantea un desafío. En el trayecto a tu trabajo, al tomar café con tu vecino, o en alguna otra ocasión propicia, comparte el libro de Filemón con un amigo incrédulo y pídele que lea los 25 versículos. Luego amorosamente pregunta: "¿Sabías que esa corta historia ilustra cómo ir al cielo?"

Continúa: "Tú, como Onésimo, has estado huyendo de Dios. Has ido por tu propia senda buscando satisfacción en la vida. Pero aun mientras huías de tu Creador quien te hizo, estabas corriendo hacia el Salvador que te ama... quien murió para pagar la culpa del pecado... quien murió para reconciliarte con Dios. La deuda que tienes con tu amo ha sido pagada totalmente... si aceptas la provisión de la muerte de Cristo. ¿No te gustaría experimentar el gozo por el perdón de tus pecados ahora mismo?"

Con la fortaleza de Dios, comparte esta semana el mensaje de Filemón con una persona perdida. Bríndale un tratado del evangelio, o propónle una cita para continuar conversando.

Percepción: Una posdata extrabíblica en Onésimo

¿Qué le pasó a Onésimo? ¿Cómo reaccionó Filemón al ruego de Pablo? La Biblia no dice, aunque la tradición provee algunas claves interesantes. Posiblemente Filemón liberó al esclavo y lo devolvió para ayudar a Pablo (vv 13-14). Ignacio un padre de la iglesia del segundo siglo, informa que Onésimo más tarde vino a ser ministro en Efeso.

Hebreos

Muchos creyentes judíos fueron tentados a renunciar a su fe recién hallada y regresar al judaísmo para escapar de la persecución. El escritor anónimo de Hebreos los instó a continuar hacia la madurez basada en la superioridad de Cristo sobre el sistema religioso judío. Cristo es superior a Moisés, pues Moisés fue creado por El; El es superior a Aarón, pues Su sacrificio nunca deberá ser repetido; El es superior a la Ley, pues El media un mejor pacto. Más se gana sufriendo por Cristo que volviendo a un sistema que El vino a cumplir.

Enfoque	Cristo, el camino mejor				
Divisiones	Cristo, superior a los ángeles	Cristo, superior a Moisés y Josué	Cristo, superior que el sacerdocio de Aarón	Cristo, superior al antiguo pacto	Cristo, ejemplo de la vida de fe
	1￸2	3￸4	5￸7	8￸10	11￸13
Tópicos	Una persona superior		Un sacerdocio superior		Un poder superior
	Doctrina				Disciplina
Lugar	Escrita para los judíos cristianos de la diáspora				
Tiempo	Alrededor de 64-68 A.D.				

8 Cristo, superior a los ángeles
Hebreos 1-2

Corazón del pasaje: Hebreos 1:1-4; 2:1-3

Resumen: Dios habló en el pasado mediante los profetas, pero El ha reservado la declaración más grande de Su gloria para Su Hijo. El Hijo de Dios es mayor que cualquier profeta. El es aun mayor que los ángeles, a través de los cuales la ley de Moisés fue dada (2:2; Hechos 7:53). Para hacer posible la salvación, El voluntariamente se hizo temporalmente menor que los ángeles. Y por Su sufrimiento y muerte hizo posible levantar a la humanidad por encima de los ángeles como la familia de Dios. Por Su perfecta humanidad, Jesús es el único calificado para servir como Sumo Sacedote para la humanidad pecadora.

Capítulo 1		Capítulo 2	
Un profeta superior	Un mensajero superior	Una salvación grande	Un gran sufriente
Cristo, el Hijo de Dios		Cristo, el salvador de la humanidad	

Religión es el hombre buscando a Dios; Cristianismo es Dios buscando a la humanidad.

Tu andar diario: El libro de Hebreos comienza con una declaración penetrante: "Dios... nos ha hablado por el Hijo" (1:-2). El corazón del cristianismo —y la razón de su superioridad sobre el antiguo sistema judío— se puede resumir en una palabra: Cristo. El sistema judío fue establecido alrededor de preceptos; el nuevo se centra alrededor de una Persona. El antiguo era simplemente una sombra; el nuevo suple la sustancia.

¿Sobre qué base estás edificando tu vida? Es fácil sustituir tradiciones de hombre y normas por una relación creciente con el Hijo de Dios. Evalúa los "ritos religiosos" de tu propia vida. ¿Están ellos ayudando en tu relación con Dios, o evitando que lo conozcas mejor a El y Su palabra?

Juan resume este asunto crucial en forma radical: "El que tiene al Hijo, tiene la vida; el que no tiene al Hijo de Dios no tiene la vida" (1 Juan 5:12). ¿Eres uno que tiene... o que no tiene? Si la respuesta te molesta, ¡deja que Juan 1:12 señale el camino a un fundamento que es inconmovible!

Percepción: Jesús es mayor que los ángeles, ¿no?
La superioridad de Jesús sobre los ángeles (Hebreos 1:4) puede parecer obvia, pero para los judíos los ángeles eran seres altamente exaltados. Ellos estuvieron presente cuando se dio la ley, revelación suprema de Dios a Moisés en el Monte Sinaí (Hebreos 1:4; Deuteronomio 33:2). Más aun, ahora sabemos por los rollos del mar Muerto que algunos esperaban que el arcángel Miguel fuera figura suprema en el reino mesiánico.

Cristo, mejor que Moisés y Josué
Hebreos 3-4

9

Resumen: Los que se rebelaron contra Dios en el tiempo de la peregrinación fueron excluidos de Su reposo en la Tierra Prometida. Sin embargo, para el pueblo de Dios hoy, aun hay un reposo mejor que aquel —del cual habló Su Hijo—. Moisés era siervo sobre su casa, pero Cristo, es Hijo sobre la casa de Dios. Josué fue el proveedor de paz a Israel en la tierra de Canaán, pero Cristo llevará a Su pueblo al lugar celestial de reposo eterno. Como la promesa de entrar en Su reposo todavía está en pie, ¡tengamos cuidado que ninguno de nosotros pierda entrar en él y disfrutarlo!

Corazón del pasaje: Hebreos 3:1-6; 4:1-6

Capítulo 3	Capítulo 4
Fracasos pasados por incredulidad	Peligros presentes por incredulidad
Cristo, superior a Moisés	Cristo, superior a Josué

Tu andar diario: ¿Quién merece más alabanza:
- una casa o el arquitecto que la diseñó?
- el siervo o el señor para quien trabaja el siervo?
- el líder de una nación o el Creador de una nación?

Si escogiste la segunda respuesta de cada par, ¡estás en la misma "longitud de onda" del autor de Hebreos! Moisés fue un siervo fiel en la casa de Israel... pero Jesucristo hizo la casa. Moisés y Aarón fueron los apóstoles y sumos sacerdotes del judaísmo... pero Jesucristo es el Apóstol y Sumo Sacerdote del camino mejor, el cristianismo. Los hijos de Israel murieron en el desierto sin experimentar el reposo de Dios para ellos en Canaán... y el mismo peligro existe hoy para el pueblo que rehúsa entrar en el reposo hecho posible por la obra consumada del Sumo Sacerdote Jesucristo.

"Jesús, estoy reposando, reposando" era el himno favorito de J. Hudson Taylor. Busca un himnario que tenga este himno y léelo meditando bien en sus palabras. ¡Puede darte el reposo que has estado necesitando!

Puede que haya en la tierra muchos que visten o comen mejor, pero aquellos que gozan la paz de Dios duermen mejor.

Percepción: Un cuadro manual para resumir a Hebreos

Capítulos	Título	Enfoque
1	Cristo, el Hijo de Dios	Deidad
2-3	Cristo, el Hijo del Hombre	Humanidad
4-10	Cristo, el Sumo Sacerdote	Ministerio
11-13	Cristo, el Camino Mejor	Ejemplo

Epístolas no paulinas

Epístolas paulinas: individuales				
1 Timoteo	2 Timoteo	Tito	Filemón	
2 Tesalonicenses			Hebreos	
1 Tesalonicenses			Santiago	
Colosenses	*"Lo que hemos*		1 Pedro	
Filipenses	*visto y oído, eso os*		2 Pedro	
Efesios	*anunciamos"*		1 Juan	
Gálatas	*(1 Juan 1:3).*		2 Juan	
2 Corintios			3 Juan	
1 Corintios			Judas	
Romanos			Apocalipsis	
Hechos				
Mateo	Marcos	Lucas	Juan	
Libros Históricos				

(Columna izquierda: Epístolas paulinas: iglesia. Columna derecha: Epístolas no paulinas y Apocalipsis.)

Muchos creyentes judíos habían sido dispersados por su fe, y al enfrentar persecuciones cada vez más intensas, Dios les proveyó instrucciones y aliento en forma de cartas abiertas: las cartas llamadas no paulinas o epístolas (generales).

Hebreos presenta a Cristo como el mejor camino de salvación: mejor que cualquier cosa que el judaísmo del Antiguo Testamento podía proveer. Santiago añade fe verdadera y experiencia diaria enfatizando que la fe genuina "obra". Las epístolas de Pedro son manuales sobre "cómo manejar el sufrimiento externo e interno". Las cartas de Juan estimulan la comunión con Dios y los hermanos. Judas da el grito de batalla para defender el evangelio. Apocalipsis estimula a los creyentes fieles de todos los tiempos a estar firmes en medio de persecución, esperando el regreso de Cristo en poder y gran gloria.

Cristo, superior que el sacerdocio de Aarón **10**
Hebreos 5-7

Resumen: Los sumo sacerdotes, como Aarón, tenían la tarea divinamente señalada de hacer un puente entre la humanidad pecadora y un Dios santo. Pero sus sacrificios tenían que repetirse perpetuamente, y tarde o temprano el sacerdote moría. En contraste, Jesús es el Sumo Sacerdote conforme a la orden de Melquisedec. Su sacerdocio no tiene principio ni fin; Su muerte sacrificial es de una vez y para siempre. ¡Ciertamente Cristo es el mejor Sacerdote!

Corazón del pasaje: Hebreos 5:1-10; 7:1-3

Capítulo 5	Capítulo 6	Capítulo 7
Cristo, el sacerdote superior	Cristo, el fundamento superior	Cristo, el sacerdocio superior
Sin pecado	Inmutable	Eterno

Tu andar diario: ¿Entiendes el significado del sacerdocio de Cristo comparado con el de Melquisedec? Si no, no te desilusiones. Aun el escritor de Hebreos admite que esta no es una verdad que se digiere fácilmente. Con la ayuda de Génesis 14:1-20, mira si puedes "masticar" estas preguntas:

1. ¿Quiénes eran los padres de Melquisedec?
2. ¿Cuándo nació Melquisedec?
3. ¿Cuándo murió Melquisedec?
4. ¿Quién era mayor, Abraham o Melquisedec?

Si contestaste "no sé" a las primeras tres preguntas, estás en lo correcto. ¡Y ese es precisamente el punto! En ningún lugar en la Escritura dice que Melquisedec nació o murió... que tuvo principio o fin. Simplemente él aparece como un sacerdote eterno que es mayor que Abraham y digno de honor. De la misma manera, Cristo es eterno en Su existencia y digno de honor como tu gran Sumo Sacerdote.

La cabeza que una vez fue coronada con espinas ahora es coronada con gloria.

Esta noche alrededor de la mesa, comparte expresiones en las cuales se manifieste que tu Sumo Sacerdote es digno de adoración. ¿Quién es El y que ha hecho por ti? ¿Qué está El haciendo en tu vida ahora mismo? ¿Qué consideras que El hará mañana?

Percepción: Seis piedras del fundamento de la fe

Los primeros dos versículos del capítulo 6 describen los "principios de la doctrina de Cristo" —o sea, las verdades básicas de la fe cristiana: arrepentimiento, fe, bautismo, imposición de manos, resurrección, y juicio—. Para un excelente trabajo bíblico, reúnete con la familia o amistades y mira si puedes encontrar un pasaje del Nuevo Testamento que amplíe cada una de estas verdades fundamentales. ¡Feliz búsqueda!

11 El Salvador superior

Lectura bíblica: 2 Cor. 12:9

*

← Da un paso atrás

El libro de Hebreos es una severa llamada de atención a vacilantes cristianos para que regresen a su Salvador. Enfrentando gran oposición de compañeros judíos, y perseguidos por el mundo, estos creyentes hebreos estaban cansados de guardar la fe. Pero el autor los anima a volver sobre terreno firme a las verdades básicas de su fe, y a una relación más íntima con su Señor.

Se enfatizan dos aspectos del Salvador a través del libro.

1. *Jesús es superior en toda forma.* Los primeros cuatro capítulos de Hebreos muestran claramente cómo Jesús es superior en Su persona —mejor que los profetas (1:1), mejor que los ángeles (capítulo 4), mejor que todos los otros sacerdotes (capítulo 4)—. El es nuestro "gran Sumo Sacerdote" —Uno que nos conoce, nos entiende, e intercede por nosotros (4:14-16)—. Podemos volvernos a El en plena confianza y dejar de vacilar. Los capítulos 5-10 muestran que Jesús es superior como sacerdote —mejor que un sacerdote terrenal (capítulo 5), mejor que el pacto antiguo (capítulos 6-7), mejor que la Ley de Moisés (capítulos 8-10)—. Finalmente, los capítulos 11-13 demuestran que Jesús es superior en todas las circunstancias de la vida. No importa lo que enfrentemos, podemos perseverar en El.

2. *Jesús es suficiente en cada experiencia.* Jesús es todo lo que necesitamos. Su sacrificio en la cruz satisfizo los requisitos de Dios por el pago de nuestro pecado. Aunque nuestra salvación está eternamente asegurada, todavía pasaremos situaciones difíciles en la tierra (10:32-36).

No importa lo que enfrentemos, podemos permanecer inconmovibles, confiados en Jesús. El es superior a cualquier otro camino a Dios, El es suficiente en toda necesidad.

Recuerde que Jesús para nosotros es toda nuestra justicia delante de un Dios santo, y Jesús en nosotros es toda nuestra fuerza en un mundo impío.

⬆ Mira arriba

El deseo de renunciar a una vida de fe y piedad puede desarrollarse algunas veces en nosotros cuando nos enfrentamos a un mundo de componendas y tentaciones, y en lugar de enfrentar la oposición y la censura, podemos tender a "amoldarnos" al mundo manteniendo en secreto nuestra fe. Si estás luchando con pensamientos como éstos, presta atencion al mensaje de Hebreos. Dios te dará toda la fortaleza y resistencia que necesitas si te vuelves a El. Jesucristo, tu salvador, es superior a las maneras del mundo y suficiente para suplir todas tus necesidades. Vuélvete a El de nuevo en oración y rededicación.

➡ Sigue adelante

En 2 Corintios 12:9, Pablo da una promesa de Jesucristo —una que él reclamó cuando enfrentó pruebas en su propia vida—. Lee ese versículo cuidadosamente, y apréndelo de memoria. Más aún, reclama esa promesa como tuya hoy.

Cristo, mejor que el pacto antiguo
Hebreos 8-10

12

 Resumen: El escritor concluye su argumento de la superioridad de Cristo señalando que el centro del problema humano es el corazón. La institución del judaísmo y el antiguo pacto no era efectivo ni adecuado porque era incapaz de lidiar permanentemente con el pecado. Pero el nuevo método de Dios de tratar con la humanidad es el nuevo pacto escrito con la misma sangre de Jesús que El derramó en la cruz —la sangre es la provisión total para el perdón de los pecados—. La muerte de Cristo logró para siempre lo que el pacto antiguo no tenía poder de hacer.

Corazón del pasaje: Hebreos 10

Capítulo 8	Capítulo 9	Capítulo 10
Un pacto superior	Dos pactos en contraste	Un sacrificio superior
"Cristo fue ofrecido una sola vez para llevar los pecados de muchos" (9:28)		

Tu andar diario: Si crees que tu casa se está quemando ahora mismo, ¿cómo reaccionarías? Si estuvieras convencido de que en el patio de tu casa hay un tesoro escondido, ¿cómo actuarías? ¿Sabiendo estas cosas se alterarían tus prioridades y tu conducta?

La lectura de hoy, 8:1-10:18 provee la base doctrinal para exhortaciones que tienen que ver con el comportamiento apropiado que aparece en el resto del capítulo 10. Por cuanto Cristo es un mejor Sumo Sacerdote... por cuanto El ha provisto un camino mejor... por cuanto "Cristo fue ofrecido para llevar los pecados de muchos" (9:28), por tanto, debemos responder a esas verdades con actos específicos de obediencia.

Raras veces hay urgencia interna de predicar lo que uno practica.

Al leer los últimos 21 versículos del capítulo 10, pon cada mandamiento en la primera persona singular: "Me acerco" (10:22); "Me mantengo firme" (10:23); "Considero a otros para estimularlos al amor y a las buenas obras" (10:24). Antes de tomar la iniciativa de inducir a otro cristiano para ser lo que Dios quiere que sea, ¡sé responsable contigo mismo de la verdad que vas a compartir! Escoge uno de los mandamientos en los versículos en el capítulo 10 y hazlo tuyo.

Percepción: Cristo, el sacrificio superior

Sacrificios bajo la Ley (10:1-4)	Sacrificio de Cristo (10:5-18)
Sombra de las cosas por venir	La cosa real
Repetidos constantemente	De una vez y para siempre
Recuerdo del pecado	La remoción del pecado
Sangre de animales	Sangre de Cristo

13 *Cristo, ejemplo de la vida de fe*
Hebreos 11-13

Corazón del pasaje: Hebreos 11:1-12:2

🔲 **Resumen:** Hebreos termina con una llamada a perseverar en la fe que descansa en las promesas de Dios sin importar las circunstancias. Escribiendo a un auditorio cuyas acciones se originaban por la presión del mundo, más bien que en las promesas de Dios, el autor de Hebreos insta al "andar inspirado por la fe" que caracterizó a tantos santos del Antiguo Testamento. Estos hombres y mujeres estaban tan convencidos de la fidelidad de Dios que ordenaron sus vidas de acuerdo a Su Palabra. Siguieron el ejemplo sugerido por Dios y caminaron por fe, ¡no por vista!

Capítulo 11	Capítulo 12	Capítulo 13
Modelos de fe	Perseverancia de fe	Progreso de fe
Patriarcas	Persistencia	Práctica

Fe es atreverse a hacer algo sin importar las consecuencias.

🔑 **Tu andar diario:** "Ver es creer" puede ser una buena regla al comprar un carro usado o una casa, pero es una manera pobre de vivir la vida cristiana. Para quien desea vivir de una manera que honre a Dios, la cita debe ser, "No ver es creer", porque "fe es la demostración de lo que no se ve" (11:1).

Recibir a Cristo como tu Salvador fue un acto de fe en el cual aceptaste la confiabilidad y la credibilidad de Dios. Pero el ejercicio de la fe no termina en la salvación, como Hebreos 11 demuestra. Por fe, el pueblo de Dios fue valiente en batalla, paciente en sufrimiento, y gozoso en dificultad. Actuaron respondiendo a Sus mandamientos y promesas, aun cuando ellos no podían "ver" la razón de lo que se les había pedido que hicieran.

¿Es la fe el principio que opera en tu vida hoy? ¿O es tu lema "Ver para creer"? Para ayudarte con tu fe, toma una hoja de papel y mira si puedes escribir 10 cosas que sabes son ciertas acerca de Dios, pero que no las puedes ver. Por ejemplo, "Dios es amoroso; Dios obra todas las cosas para bien". Luego piensa a través de las decisiones y responsabilidades que enfrentarás en las próximas 24 horas, y decide poner a trabajar tu fe.

➡️ **Percepción:** La docena deseable

En el capítulo 13 escribe 12 sugerencias prácticas para el cristiano que desea vivir una vida agradable a Dios. ¿Cuántas de las 12 exhortaciones para levantar la fe puedes encontrar?

Santiago

E n esta epístola dirigida a judíos cristianos, el apóstol Santiago presenta cómo está integrada la fe a cada experiencia práctica diaria, recalcando que la verdadera fe produce la acción de la Palabra. Para Santiago, la fe que no produce cambios en la vida de una persona, es una fe muerta. La verdadera fe producirá frutos en acciones y hechos. Santiago ofrece muchas pruebas de la fe viva: soporta las pruebas, obedece la palabra, no tiene prejuicios, controla la lengua, se separa del mundo, y resiste al diablo. Por encima de todo, la fe espera pacientemente por la venida del Señor.

Enfoque	Pruebas de fe						
Divisiones	Pruebas y tentación	Pruebas de actitud hacia la Biblia	Pruebas de distinción social	Prueba de obras	Prueba de dominio propio	Prueba de reacción a la Palabra	Prueba de oración
	1:1　　1:18	1:19　　1:21	2:1　　2:13	2:14　　2:26	3:1　　3:18	4:1　　5:12	5:13　　5:20
Tópicos	Sabiduría		Obras		Palabras	Andar	Esperar
	Fe probada		Fe mostrada		Fe probada	Fe contrastada	Fe recompenzada
Lugar	Probablemente Jerusalén						
Tiempo	46-49 A.D.						

14 *Medida para fe genuina / Santiago 1-5*

Corazón del pasaje: Santiago 2

📖 **Resumen:** De la misma manera que a un cuerpo humano que no respira se le llama "cuerpo muerto", así también una fe que falla en "respirar" se le llama "fe muerta". Y la respiración de la fe en la vida cristiana son las buenas obras: demostrar interés por los pobres, controlar la lengua, mostrar un espíritu de humildad, edificar a otros. Si crees tener fe pero no hay una demostración viva de esa fe en tu vida, Santiago tiene malas noticias para ti: Tu fe no sirve. Fe verdadera y buenas obras no pueden estar divorciadas, tu vida es el laboratorio en el cual tu fe muestra ser real.

Capítulo 1	Capítulo 2	Capítulo 3	Capítulo 4	Capítulo 5
Fe probada	Fe demostrada	Fe confirmada	Fe contrastada	Fe recompensada
"Así también la fe, si no tiene obras, es muerta en sí misma" (2:17).				

Lo que es cierto en biología es también cierto en la fe: Si no está creciendo probablemente está muerta.

🔖 **Tu andar diario:** Si alguien te dice, "Creo que hay un Dios en el cielo", puedes estar seguro que esa persona es (a) un cristiano, (b) un usuario de esta guía devocional, (c) asiste a la iglesia, (d) ninguna de éstas. (Escoge una respuesta, luego ve a Santiago 2:19 para la respuesta. ¡Te sorprenderás!)

Santiago habla fuertemente contra la "fe en Dios" que simplemente *confiesa con los labios sin practicarla en la vida*. Puedes resumir su libro de esta manera: "Si dices que crees como debes, ¿por qué te comportas como no se debe?" Fe verdadera es más que palabras; es un caminar vital que muestra que Dios verdaderamente ha invadido tu vida. Esto "se nota" de manera inequívoca. Y eso levanta una pregunta a tiempo...

Desde que confiaste en Cristo como tu Salvador, ¿cómo ha cambiado tu estilo de vida en las áreas problemáticas del prejuicio, lenguaje obsceno, chismografía, planificación para el futuro, aceptación de circunstancias desagradables? ¿Y cuál es un área donde hoy, con la ayuda de Dios, cambiarías de ser *oidor* a *hacedor* de la Palabra de Dios (1:22)?

🔖 **Percepción:** ¡Una luz, una lámpara, un espejo... y más!
Santiago describe la Palabra de Dios como un espejo (1:23-25), que te ayuda a verte tal como eres. ¿Qué otro cuadro de palabras usa la Biblia para describirse a sí misma?
La Biblia es _____ para alumbrar mi_____(Salmo 119:105).
La Biblia es como un_____y un_____ Jeremías 23:29).
La Biblia es la _____del Espíritu (Efesios 6:17).
La Biblia es_____para ser sembrada en el mundo (Mateo 13:3, 19).

1 Pedro

E l apóstol Pedro escribe a judíos cristianos de la diáspora quienes están siendo acosados por una feroz persecución por causa de su fe. El les recuerda a sus lectores que Dios les ha dado el privilegio de nacer de nuevo. Por lo tanto, no deben sorprenderse cuando el sufrimiento los alcance; deben esperarlo, deben prepararse, y responder correctamente frente a él. También Pedro los anima a imitar a Cristo mediante un espíritu sumiso. Si ellos lo hacen, Dios los recompensará ricamente cuando terminen las pruebas de la vida.

Enfoque	Salvación cristiana		Relación de los cristianos				Sufrimiento de los cristianos			Disciplina cristiana	
Divisiones	Salvación	Santificación	Mundo	Estado	Hogar	Iglesia	Bendiciones	Ejemplos	Animo	Iglesia	Individual
				2:11	2:13	2:18	3:8	3:13	3:18	4:1	
	1:1	1:12 1:13	2:10 2:2	2:17	3:7	3:12	3:17	3:22	4:19	5:1 5:6	5:7 5:14
Tópicos	Nuevo nacimiento		Nuevo edificio				Baluarte necesario				
	Salvación		Sumisión				Sufrimiento				
Lugar	Roma o Babilonia										
Tiempo	Aproximadamente 63-64 A.D.										

15 *Dolor y propósito / 1 Pedro 1-5*

Corazón del pasaje: 1 Pedro 2

🔲 **Resumen:** Pedro escribe a cristianos judíos esparcidos que están pasando por una intensa persecución por su fe. El les recuerda a sus lectores que Dios "nos hizo renacer para una esperanza viva" (1:3). Por lo tanto, no te sorprendas cuando la persecución llegue; espérala, prepárate para ella, responde frente a ella correctamente. Debes estar seguro de que tu sufrimiento es por hacer lo *correcto*, no lo *incorrecto*. Imita a Cristo con espíritu sumiso hacia los demás y Dios te recompensará ricamente cuando las pruebas de la vida terminen.

Capítulo 1	Capítulo 2	Capítulos 3-5
Un nuevo nacimiento	Un nuevo edificio	Un baluarte necesario
Salvación	Sumisión	Sufrimiento

El arroyo perdería su música si se le remueven las rocas.

✒️ **Tu andar diario:** Pocas cosas llevan tanto gozo al corazón de los padres como un puñado de flores recogidas y entregadas por un niñito. ¡Y pocas cosas son más tristes que ver el mismo "ramo" tres días después!

Visita el museo de guerra de tu país y ¿qué encuentras? Uniformes militares viejos, banderas de batalla —todos descoloridos y desintegrados por el tiempo—. La gloria terrenal se marchita con los años. *¡No así con los dones gloriosos de Dios!* Nunca se marchitan (1:4), sino que crecen gloriosamente (2 Corintios 3:1-18).

¿Ahora entiendes por qué la perspectiva celestial es tan importante para luchar con tus problemas terrenales? Si tu herencia en los cielos es segura eternamente (1:4), ¿qué importa si sufres la pérdida de unas pocas posesiones terrenales? Si tu fe es más preciosa que el oro (1:7), entonces el corazón de la adversidad puede servir sólo para *refinarlo*, ¡no para *arruinarlo!*

🔲 **Percepción:** La importante Piedra angular
Pedro hace una clara alusión a Cristo cuando cita Isaías 28:16, "He aquí yo he puesto en Sion por fundamento una piedra" (2:6). En tiempos bíblicos se ponía una piedra donde dos paredes se unían. Más que una simple base, la piedra angular ayudaba a alinear el edificio horizontal y verticalmente y lo sostenía. Así, Cristo es la piedra del ángulo en quien nosotros, como "piedras vivas," somos edificados como casa espiritual.

2 Pedro

L a primera carta de Pedro, enseñó a sus lectores a perseverar con esperanza a través de la persecución y otras pruebas externas. Su segunda carta, escrita a la misma audiencia, les enseña a oponerse a luchas espirituales internas y ataques de Satanás con el conocimiento de la verdad. Pedro advierte sobre la apostasía dentro de la iglesia, perversiones morales que tientan desde todo ángulo, y la negación del retorno de Cristo que maestros falsos propagan. El exhorta a sus lectores a crecer en gracia y conocimiento que viene mediante Jesucristo, ganando así fuerza para resistir los errores y evadir herejías.

Enfoque	Conocimiento verdadero			Conocimiento falso			Desafío		
Divisiones	Saludos	Crecer en conocimiento	Fuente de conocimiento	Temor de falsos maestros	Destino de los falsos maestros	Hechos acerca de los falsos maestros	Negación de la Venida	Verdad de su regreso	Aplicación del regreso
	1:1 1:2	1:3 1:11	1:12 1:21	2:1 2:3	2:4 2:9	2:10 2:22	3:1 3:7	3:8 3:10	3:11 3:18
Tópicos	Creciendo en gracia			Creciendo en conocimiento			Creciendo en expectación		
	"¡Crece!"			"¡Vigila!"			"¡Mira arriba!"		
Lugar	Probablemente Roma								
Tiempo	Aproximadamente 64-66 A.D.								

16 Veneno en los escaños / 2 Pedro 1-3

Corazón del pasaje: 2 Pedro 1:1-11; 2:1-9

 Resumen: Aunque la audiencia de Pedro es la misma de su primera carta (3:1), su tema y propósito son diferentes. Las persecuciones por parte de incrédulos pueden ser difíciles de soportar para el cristiano (1 Pedro), pero dentro de la comunidad de creyentes puede ser aun más devastador (2 Pedro). Para contrarrestar los efectos de este "veneno en los bancos de la iglesia", Pedro les recuerda a sus lectores de las verdades eternas de la fe y los exhorta a continuar creciendo hacia la madurez cristiana. Aquellos que se burlan de pensar en el juicio futuro sabrán, como Sodoma y Gomorra, que ignorar la Palabra de Dios finalmente llevará a la destrucción.

Capítulo 1	Capítulo 2	Capítulo 3
Creciendo en gracia	Creciendo en conocimiento	Creciendo en expectación
"¡Crece!"	"¡Vigila!"	"¡Mira arriba!"

El cristiano creciente tiene que cultivar la mirada de la persona viviendo en el futuro.

Tu andar diario: En un diccionario busca la palabra "*culturación*". Escriba la definición aquí: "Culturación significa _____ ".

Quizás nunca pensaste de esta manera, pero tu vida espiritual es un gran ejercicio de culturación; proveyendo la clase de ambiente que conduce al crecimiento espiritual, y la evasión de obstáculos que pudieran entorpecer ese crecimiento.

Tal como añadirías agua, luz, y fertilizante (y quitando las hierbas malas y las rocas) si seriamente te propusieras hacer crecer una semilla, de la misma manera hay cualidades a las que debes dar atención para añadirlas a tu fe en Cristo (1:5-7): virtud, (excelencia moral), conocimiento, dominio propio, paciencia, piedad, afecto fraternal, y amor. Nota la promesa de Pedro: "Porque si estas cosas están en vosotros, y abundan, no os dejarán estar ociosos ni sin fruto en cuanto al conocimiento de nuestro Señor Jesucristo" (1:8).

Selecciona una de las siete cualidades antes mencionadas y úsalas para completar esta oración: "Hoy con la ayuda de Dios buscaré cultivar (¿qué?)_____ en mi vida (¿cómo?_____ ".

Percepción: Ver es creer, y creer es saber comportarse
En 3:11-17 Pedro usa palabras como *ver*, *mirar*, y *mirando* un total de seis veces para señalar la importancia de velar por los enemigos a medida que caminas en la verdad. ¿Cuántos de los seis puedes encontrar (y marcar) en los próximos 60 segundos?

1 Juan

J uan, "el apóstol amado", había conocido y disfrutado su relación con el Señor. El escribe la primera epístola para ayudar a sus hermanos espirituales en su caminar con Dios quien es luz, amor, y vida. El desea que ellos estén cimentados en la seguridad de la salvación, experimentando victoria sobre el pecado y el gozo completo de la vida cristiana. Juan les recuerda que todas estas joyas pueden opacarse por la falsa enseñanza, así que les señala que la creencia tiene que basarse en hechos acerca de la encarnación de Cristo y que cada creyente tiene la responsabilidad de caminar como Cristo.

Enfoque	Seguridad a través de la comunión		Seguridad a través del conflicto			Seguridad a través del amor		Seguridad a través del Espíritu	
Divisiones	Base para comunión	Obediencia de comunión	Verdad contra error	Pureza contra impureza	Hechos contra falsedad	Amor de Dios	Nuestro amor	Testimonio externo	Testimonio interno
	1:1 2:2	2:3 2:17	2:18 2:28	2:29 3:24	4:1 4:6	4:7 4:16	4:17 5:5	5:6 5:9	5:10 5:21
Tópicos	Caminar		Pelear			Galante		Testificando	
	Habitando en Cristo		Habitando en la verdad			Habitando en amor		Habitando seguros	
Lugar	Efeso								
Tiempo	Aproximadamente 90 A.D.								

17 Promoviendo la vida cristiana
1 Juan 1-5

Corazón del pasaje:
1 Juan 1

🔳 **Resumen:** El apóstol Juan, quien está disfrutando de una comunión gozosa con Dios, desea que sus hijos espirituales experimenten esta misma comunión, y escribe una carta diciéndoles", ¡de esta manera!" Dios es luz, y por lo tanto estar en comunión con él significa caminar en la luz de Sus mandamientos. Dios es amor, así Sus hijos tienen que caminar en amor. Aquellos que no aman no conocen a Dios, porque ese es Su carácter. Dios es vida, y los que desean comunión con El tienen que poseer la misma calidad de vida —vida espiritual, que comienza con el nuevo nacimiento mediante la fe en Jesucristo.

Capítulo 1	Capítulos 2-3	Capítulos 4-5
Prerrequisito de comunión	Patrón de comunión	Prueba de comunión
Confesión	Conducta	Confirmación

No fuimos convertidos para ser introvertidos.

🪧 **Tu andar diario:** Haz una lista de todos los requisitos que necesitas para ser llamado como testigo para un juicio en la corte: edad, sexo, educación, etc.

Probablemente tu lista es corta —¡o una sola nota exageradamente larga!—. "Todo lo que necesito para ser llamado como testigo es conocimiento de primera mano de un crimen". ¡Y estarás en lo correcto! Ahora escucha estas palabras de 1 Juan 1:3: "Lo que hemos visto y oído, eso os anunciamos, para que también vosotros tengáis comunión con nosotros". Ser un testigo de Cristo es tan simple como compartir el conocimiento de primera mano que tú tienes sobre el Salvador. ¿Has sido espectador del milagro del nuevo nacimiento en tu vida? Entonces eres cristiano —¡y un candidato para ser testigo!—. Escribe en el margen el nombre de una persona con quien compartirás ese conocimiento de primera mano hoy. ¡Así es como las buenas nuevas se difunden!

📖 **Percepción:** Primera de Juan, la Epístola con propósito
Escondidas en la Primera Epístola de Juan hay por lo menos cinco declaraciones describiendo por qué él escribió la carta (lo que no debe sorprenderte, ya que él estableció su propósito claramente en el evangelio que lleva su nombre, Juan 20:31). ¿Puedes completar cada una de estas cinco declaraciones?

1:3 — Para que también vosotros tengáis _____ .
1:4 — Que vuestro _____ sea completo .
2:1 — Para que no _____ .
2:26 — Para que no seáis _____ .
5:13 — Para que sepáis _____ .

2 Juan

Con el envío de esta breve nota a una "dama elegida y a sus hijos", el apóstol Juan enfatiza la importancia del equilibrio en la vida cristiana. Ya sea que el recipiente sea una familia real o una familia de la congregación, esto hace muy poca diferencia; Juan alaba al grupo por estar firme en la fe. Sin embargo, los exhorta a tener discernimiento acerca de quién aprenden y a quién ayudan. Maestros falsos, que niegan la verdadera humanidad de Cristo, abundan. Juan exhorta a sus lectores a obedecer a Dios amándolo y amándose unos a otros, y a permanecer en la doctrina de Cristo.

Enfoque	Practicando la verdad		Protegiendo la verdad		
Divisiones	Saludos	Exhortaciones	Doctrina errónea	Respuesta correcta	Conclusión
	1:1 1:3	1:4 1:6	1:7 1:9	1:10 1:11	1:12 1:13
Tópicos	Viviendo en verdad y amor		Aprendiendo a detectar enseñanzas falsas		Esperando la venida de Juan
	Mandamiento importante		Cautela a tiempo		Conclusión tierna
Lugar	Efeso				
Tiempo	Aproximadamente 90 A.D.				

18 *Cerrar la puerta a los enemigos / 2 Juan*

Corazón del pasaje: 2 Juan 4-6

📖 **Resumen:** En su carta a la dama escogida y a sus hijos, Juan enfatiza la importancia del equilibrio. No es suficiente caminar en amor y verdad; tiene que ser igualmente cuidadoso para discernir y evitar el error cuando éste asecha. Advertencia y estímulo, creer y comportarse, exactitud doctrinal y amor que discierne —estos temas se tejen a través del libro cuando Juan insta a su audiencia a hacer de su caminar diario con Dios un caminar con discernimiento, un caminar que detecta y evita enseñanzas falsas.

Versículos 1-4	Versículos 5-6	Versículos 7-11	Versículos 12-13
Una alabanza orgullosa	Un mandamiento importante	Cautela a tiempo	Una conclusión tierna
"Cualquiera ... y no persevera en la doctrina de cristo, no tiene a Dios" (9).			

¿No es interesante cuán a menudo la gente está tan ocupada para detenerse y decir lo ocupado que están?

✒️ **Tu andar diario:** Dos niñitas estaban jugando. Una simuló que deseaba alquilar la casita de juego de la otra. "¿Tienes padres?", preguntó la dueña de la casita. "Sí, dos", fue la respuesta. "Oh, lo siento", respondió la primera, "pero yo nunca alquilo mi casa a niños con padres. ¡Ellos son tan ruidosos y destructivos!"

Los padres están prestos a darle a sus hijos todo excepto la única cosa que ellos más necesitan: *tiempo*. Tiempo para escuchar, tiempo para entender, tiempo para ayudar, tiempo para guiar. Dar del tiempo de uno puede sonar simple, pero en realidad es a menudo lo más difícil y la tarea más sacrificial de los padres.

¿Te ha puesto Dios en la función de ser padre? Entonces te ha confiado un ministerio estratégico: el de formar mentes y corazones jóvenes para estar a tono con la voluntad de Dios. Quizás te has desilusionado últimamente con el progreso que tus niños están haciendo en el aprendizaje de la obediencia, el respeto a la autoridad, o amar las cosas de Dios. (Como dijo un padre, "¡Cuando yo era niño, todo era culpa de los niños; ahora soy padre y todo es la culpa de los padres!") Si es así, anímate con 2 Juan: Aun los niños pueden aprender a andar en la verdad (v. 4). Pero toma tiempo, mucho tiempo.

🗝️ **Percepción:** Una palabra a tiempo en tiempo
Alguien ha dicho que nadie parece tener suficiente tiempo. No obstante, tenemos todo el tiempo que hay. ¿Estás viviendo temporalmente o por la eternidad? Esa es una pregunta a tiempo para hacerla ahora, a la luz de los siglos de los siglos de eternidad que están por delante.

3 Juan

L a tercera carta de Juan se inicia dirigiéndose a Gayo, un hombre a quien él llama "amado" y cuya hospitalidad y amor por la verdad es una fuente de gozo para Juan. Además de Gayo, Juan levanta a Demetrio como otro ejemplo de santo. Ambos hombres caminan en la verdad, sirven fielmente a la iglesia, y tienen buena reputación dentro y fuera de la comunidad. En contraste, Juan reprende a Diótrefes por su chismografía, orgullo, y actitud arrogante. Juan concluye su carta prometiendo que él tratará con otros problemas durante una visita personal.

Enfoque	Hospitalidad			Altanería		Santidad		
Divisiones	Saludos	Recomendación		Crítica		Cumplimiento	Despedida	
	1:1	1:2	1:8	1:9	1:10	1:11	1:12 1:13	1:15
Tópicos	Recomendación de Gayo			Censura de Diótrefes		Cumplidos para Demetrio		
	Ayudando mediante hospitalidad			Dañando mediante la altanería		Honrando la santidad		
Lugar	Efeso							
Tiempo	Aproximadamente 90 A.D.							

19 Recomendando hospitalidad cristiana
3 Juan

Corazón
del
pasaje:
3 Juan
5-8

📖 **Resumen:** En 1 Juan el apóstol discute sobre la comunión con Dios; en 2 Juan, él prohíbe la comunión con maestros falsos; en 3 Juan él promueve la comunión con hermanos cristianos. Siguiendo su expresión de amor por Gayo, Juan expresa mucho gozo porque Gayo está perseverando en la verdad y mostrando hospitalidad a los mensajeros del evangelio. Pero Juan no pudo alabar a otros miembros de la iglesia. Diótrefes, por ejemplo, había dejado que el orgullo sustituyera al amor en su vida, y aun rechazaba las palabras de amonestación de Juan. Todo lo que Gayo es, ¡Diótrefes no es! Juan usa este ejemplo negativo como una oportunidad para animar a Gayo. Carácter piadoso y lealtad a la verdad nunca son virtudes fáciles de obtener, pero traen las recomendaciones más ricas de Dios... y de Juan también!

Versículos 1-8	Versículos 9-10	Versículos 11-14
Deber de hospitalidad	Peligro de altanería	Demostración de humildad
Gayo	Diótrefes	Demetrio

Guardar
las
buenas
nuevas
para
nosotros
sería en
realidad
repudiar
su
validez.

🔑 **Tu andar diario:** Cierto o falso: Si no tienes un don espiritual particular (tal como el don de la evangelización), ¿entonces Dios no te hace responsable de ese ministerio? (o sea, la obra de evangelista).
Puede sorprenderte el número de veces que en el Nuevo Testamento, se recomienda a los cristianos por hacer algo, sea que tengan o no el don. Por ejemplo, "Haz la obra de evangelista" (aun cuando no seas dotado como evangelista, 2 Timoteo 4:5). "Enseñar a todas las naciones (tenga o no el don de enseñanza, Mateo 28:19). "Hospedaos los unos a los otros" (aun si la hospitalidad no es tu don, 1 Pedro 4:9). Concéntrate en esta área hoy. ¿Cómo puedes aprender del ejemplo de Gayo para hacer de tu casa un cielo de hospitalidad que honre a Dios? Invita a un líder de la iglesia y a su familia a comer como expresión de gratitud por sus labores.

🔎 **Percepción:** Gayo, el "Señor Perez" del Nuevo Testamento
Consideramos que 2 Juan es dirigido a una mujer, 3 Juan es dirigido a un hombre, Gayo. Es imposible identificar exactamente quién era este Gayo, pues el nombre era el más común en el tiempo de Juan. Cuatro hombres más llamados Gayo se encuentran en el Nuevo Testamento: Gayo de Macedonia (Hechos 19:29), Gayo de Derbe (Hechos 20:4), Gayo de Corinto (Romanos 16:23), y Gayo que fue bautizado por Pablo (1 Corintios 1:14).

Judas

A larmado por la presencia de falsos maestros en la iglesia, Judas es forzado a desenmascararlos junto con sus métodos muertos, y a exhortar a los creyentes a pararse firmes en la verdad. Contender por la fe no es sólo una buena idea; es imperativo cuando la obra de Dios es menospreciada por filosofías falsas y herejías destructivas. Judas, quien era el hermano de Santiago, termina su corta pero poderosa epístola con una serie de mandamientos urgentes: Recuerden las palabras de Cristo, permanezcan en el amor de Dios, y busquen remover a hermanos errados del peligro del fuego de sus caminos.

Enfoque	Emergencia		Ejemplos		Exhortaciones	
Divisiones	Anuncio de apostasía		Anatomía de la apostasía		Antídoto para la apostasía	
	1:1	1:4	1:5	1:16	1:17	1:25
Tópicos	Por qué contender por la fe				Cómo contender por la fe	
	Contención		Condenación		Cautela	
Lugar	Efeso					
Tiempo	Aproximadamente 66-80 A.D.					

20 Defendiendo la fe / Judas

Corazón del pasaje: Judas 3-4, 17-23

📖 **Resumen:** La epístola de Judas es una firme denuncia de los falsos maestros que están infiltrados en la iglesia. Aunque Judas no describe las herejías en detalle (pues los lectores sin duda estaban familiarizados con el blanco de su explosión verbal), él no pierde palabras reprendiendo a los falsos maestros. Judas condena tanto el error del maestro y al maestro del error, prometiendo el juicio de Dios por sus dañinas herejías. ¿Cómo un creyente resiste tal desenfreno? "Edificados sobre vuestra santísima fe" (v. 20).

Versículos 1-3	Versículos 4-16	Versículos 17-25
Recuerda tu fe	Recuerda el juicio	Edifica tu fe
Contención	Condenación	Cautela

Las cosas espirituales están contra la corriente; el cielo está cuesta arriba.

✍️ **Tu andar diario:** A continuación hay una lista de 10 asuntos que probablemente nunca encontrarás en el régimen de entrenamiento de un atleta preparándose para participar en una competencia olímpica. ¿Puede usted sugerir una razón por la que cada una de estas inclinaciones debe ser evitada por un atleta verdadero?

TV tarde en la noche — Drogas
Paracaidismo — Dormir en el trabajo
Postres fuertes — Comidas rápidas
Fiestar toda la noche — Fumar
Alcohol — Sodas

Si un atleta tiene alguna esperanza de competir (y de ganar), él o ella tiene que estar en perfecta condición física. Eso requiere un régimen estricto de dieta apropiada, descanso adecuado, y ejercicio regular.

¿Cómo es tu *programa de aptitud espiritual*? ¿Estás involucrado regularmente en actividades que contribuyan a "contender por la fe" (v. 3)?

Escribe tu propio "horario de entrenamiento espiritual" para la próxima semana. Asegúrate de incluir los tres asuntos que Judas menciona: oración, compasión, y compartir a Cristo (vv. 20, 22-23).

🔍 **Percepción:** La cita curiosa de Judas (vv. 9, 14-15)

Judas es el único escritor del Nuevo Testamento que cita de las escrituras llamadas la *Pseudepigrapha* (libros que llevan los nombres de personajes famosos del Antiguo Testamento pero no fueron escritos por ellos, los cuales los eruditos no consideran inspirados). Pablo también citó de fuentes no inspiradas (vea Hechos 17:28, un poeta romano; Tito 1:12, a profeta cretense).

Apocalipsis

T al como el primer libro de la Biblia —Génesis— provee el primer capítulo del programa de redención de Dios, así el último libro —Apocalipsis— suple las conclusiones al describir el regreso de Jesucristo y la creación de un cielo nuevo y una tierra nueva. Apocalipsis presenta a Jesucristo como el Rey victorioso y Juez venidero. Escribiendo desde el exilio en la Isla de Patmos, Juan usa una serie de cuadros y palabras simbólicas para captar la maravillosa santidad del Cordero de Dios que viene a derrotar las fuerzas de Satanás y a juzgar al mundo con justicia perfecta.

Enfoque	Juez	Juicio						Jubileo
Divisiones	Siete cartas	Siete sellos	Siete trompetas	Siete señales	Siete plagas	Siete ayes		Siete cosas nuevas
	1 3	4 6	7 9	10 13	14 16	17 19	20	21
Tópicos	Visión celestial de la tierra	Horror del cielo a la tierra						Nuevo cielo y nueva tierra
	"...cosas que has visto ... y las que son, y ... las que han de ser" (1:19).							
Lugar	Isla de Patmos							
Tiempo	Alrededor 95-96 A.D.							

21 Siete cartas a siete iglesias
Apocalipsis 1-3

Corazón del pasaje: Ap. 1

 Resumen: Después de saludar a las siete iglesias en Asia Menor, Juan describe cómo él recibió órdenes para escribir. Cada iglesia necesita un mensaje particular, y a Juan se le manda a preparar exhortaciones apropiadas para cada necesidad espiritual. Cada mensaje comienza con la expresión, "Yo conozco tus obras"; cada una contiene una promesa "al que venciere"; cada una concluye con una advertencia, "El que tiene oído, oiga lo que el Espíritu dice a las Iglesias". En una palabra, Juan envía palabras de reproche y reafirmación de Jesucristo, el Alfa y la Omega, a cada una de las siete iglesia.

Capítulo 1	Capítulos 2-3
Saludo a las iglesias	Palabra de Dios a las siete iglesias
Candeleros	Correspondencia

Dios no está obligado a decirnos todo lo que deseamos saber.

Tu andar diario: ¿Cuál de los libros del Nuevo Testamento encuentras más difícil de entender?

Ahora busca un diccionario y busca la palabra "revelación". ¿Puedes encontrar dos sinónimos?

Es irónico que Revelación (que literalmente significa "descubrir" o "quitar el velo") es visto por muchos cristianos como el libro indescifrable del Nuevo Testamento! Lo que hace al Apocalipsis tan desafiante es que tiene más de 300 símbolos en sus páginas. Así como el mudo tiene un lenguaje de señas en el cual cada seña está llena de significado, así cada símbolo que el escritor Juan emplea, tiene propósito y significado. Nuestro reto: interpretar esos símbolos de la misma forma que Juan (y el Espíritu Santo) lo intentó.

Tu librería bíblica local sería un excelente lugar donde encontrar un comentario o guía de estudio sobre el libro de Apocalipsis, y tu ministro o maestro de escuela dominical con gusto te sugerirán varios títulos que puedes considerar. Hay una hermosa bendición aguardándote durante los próximos días. ¡Y esa es una promesa de Dios (1:3)!

Percepción: Las siete iglesias

Aunque mucho del Apocalipsis es simbólico, sabemos que esas iglesias existían cuando Juan estaba viendo la visión. Eran centros postales para siete regiones geográficas, y aparentemente cada una recibió una copia de todo el libro de Apocalipsis (1:11). Busca la sección de mapas de tu Biblia y trata de localizar estas siete ciudades. (Clave: Las encontrarás en la parte occidental de la Turquía moderna.)

Mensajeros ministradores de Dios 22

← Da un paso atrás

Angeles. La palabra trae una multitud de imágenes a nuestras mentes, pero el concepto que el mundo tiene de los ángeles como bebés querubines o almas que partieron y que han "ganado sus alas" confunde el cuadro bíblico para ciertos propósitos.

Básicamente, los ángeles buenos son siervos (Hebreos 1:14), y su ministerio es multifacético.

• *Sirviendo a Dios*, ellos lo adoran y alaban, le sirven y obedecen sus órdenes (Salmo 148:1-2; Apocalipsis 5:8-13; 22:9).

• *Sirviendo a Cristo en la tierra*, anunciaron Su nacimiento, le ministraron después de Su tentación y estaban listos para protegerlo (Lucas 1:26-28; Mateo 4:11; 26:53).

• *Sirviendo a Israel*, Miguel el arcángel guardó la nación (Daniel 12:1). Angeles también cuidaban de los gobernantes de las naciones y las influenciaban (Daniel 4:17; 10:21; 11:1).

• *Sirviendo a los creyentes hoy*, los ángeles han estado envueltos en comunicar las verdades de Dios escritas en la Biblia, de la cual nos beneficiamos hoy (Daniel 7:15-27; 8:13-26; 9:20-27; Apocalipsis 1:1; 22:6, 8). El Nuevo Testamento también muestra que ellos sirven en:
1. Traer respuesta a la oración (Hechos 12:5-10).
2. Ayudan trayendo personas a Cristo (Hechos 8:26; 10:3).
3. Observando a los cristianos (1 Corintios 4:9; 11:10; Efesios 3:10).
4. Confortan en tiempos de peligro (Hechos 27:23-24).
5. Cuidando a los justos cuando enfrentan la muerte (Lucas 16:22)

Corazón del pasaje: Ap. 4:8-11; 5:8-14; 7:11-12; 11:15-18; 19:1-8

↑ Mira arriba

En Apocalipsis, uno de los aspectos más gloriosos del ministerio de los ángeles es adorar a Dios. Hoy, únete a ellos en alabanza usando dos o más de estos pasajes para animarte en tu tiempo a solas con Dios: Apocalipsis 4:8-11; 5:8-14; 7:11-12; 11:15-18; 19:1-8

→ Sigue adelante

Una de las ideas más sorprendentes acerca de los ángeles en la Escritura es que ellos velan cómo se conducen los creyentes. Puede que ellos estén observándote ahora mismo. ¿Por qué? Quizás por el hecho de que personalmente no experimentan la salvación, ellos observan cómo se lleva a cabo en los seres humanos y cuál es la diferencia que produce el andar con Dios.

Pablo notó que nosotros somos observados no sólo por ángeles, sino por el mundo (1 Corintios 4:9). ¿Qué observan ellos cuando te ven a ti? ¿Estás seguro o avergonzado por el hecho de que estás siendo observado? ¿Por qué no dar a los ángeles algo que los alegre hoy?

Aunque el poder de Dios es suficiente para gobernarnos, por la incapacidad del hombre El nombró Sus ángeles para velar sobre nosotros.

23 *Siete sellos / Apocalipsis 4-6*

Corazón del pasaje: *Ap. 4-5*

🔲 **Resumen:** Juan describe una serie sorprendente de visiones mostrando actividades en el cielo y en la tierra. Dios, majestuosamente entronado, sostiene un rollo escrito en ambos lados y sellado con siete sellos. No se halla ninguno digno de abrir los sellos y revelar el contenido del rollo excepto el León de Judá. Al abrir los seis primeros sellos, se desata la calamidad en la tierra incluyendo guerras, hambre, muerte, terremotos, y cataclismos celestiales. Los reyes de la tierra conocen demasiado bien la explicación de todo ello: "Porque el gran día de su ira ha llegado; ¿y quién podrá sostenerse en pie? (6:17).

Capítulo 4	Capítulo 5	Capítulo 6
Un trono sagrado	Un rollo sellado	Un juicio sellado
Digno Señor	Cordero digno	Ira del cordero

Lo que usted adora determina lo que usted viene a ser.

◣ **Tu andar diario:** Aquí hay una pregunta digna de tu consideración: En tu opinión, ¿cuán digno es Jesucristo?

¿Es digno El de nuestra obediencia incondicional, aun cuando los porqués y los cuándos de Su voluntad no son manifiestos?

¿Es El digno de tu confianza cuando como tu Salvador amante, desea lo mejor de tu vida?

Tres veces en los capítulos 4 y 5 los ancianos y ángeles proclaman al Cordero de Dios, "Digno eres" (4:11; 5:9, 12). Y tú puedes unirte a ese coro hoy.

Usa esta oración para patentizar el deseo de su corazón: "Con la ayuda de Dios, hoy mostraré al mundo la dignidad de mi Salvador por_____". Cualquiera que sea la acción que consideres, puedes estar seguro de esto: ¡El es digno!

✒ **Percepción:** Cinco cantos dignos de entonarse
Cuando esté completo el siguiente cuadro proveerá un resumen de los cinco cánticos de la sección de hoy. ¡Pruébalo!

Pasaje	¿Quién cantó?	¿Cuántos cantaron?	¿Acerca de quién?
4:8			
4:10-11			
5:8-10			
5:11-12			
5:13			

Celebración de la Navidad **24**

⬅ Da un paso atrás

En esta Navidad, retrocede a celebrar la venida de Cristo a la tierra. Mateo narra la revelación que hizo un ángel sobre el nacimiento del Mesías a José, mientras que Lucas narra el anuncio angelical a María y luego a los pastores que fueron a adorar al Niño Jesús. Finalmente Mateo habla de los sabios que vinieron desde muy lejos a adorar al Rey recién nacido.

Lectura bíblica: Mateo 1:18-25; Lucas 2:1-20; Mateo 2:1-12

Rico o pobre, influyente o humilde, Jesús vino para ser Señor sobre todo, enfrentando un sinnúmero de obstáculos.

1. Tenía que nacer en Belén de acuerdo a lo dicho por el profeta, y aún siendo niño tuvo que escapar de la intención homicida de un rey loco (Mateo 2:6, 17-18).

2. Tenía que nacer del linaje de David y crecer en Nazaret (Mateo 1:1-17; 2:21-23).

3. Tenía que cumplir más de 300 profecías específicas del Antiguo Testamento durante Su vida y ministerio.

Sin embargo Dios las cumplió todas. Su poder era suficiente para lograrlo —tal como lo es para cualquier necesidad en tu vida.

Mantén esa verdad en mente al leer la historia de la Navidad en Mateo 1:18-25; Lucas 2:1-20; Mateo 2:1-12.

⬆ Mira arriba

Tal como los pastores y los sabios vinieron a adorar al Rey recién nacido, tú también puedes. Canta varios villancicos de Navidad como un acto de adoración. Aun cuando hayas sabido las palabras por años, considéralas nuevas.

Guardar la Navidad es bueno, pero compartirla con otros es mucho mejor.

Vuelve a considerar el milagro maravilloso de la Encarnación —Dios con nosotros en carne—. Luego termina tu tiempo en oración, dando gracias a Dios por el regalo de Su Hijo al mundo... y a ti.

➡ Sigue adelante

En el nacimiento de Cristo, Dios manifestó que El es un Dios milagroso. Piensa en el año transcurrido y recuerda algún milagro que El haya hecho en tu vida. Quizás nunca antes lo has reconocido como tal. ¿Qué milagros esperas de él en el próximo año?

Recuerda, nada es imposible para Dios. Ningún obstáculo lo pudo detener para que enviara a Su Hijo al mundo, y ningún obstáculo lo puede detener para que obre en tu vida. Desde la restauración de vidas destruidas y relaciones rotas, hasta proveer para las necesidades de la vida diaria, nuestro Dios es un Dios que hace milagros. Su poder es suficiente para tu necesidad.

25 *Siete trompetas / Apocalipsis 7-9*

**Corazón
del
pasaje:
Ap. 8-9**

Resumen: Antes de abrirse el séptimo sello, Juan ve a cuatro ángeles sellar a 144,000 "siervos de ... Dios" —12,000 de cada "tribu de los hijos de Israel" (7:3-4)—. En contraste a esta multitud cuidadosamente numerada, "que nadie podía contar," tomadas de "todas naciones, y tribus y pueblos y lenguas" (7:9). Juan —sin saber la identidad de esta vasta multitud— aprende que son "los que han salido de la gran tribulación, y han lavado sus ropas, y las han emblanquecido en la sangre del Cordero" (7:14). Entonces el séptimo sello es abierto, revelando siete trompetas. El sonar de cada una en su turno, trae como consecuencia desastres naturales y celestiales: granizo, fuego, caída de estrellas, muerte, oscuridad, tormento, plagas que impulsan a la gente a "buscar la muerte, pero no la hallarán" (9:6).

Capítulo 7		Capítulos 8-9	
Una multitud sellada	Una multitud incontable	El séptimo sello	Las siete trompetas
Interludio		Juicio intenso	

*A
menudo
estamos
tan en-
vueltos
en
nuestras
activida-
des que
tende-
mos a
adorar
nuestro
trabajo,
trabajar
en nues-
tro jue-
go, y ju-
gar en
nuestra
adora-
ción.*

Tu andar diario: ¿Qué significa exactamente adorar a Dios?

¿Cómo defines la adoración para un cristiano nuevo que nunca ha estado en la iglesia, nunca ha cantando un himno, y nunca antes ha orado?

Un buen lugar para comenzar puede ser Apocalipsis 7:11-12: "Y todos los ángeles ... y los ancianos y los cuatro seres vivientes; se postraron sobre sus rostros delante del trono, y adoraron a Dios (¿cómo?), diciendo 'Amén'".

Toma cada uno de los siete elementos mencionados en esos versículos (bendición, gloria, y sabiduría, y acción de gracias, honra, y el poder y la fortaleza) y úsala para completar esta oración: "Hoy adoraré a Dios dándole _____ en mi conversación, hechos, y actitudes". Al finalizar el día, evalúa los resultados. Y para más ideas, busca la definición de esas palabras. Te sorprenderá su significado.

Percepción: Regreso de las plagas egipcias

Por mucho tiempo, los comentaristas han notado la similitud entre los juicios descritos en Apocalipsis, y las 10 plagas contra Egipto en los días de Moisés. Lee Exodo 7:12-12:36 y nota cuántos de los juicios de las trompetas en la lectura de hoy tienen su paralelo en los días de la esclavitud egipcia.

Siete señales / Apocalipsis 10-13

26

Resumen: Juan ve un ángel poderoso llevando un librito. A Juan no se le permite escribir parte del mensaje del ángel, pero es instruido por el ángel a comerse el libro; que era dulce en su boca, pero amargo en su estómago. Luego se le dice a Juan que mida el templo, altar, y el patio como parte de la preparación para la llegada de dos testigos que profetizarán, harán milagros, y finalmente sufrirán el martirio por su testimonio. La séptima y última trompeta suena, trayendo un gran coro de alabanzas. Luego la escena se cambia al cielo, donde un gran conflicto toma lugar incluyendo una mujer, un dragón, un niño, y el arcángel Miguel. La sección termina con una descripción de dos bestias: la primera, una bestia guerrera con siete cabezas y diez cuernos, y la segunda, una bestia engañosa con dos cuernos, gran poder, y un nombre cuyo número es 666.

Corazón del pasaje: Ap. 10-11

Capítulo 10	Capítulo 11	Capítulo 12	Capítulo 13
Señales implicando...			
Un libro	Una corneta	Un Bebé	Dos bestias
Segundo interludio en el juicio			

Tu andar diario: ¿Cuál es tu respuesta cuando confrontas límite de tiempo? ¿Te (a) horrorizas?, (b) ¿actúas frenéticamente?, (c) ¿te enfureces?, (d) ¿te ocurre todo eso? (Escoge una.)

¿Sabes que Satanás no es diferente? En su visión Juan oyó una voz desde el cielo que decía, "el diablo ha descendido a vosotros con gran ira, sabiendo que tiene poco tiempo" (12:12). El está enfrentando límite de tiempo —tiempo después del cual ya no podrá rugir, ni buscar a quién devorar (1 Pedro 5:8).

Revisa tus defensas espirituales.

• ¿Está tu armadura puesta en su lugar (Efesios 6:10-18)?

• ¿Recuerdas las tretas del enemigo (él solamente tiene tres, 2 Corintios 2:11; 1 Juan 2:16).

• ¿Estás atento a sus lazos (1 Timoteo 3: 6-7)?

Satanás nunca está demasiado ocupado para mecer la cuna de un santo dormido.

Percepción: El número más trabajado de la historia (13:18)

El famoso número 666 ha sido identificado con casi todos los tiranos de la historia de los 19 siglos pasados. Simbólicamente, el seis ha sido llamado el número de los hombres caídos, y 666 una forma enfática de representar el "super hombre caído". Exactamente a quién este versículo se refiere, no se sabrá... hasta que se revele.

27 *Siete Plagas / Apocalipsis 14-16*

Corazón del pasaje: Ap. 14

Resumen: Una vez más los 144,000 aparecen en la visión de Juan, ahora cantando un nuevo cántico delante del trono de Dios. Angeles en medio del cielo anuncian que la hora del juicio ha llegado. El Hijo del Hombre, hoz en mano, llega para comenzar la cosecha en la tierra, y los que están maduros para el juicio son echados en el lagar de la ira de Dios. Siete ángeles emergen con las últimas siete plagas; éstas incluyen úlceras, sangre, quemaduras, tinieblas, dolor, terremotos, granizo, y una confrontación titánica en un lugar llamado Armagedón.

Capítulo 14	Capítulo 15	Capítulo 16
Aquí viene el juez	Aquí viene el juicio	El juicio está aquí
Dos cosechas	Siete copas	

Para el cristiano la muerte no apaga la luz. Guarda la lámpara porque la mañana ha llegado.

Tu andar diario: La Biblia contiene un número de declaraciones sobre gente "bienaventurada", declaraciones que, a primera, vista, ¡no participan de una lógica terrenal!

"Bienaventurados los pobres en espíritu... los que lloran... los mansos... los misericordiosos... los de limpio corazón... los pacificadores... los perseguidos" (Mateo 5:3-10). ¡Claramente el concepto de Dios de la "bienaventuranza" celestial difiere del concepto del mundo hoy!

En medio de las visiones de muerte y destrucción que ha recibido por revelación divina, Juan oye una voz del cielo que declara, "Bienaventurados los muertos que mueren en el Señor" (14:13). Sólo un cristiano puede ver la muerte, no como una calamidad, sino como una graduación —el comienzo del reposo y recompensa por el servicio fiel.

Pablo le dijo a sus hijos espirituales en Filipo, "Porque para mí ... el morir es ganancia" (Filipenses 1:21). El salmista declaró, "Estimada es a los ojos de Jehová la muerte de sus santos" (Salmo 116:15). Y las palabras familiares de David en el Salmo 23 han provisto consuelo para miles: "Aunque ande en valle de sombra de muerte, no temeré mal alguno, porque tú estarás conmigo".

Los que vieron la muerte como bendición son aquellos para los cuales la muerte no es el fin, sino el comienzo. ¿Compartes esa esperanza de gozo? La has compartido recientemente? ¿La compartirías con alguien hoy?

Percepción: La historia más "grande" que jamás se ha dicho
¡Lo vívido de las visiones apocalípticas de Juan se ve en el hecho que la palabra "gran" aparece 72 veces en el libro!

El negocio del cielo

28

← Da un paso atrás

Apocalipsis ofrece algunos aspectos intrigantes de la vida celestial. Todavía el misterio permanece. W. E. Sangster, un pastor inglés de la primera mitad de este siglo, escribió esto sobre el concepto común mal fundado del cielo:

Algunos se han imaginado el cielo como un servicio interminable de la iglesia con el coro haciendo la mayor parte del trabajo. Sir Walter Scott temió por sí mismo "una eternidad de música" y esperaba por algún deber que hacer". Lloyd George confesó: "Cuando yo era niño, el pensar en el cielo como un lugar me asustaba más que el pensar en el infierno. Yo me imaginaba el cielo como un sitio donde el tiempo sería domingos perpetuos, con servicios perpetuos de los cuales no habría escape alguno". Los que habían trabajado mucho, habían pensado del cielo sólo como un lugar de reposo, y sería difícil creer eso; para muchos de nosotros, reposo sin fin vendría a ser aburrimiento sin fin. Pero hay autoridad en la Biblia para creer que estaremos empleados, desarrollaremos, y tendremos gozo inefable.

Corazón del pasaje: 1 Cor. 3:12-15; 2 Cor. 5:9-10

Las Escrituras sólo anticipan con un concepto amplio aquello que haremos para mantenernos ocupados para siempre. Por lo menos siete actividades celestiales de los santos se pueden notar:

1. Adoraremos a Dios (Apocalipsis 19:1-8; 22:8-9).

2. Serviremos a Dios (Apocalipsis 22:3).

3. Conoceremos perfectamente a Dios (Apocalipsis 21:3; 22:4).

4. Reinaremos con Dios (Mateo 25:21, 23; Apocalipsis 22:5).

5. Tendremos comunión con otros creyentes (Hebreos 12:23; Apocalipsis 19:7-9; 22:14).

6. Gozaremos de Dios y de nuestro hogar celestial (Apocalipsis 19:7; 22:14).

7. Descansaremos (Apocalipsis 14:13).

↑ Mira arriba

Al considerar estas siete actividades, pide al Señor que te indique cómo puedes comenzar a realizar algunas ahora —tales como comunión, adoración, y servicio—. Puedes gozar de la delicia del cielo aquí mismo en la tierra.

Lo que tejemos en este mundo lo usaremos en el cielo.

→ Sigue adelante

Lo importante es: Nuestras acciones en la tierra determinarán la extensión y cómo gozaremos esas actividades. De acuerdo a 1 Corintios 3:12-15 y 2 Corintios 5:9-10, Jesucristo juzgará las actividades de cada creyente en la tierra para evaluar nuestras obras y darnos la recompensa de acuerdo con ella.

Toma tiempo para evaluar el uso de tu tiempo a la luz del juicio de Cristo.

29 *Siete juicios / Apocalipsis 17-19*

Corazón del pasaje: Ap. 19

Resumen: Luego de los juicios catastróficos de las siete copas, Juan ve el juicio de Babilonia la Grande profetizado y cumplido. Mientras Babilonia está sufriendo la muerte vergonzosa en la tierra, una gran multitud en el cielo canta alabanzas a Dios en anticipación a las bodas del Cordero. Un caballo blanco emerge, montado por el Rey de reyes que destruye a la bestia, al falso profeta, y a su ejército. Los "muertos grandes y pequeños" son juzgados ante el gran trono blanco (20:11-12), preparando el escenario para la venida del nuevo cielo y nueva tierra.

Capítulo 17	Capítulo 18	Capítulo 19
Destrucción de Babilonia profetizada	Destrucción de Babilonia producida	Destrucción de Babilonia alabada
"¡Todopoderoso!"	"¡Alas!"	"¡Aleluya!"

Lo más triste desde el nacimiento hasta la tumba es el hombre que no tiene Dios.

Tu andar diario: Día del juicio. Un pensamiento intimidante aun para aquellos que enfrentan crisis como una forma de vida. Nadie quiere admitir que él, o su familia, o su nación pueda ser destruida.

En el espacio de tres capítulos intensos, Juan ve y escribe sobre siete eventos principales de destrucción que se despliegan en el drama del libro de Apocalipsis: (1-3) la destrucción de Babilonia eclesiástica, 17:1-18, comercial 18:1-23, y políticamente, 19:1-18; (4) la destrucción de la bestia y el falso profeta, 19:19-21; (5) la destrucción de las naciones, 20:7-9; (6) la destrucción del diablo, 20:10; (7) la destrucción de los perdidos, 20:11-15.

Los juicios de Dios son seguros. Aunque El es un Dios paciente, amoroso y no "quiere que nadie perezca" (2 Pedro 3:9), la gente perecerá si no oye Su llamado al arrepentimiento.

¿Qué sobre ti? ¿Está tu nombre escrito en el Libro de la Vida? ¿Has experimentado la misericordia de Dios por medio de Jesucristo, o estás en espera del juicio de Dios? Qué mejor tiempo que el principio de un nuevo año para venir a Dios; para que también puedas cantar, "¡Aleluya! Salvación y honra y gloria y poder son del Señor Dios nuestro" (19:1).

Percepción: Bodas viejas y nuevas

La Biblia comienza con un matrimonio (Génesis 2:8, 21-25) y termina con una boda (Apocalipsis 19:9, la cena de las bodas del Cordero). El primer milagro público de Cristo tomó lugar en una boda en Caná (Juan 2). Y para el cristiano, el matrimonio es una representación sagrada al mundo del amor de Cristo por Su esposa, la iglesia (Efesios 5:25-33).

El primero y el último

30

📖 **Da un paso atrás**

El libro de Apocalipsis une los temas de la Biblia. Por ejemplo, hay un fuerte contraste entre los primeros tres capítulos de Génesis y los últimos tres de Apocalipsis, los cuales usted leerá mañana:

- "En el principio creó Dios los cielos y la tierra" (Génesis 1:1)... "Vi un cielo nuevo y una tierra nueva" (Apocalipsis 21:1).
- "Y a las tinieblas llamó Noche" (1:5) ... "Pues allí no habrá noche" (21:25).
- "Porque el día que de él comieres morirás" (2:17). "No habrá más muerte" (21:4)
- Satanás apareció como el engañador de la humanidad (3:1)... Satanás desaparece para siempre (20:10).
- Triunfo inicial de la serpiente (3:13)... Triunfo final del Cordero (20:10; 22:3).
- "Multiplicaré en gran manera tus dolores" (3:16)... "Y no habrá más muerte ni maldición" (21:4).
- "Maldita será la tierra por tu causa" (3:17)..."No habrá más maldición" (22:3).
- Acceso al árbol de la vida se perdió en Adán (3:24)... Acceso al árbol de la vida es restaurado en Cristo (22:14).
- Fueron echados de la presencia de Dios (3:24)... "Y verán Su rostro" (22:4).

En un sentido muy real, Apocalipsis 21-22 es el nuevo Génesis. Pero ahora no habrá caída.

Corazón del pasaje: Génesis 1-3

🔖 **Mira arriba**

Al alabar a Dios por Su plan maravilloso del futuro, piensa en un amigo, miembro de la familia, vecino o compañero de trabajo con quien te gustaría encontrarte en el cielo para siempre, pero quien aún tiene que hacer un compromiso con Cristo. Ora por esa persona; pide a Dios que prepare el camino para que puedas compartir con él o ella la gloriosa verdad de la salvación.

Nunca tengas miedo de confiar el futuro desconocido a un Dios conocido.

📝 **Sigue adelante**

Después de tu lectura de mañana, habrás completado la lectura de toda la Biblia desde Génesis hasta Apocalipsis. ¡O sea 1.189 capítulos y más de 31.100 versículos!

Sin duda has obtenido mucha sabiduría y conocimiento, quizás has aprendido a ver la Biblia en una forma como nunca antes la habías visto. ¿Por qué no comprometerte a hacer lo mismo el próximo año con tu *andar diario*... e invitar a alguien que se te una en esta travesía? ¡Es mejor caminar juntos!

31 *Siete cosas nuevas / Apocalipsis 20-22*

Corazón
del
pasaje:
Ap. 21:
1-8;
22:16-21

Resumen: En una oración Juan suma el final de este orden presente: "Porque el primer cielo y la primera tierra pasaron, y el mar ya no existía más" (21:1). Luego él describe el esplendor maravilloso del nuevo cielo y tierra, el orden nuevo de Dios en el cual "He aquí el tabernáculo de Dios con los hombres, y él morará con ellos; y ellos serán su pueblo, y Dios mismo estará con ellos como su Dios" (21:3). De nuevo, Dios y Su pueblo viven en comunión íntima completa. Apocalipsis cierra con la promesa triple de Cristo, "¡He aquí vengo pronto!" (22:7, 12, 20) y la repetición de Juan, "Amén; sí, ven, Señor Jesús" (22:20).

Capítulo 20	Capítulo 21	Capítulo 22
Destrucción del diablo y de la muerte	Delicia del nuevo cielo y nueva tierra	Declaración de la venida de Cristo
Lago de fuego	Ciudad de oro	Arbol de vida

Satanás
nunca
teme al
cristiano
cuya
Biblia
está
cubierta
de polvo.

Tu andar diario: Mañana es un día importante en el calendario ya que entramos a un nuevo año. Pero jamás se podrá comparar con la era gloriosa que Cristo traerá cuando El venga.

Leyendo a través de tu Biblia con la ayuda de *Tu andar diario* este pasado año, sin duda has desarrollado un amor más grande por Dios y un sentido más amplio de expectación por la venida de Cristo. Pero queda la pregunta: ¿Cuán diferente será el próximo año con respecto a éste después que pasaste leyendo la Palabra de Dios estos 12 meses? ¿Qué nuevas lecciones has aprendido? Toma un momento ahora mismo para sellar la decisión que has hecho este año. Pide a Dios que te ayude en esos pasos de crecimiento al continuar caminando con El en el próximo año.

C. H. Spurgeon dijo una vez: "A nadie jamás le ha quedado pequeña la Escritura; el libro se ensancha y se profundiza con nuestros años". ¿Por qué no resuelves una vez más caminar durante el nuevo año a través de la Biblia con *Tu andar diario*? ¿Y por qué no invitas a uno o dos amigos a leer contigo?

Percepción: Un cubo en el Antiguo, un cubo en el Nuevo
El cubo tiene un significado especial en la Biblia. En ambos, el tabernáculo y el templo de Salomón, el Lugar Santísimo era un cubo perfecto. Y la nueva Jerusalén se describe como un cubo perfecto que mide 12.000 estadios (1.500 millas) en un lado.